■2025年度中学受験用

獨協埼玉中学校

3年間(＋3年間HP掲載)スーパー過去問

●収録内容一覧

入試問題と解説・解答の収録内容

2024年度　1回	算数・社会・理科・国語
2024年度　2回	算数・社会・理科・国語
2023年度　1回	算数・社会・理科・国語
2023年度　2回	算数・社会・理科・国語
2022年度　1回	算数・社会・理科・国語
2022年度　2回	算数・社会・理科・国語
2021～2019年度(HP掲載) 「カコ過去問」 (ユーザー名) koe (パスワード) w8ga5a1o	問題・解答用紙・解説解答DL ◇著作権の都合により国語と一部の問題を削除しております。 ◇一部解答のみ(解説なし)となります。 ◇9月下旬までに全校アップロード予定です。 ◇掲載期限以降は予告なく削除される場合があります。

～本書ご利用上の注意～　以下の点について，あらかじめご了承ください。

★別冊解答用紙は巻末にございます。本書に収録している試験の実物解答用紙は，弊社サイトの各校商品情報ページより，一部または全部をダウンロードできます。
★編集の都合上，学校実施のすべての試験を掲載していない場合がございます。
★当問題集のバックナンバーは，弊社には在庫がございません(ネット書店などに一部在庫あり)。

合格を勝ち取るための
『スーパー過去問』の使い方

本書に掲載されている過去問をご覧になって,「難しそう」と感じたかもしれません。でも,多くの受験生が同じように感じているはずです。なぜなら,中学入試で出題される問題は,小学校で習う内容よりも高度なものが多く,たくさんの知識や解き方のコツを身につけることも必要だからです。ですから,初めて本書に取り組むさいには,点数を気にしすぎないようにしましょう。本番でしっかり点数を取れることが大事なのです。

過去問で重要なのは「まちがえること」です。自分の弱点を知るために,過去問に取り組むのです。当然,まちがえた問題をそのままにしておいては意味がありません。

本書には,長年にわたって中学入試にたずさわっているスタッフによるていねいな解説がついています。まちがえた問題はしっかりと解説を読み,できるようになるまで何度も解き直しをしてください。理解できていないと感じた分野については,参考書や資料集などを活用し,改めて整理しておきましょう。

このページも参考にしてみましょう！

◆どの年度から解こうかな 「入試問題と解説・解答の収録内容一覧」

本書のはじめには収録内容が掲載されていますので,収録年度や収録されている入試回などを確認できます。

※著作権上の都合によって掲載できない問題が収録されている場合は,最新年度の問題の前に,ピンク色の紙を差しこんでご案内しています。

◆学校の情報を知ろう!! 「学校紹介ページ」

このページのあとに,各学校の基本情報などを掲載しています。問題を解くのに疲れたら息ぬきに読んで,志望校合格への気持ちを新たにし,再び過去問に挑戦してみるのもよいでしょう。なお,最新の情報につきましては,学校のホームページなどでご確認ください。

◆入試に向けてどんな対策をしよう？「出題傾向＆対策」

「学校紹介ページ」に続いて,「出題傾向＆対策」ページがあります。過去にどのような分野の問題が出題され,どのように対策すればよいかをアドバイスしていますので,参考にしてください。

◇別冊「入試問題解答用紙編」

本書の巻末には,ぬき取って使える別冊の解答用紙が収録してあります。解答用紙が非公表の場合などを除き,(注)が記載されたページの指定倍率にしたがって拡大コピーをとれば,実際の入試問題とほぼ同じ解答欄の大きさで,何度でも過去問に取り組むことができます。このように,入試本番に近い条件で練習できるのも,本書の強みです。また,データが公表されている学校は別冊の１ページ目に過去の「入試結果表」を掲載しています。合格に必要な得点の目安として活用してください。

本書がみなさんの志望校合格の助けとなることを,心より願っています。

株式会社　声の教育社　編集部

獨協埼玉中学校

所在地	〒343-0037 埼玉県越谷市恩間新田寺前316
電　話	048-970-5522
ホームページ	https://www.dokkyo-saitama.ed.jp/
交通案内	東武スカイツリーライン「せんげん台駅」西口より 朝日バス「獨協埼玉中学・高校」行き5分

くわしい情報はホームページへ

トピックス

★第1回入試は本校と武蔵浦和会場で実施（参考：昨年度）。
★第3回入試では，複数回受験による加点措置がある（参考：昨年度）。

創立年 平成13年　男女共学　高校募集あり

応募状況

年度	募集数			応募数	受験数	合格数	倍率
2024	①	男	50名	638名	613名	420名	1.5倍
		女	50名	500名	479名	351名	1.4倍
	②	男	20名	373名	166名	86名	1.9倍
		女	20名	284名	126名	80名	1.6倍
	③	男	10名	374名	111名	70名	1.6倍
		女	10名	248名	65名	28名	2.3倍
2023	①	男	50名	758名	732名	488名	1.5倍
		女	50名	577名	559名	428名	1.3倍
	②	男	20名	409名	190名	96名	2.0倍
		女	20名	280名	113名	69名	1.6倍
	③	男	10名	404名	129名	77名	1.7倍
		女	10名	288名	64名	42名	1.5倍

2024年春の主な大学合格実績

＜国公立大学＞
筑波大，千葉大，東京外国語大，横浜国立大，東京農工大，埼玉大，お茶の水女子大，茨城大，埼玉県立大
＜私立大学＞
早稲田大，上智大，東京理科大，明治大，青山学院大，立教大，中央大，法政大，学習院大

教育理念

本校の教育理念は「自ら考え，判断することのできる若者を育てる」です。心身ともに変化が激しく不安定な中学の３年間は，人間としての価値観や判断基準が形成される時期でもあります。そんな生徒たちに対して上記の理念にのっとり，時間をかけて個々の潜在能力を引き出し，主体的に考えるための知的土台をつくらせたいと考えています。歴史に裏打ちされた「獨協マインド」をぜひ体験してみてください。

併設大学への推薦制度

獨協大学と獨協医科大学（看護学部含む）へは，原則として高校３年間の内申書で一定の基準を満たした者について推薦資格が与えられます。他大学の一般入試が可能な併願推薦制度もあります。

入試情報（参考：昨年度）

【各回共通】
試験科目：国語・算数（各50分・100点満点）
　　　　　社会・理科（各30分・70点満点）
【第１回】
試験日時：2024年１月11日　９:00集合
合格発表：2024年１月11日　22:00（HP）
【第２回】
試験日時：2024年１月12日　９:00集合
合格発表：2024年１月12日　21:00（HP）
【第３回】
試験日時：2024年１月17日　９:00集合
合格発表：2024年１月17日　20:00（HP）

編集部注―本書の内容は2024年4月現在のものであり，変更されている場合があります。正確な情報は，学校のホームページ等で必ずご確認ください。

算数 出題傾向＆対策

◆基本データ（2024年度１回）

試験時間／満点	50分／100点
問題構成	・大問数…４題 計算・応用小問１題（７問）／応用小問１題（２問）／応用問題２題 ・小問数…15問
解答形式	応用問題は考え方や式を書くものもある。
実際の問題用紙	Ｂ５サイズ，小冊子形式
実際の解答用紙	Ｂ４サイズ

◆出題傾向と内容

▶過去３年の出題率トップ３
１位：角度・面積・長さ13%　２位：四則計算・逆算，体積・表面積９％
▶今年の出題率トップ３
１位：角度・面積・長さ，場合の数13%　３位：速さなど８％

はじめの１，２題は計算問題と応用小問の集合題で，それ以降は応用問題です。

応用小問は，数の性質，場合の数，平均とのべ，規則性，差集め算，濃度，速さ，比較的簡単な図形（角度，面積，体積）などが出されています。

応用問題は，図形や速さに関する問題，割合や比に関する文章題がよく出されており，思考力を要する内容となっています。また，特殊算を利用した問題が多いのも特色の一つで，過不足算，通過算，仕事算，相当算などが取り上げられています。

◆対策～合格点を取るには？～

まず，正確で速い計算力を養うことが第一です。計算力は短期間で身につくものではなく，練習を続けることにより，しだいに力がついてくるものなので，毎日，自分で量を決めて，それを確実にこなしていきましょう。

次に，条件を整理し，解答への手順を見通す力を養うようにしましょう。基本例題を中心として，はば広い分野の問題に数多くあたることが好結果を生みます。数列や規則性，速さの問題などは，ある程度数をこなして解き方のパターンをつかむことと，ものごとを筋道立てて考えることが大切です。

分野＼年度		2024		2023		2022	
		１回	２回	１回	２回	１回	２回
計算	四則計算・逆算	○	○	○	○	○	○
	計算のくふう						
	単位の計算						
和と差	和差算・分配算						
	消去算			○			
	つるかめ算				○		○
	平均とのべ	○	○			○	
	過不足算・差集め算	○					
	集まり						
	年齢算						
割合と比	割合と比	○	○	◎	○		
	正比例と反比例						
	還元算・相当算						
	比の性質						
	倍数算						
	売買損益						
	濃度		○	○	○	○	○
	仕事算						
	ニュートン算						
速さ	速さ	○	○			◎	
	旅人算						
	通過算	○					
	流水算						
	時計算		○	○			
	速さと比						○
図形	角度・面積・長さ		●	○	●	◎	●
	辺の比と面積の比・相似		○			○	
	体積・表面積	○		◎	○	○	○
	水の深さと体積			○			
	展開図	○					
	構成・分割				○	◎	○
	図形・点の移動						
表とグラフ							
数の性質	約数と倍数						
	N進数						
	約束記号・文字式				○	○	
	整数・小数・分数の性質	○	○	○		○	○
規則性	植木算						
	周期算			○	○		
	数列						○
	方陣算						
	図形と規則	○					
場合の数		○	◎	○	◎	○	○
調べ・推理・条件の整理						◎	
その他							

※　○印はその分野の問題が１題，◎印は２題，●印は３題以上出題されたことをしめします。

出題傾向＆対策

◆基本データ（2024年度１回）

試験時間／満点	30分／70点
問題構成	・大問数…３題 ・小問数…24問
解答形式	記号選択と適語の記入がほとんどだが，記述が各分野で１問ずつ出されている。
実際の問題用紙	Ｂ５サイズ，小冊子形式
実際の解答用紙	Ｂ４サイズ

分野		年度	2024		2023		2022	
			1回	2回	1回	2回	1回	2回
日本の地理		地図の見方	○	○	○	○	○	○
		国土・自然・気候	○	○	○	○	○	○
		資源				○		
		農林水産業	○	○	○	○		○
		工業	○					
		交通・通信・貿易		○		○		★
		人口・生活・文化	○	○		○	○	○
		各地方の特色		★	★		★	
		地理総合	★			★		
世界の地理								
日本の歴史	時代	原始～古代	○	○	○	○	○	○
		中世～近世	○	○	○	○	○	○
		近代～現代	○	○	○	○	○	○
	テーマ	政治・法律史						
		産業・経済史						
		文化・宗教史						
		外交・戦争史						
		歴史総合	★	★	★	★	★	★
世界の歴史				○				
政治		憲法		★	○	★	○	○
		国会・内閣・裁判所	○	○	○	○	○	○
		地方自治	○		○			
		経済	○					
		生活と福祉	○		○			
		国際関係・国際政治	○				○	
		政治総合	★		★		★	★
環境問題					○			
時事問題					○		○	
世界遺産							○	
複数分野総合								

※　原始～古代…平安時代以前，中世～近世…鎌倉時代～江戸時代，近代～現代…明治時代以降
※　★印は大問の中心となる分野をしめします。

◆出題傾向と内容

地理・歴史・政治（時事をふくむ）の各分野からまんべんなく出題されています。

●**地理**…ある地域やテーマを取り上げて，それに関係する自然や産業（農林水産業，工業，交通，国土の保全など），地形図の読み取り（地図記号，縮尺，土地利用，等高線の読み取り，写真との対比など）を問うものがよく出されています。また，グラフの読み取りや思考力を要する統計問題の出題も特ちょうです。

●**歴史**…古代から現代までかたよりなく出題されています。歴史事項の説明だけでなく，図版資料から読み取った内容を説明させる問題やあることがらを機に起こった社会の変化を説明させる問題など，歴史の背景や流れをふまえたうえでの歴史学習が求められています。

●**政治**…最近の政治や国際情勢などを取り上げ，それに関連して憲法や三権のしくみを問う問題がめだちます。地方の政治や税制，選挙制度，人口問題など，時事的なできごとについて出題されることもあります。

◆対策～合格点を取るには？～

はば広い知識が問われていますが，大半の設問は標準的な難易度ですから，まず，基礎を固めることを心がけてください。教科書のほか，説明がていねいでやさしい標準的な参考書を選び，基本事項をしっかりと身につけましょう。

地理分野では，地図とグラフが欠かせません。つねにこれらを参照しながら，白地図作業帳を利用して地形と気候をまとめ，そこから産業のようす（もちろん統計表も使います）へと広げていってください。

歴史分野では，教科書や参考書を読むだけでなく，自分で年表を作って覚えると学習効果が上がります。できあがった年表は，各時代，各分野のまとめに活用できます。本校の歴史の問題にはさまざまな分野が取り上げられていますから，この作業はおおいに威力を発揮するはずです。

政治分野では，日本国憲法の基本的な内容と三権についてはひと通りおさえておいた方がよいでしょう。また，時事問題については，新聞やテレビ番組などでニュースを確認し，国の政治や経済の動き，世界各国の情勢などについて，ノートにまとめておきましょう。

理科 出題傾向＆対策

◆基本データ（2024年度１回）

試験時間／満点	30分／70点
問題構成	・大問数…３題 ・小問数…25問
解答形式	記号選択と適語・数値の記入だけでなく，式・考え方を書かせる問題も出ている。グラフの完成も見られる。
実際の問題用紙	Ｂ５サイズ，小冊子形式
実際の解答用紙	Ｂ４サイズ

◆出題傾向と内容

本校の理科は，実験・観察・観測をもとにした問題が多く，また，ほぼすべての分野からバランスよく出題される傾向にあります。内容は基本的なものだけではなく，応用的なものも出題されています。各実験・観察に対する正しい理解や思考力が必要です。なお，大問１は小問集合形式になっています。

●生命…植物の分類，ヒトのからだのしくみとはたらき，生物どうしのつながり，種子の発芽と呼吸，蒸散などが取り上げられています。

●物質…水溶液の識別，ものの溶け方，金属と水溶液の反応，中和などが出題されています。グラフの読み取りや計算問題が頻出です。

●エネルギー…ふりこの運動，浮力とばねののび，てこ，電気回路，ものの温まり方などが出されています。

●地球…雲のでき方，月の動き，星座早見，地球の大きさ，岩石のつくり，火山の噴火と地層，台風などが出題されています。

分野 ＼ 年度		2024		2023		2022	
		1回	2回	1回	2回	1回	2回
生命	植物	○	○	○			○
	動物	○		○	★	★	○
	人体	○	★	○			○
	生物と環境				○	○	
	季節と生物						
	生命総合						
物質	物質のすがた					○	
	気体の性質		○		○		○
	水溶液の性質		★	○		○	
	ものの溶け方	○		○	★	○	
	金属の性質						
	ものの燃え方						
	物質総合	○					
エネルギー	てこ・滑車・輪軸			○	○	○	
	ばねののび方	★					
	ふりこ・物体の運動		○			○	
	浮力と密度・圧力			★		○	
	光の進み方						
	ものの温まり方	○					
	音の伝わり方						
	電気回路		○				○
	磁石・電磁石	○		○	○		
	エネルギー総合						
地球	地球・月・太陽系		○				○
	星と星座					★	
	風・雲と天候	○		★	○		★
	気温・地温・湿度			○			
	流水のはたらき・地層と岩石		○			○	
	火山・地震	★					
	地球総合						
実験器具		○			○		○
観察							
環境問題							★
時事問題							
複数分野総合		★	★	★	★	★	★

※　★印は大問の中心となる分野をしめします。

◆対策〜合格点を取るには？〜

さまざまな題材をもとに構成されており，多くは実験・観察の結果を総合的にはあくしたうえで，筋道を立てて考えていく必要がある問題です。基礎知識はもちろんのこと，それらを使いこなす応用力もためされます。「生命」「物質」「エネルギー」「地球」の各分野からバランスよく出題されているので，かたよりのない学習が必要です。

なによりもまず，教科書を中心とした学習によって，基本的なことがらを確実に身につけることが大切ですが，教科書の学習以外に必要とされる知識も少なくありません。そのためには，身近な自然現象に日ごろから目を向けることです。また，テレビの科学番組，新聞・雑誌の科学に関する記事，読書などを通じて科学にふれることも大切です。科学に目を向けるふだんの心がけが，はば広い知識を身につけることにつながります。

基礎的な知識がある程度身についたら，標準的な問題集を解き，知識を活用する力を養いましょう。そのさい，わからない問題があってもすぐに解説・解答にたよらず，じっくりと自分で考えること。この積み重ねが考える力をのばすコツです。

国語 出題傾向＆対策

◆基本データ(2024年度１回)

試験時間／満点	50分／100点
問題構成	・大問数…３題 文章読解題２題／知識問題１題 ・小問数…23問
解答形式	記号選択と文章中のことばの書きぬきのほかに，30～40字程度で書かせる記述問題も出題されている。
実際の問題用紙	Ｂ５サイズ，小冊子形式
実際の解答用紙	Ｂ４サイズ

◆出題傾向と内容

▶近年の出典情報(著者名)
説明文：鷲田清一　吉田夏彦　市川　浩
小　説：佐川光晴　寺地はるな　木内　昇

●読解問題…説明文・論説文が１題，小説・物語文が１題という出題がほぼ定着しています。設問は，適語の補充，文脈理解，接続語の選択，内容理解などで，典型的な長文読解問題です。説明文・論説文では筆者の主張の理解，小説・物語文では登場人物の心情の読み取りが中心となっています。全体的に，読む力・書く力を総合的に見ようとする意図がうかがえます。

●知識問題…漢字の読みと書き取りのほか，熟語の意味，慣用句・ことわざの完成，対義語などが取り上げられています。読解問題の中で，小問として出ることもあります。

◆対策～合格点を取るには？～

入試で正しい答えを出せるようにするためには，なるべく多くの読解問題にあたり，出題内容や出題形式に慣れることが大切です。問題集に取り組むさいは，指示語の内容や接続語に注意しながら，文章がどのように展開しているかを読み取るように気をつけましょう。また，さまざまな条件の記述問題が出されるので，それに対応するために，いろいろなパターンの記述問題に触れておくことが重要になります。熟語の問題もよく出るので，成り立ち・意味などをていねいに覚えておきましょう。

知識問題については，各分野をまんべんなく勉強しておかなければなりません。漢字は毎日少しずつ学習するとよいでしょう。

分野＼年度			2024		2023		2022	
			1回	2回	1回	2回	1回	2回
読	文章の種類	説明文・論説文	★	★	★	★	★	★
		小説・物語・伝記	★	★	★	★	★	★
		随筆・紀行・日記						
		会話・戯曲						
		詩						
		短歌・俳句						
解	内容の分類	主題・要旨	○	○	○	○	○	○
		内容理解	○	○	○	○	○	○
		文脈・段落構成	○	○		○	○	
		指示語・接続語	○	○	○	○	○	○
		その他	○	○	○	○	○	○
知	漢字	漢字の読み	○	○	○	○	○	○
		漢字の書き取り	○	○	○	○	○	○
		部首・画数・筆順						
	語句	語句の意味	○					
		かなづかい						
		熟語		○	○	○	○	
		慣用句・ことわざ	○	○	○		○	○
	文法	文の組み立て						
		品詞・用法						
識		敬語						
	形式・技法					○		
	文学作品の知識							
	その他							
	知識総合		★	★	★	★	★	★
表現	作文							
	短文記述							
	その他							
放送問題								

※　★印は大問の中心となる分野をしめします。

2024年度 獨協埼玉中学校

【算　数】〈第１回試験〉（50分）〈満点：100点〉

（注意）定規，分度器は使用してはいけません。また，各問題とも，解答は解答用紙(別紙)の所定の欄(らん)に記入してください。〈考え方・式〉の欄(らん)にも必ず記入してください。

1 次の各問に答えなさい。

(1) $\left(2-1.5+\frac{1}{8}\right)\div 0.25\times\frac{4}{5}$ を計算しなさい。

(2) 2.7 km の道のりを時速 30 km の速さで進んだとき，かかる時間は何分何秒ですか。

(3) 大中小３つのさいころを同時に投げたとき，小のさいころの目が１でした。
３つのさいころの目の和が偶数(ぐうすう)になるのは何通りですか。

(4) 太郎さんは１本 100 円のえんぴつを，花子さんは１本 80 円のえんぴつを買いました。花子さんの買った本数は太郎さんより４本少なく，代金は 520 円安くなりました。太郎さんが買ったえんぴつの本数を答えなさい。

(5) ある分数に，$5\frac{5}{14}$ をかけても $2\frac{8}{21}$ をかけても整数になります。その分数のうち最も小さい数を求めなさい。

(6) ５人のうち，ある３人の平均体重は 50 kg で，残りの２人の平均体重は，５人の平均体重より 4.5 kg だけ重いことが分かりました。５人の平均体重は何 kg ですか。

(7) 図のように，2 cm だけ離れた平行な２本の直線上に，1 cm の間隔で点が並んでいます。この７つの点から３つを選んで頂点とした三角形をつくります。このとき，次の各問に答えなさい。

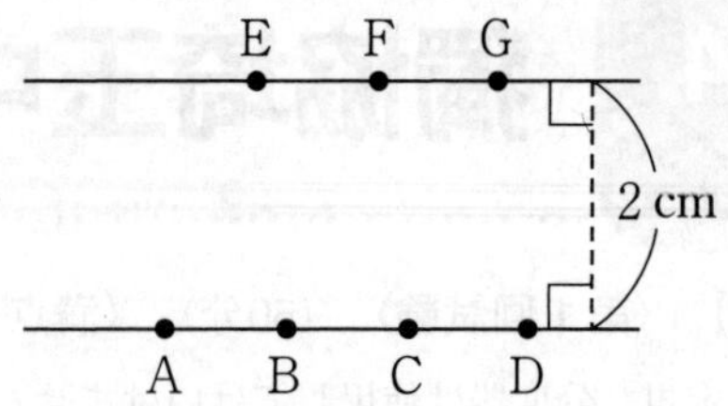

① 面積が 1 cm² である三角形は何個つくることができますか。

② 三角形は全部で何個つくることができますか。

2 次の各問に答えなさい。

(1) 次の各図は，正方形に２つの正三角形を組み合わせた図形です。ある規則にしたがって点をうちます。４番目以降もこの規則にしたがって点をうちます。このとき，次の各問に答えなさい。

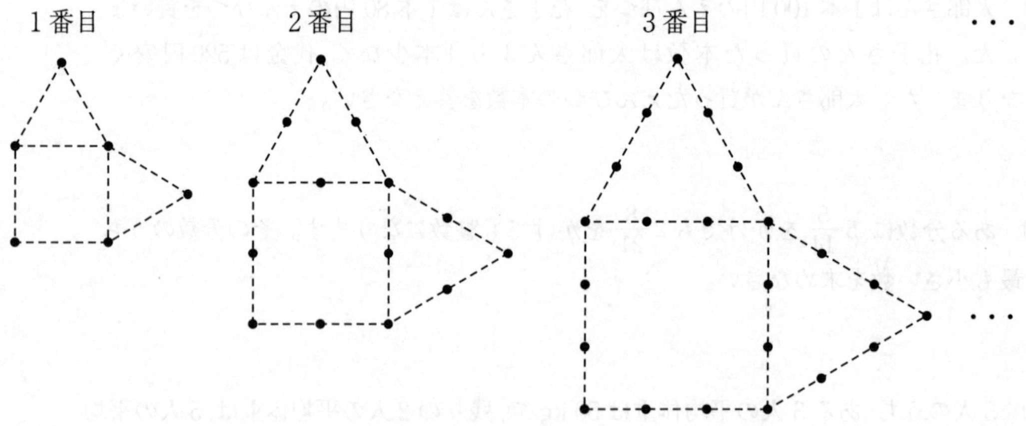

① 点の個数が初めて 100 個より多くなるのは何番目の図形ですか。

② １番目から 20 番目までの図形の点の個数の合計は何個ですか。

(2)　下の展開図①,②を組み立ててできる立体の体積をそれぞれ求めなさい。
ただし,マス目は１辺の長さが１cm の正方形です。

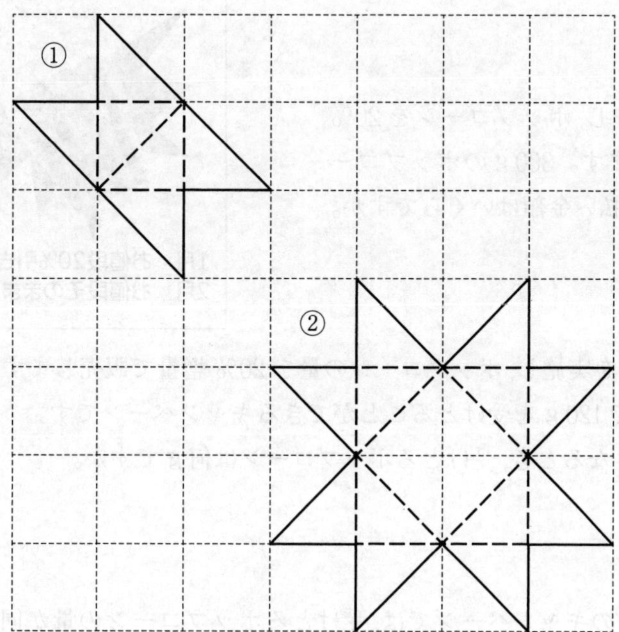

3 ある店では５ｇごとのポップコーンの量り売りをしています。通常は５ｇで７円です。このとき，次の各問に答えなさい。ただし，消費税は考えないものとします。

Popcorn
1月　お値段20%引き
2月　お値段そのまま20%増量

(1) １月はセールを実施し，ポップコーンを20％引きの値段で販売します。300ｇのポップコーンを購入するとき，支払い金額はいくらですか。

(2) ２月はキャンペーンを実施し，ポップコーンの量を20％増量で販売します。つまり，100ｇの金額で120ｇを受けとることができるキャンペーンです。支払い金額が630円となるとき，受けとるポップコーンは何ｇですか。

(3) １月のセールと２月のキャンペーンでは，受けとるポップコーンの量が同じでも支払い金額は異なります。支払い金額が等しくなるのは，キャンペーンにおけるポップコーンの量が何％増量のときですか。

4 電車Ｘが東から西へ，電車Ｙが西から東へ進んでいます。今，２つの電車はＡ地点で先頭がすれ違い始め，12秒後に電車Ｙの最後尾がＡ地点を通過しました。電車Ｘと電車Ｙの速さの比は３：２で，速さは常に一定とします。電車Ｘの長さは250ｍ，電車Ｙの長さは200ｍです。このとき，次の各問に答えなさい。

(1) 電車Ｘと電車Ｙの速さはそれぞれ秒速何ｍですか。

(2) 電車Ｘと電車Ｙの最後尾同士がすれ違うのは，Ａ地点から東または西に何ｍの地点ですか。

(3) Ｂ地点はＡ地点よりも東にある地点とします。Ｂ地点では，電車Ｘの先頭が通過してから電車Ｙの最後尾が通過するまでちょうど18秒かかりました。Ａ地点とＢ地点の距離は何ｍですか。

【社　会】〈第１回試験〉(30分)〈満点：70点〉

1　次の文章を読んで、各問いに答えなさい。

2023年５月、Ｇ７サミット（主要国首脳会議）が **a** 広島県 **b** 広島市で開催された。サミットは、国際社会が直面する政治や経済、気候変動など、さまざまなテーマについて各国のリーダーなどが意見を交わす国際会議である。日本では、これまでに東京都や沖縄県、洞爺(とうや)湖がある（　**1**　）、志摩半島がある（　**2**　）などでサミットが開かれた。広島市でのサミットをふくめると、日本でのサミット開催は７回目となる。

(1)　下線部 **a** について、あとの問いに答えなさい。

①　次の **A**～**D** でしめした図は、広島県がふくまれる中国地方の、**ア**～**エ**のいずれかの分布図である（黒い点がその位置をあらわしている。問題作成上、一部の島をのぞいている）。**C** にあてはまるものとして正しいものを、次の**ア**～**エ**のうちから１つ選び、記号で答えなさい。

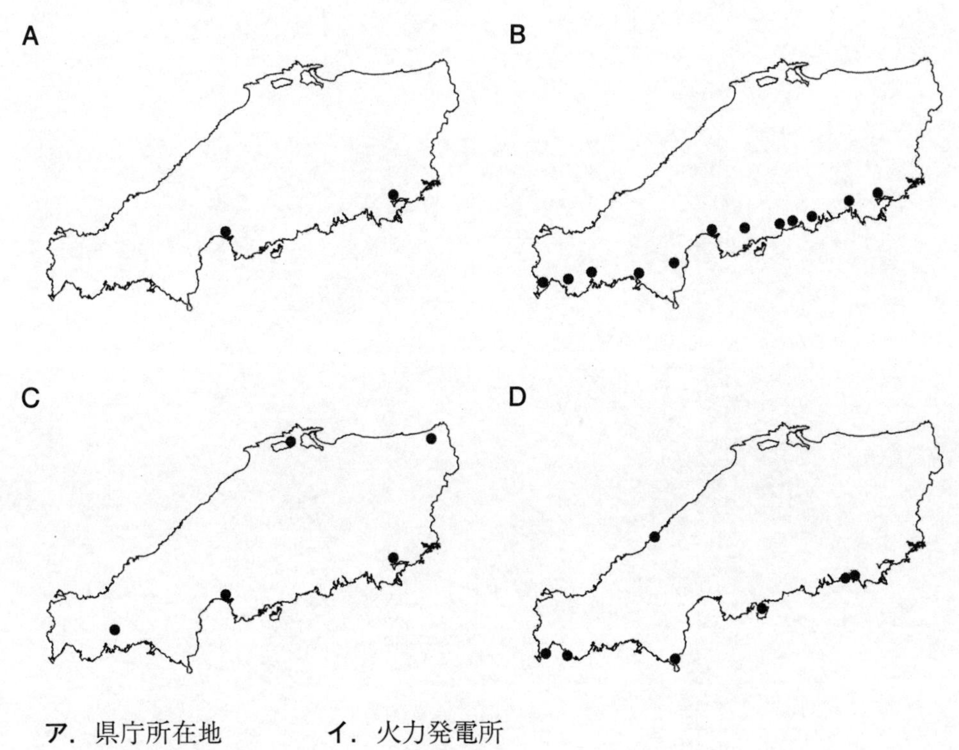

ア．県庁所在地　　　**イ**．火力発電所
ウ．政令指定都市　　**エ**．新幹線の駅

② 広島県は、かき類の養殖がさかんである。次の表は、都道府県別の海面漁業・養殖業生産量（令和４年）のうち、かき類の上位５都道府県をまとめたものである。表中の空欄（ X ）にあてはまる都道府県名を答えなさい。

単位：100トン

1位	広島	968
2位	（ X ）	257
3位	岡山	147
4位	兵庫	98
5位	岩手	60

〔農林水産省ＨＰより作成〕

③ 関東地方から広島県のある瀬戸内海の沿岸をふくんで九州地方北部まで、帯のように連なる工業地帯・地域のことを何というか、６文字で答えなさい。

(2)　次の地形図は、広島県北東部の庄原市東城町とその周辺をしめしたものである。この地形図に関して、あとの問いに答えなさい。

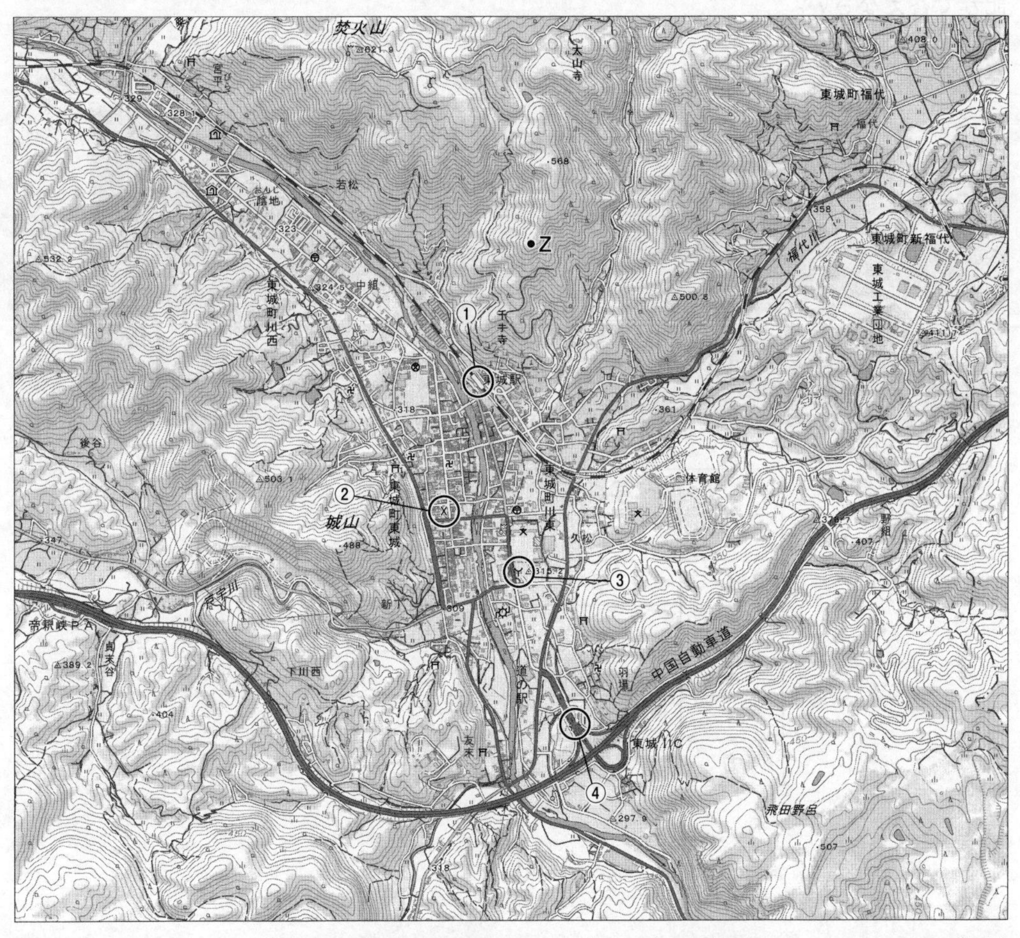

〔電子地形図　25000分の１（2023年７月ダウンロード）より作成〕

〈編集部注：編集上の都合により実際の試験問題の80％に縮小してあります。〉

①　地図中の地点**Z**の標高として正しいものを、次の**ア**～**エ**のうちから１つ選び、記号で答えなさい。

ア．510ｍ　　**イ**．520ｍ　　**ウ**．530ｍ　　**エ**．540ｍ

② 次の**写真Ｅ・Ｆ**は、地図中の①～④のいずれかの地点で撮影したものである。写真と撮影地点の組み合わせとして正しいものを、次の**ア～カ**のうちから１つ選び、記号で答えなさい。

写真Ｅ

写真Ｆ

	写真Ｅ	写真Ｆ
ア	②	①
イ	②	③
ウ	②	④
エ	③	①
オ	③	②
カ	③	④

③　小学生のＡさんのおじいさんは、地形図でしめした地域に住んでいる。下の文章は、Ａさんとおじいさんが、地形図中のまちを散歩している時の会話である。会話中の空欄（　**あ**　）・（　**い**　）に入る語句として正しいものを、次の**ア**～**カ**より１つずつ選び、記号で答えなさい。

おじいさん：このまちは、「城山」があるように、昔お城があってさかえた町なんだよ。ほかにも、山で鉄がとれて、さかえていたこともあるんだよ。

Ａさん　　：お酒をつくっている蔵（くら）があったり、和菓子屋さんや着物を売っているお店があったりして、歴史を感じるね。

おじいさん：昭和のころは、もっと人が多くてにぎわっていたけれど、人口が少なくなるとともに、飲食店や旅館などの（　**あ**　）のお店は少なくなっているよ。それから最近は、インターネットで買い物をする人も増えたから、文房具店や（　**い**　）は少なくなってきているね。

Ａさん　　：じゃあ、このまちでの生活はとても不便になっているの？

おじいさん：ここ数年で、大きな道路沿いにスーパーマーケットやドラッグストア、コンビニエンスストアができて、ふだんの生活でこまることはないよ。中国自動車道があって、広島市内や大阪市方面とつながっているから、お店に商品が運びやすいようだよ。

ア．クリーニング店　　**イ**．第一次産業　　**ウ**．本屋
エ．美容室　　**オ**．サービス業　　**カ**．病院

④　次の**写真Ｇ**と**写真Ｈ**は、地形図中の畑の周辺で撮影したものである。写真から、畑のまわりに細いワイヤーのようなものが、はりめぐらされていることが分かる。これはある問題に対しての対策である。あとの**資料**も参考にしながら、なぜこのようにしているのか、この問題をあきらかにしながら、説明しなさい。

写真Ｇ

写真Ｈ

資料

【農作物の被害額（全国）】

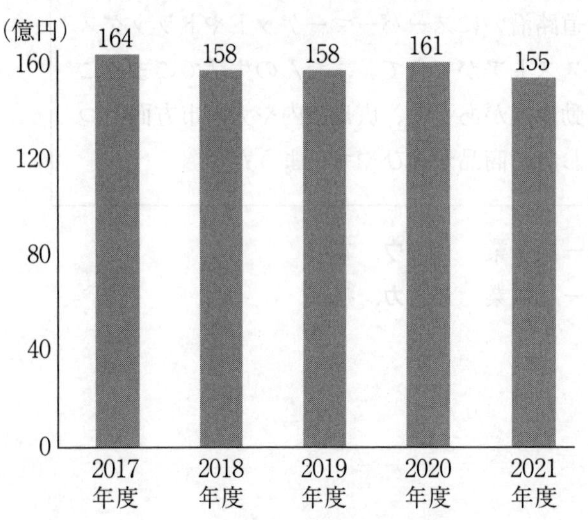

〔農林水産省ＨＰより作成〕

【現地の農家の人の話】

いろいろな対策をしています。写真にあるワイヤーは、夜の間、電気が通るようになっています。うちの地域だけでなく、全国的に困っているようです。

(3)　下線部**ｂ**について、広島市のように、川が河口付近に土砂を積もらせてできた土地を何というか、答えなさい。

(4)　文中の空欄（　**1**　）・（　**2**　）にあてはまる都道府県名をそれぞれ答えなさい。

2 次の文章を読んで、各問いに答えなさい。

現在の高知県にあたる**a**土佐国は、日本の誕生から**b**推古天皇の時代までを記した古事記の国産み(くにうみ)の神話のなかで、土佐国建依別(たけよりわけ)とよばれ、雄々(おお)しい男の国とされている。

c律令政治が本格的に行われた奈良・**d**平安時代は、現在の高知市の東にある南国(なんこく)市の比江(ひえ)に国司が都から派遣され、土佐の政治と文化の中心であった。また、室町時代には**e**細川氏が土佐国の守護代となり、さらに戦国時代に（　**1**　）氏が土佐を統一して政治を行った。

その後、関ヶ原の合戦で西軍に味方して敗れた（　**1**　）氏に代わり、山内氏が土佐の国主(こくしゅ)として入国すると、土佐藩の**f**城下町として高知市の辺りの地域が発展していった。**g**幕末には坂本龍馬など多くの志士(しし)が登場し、明治時代になると（　**2**　）などが自由民権運動を起こし、「自由は土佐の山間より」とうたわれるようになった。また、高知県には、実業家の岩崎弥太郎や思想家の幸徳秋水、**h**第二次世界大戦後、内閣総理大臣となった吉田茂など数多くの偉人がいる。

(1)　下線部**a**について、読み方をひらがなで答えなさい。

(2)　下線部**b**について、この時代の文化について述べた文**X**・**Y**と、代表的な文化財Ⅰ・Ⅱの組合せとして正しいものを、次の**ア**～**エ**のうちから１つ選び、記号で答えなさい。

> **X**　日本で最初の仏教文化が起こった。この文化には、遠くインド・西アジア・ギリシャなどの文化の影響がみられる。
> **Y**　遣唐使によって唐の文化がもたらされたため、唐の影響を強く受けた。

ア．**X**－Ⅰ　　**イ**．**X**－Ⅱ　　**ウ**．**Y**－Ⅰ　　**エ**．**Y**－Ⅱ

(3) 下線部**c**について、この政治のしくみについて述べた文として正しいものを、次の**ア**～**エ**のうちから１つ選び、記号で答えなさい。

ア．神祇官が決めた政策にもとづいて、神祇官の下に置かれた八省が実際の政治を行った。

イ．地方は国・郡・里に分け、郡司には主に都から派遣された豪族が任命された。

ウ．朝廷は毎年戸籍をつくり、それにもとづいて田をあたえた。

エ．農民は、稲を地方の役所に納める租など、さまざまな税を負担した。

(4) 下線部**d**について、赴任(ふにん)先である土佐国から平安京の自宅に帰るまでの様子をかな文字で書いた、『土佐日記』の作者は誰か。

(5) 下線部**e**について、細川氏と山名氏が争った応仁の乱について述べた文**X**・**Y**について、その正誤の組合せとして正しいものを、次の**ア**～**エ**のうちから１つ選び、記号で答えなさい。

X　応仁の乱は約10年も続き、京都は焼け野原になった。
Y　戦乱を逃れて地方に行った公家や僧らによって、京都の文化が地方に広まった。

ア．**X**　正　**Y**　正　　**イ**．**X**　正　**Y**　誤
ウ．**X**　誤　**Y**　正　　**エ**．**X**　誤　**Y**　誤

(6) 空欄（　**1**　）に入る語句として正しいものを、次の**ア**～**エ**のうちから１つ選び、記号で答えなさい。

ア．伊達　　**イ**．織田　　**ウ**．長宗我部　　**エ**．島津

(7) 下線部**f**について、**Ⅲ**の城を中心に発達した町の位置として正しいものを、次の**ア**～**エ**のうちから１つ選び、記号で答えなさい。

Ⅲ

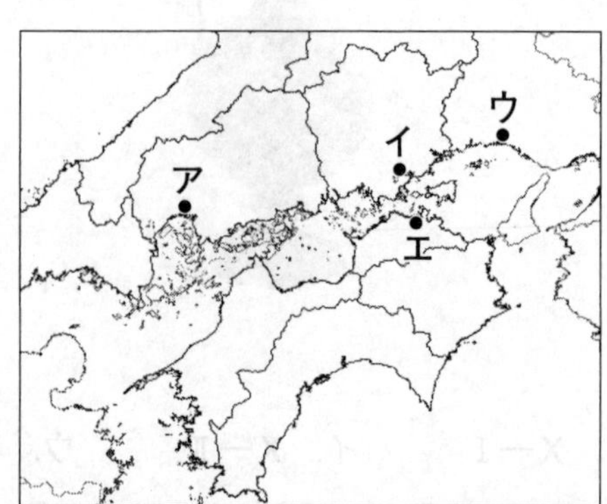

(8)　下線部**ｇ**について、次の**《貿易の開始による影響》**を読んで、下線部のような状況になったのはなぜか、また、それに対して幕府はどのように対応したのか、説明しなさい。

> **《貿易の開始による影響》**
> １．最も重要な輸出品であった生糸は、値上がりした。
> ２．大量生産された安い綿糸や綿織物が大量に輸入されたため、国内の綿織物業が成り立たなくなった。
> ３．日本の小判が大量に国外に持ち出された。

(9)　空欄（　**２**　）に入る人名として正しいものを、次の**ア～エ**のうちから１つ選び、記号で答えなさい。

ア．岩倉具視　　**イ**．伊藤博文　　**ウ**．大久保利通　　**エ**．板垣退助

(10)　下線部**ｈ**について、あとの問いに答えなさい。

①　第二次世界大戦前のできごとについて述べた文として正しくないものを、次の**ア～エ**のうちから１つ選び、記号で答えなさい。

ア．政治や社会のしくみを変えようとする人々を取りしまるために、治安維持法が定められた。

イ．満25歳以上の男子に選挙権を与える普通選挙法が定められた。

ウ．政府は国家総動員法を定めると、議会の承認がなくても戦争に必要な物資や人を、思い通りに動かせるようになった。

エ．北京に近い柳条湖で日中両軍が衝突したことをきっかけに、全面的な日中戦争となった。

②　次の**ア～エ**は第二次世界大戦後のできごとである。年代を古い順に並べかえたときに、３番目のできごととして正しいものを、次の**ア～エ**のうちから１つ選び、記号で答えなさい。

ア．日ソ共同宣言が調印され、日本が国際連合に加盟した。

イ．日本国憲法が施行された。

ウ．沖縄が日本に返還された。

エ．サンフランシスコ平和条約が調印された。

3 次の文章を読んで、各問いに答えなさい。

国連は、世界人口が2022年末に（　**1**　）億人を超えたと報告した。2050年には100億人を超えると予測されている。こうした急激な人口増加は「人口爆発」とよばれ、おもに（　**2**　）国で起こっており、**a**食料やエネルギー資源の不足や環境問題の悪化などが心配されている。今後、「人口爆発」にくわえ、世界全体の高齢化も新たな課題となると予測されている。

日本の最大の課題は、少子高齢化の進行である。2005年以降、高齢化率は主要な先進国中で１位であり、外国人をのぞく日本の人口の減少は2011年から続いている。**b**2023年１月のデータでは、47**c**都道府県の全てで、日本人人口が前年を下回ったことが初めて確認された。これを受け**d**政府は「**e**少子化、人口減少はわが国の社会経済や社会保障にかかわる重要な問題だ。…（中略）…**f**働き方改革などにより**g**女性や**h**高齢者などの就労（しゅうろう）を最大限促進（そくしん）するとともに、その能力を発揮（はっき）できるよう」取り組みを進めるという声明を出した。

(1) 空欄（　**1**　）に入る数字として正しいものを、次の**ア**～**エ**のうちから１つ選び、記号で答えなさい。

ア．60　　**イ**．70　　**ウ**．80　　**エ**．90

(2) 空欄（　**2**　）に入る語句を漢字４文字で答えなさい。

(3) 下線部**a**について、こうした国際的課題に対応するために、ＳＤＧｓへの取り組みが国際的に進められている。ＳＤＧｓという言葉の意味として正しいものを、次の**ア**～**エ**のうちから１つ選び、記号で答えなさい。

ア．「国際の平和と安全に主要な責任を持つ」こと
イ．「全ての人々が可能な最高の健康水準に到達する」こと
ウ．「文化振興を通し、戦争を二度と起こさない」こと
エ．「持続可能な開発目標」のこと

(4) 下線部**b**について、このデータとは住民基本台帳のことであり、ふるさと納税制度や地方自治を管轄（かんかつ）する省庁によって作成された。この省庁名を答えなさい。

(5) 下線部**c**について、都道府県の議会や議員について述べた文章として正しいものを、次の**ア**～**エ**のうちから1つ選び、記号で答えなさい。

ア. 多くの議会は、二院制となっている。

イ. 18歳以上の日本国民であれば、どこに住んでいても被選挙権を有する。

ウ. 議長は、議員の中から知事により決定される。

エ. 議会のおもな仕事に、条例の制定や改正がある。

(6) 下線部**d**について、政府や国際機関とは異なる立場で、経済・社会・医療・人権などの様々な国際問題に取り組む民間団体を何というか。アルファベット3文字で答えなさい。

(7) 下線部**e**について、少子化や人口減少が社会保障にかかわる重大な問題といえる理由を、社会保障とは何かを明らかにした上で説明しなさい。

(8) 下線部**f**について、働き方改革は女性や高齢者に限らない内容を含んでいる。その内容として正しくないものを、次の**ア**～**エ**のうちから1つ選び、記号で答えなさい。

ア. ワーク・ライフ・バランスの整備　　**イ**. 在宅勤務の推進

ウ. マイナンバーカードの促進　　**エ**. 男性の育休取得の促進

(9) 下線部**g**について、日本において女性参政権が付与(ふよ)された年を西暦で答えなさい。

⑽　下線部**h**について、次のグラフは、仕事をしていて収入のある高齢者を対象とした国のアンケート結果をまとめたものである。このグラフについての説明として正しいものを、次の**ア**～**エ**のうちから１つ選び、記号で答えなさい。

【高齢者が仕事をしている理由（性・年齢別）】

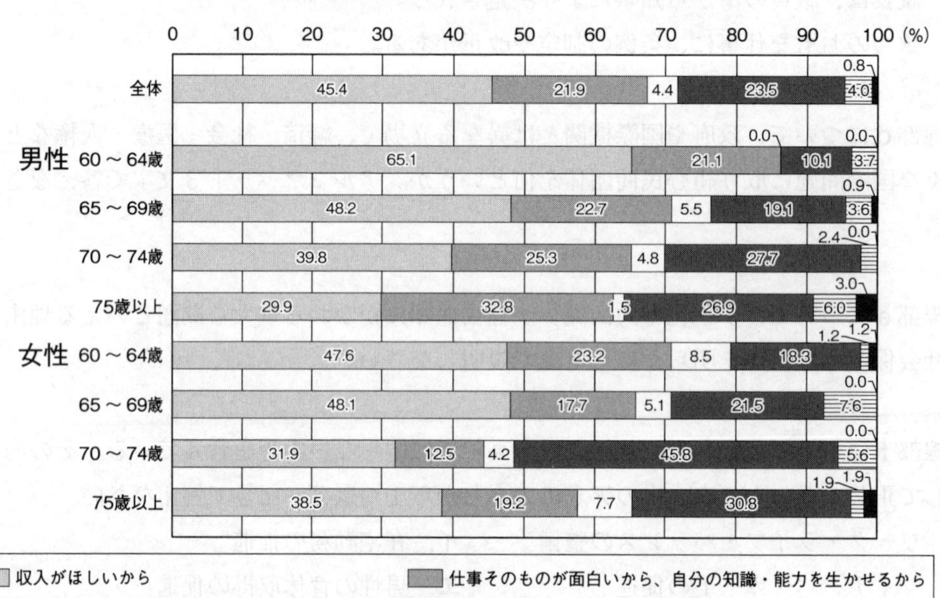

〔『令和２年版高齢社会白書』のデータに一部加筆して作成〕

ア．男性は年齢が上がるに従い収入目的の割合が減っていくが、女性は必ずしも減らない。

イ．どの年代も女性より男性の方が、健康や老化予防を目的にしている。

ウ．健康目的で働く男女が、年々増加している。

エ．仕事の面白さや知識・能力を生かすより、友人や仲間づくりが求められている。

【理　科】〈第１回試験〉（30分）〈満点：70点〉

1　以下の各問いに答えなさい。

(1)　次の①～③による影響が最も大きいものを、ア～ウの説明のうちからそれぞれ選び、記号で答えなさい。

①　伝導　　②　対流　　③　放射

ア　エアコンの冷房は風向きを上向きにすることで、部屋全体が涼しくなりやすい。
イ　電子レンジを使用すれば、食べ物が温められる。
ウ　火で熱したフライパンは火が触れていない部分も熱くなっている。

(2)　６月ごろから７月上旬にかけて、日本列島に長雨を降らせる原因となる前線の種類はどれですか。次のア～オから１つ選び、記号で答えなさい。

ア　停たい前線　　イ　温暖前線　　ウ　寒冷前線
エ　閉そく前線　　オ　湿じゅん前線

(3)　昆虫に共通する特徴として正しいものを次のア～オからすべて選び、記号で答えなさい。

ア　外骨格をもち、脱皮を行い成長する。
イ　からだは頭部・胸部・腹部の３つに分かれている。
ウ　あしは頭部・胸部・腹部の各部分に１対ずつ存在している。
エ　胸部に肺をもち、呼吸を行っている。
オ　複眼という小さな目が集まった構造をもつ。

(4)　子葉に栄養分を貯蔵する種子を無はい乳種子といいます。次の①～⑥の植物の組み合わせのうち、無はい乳種子のものを１つ選び、番号で答えなさい。

①　イネ・エンドウ　　②　イネ・トウモロコシ
③　イネ・ナズナ　　④　エンドウ・トウモロコシ
⑤　エンドウ・ナズナ　　⑥　トウモロコシ・ナズナ

(5)　次のア～カは、顕微鏡(けんびきょう)の操作を説明したものです。正しい操作順に並べ替(か)え、その順に記号を書きなさい。

ア　接眼レンズをのぞきながら、調節ネジを使って対物レンズとプレパラートを遠ざけて、ピントを合わせる。

イ　接眼レンズを顕微鏡に取り付ける。

ウ　調節ネジを使って、対物レンズとプレパラートをなるべく近付ける。

エ　2～3種類の倍率の対物レンズを顕微鏡に取り付ける。

オ　対物レンズを低倍率のものにし、視野全体が明るくなるように、反射鏡の向きを調節する。

カ　プレパラートをステージの上に正しく置き、クリップで固定する。

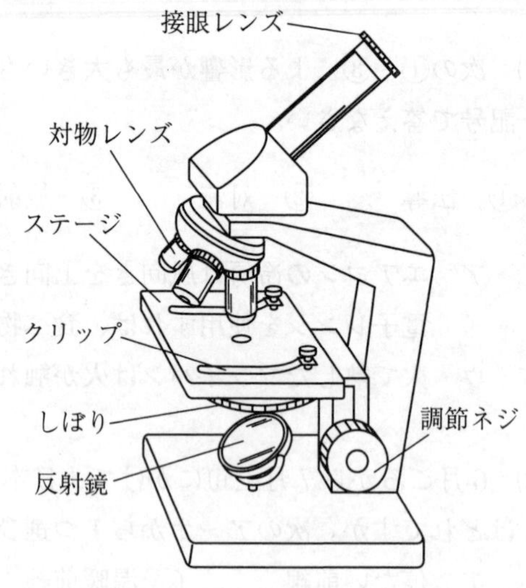

(6)　眼には「ひとみ」・「網膜(もうまく)」・「レンズ」・「角膜」・「ガラス体」などの空間や構造が存在しています。光が入る順に５つの空間や構造を並べたとき、３番目と５番目に通過する組み合わせはどれですか。正しいものを次のア～コから１つ選び、記号で答えなさい。

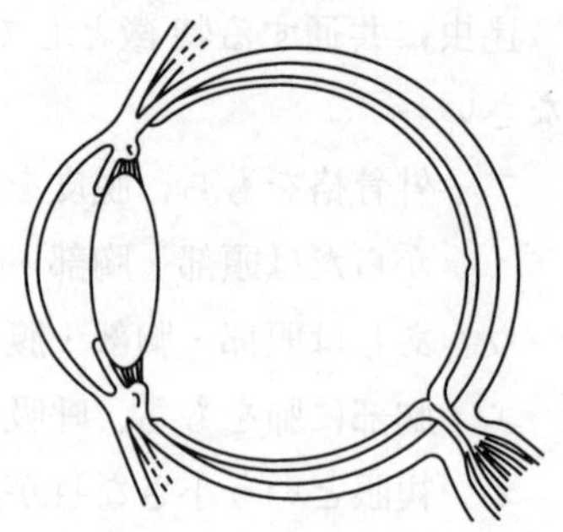

	３番目	５番目
ア	ひとみ	ガラス体
イ	ひとみ	レンズ
ウ	網膜	ひとみ
エ	網膜	角膜
オ	レンズ	網膜
カ	レンズ	ガラス体
キ	角膜	レンズ
ク	角膜	ひとみ
ケ	ガラス体	角膜
コ	ガラス体	網膜

(7) 太郎さんは、以下の方法でミョウバンの結晶を作りました。[A]および[B]に入る語句を答えなさい。

1．お湯に「ミョウバン」を限界まで溶(と)かし、[A]水溶液とします。
2．[A]水溶液を徐々に冷やしていくことで、ミョウバンを[B]させ固体のミョウバンを作ります。
3．タネとなる形の整った結晶を選び、再び[A]水溶液を作って、
「タネ結晶を入れる」→「徐々(じょじょ)に冷やす」→「成長したタネ結晶を取り出す」→
「[A]水溶液を作る」→「タネ結晶を入れる」→「徐々に冷やす」→「…」
を繰(く)り返します。
4．上記のように結晶成長を促(うなが)すことで、大きく美しいミョウバン結晶ができ上がります。

(8) ある小学６年生が「マスクを衣服やバッグなどに留めるマグネットクリップ『テリッパ』を発明し、特許を取得した」と報じられました。この発明品は、磁石に付く性質をもつ金属を利用しています。次のア～エから磁石に付かない金属をすべて選び、記号で答えなさい。

ア　金　　イ　銀　　ウ　銅　　エ　鉄

(9) いくつかの物質が混ざり合っているものを混合物といいます。混合物を次のア～オからすべて選び、記号で答えなさい。

ア　石油（原油）
イ　水（純水）
ウ　ブドウ糖（グルコース）
エ　食塩（塩化ナトリウム）
オ　ステンレス

2　ばねを使って、つるしたおもりの重さとばね全体の長さを調べる実験をしました。問題を解くうえで、おもり以外の重さは考えなくてよいものとします。

【実験１】

図１のように、元の長さや伸びやすさの異なるばねＡとばねＢに、おもりをつり下げて静止したときの、ばね全体の長さとおもりの重さを調べたところ、表１のようになりました。

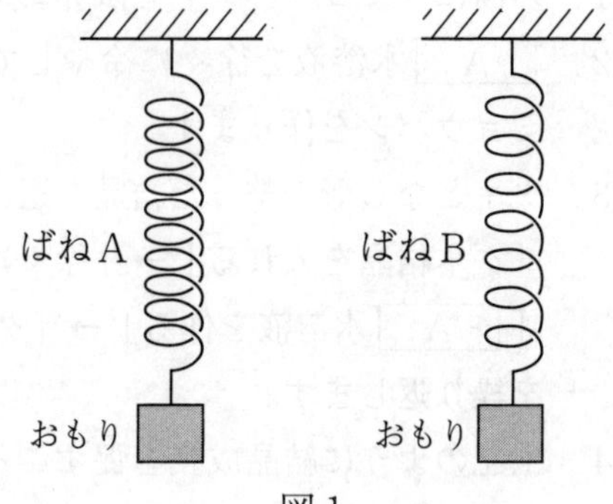

図１

おもりの重さ［ｇ］	5	10	15
ばねＡの全体の長さ　［cm］	27.5	30	32.5
ばねＢの全体の長さ　［cm］	20	25	30

表１

⑴　縦軸(じく)がばね全体の長さ、横軸がおもりの重さを表すグラフを、ばねＡ、Ｂそれぞれについて解答欄(らん)に作図しなさい。その際、ＡやＢと書き加え、ばねＡのグラフとばねＢのグラフを見分けられるように作図をしなさい。ただし、25ｇまではばねＡ、Ｂともに一定の規則で伸びるものとします。

⑵　おもりの重さが7.5ｇのとき、ばねＢの全体の長さを求めなさい。

【実験２】

図２のように、ばねＡとばねＢを棒でつなぎ、中心におもりをつるしたところ、棒は水平になって静止しました。

⑶　ばねＡとばねＢの全体の長さは何cmで静止しているか求めなさい。

⑷　つるしたおもりの重さは何ｇか求めなさい。

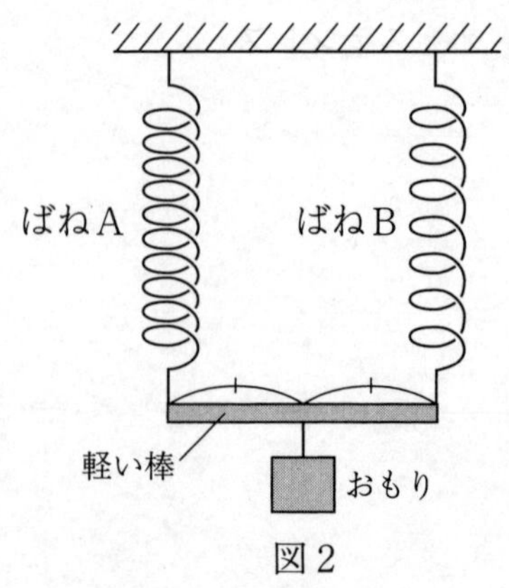

図２

【実験３】

ばねＢを棒１cm ごとに等間隔で１本ずつつなぎ、中心に30ｇのおもりをつるしたところ、棒は水平になって静止しました。図３は棒が２cm のときと３cm のときをそれぞれ表しています。そのときの、棒の長さとばねＢの伸びは表２のようになりました。

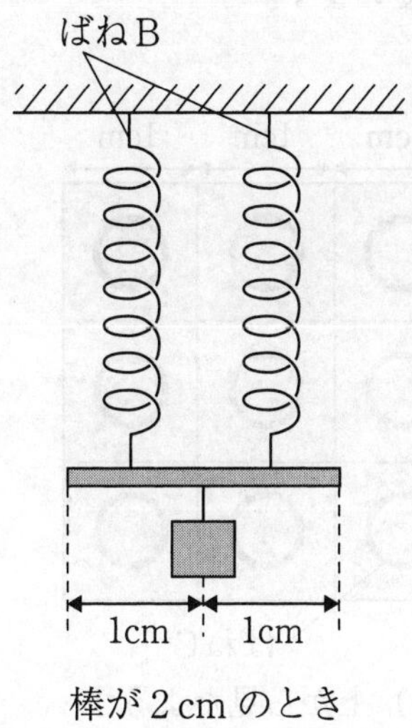

棒が２cm のとき

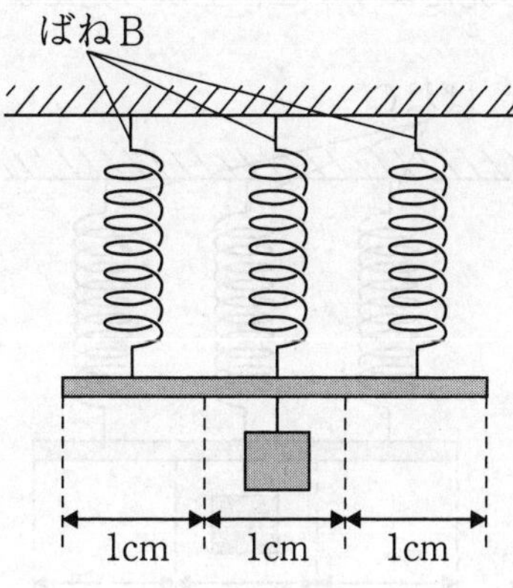

棒が３cm のとき

図３

棒の長さ　　　［cm］	1	2	3	4	5
ばねＢの伸び　［cm］	30	15	10	7.5	6

表２

(5)　棒の長さが６cm のとき、ばねＢの伸びは何 cm になるか求めなさい。

(6)　ばねＢの伸びが２cm になるとき、棒の長さは何 cm になるか求めなさい。

【実験４】

正方形の軽い板 $1\,cm^2$ ごとに、等間隔で１本ずつ、新たなばねＣをつなぎ、100 g のおもりを板の中心につるしたところ、板は水平になって静止しました。そのときの板の１辺の長さとばねＣの伸びの関係は表３のようになりました。図４は１辺が３cm のとき、横から見たようすと、上から見たようすを表しています。

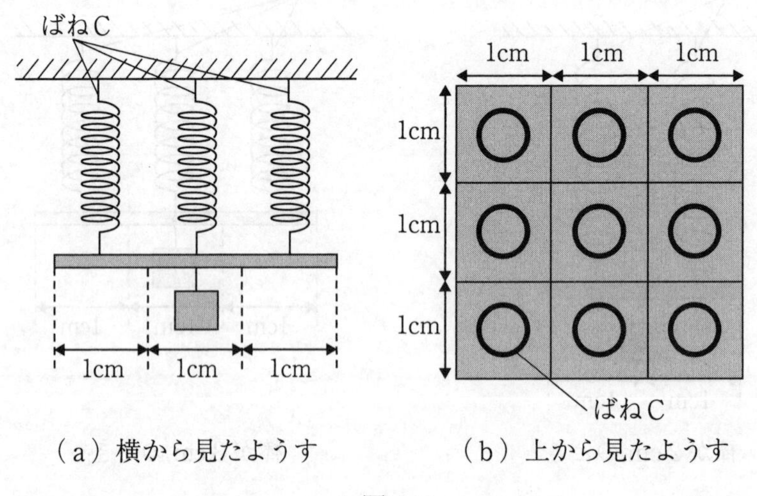

図４

板の１辺の長さ　[cm]	1	2	3	4
ばねＣの伸び　　[cm]	72	18	8	4.5

表３

(7)　板の１辺の長さが６cm のとき、ばねＣの伸びは何 cm になるか求めなさい。

3 太郎さんは夏休みの自由研究で、地震(しん)の仕組みを調べることにしました。2023年に日本で起きた地震について、気象庁のホームページで調べていたところ、2023年５月５日に、石川県珠洲(すず)市周辺で大きな地震が起きていたことを知りました。

まず、気象庁のホームページにのっていた図に注目しました（図１）。

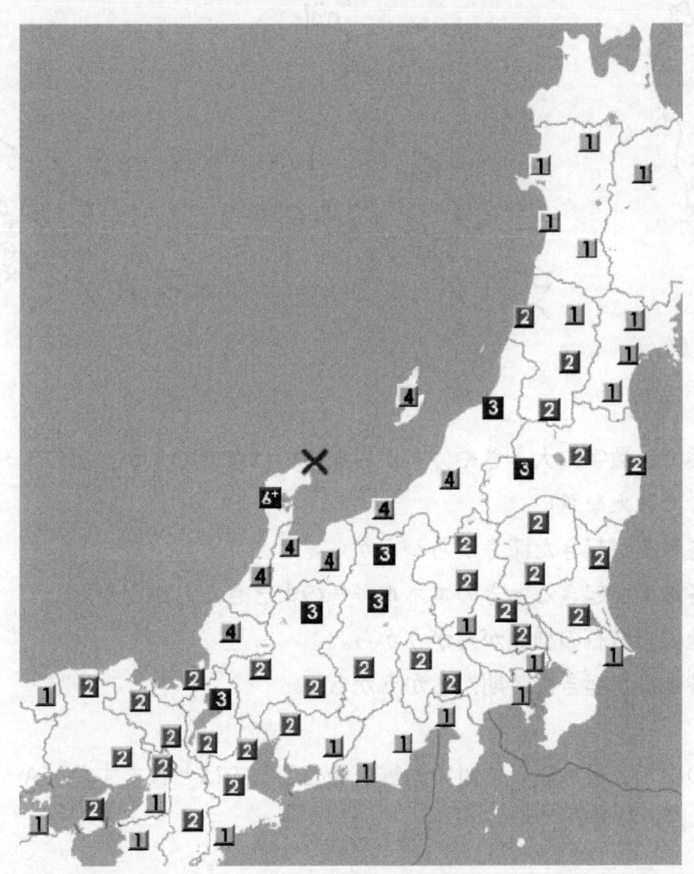

図１
（気象庁ホームページより抜粋(ばっすい)、一部改変）

(1) 図１の数字は何を表したものですか。次のア～エから１つ選び、記号で答えなさい。

ア　震度　　イ　震央　　ウ　震源　　エ　マグニチュード

(2) 次の説明文は、(1)の語句の意味を説明したものです。空白部分［　　］に10字以上18字以内の文を加えて、文章を完成させなさい。なお、説明文の意味が通るように、加えることとします。

説明文：この数字は、［　　　　　］です。

(3) 図１の×は何を表したものですか。(1)のア～エから１つ選び、記号で答えなさい。

図２は、３種類の別の地震（Ａ～Ｃ）について、図１と同じ情報を表したものです。これを見て太郎さんは、地震によって数字の大きさや分布が異なるということに気がつきました。

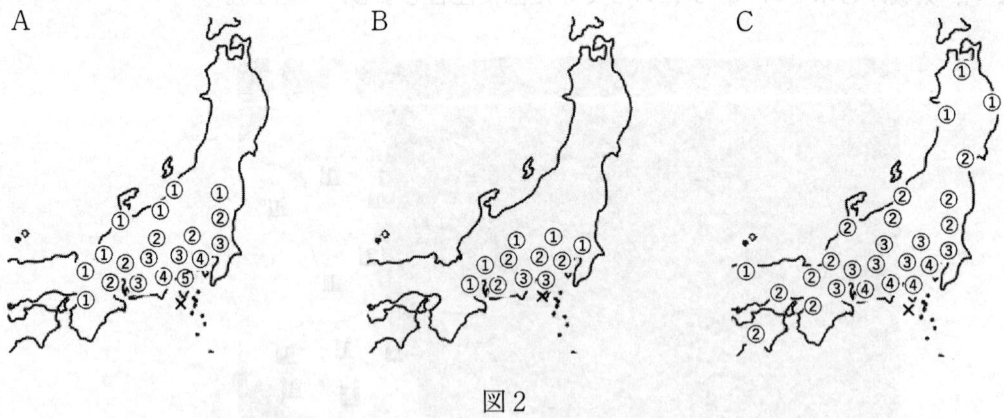

図２

⑷　Ａ～Ｃの各地震で、数字の大きさや分布が異なるのはなぜですか。次のア～エからすべて選び、記号で答えなさい。

ア　Ａ～Ｃの各地震が起きた深さがちがうから。
イ　Ａ～Ｃの各地震が起きるときのエネルギーの大きさがちがうから。
ウ　Ａ～Ｃの地表の岩石の種類がちがうから。
エ　Ａ～Ｃの各地震が起きた時期がちがうから。

⑸　図２の各地震の中で、最も深い位置で地震が発生したのはどれですか。Ａ～Ｃから１つ選び、記号で答えなさい。

太郎さんは、５月５日の地震について、より拡大した図（図３）を見つけました。

⑹　図１や図２で学んだことをもとにして、５月５日の地震はどのような深さで起きた地震と考えられますか。次のア～エから１つ選び、記号で答えなさい。

ア　最大の数字が６⁺なので、浅い位置で起きた地震

イ　最大の数字が６⁺なので、深い位置で起きた地震

ウ　同じ大きさの数字の分布がせまいので、浅い位置で起きた地震

エ　同じ大きさの数字の分布がせまいので、深い位置で起きた地震

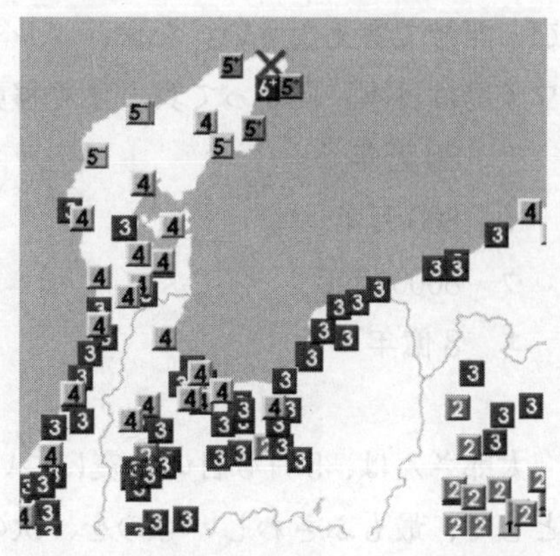

図３
（気象庁ホームページより抜粋、一部改変）

太郎さんは、日本で地震が発生しやすい理由を調べてみました。すると、気象庁のホームページに次のような図がありました（図４）。これによると、日本は４種類の「プレート」が互(たが)いに動いている場所です。図の２つの矢印は、陸のプレートから見たときの、海のプレートが動く向きと速さを表しています。例えば、太平洋プレート上にあるハワイ島は年間８cm の速さで日本に近づいていくことになります。そうしたプレートの動きによって、日本の地下では、地層や岩ばんに力が加わっていることが分かります。

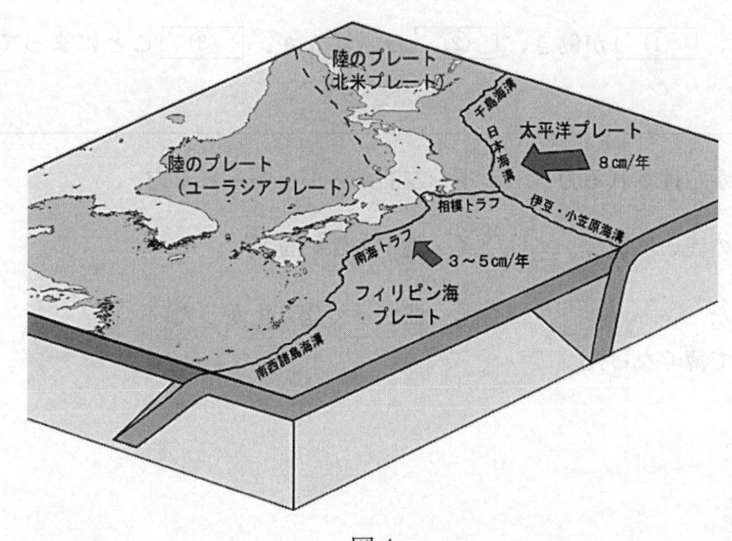

図４
（気象庁ホームページより抜粋、一部改変）

(7) 日本からハワイ島までの距離を6400 kmとすると、ハワイ島が日本まで移動するには何年かかりますか。式や考え方を示した上、正しい答えを次のア～エから１つ選び、記号で答えなさい。なお、プレートの動く速さや向きは変わらないものとし、ハワイ島は日本に向かって真っすぐ移動するものとします。

ア 80万年
イ 800万年
ウ 8000万年
エ ８億年

(8) 太郎さんは、５月５日の地震について、台所で再現することにしました。実験方法として、最もふさわしいものを、次のア～エから選び、記号で答えなさい。

ア こんにゃくを左右から押したところ、真ん中で曲がって盛り上がった。
イ せんべいを左右から押したところ、中央付近にヒビが入って割れた。
ウ こんにゃくを左右に引っ張ったところ、伸びて真ん中が薄(うす)くなった。
エ せんべいを左右に引っ張ったところ、持っている部分にヒビが入って割れた。

これらのことから、太郎さんは５月５日に発生した地震がどのようなものか、考えてみました。

(9) 次の文章は、太郎さんが考えた５月５日の地震の仕組みです。［①］～［③］に入る文章をア・イまたはア～ウからそれぞれ選び、記号で答えなさい。

「この地震は、［①］が働き、［②］の岩ばんが、［③］ことによって発生した。」

① ア 左右から押される力　　イ 左右から引っ張られる力

② ア 地下の浅い位置　　イ 地下の深い位置

③ ア 割れた　　イ 曲がって盛り上がった
　 ウ 伸びて薄くなった

問七　空欄 **A** ・ **B** にあてはまる言葉として適当なものを、それぞれ次の中から一つずつ選び、記号で答えなさい。

A　ア　可能性　イ　人間性　ウ　固有性　エ　公共性

B　ア　自然体　イ　個性的　ウ　世間体　エ　発展的

問八　傍線部⑥「どんな服も制服であるようにみえてくる」とありますが、その理由として最も適当なものを、次の中から一つ選び、記号で答えなさい。

ア　「〜らしい服」を着ることによって、じぶんの役割や職業にたいする愛着がわくから。

イ　なんとなく着ていても、その人の社会的な立場がしぜんと服にあらわれているから。

ウ　好きな服を選ぶと、制服の変形と同じように「じぶんらしさ」を表現できるから。

エ　じぶんの特徴を人に示すために、あえてわかりやすい服を選ぶようにしているから。

問九　次の一文を本文に戻すとき、最も適当なところを本文中の 1 〜 4 から一つ選び、記号で答えなさい。

> が、ここでは、従順か反抗かといった杓子定規(しゃくしじょうぎ)な見方ではなく、もう少し別の角度から制服へのもつれた思いについて考えてみよう。

問十　本文で述べられている「制服」についての説明として最も適当なものを、次の中から一つ選び、記号で答えなさい。

ア　年代を問わず着るもので、とても心地よい服装だから誰しも「ずっと着ていたい」と思っている。

イ　着た人に社会的な意味を与える役割があるが、それはイメージにすぎないため不確実であるともいえる。

ウ　規範のなかに人々をしばりつけるための服であり、アイデンティティを失わせるという悪い面もある。

エ　その人の独自性を隠すことにより、いつも同じ存在でいなければならないという考えから解放する。

問二　傍線部①「制服には意外に心地いい面があることも、ひそかに体験してもいる」とありますが、この具体例として適当でないものを、次の中から一つ選び、記号で答えなさい。

ア　わたしのことを知らなくても、制服を着たら、わたしがその学校の生徒だということがわかる。

イ　どんな服を着るか毎日考えるのは大変だけれど、学校の制服があれば、考える必要がない。

ウ　他の学校との制服のデザインの差を楽しんだり、着くずしてじぶんの個性を楽しんだりすることができる。

エ　じぶんらしさを表現したくないときに、学校の制服を着ると、目立たないので安心感がある。

問三　傍線部②「服装についての訓練」とありますが、具体的に何の「訓練」を指していますか。本文中から十字以内で書き抜きなさい。

問四　傍線部③「人間類型」とありますが、これと同じ意味で使われている言葉を、本文中の波線部**ア**～**エ**から一つ選び、記号で答えなさい。

問五　傍線部④「いまの時代の雰囲気」とありますが、ここではどのような雰囲気のことを指していますか。本文中の表現を使い、四十字以内で具体的に説明しなさい。（句読点含む）

問六　傍線部⑤「こんなナレーション」とありますが、この引用部分の内容を説明したものとして最も適当なものを、次の中から一つ選び、記号で答えなさい。

ア　「じぶんらしさ」にこだわるべきで、人はそれがなければ安心感や満足感を得ることができない。

イ　理想のじぶんの姿と実際のじぶんの姿との間にずれがあるとき、そこに独自性があるとはいえない。

ウ　「じぶんらしさ」を追求すると新しいじぶんに出会えるが、理想は高くなる一方なので意味がない。

エ　無理のない無防備な姿でいればよいので、じぶんのイメージ通りでいようと意識する必要はない。

人を、つねに同じ存在でいなければならないという《同一性》の枠から外してくれるという意味で、ひとをつかのま解放してくれる（あるいは緩めてくれる）装置でもあるのだ。

（鷲田清一『ちぐはぐな身体 ファッションって何？』による）

〈注〉※1 おざなり……いいかげんなこと。
※2 うがった見方……表面に出ていない、ほんとうの姿をとらえようとすること。深読みすること。
※3 顰蹙を買う……ある言動により他人から嫌がられたり、軽べつされたりすること。
※4 族……ここでは、暴走族のこと。
※5 DCブランド……一九八〇年代に日本国内で社会的に流行した、日本のファッションブランドの総称。
※6 「青い鳥」幻想……現実には存在しない幻想を追い求めること。
※7 揶揄……からかって面白おかしく扱うこと。

問一 二重傍線部a「服」、b「布」と同じ意味で使われているものを、それぞれ次の中から一つずつ選び、記号で答えなさい。

a 制服
ア 服用　イ 服飾　ウ 着服　エ 服従

b 配布
ア 毛布　イ 布団　ウ 湿布　エ 公布

きみは、どこに住もうと、どんな仕事をし何を話そうと、何を食べ、何を着ようと、どんなイメージを見ようと、どう生きようと、どんなきみもきみだ。独自性(アイデンティティ)――人間の、物の、場所の、独自性。身ぶるいする、いやな言葉だ、安らぎや満足の響きが隠れている〝独自性〟。じぶんの場、じぶんの価値を問い、じぶんがだれか、〝独自性〟を問う。じぶんたちのイメージをつくり、それにじぶんたちを似せる。それが〝独自性〟か？　つくったイメージとじぶんたちとの一致が？

〔中略〕

ぼくらがいま無意識に選択し、着用しているものに含まれている意味というものを考えるとき、ぼくはついこのヴェンダースの言葉をおもいだす。じぶんの **A** にこだわるというより、むしろじぶんを適度にゆるめておくことのできる服。そういう服をぼくらは制服というものにひそかに求めだしているのかもしれない。制服を着ると、ひとの存在がその（社会的な）ウ《属性》に還元(かんげん)されてしまう。そうすることで、ひとは「だれ」として現れなくてもすむ。人格としての固有性をゆるめることのできる服とは、そのなかに隠れることができる服である。そう考えると、現在の制服も、人びとによって、人格の拘束(こうそく)とか画一化などといった視点からではなく、むしろ制服こそが〝 **B** 〟という感覚で受けとめられだしているのかもしれない。これは注目しておいていいことだ。

ぼくらは制服を着ることでも、いかがわしい存在になることができる。制服のなかに隠れることができるからだ。これまでみてきたことからもあきらかなように、制服はぼくらを閉じ込める、とは単純にいえない。制服という拘束服に反発する気分はよくわかる。けれども、⑥ひとがふつうに着ている服が、おかあさんらしい服であったり、サラリーマンらしい服であったり、老人らしい服であったりするのをみていると、ぼくにはどんな服も制服であるようにみえてくる。だいいち、変形の学生服にしたって、一目でわかるくらい明確な特徴があるのだから、それも抵抗の制服だといえるのだ。こうして制服とその変形という問題一つとっても、けっこうこみいった問題があることがわかる。

同じように、個人を匿名の《属性》へと還元するという意味で、制服は一種の「疎外(そがい)」のマークでもあるが、同時にそのようにして個

2

僕らは日によって、じぶんをぐっと押し出したいときもあれば、できるだけめだたないようにじぶんを隠し、他人の視線を避けていたいときだってある。一日のなかでも、じぶんをぐっと引き締めたいときもあれば、だらんと緩んだままでいたいときだってある。そのとき、じぶんがそのなかに隠れる服として、制服というのはとても心地いいものだ。じぶんが「ア だれ」であるかを隠して、匿名の③人間類型のなかに埋没してしまうというやりかただ。

3

とりわけ、八〇年代にDCブランド[※5]が流行したときのように、だれもじぶんと他人との微妙なテイストの差異をことこまかに表現したがった時代、JRや私鉄の車両に吊り下げられたファッション雑誌の広告のけたたましい言葉づかいをまねしていえば、「個性的でなければならない」、「じぶんらしくなければならない」という強迫観念に多くのひとが憑かれていた時代をへて、人びとはいま、どうもそういう強迫観念に疲れだしているようにみえる。「ここではない別の場所にいれば、じぶんはこんなではなかったはずだ、じぶんにはもっと別の可能性があったはずだ」といった思い、それに駆られて、あるいはそういう物語に拉致されて、人びとがそれぞれの「イ〈わたし〉探しゲーム」にぐいぐいのめり込んでいったのが、八〇年代のカルチャーであり、ファッション狂騒曲であった。じぶんはまだおのれの素質、おのれの秘められた可能性を十分に展開しきっていない、じぶんはまだ本来の場所にたどり着いていない、じぶんにはまだじぶんの知らないじぶんがある、その真のじぶんに出会わねばならない……といった強迫的な物語のことである。ぼくらの時代の「青い鳥」[※6]幻想だ。そしてそれにもうあきてしまった、疲れてしまったというのが、④どうもいまの時代の雰囲気のようになっている。

4

ぼくが数年前に見たヴィム・ヴェンダース監督の映画『都市とモードのビデオノート』は、まるでそういう現代人を揶揄[※7]するかのように、⑤こんなナレーションとともにはじまった。

三

次の文章を読み、後の問いに答えなさい。なお、作問の都合上、本文を一部改変してあります。

制服[a]は、だれもがはやく脱ぎたいとおもっている。夕方になるとはやく終業時間にならないかなとおもい、最上学年になるとはやく卒業したいなとおもう。が、①制服には意外に心地いい面があることも、ひそかに体験してもいる。

この本のはじめのところで書いたように、ぼくらにとってじぶんの全身はじかには見えない。そんななかで、ぼくらはもらった贈り物の箱をがらがら揺さぶって中身を推測するように、じぶんの外見をさまざまに加工することで、そのイメージを揺さぶり、じぶんがだれか、じぶんには何ができ、何ができないかを、身をもっておぼえてゆくのであった。そういうときに、一義的な社会的意味と行動の規範が明示された制服は、社会のなかの個人としてのじぶんに確定したイメージを与えてくれる。服が自由すぎて、選択の幅がすこぶる大きくなると、じぶんを確定する枠組がゆるくなりすぎて、かえって落ちつかない。制服のほうが選択に迷わなくてかえって楽なのだ。おとなになって、じぶんはこのブランド、この会社の服というふうに決めてしまうと、毎シーズン、買い物が楽なのと同じだ（もちろん、自由な服だと、毎日どんな服を着ていくか、それを決めるためにいろいろなことを考えるので、ファッション感覚はきたえられる。この点、制服だと、②服装についての訓練がおざなりに[※1]なって、卒業してから苦労する）。

そうすると、イメージさえよければ、制服のほうがいいという気持ちになるのも当然だ。実際、かわいい制服にあこがれる少女がいっぱいいるし、制服がすてきだからという理由で受験生が殺到[※2]する高校もあるくらいだ。ちょっとうがった見方をすると、これには、単純に「あの服かわいい」といった気分だけでなく、おとなの〈女〉になることの拒絶という、入り組んだ感情もはたらいているのかもしれない。あるいは、他の高校との微妙な差異を楽しむ遊びの感覚も作用しているかもしれない。

1

他方ではもちろん、学校から配布[b]された制服を、おとながじぶんたちをかれらの規範のなかに強引に収容するための囚人服のように感じて、それを見えない細部で徹底的にくずすというきつい抵抗もある。従順であることの拒絶であり、おとなの顰蹙[※3]を買うことにこそみずからのアイデンティティを懸ける「不良」や「族[※4]」の精神は、多かれ少なかれ、だれのうちでも蠢きだしているものだ。

問九　傍線部⑦「いてもたってもいられなくなることがあった」とありますが、その理由として最も適当なものを、次の中から一つ選び、記号で答えなさい。

ア　本来は真剣に祈りをささげるべき時間なのに、ほかの悩みに気をとられていたから。

イ　軽い気持ちでグチを言ってしまったが、本当はいけないことだとわかっていたから。

ウ　居心地の悪い学校の中で、上辺だけでの友だち付き合いをしてしまっていたから。

エ　周囲と比べて取りえが何もないことを自覚し、このままでいいのかとあせっていたから。

問十　傍線部⑧「そんな弓子とは裏腹に、太二は絶好調だった」とありますが、弓子と太二のどのような点が「裏腹」ですか。説明として最も適当なものを、次の中から一つ選び、記号で答えなさい。

ア　弓子は中学で悩みが絶えないが、太二は順調にテニスの腕前を上げている点。

イ　弓子は高校に進学できるかわからないが、太二は地元の中学に行くことが決まっている点。

ウ　弓子はテニスの試合を見に行くほど興味を持てないが、太二はテニスを楽しんでいる点。

エ　弓子は将来の夢が定まらないが、太二は将来の夢への道を確実に進んでいる点。

問十一　本文の内容を説明したものとして最も適当なものを、次の中から一つ選び、記号で答えなさい。

ア　弓子はかつて家族と仲が良かったが、中学受験を反対されたことがきっかけで距離が開き、冷たい態度をとっている。

イ　弓子の父は散歩中に家族を待たせたり、弓子に対して大声でどなったりと、家族を振り回している。

ウ　弓子の母は父の味方をするときもあるが、いそがしい弓子に気をつかって用事を頼む回数を減らしている。

エ　太二は弓子が中学で友だち作りに苦戦している姿を反面教師にして、中学では部活に集中しようと決めている。

問六　傍線部⑤「母にかばってもらえないのは当然だった」とありますが、この説明として最も適当なものを、次の中から一つ選び、記号で答えなさい。

ア　中学生になったとたん家事を手伝うのをいやがるようになった弓子が、自分の幼い振る舞いを思い出してあきれている。

イ　学校がいそがしいふりをして母に甘えていた弓子が、自分の気持ちを母に理解してほしいと感じている。

ウ　勉強を優先するため家事を手伝わずにいたのに成績が下がってしまった弓子が、自分が悪いと認めている。

エ　もう母は自分の味方をしてくれないのだと気づいた弓子が、今までの自分のいいかげんな行いをくやんでいる。

問七　空欄 **A** にあてはまる言葉として最も適当なものを、次の中から一つ選び、記号で答えなさい。

ア　素早く　　イ　ぎこちなく　　ウ　念入りに　　エ　こっそりと

問八　傍線部⑥「居心地の悪さを感じるようになった」とありますが、その理由として適当でないものを、次の中から一つ選び、記号で答えなさい。

ア　中学校の同級生との育った環境の違いを感じたから。

イ　中学校での宗教的な習慣が合わないと気付いたから。

ウ　中学校を受験した理由がくだらないものに思えてきたから。

エ　中学校の伝統的な校風による予想外の面が見えてきたから。

問一　傍線部①「太二は大好物のトンカツにもほとんど箸をつけていなかった」とありますが、その理由として最も適当なものを、次の中から一つ選び、記号で答えなさい。

ア　母と同じように、父の帰りを待ってから夕飯を食べようと思っていたから。
イ　父が帰ってくれば弓子をしかるだろうと思い、食べる気になれないでいたから。
ウ　父の怒っている様子が恐ろしく、思わず手を止めてしまったから。
エ　弓子と父の言い合いが始まり、食事をとるどころではなくなったから。

問二　空欄（ａ）～（ｃ）にあてはまる言葉を、それぞれ次の中から一つずつ選び、記号で答えなさい。ただし、同じ記号は一度しか使えないものとします。

ア　ただし　　イ　また　　ウ　そして　　エ　つまり　　オ　あるいは

問三　傍線部②「かつて弓子が言ったことば」とありますが、それは何ですか。本文中から探し、はじめの五字を書き抜きなさい。（句読点含む）

問四　傍線部③「おどろいた」とありますが、このように感じたのはなぜですか。三十～三十五字で説明しなさい。（句読点含む）

問五　傍線部④「こんなに追い込まれた状況」とありますが、どのような状況ですか。最も適当なものを、次の中から一つ選び、記号で答えなさい。

ア　弓子がしばらく家族と出かけておらず、一人ぼっちになっている状況。
イ　弓子と父の関係が悪化し、自分から中学校での悩みを打ち明けられずにいる状況。
ウ　弓子の高等部への進学が危うくなり、担任から進路変更をすすめられている状況。
エ　弓子の成績の悪化を父親に知られ、勉強不足を責められている状況。

情けなくなった。

英会話部は毎年学園祭でミュージカルを上演する。歌もダンスも本格的で、連日汗ビッショリになって練習を積み、講堂での本番にのぞむ。満員の観客をまえにして、プレッシャーをはねのけて熱演するのだから、幕が下りたあとは部員たちが抱きあって涙にくれる。弓子も達成感にひたったが、その一方で、ここは自分がいるべき場所ではないのではないだろうかとの疑問がわくのをおさえられなかった。

二年生まではどうにかこらえていたが、三年生になるとさらにやりきれなさがつのった。大学受験をみすえて、高等部に進むまえから勉強に没頭する子もいれば、部活動に熱中する子もいて、弓子は同級生たちの勢いに圧倒された。国語の先生になるという目標をあきらめてはいなかったが、このままではとても教壇(きょうだん)に立って授業をすることなどできそうにない。

⑧そんな弓子とは裏腹に、太二は絶好調だった。テニスの腕前をぐんぐんあげて、去年の秋には市民大会小学四年生の部で優勝した。五年生になった今年は六年生とも互角以上に戦っているとのことで、父と母もよく太二の試合の応援に行っていた。太二は当然のように地元の第一中学校に進むつもりでいて、将来の目標はテニスで世界一のプレーヤーになることだという。

弓子は、両親に自分のことも気にかけてほしかった。しかし、これまで学校についていきかれるたびにイヤな顔を見せてきたし、学園祭や体育祭にもこなくていいと言っておきながら、いまさら悩みを聞いてほしいとは言えなかった。

――いったい、どこでまちがったのだろう？　父の言うとおり、地元の第一中学校に進んでおけばよかったのだろうか？　いや、それならそれで、やはり不満を抱えていたにちがいない。（　C　）、わたしはどこに行ったところで、うまくやっていけなかったのだ。

そして、気がつくと、弓子は消しゴムで数学の解答を消していたのだった。

（佐川光晴『大きくなる日』による）

「ところが中学生になったとたん、弓子は家事をしなくなった。通学に片道一時間以上かかるうえに部活もあるため、平日は帰宅が午後七時をすぎるし、週末も予習や復習でいそがしい。母もそれがわかっているので、たまにしか用を頼んでこなかったが、弓子はわざとらしくため息をついた。それなのに成績が落ちているというのだから、⑤母にかばってもらえないのは当然だった。

弓子は、泣こうとおもえばすぐに泣き出せるとおもった。とりみだすのだって、わけもない。それだけの不安とさみしさは、すでに胸いっぱいにつまっていた。

【省略部分の内容】

弓子は中学に入学したときのことを思い出していた。

入学すると毎日礼拝（れいはい）があり、弓子もおごそかなきもちで祈りをささげた。クリスチャンになるつもりはなかったが、伝統ある学校の一員になれたことが誇（ほこ）らしかった。開校当初からのセーラー服が有名で、弓子は毎晩［Ａ］プリーツスカートにアイロンをかけた。バスと電車を乗り継いでの通学の途中には、男子学生や男性サラリーマンたちからうるさいほど目をむけられたが、弓子はまんざらでもなかった。部活は英会話部にはいった。中等部だけでなく高等部の先輩たちとも仲良くなり、弓子は地元の中学校ではけっして味わえない理知的でおだやかな学園生活に満足感をえていた。

ところが、⑥弓子はしだいに居心地の悪さを感じるようになった。伝統校だけあって、祖母、母と三代にわたって学んでいる子もいたし、帰国子女も少なくない。弓子だって母にきちんとしつけられてきたし、友だちともふつうにつきあえていた。ただ、やはり裕福（ゆうふく）な家庭の子が多いので、なにかと育ってきた環境のちがいを意識せざるをえなかった。憧（あこが）れて入学したものの、それは地元の同級生たちに対して優越感（ゆうえつかん）にひたりたかっただけではないのか。自分はこの学校にふさわしくないのではないか。

そうしたひけ目を感じているせいで、礼拝のあとでは、「ついていけないよねえ」と、友だちとこっそりグチを言いあってしまう。一種の息抜きだが、弓子はうしろめたさの意識にかられて、⑦いてもたってもいられなくなることがあった。そうかといって熱心に祈りをささげたいわけでもない。英会話にしても、上達するにつれて、かえって自分には他人にかたれるほどの経験も意見もないのが自覚されて

「私立も公立も関係ない。勉強する気がないなら、高校なんか行かずに働きに出ろ！」

父はバス停から家までの百メートルほどの道を怒りをたぎらせながら歩いてきたのだろう。弓子の頭に、夜道をぐいぐい歩く父の姿がうかんだ。

子どものころ、家族四人でよく散歩をした。川ぞいの土手を歩くのだが、父の歩き方はとてもゆっくりで、おまけにすぐ立ちどまる。道ばたの草花に見いったり、空を見あげたり、とつぜんラジオ体操をはじめたこともあった。みんなが先に行ってしまっても、父は自分の世界にはいったままで、なかなか歩きだそうとしなかった。

「おとうさ〜ん。はやく〜、きてよ〜」と太二がかわいい声で呼ぶたびに、弓子はしあわせなきもちになった。

だから、スーツをきて革靴(かわぐつ)をはいた父が大股(おおまた)で歩いているのを見かけたときは③おどろいた。私立の中高一貫校に入学して一ヵ月がすぎたころで、先生から始業まえの学習をすすめられて、弓子はそれまでより三十分早い六時二十分に家を出た。そしてバスの窓からふと外に目をやると、駅へとつづく舗道(ほどう)を父が猛烈(もうれつ)な勢いで歩いている。家ではいつものん気にしているので、こんなにパワフルな父の姿は見たことがなかった。

以前住んでいたマンションから駅までは二キロ以上あったが、弓子が小学五年生の秋に完成した新築の家は駅まで一キロあるかないかだった。父が朝は駅まで歩くようになったのは知っていたが、まさかこんなに全力で歩いているとはおもってもみなかった。

（ **b** ）、弓子は父を見かけたことを家族の誰にも話さなかった。そのころにはもう、母とも父ともあまり口をきかなくなっていたからだ。

――最後に家族四人で土手を散歩したのは、いったい何年まえだろう？

弓子は、④こんなに追い込まれた状況にもかかわらず、むかしのことをおもいだしている自分がふしぎだった。母が父のうしろに立っているのは、娘をかばうつもりはないという無言の意思表示なのだろう。

小学生のとき、弓子はよく家の手伝いをした。母が看護師をしているため、洗濯物をとりこむのは弓子の役目だったし、夕方五時すぎに母が帰ってくると一緒に晩ごはんのしたくをした。太二の面倒も、どれだけ見たかわからない。たいへんだとおもうこともあったが、「弓ちゃん、ありがとう」と母に感謝されるのがなによりうれしかった。

二

次の文章を読み、後の問いに答えなさい。

中学三年生の弓子は、前日、母親と担任の先生との三者面談に行った。弓子は三年生になってから成績が悪化したため、高等部にすすめない可能性がある。しかし成績が下がった本当の理由は、弓子がテスト中に自分の解答をわざと消し、まちがった解答を書いたからだった。そのことを、弓子は誰にも言っていない。

「もっと勉強がしたいから、中学受験をさせてください。そう言ったのは、弓子、おまえだよな」

弓子は、父の声の強さにたじろぎながらも、視線はそらさなかった。むかいあって立つ娘と父親のあいだには夕食がならんだテーブルがあり、イスにすわった弟の太二(たいじ)が箸(はし)を持ったままかたまっている。

三泊四日での海外出張から帰ってきたばかりなので、父はワイシャツにスラックスという姿でダイニングルームの入り口に立っていた。ネクタイをゆるめ、ワイシャツの一番うえのボタンをはずした首元に汗が光っているのは、暑さのせいばかりではなく、父が全身で怒っているためだと弓子はおもった。

土曜日の午後八時すぎで、弓子は夕飯を食べおえて自分の茶碗や皿を流しにはこんだところだった。①太二は大好物のトンカツにもほとんど箸をつけていなかった。母は、父が帰ってきてから一緒に食べると言うので、弓子はひとりでトンカツをほおばり、豆腐とワカメの味噌汁を飲み、ごはんをおかわりした。ポテトサラダとキャベツの千切りも残さず食べた。

父からは十分ほどまえに電話があり、受話器をとった母によると駅に着いたところだという。太二は事情を知っているらしく、とたんに箸が動かなくなった。弓子だって、父が帰ってきたらどうなるかはわかっているのに、なぜかおなかがすいてしかたがなかった。

予想していたとおり、父は玄関にはいるなり、「弓子」と大声で呼んだ。

「おとうさん、おちついてください」

むかえに出た母がなだめても、父の怒りはおさまる気配がなかった。足音を立ててダイニングルームにはいってくると、父は旅行カバンを床にたたきつけた。

（ a ）、②かつて弓子が言ったことばをひきあいにだして、娘をにらみつけてきた。

2024年度

獨協埼玉中学校

【国　語】〈第一回試験〉（五〇分）〈満点：一〇〇点〉

一　次のⅠ・Ⅱの問いに答えなさい。

Ⅰ　次の傍線部の漢字はひらがなに、カタカナは漢字に改めなさい。

①　山の頂から美しい景色を見る。

②　自転車で日本を縦断する。

③　事態を深刻にとらえる。

④　友人にアナバの温泉を教える。

⑤　怒りで顔をコウチョウさせる。

⑥　事件を公平にサバく。

Ⅱ　次のことわざについて、空欄にあてはまる文字をそれぞれ漢字で答えなさい。

①　弘法にも（　　）の誤り

②　石の上にも（　　）年

③　三人寄れば（　　）殊の知恵

④　百（　　）は一見にしかず

2024年度 獨協埼玉中学校 ▶解説と解答

算 数 <第１回試験>（50分）<満点：100点>

解 答

1 (1) 2 (2) 5分24秒 (3) 18通り (4) 10本 (5) $1\frac{17}{25}$ (6) 53kg (7) ① 17個 ② 30個 **2** (1) ① 13番目 ② 1640個 (2) ① $\frac{1}{3}$cm^3 ② $1\frac{1}{3}$cm^3 **3** (1) 336円 (2) 540g (3) 25％増量 **4** (1) **電車Ｘ**…秒速25m，**電車Ｙ**…秒速$16\frac{2}{3}$m (2) Ａ地点から西に20mの地点 (3) 60m

解 説

1 四則計算，速さ，場合の数，差集め算，分数の性質，平均

(1) $\left(2-1.5+\frac{1}{8}\right)\div0.25\times\frac{4}{5}=\left(0.5+\frac{1}{8}\right)\div\frac{1}{4}\times\frac{4}{5}=\left(\frac{4}{8}+\frac{1}{8}\right)\times\frac{4}{1}\times\frac{4}{5}=\frac{5}{8}\times\frac{4}{1}\times\frac{4}{5}=2$

(2) 2.7kmの道のりを時速30kmで進んだときにかかる時間は，2.7÷30＝0.09(時間)となる。0.09時間は，60×0.09＝5.4(分)，0.4分は，60×0.4＝24(秒)だから，かかる時間は５分24秒である。

(3) 小のさいころの目が１で，３つのさいころの目の和が偶数(ぐうすう)になるのは，(大，中)＝(奇数(きすう)，偶数)，(偶数，奇数)のときである。奇数と偶数の目はそれぞれ３個ずつあるので，どちらも，３×３＝９(通り)ずつある。よって，全部で，９＋９＝18(通り)ある。

(4) 花子さんが太郎さんと同じ本数買ったとすると，代金は，80×４＝320(円)高くなるから，花子さんの代金は太郎さんの代金より，520−320＝200(円)安くなる。太郎さんと花子さんが買ったえんぴつ１本の値段の差は，100−80＝20(円)なので，太郎さんが買ったえんぴつの本数は，200÷20＝10(本)と求められる。

(5) 求める分数を$\frac{○}{□}$とすると，$\frac{○}{□}\times\frac{75}{14}$が約分されて分母が１になるから，□は75の約数，○は14の倍数である。同様に，$\frac{○}{□}\times\frac{50}{21}$が約分されて分母が１になるので，□は50の約数，○は21の倍数である。また，最も小さい分数を求めるから，□はできるだけ大きく，○はできるだけ小さい方がよい。そこで，□は75と50の最大公約数，○は14と21の最小公倍数となる。右の図１の計算より，75と50の最大公約数は，５×５＝25であり，14と21の最小公倍数は，７×２×３＝42なので，求める分数は，$\frac{42}{25}=1\frac{17}{25}$とわかる。

図１
```
5) 75  50    7) 14  21
5) 15  10        2   3
    3   2
```

(6) 右の図２より，aとbの比は，$\frac{1}{3}:\frac{1}{2}=2:3$となる。また，$b$が4.5kgだから，$a$は，$4.5\times\frac{2}{3}=3$(kg)になる。よって，５人の平均体重は，50＋３＝53(kg)である。

図２
50kg
a b
3人 2人

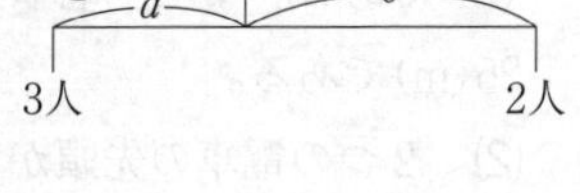

(7) ① 高さを２cmとすると，底辺が１cmのとき，三角形の面積は１cm^{2}になる。すると，AB，BC，CDを底辺とするとき，残りの頂点はE，F，Gとなるので，つくれる三角形は，３×３＝９(個)である。また，EF，FGを底辺とするとき，残りの頂点はA，B，C，Dになるから，つくれ

る三角形は，２×４＝８(個)である。よって，面積が１cm^2の三角形は全部で，９＋８＝17(個)つくれる。　② ７つの点から３つを選ぶと，$\frac{7\times6\times5}{3\times2\times1}$＝35(通り)ある。また，３つの点が直線上に並ぶと三角形をつくることができない。このとき，A，B，C，Dの４つの点から３つを選ぶと４通り，E，F，Gの３つの点を選ぶと１通りある。よって，三角形は全部で，35－４－１＝30(個)つくれる。

2 図形の規則，展開図，体積

⑴ ① 点の個数は，１番目は６個，２番目は14個，３番目は22個，…だから，８個ずつふえている。すると，□番目の図形にある点の個数は，６＋８×(□－１)で求めることができる。よって，６＋８×(□－１)＝100となるとき，□＝(100－６)÷８＋１＝$12\frac{3}{4}$になるので，点の個数が初めて100個より多くなるのは，12＋１＝13(番目)の図形である。　② 20番目の図形の点の個数は，６＋８×(20－１)＝158(個)だから，１番目から20番目までの点の個数の合計は，(６＋158)×20÷２＝1640(個)と求められる。

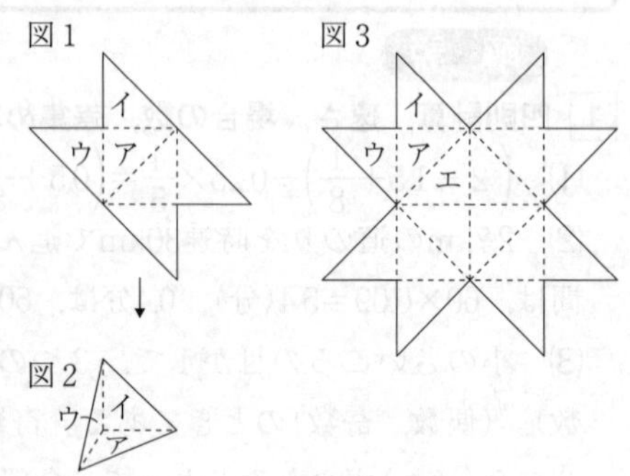

⑵ ① 右の図１のア，イ，ウの面をつなぎ合わせると，右下の図２のように，直角をはさむ辺の長さがすべて１cmの三角すいになる。よって，図１の展開図を組み立てると，図２の三角すいが２個になるので，その体積は，$\left(1\times1\div2\times1\times\frac{1}{3}\right)\times2=\frac{1}{3}$($cm^3$)とわかる。　② 右の図３のア，イ，ウの面をつなぎ合わせて，エの面の上に①と同じ立体をつくることができる。よって，図３の展開図を組み立てると，①の立体４個分になるから，その体積は，$\frac{1}{3}\times4=1\frac{1}{3}$($cm^3$)と求められる。

3 割合

⑴ 通常の金額は１ｇあたり，７÷５＝1.4(円)なので，300ｇのポップコーンの金額は，1.4×300＝420(円)になる。よって，20％引きの値段は，420×(１－0.2)＝336(円)である。

⑵ 支払(しはら)い金額が630円になる通常のポップコーンの量は，630÷1.4＝450(ｇ)である。したがって，20％増量したポップコーンの量は，450×(１＋0.2)＝540(ｇ)となる。

⑶ ポップコーンを100ｇ受けとるとすると，１月のセールでは，100×1.4×0.8＝112(円)になる。また，通常時に112円分買うと，112÷1.4＝80(ｇ)を受けとることができる。よって，100÷80×100＝125(％)より，125－100＝25(％)増量すれば，受けとる量と支払い金額を等しくすることができる。

4 通過算

⑴ 電車Ｙは，電車Ｙの長さの200ｍ分を12秒で進んだから，電車Ｙの速さは秒速，200÷12＝$16\frac{2}{3}$(ｍ)である。また，電車Ｘと電車Ｙの速さの比は３：２なので，電車Ｘの速さは秒速，$16\frac{2}{3}\times\frac{3}{2}$＝25(ｍ)である。

⑵ ２つの電車の先頭がすれ違(ちが)い始めて，最後尾(さいこうび)同士がすれ違うまでに，２つの電車が進んだ長さの和は，250＋200＝450(ｍ)である。そして，２つの電車は１秒間で合わせて，25＋$16\frac{2}{3}$＝$41\frac{2}{3}$(ｍ)ずつ進むので，すれ違うまでにかかる時間は，450÷$41\frac{2}{3}$＝$10\frac{4}{5}$(秒)となる。よって，このとき電車Ｘは，25×$10\frac{4}{5}$＝270(ｍ)進むから，Ａ地点から西に，270－250＝20(ｍ)の地点で最後尾同

士がすれ違う。

(3)　右の図より，電車Ｘの先頭がＢ地点にあるとき，電車Ｙの最後尾からＢ地点までの距離は，$16\frac{2}{3}\times18=300$(m)である。このとき，電車Ｙの先頭からＢ地点までの距離は，300－200＝100(m)となる。よって，図の，②＋③＝⑤が100mにあたるから，Ａ地点とＢ地点の距離は，$③=100\times\frac{3}{5}=60$(m)と求められる。

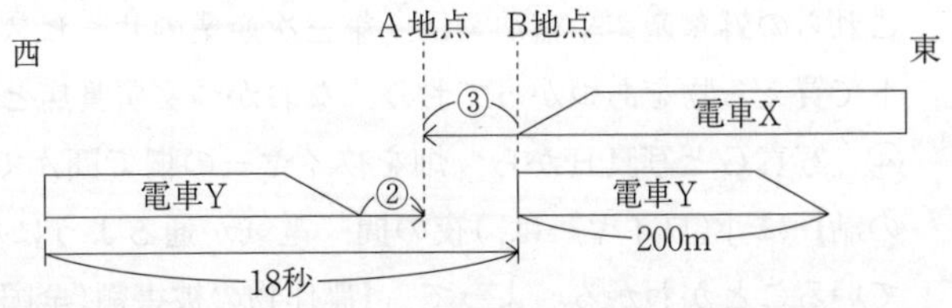

社　会　＜第１回試験＞（30分）＜満点：70点＞

解答

1 (1) ① ア　② 宮城(県)　③ 太平洋ベルト　(2) ① ア　② エ　③ あ オ　い ウ　④ (例)　野生動物に畑の作物をあらされるので，野生動物が畑に入れないようにするため。　(3) 三角州　(4) 1 北海道　2 三重県　2 (1) とさ　(2) イ　(3) エ　(4) 紀貫之　(5) ア　(6) ウ　(7) ウ　(8) (例)　日本と外国では金銀の交換比率が異なっていたため，金が大量に国外へ流出した。幕府はそれを防ぐために，金の量を減らした小判をつくった。　(9) エ　(10) ① エ　② ア　3 (1) ウ　(2) 開発途上(発展途上)　(3) エ　(4) 総務　(5) エ　(6) NGO　(7) (例)　少子化により費用を負担する世代が減ることで，医療や介護，子育てを社会全体で支える社会保障制度の維持が難しくなるため。　(8) ウ　(9) 1945　(10) ア

解説

1 広島県を題材にした問題

(1) ①　中国地方を表す４つの分布図のうち，Ｃは●が５か所あり，その位置から中国地方５県の県庁所在地である鳥取市・松江市(島根県)・岡山市・広島市・山口市を示していることがわかる(ア…○)。なお，Ａは政令指定都市である広島市と岡山市を示したもの(ウ…×)，Ｂは山陽新幹線の駅(エ…×)，Ｄは主な火力発電所の分布図である(イ…×)。　②　かき類の養殖(ようしょく)は，いずれも栄養が多くおだやかな海でさかんである。生産量第２位の宮城県の沿岸は，複雑に入り組んだリアス海岸であることから波や風の影響(えいきょう)を受けにくく，かき類やわかめなどの養殖が行われている。　③　太平洋側に連なる工業地帯・地域を太平洋ベルトと呼ぶ。海沿いで港があることから重い物の運搬(うんぱん)に便利なことや，平野が広がっているため工業用地の取得のしやすさ，人口の多い都市が近くにあることなどが関係し，太平洋に面した地域に工業地帯が発達した。

(2) ①　地形図の縮尺は２万５千分の１なので，等高線(主曲線)は10mごとに引かれる。地図のＺ地点は，Ｚ地点の北(上)にある標高568mの山頂との間に５本の等高線があることから，標高はおおむね510mであるとわかる。　②　写真Ｅは消防署，写真Ｆは鉄道の駅を撮影(さつえい)したものである。③は消防署を表す地図記号(Y)，①は駅を表す地図記号(━━)なので，組み合わせはＥと③，Ｆと①となる(エ…○)。なお，②(X)は交番，④の(━━)は高速道路，(＝:::＝)は高速道路の下をトンネルが通っていることを表す地図記号である。　③　あ　直前の会話文に「飲食店や旅館」とある。

これらの外食産業や宿泊業は，第三次産業のサービス業にあたる(オ…○)。　**い**　インターネットで買える物をあつかっており，なおかつ文房具店と同様の小売業なのは本屋である(ウ…○)。

④　写真Gと写真Hから，畑をワイヤーの柵(さく)で囲んでいる様子がわかる。また，【現地の農家の人の話】に「(ワイヤーは,)夜の間，電気が通るようになって」いるとあるので，夜間に被害にあっていることがわかる。よって，【農作物の被害額(全国)】で毎年150億円以上の被害があるのは，野生動物による農作物の被害額と考えられる。つまり，この柵は畑をあらされないようにするため，野生動物が畑に入ることを防ぐ工夫である。なお，盗難(とうなん)防止の場合は，防犯カメラやセンサーライトなども設置すると考えられるので，この場合は当てはまらない。

⑶　広島市の市街地は，太田川がつくる三角州の上に位置している。三角州とは，川が海や湖に出るところに上流から運ばれた土砂(どしゃ)が堆積(たいせき)して形成された平らな地形のことである。水を得やすいので水田として利用されることが多い。なお，川が山間部から平地に出るところに，粒の大きい土砂が堆積してできた地形は扇状地といい，水はけが良いので果樹園に利用されることが多い。

⑷　**1**，**2**　サミットとは「主要国首脳会議」のことで，フランス・アメリカ合衆国・イギリス・ドイツ・日本・イタリア・カナダの７か国(Ｇ７)およびEU(欧州連合)の首脳が集まって毎年開催(かいさい)される国際会議である。開催地は参加国の持ち回りで，世界経済や政治，紛争，地球環境などの国際的な諸問題について話し合われる。2023年のサミットは日本が議長国となり，広島市で開かれた。日本では過去に，東京都で３回，2000年に沖縄県(九州・沖縄サミット)，2008年に北海道(洞爺(とうや)湖サミット)，2016年に三重県(伊勢志摩サミット)で行われている。

2　高知県の歩みを題材にした問題

⑴　土佐(とさ)国は，現在の高知県の旧国名である。律令制度において全国を区分した七道のうち，紀伊半島南部と土佐国をふくむ四国は「南海道」と呼ばれた。

⑵　推古天皇の時代，天皇の補佐をしていた聖徳太子(厩戸皇子(うまやどのおうじ))が仏教を奨励(しょうれい)したことから，その影響を受けた飛鳥文化が栄えた。飛鳥文化の代表的な文化財として法隆寺が知られており，写真Ⅱの弥勒菩薩半跏思惟像(みろくぼさつはんかしいぞう)が納められている広隆(こうりゅう)寺も，聖徳太子の建立(こんりゅう)した寺院である。よって，組み合わせはX－Ⅱとなる(イ…○)。なお，Yは奈良時代に栄えた天平文化の説明なので，推古天皇の時代には当てはまらない(ウ，エ…×)。写真Ⅰは東大寺正倉院所蔵の漆胡瓶(しっこへい)(ペルシャ風の水差し)で，天平文化を代表する文化財なので当てはまらない(ア…×)。

⑶　律令制度の下で，農民は租庸調などの税や労役，兵役などの負担を課された。租は収穫した稲の約３％を地方の役所に納める税である(エ…○)。なお，神祇官(じんぎかん)は祭祀(さいし)を行う者であり，政務を行うのは太政官(だいじょうかん)である(ア…×)。郡司は地元の有力豪族が任命された(イ…×)。戸籍は6年ごとに作成された(ウ…×)。

⑷　紀貫之(つらゆき)は，平安時代前半に活躍(かつやく)した貴族・歌人で，『土佐日記』を記したほか，日本初の勅撰(ちょくせん)和歌集である『古今和歌集』を編さんした。

⑸　応仁の乱(1467～77年)は室町幕府の第８代将軍足利義政のあと継(つ)ぎ問題をきっかけに，有力大名をまき込(こ)む大きな戦(いくさ)となった。応仁の乱が行われた京都の被害は大きく，戦いの影響は地方にも拡大して，後に戦国時代へと発展した(X…正)。また，公家(くげ)や僧(そう)らが戦乱を避(さ)けるため地方に下ったことで，京都の文化が各地に広まった(Y…正)。

⑹　戦国時代，土佐国は長宗我部(ちょうそかべ)氏が支配していたが，関ヶ原の戦い(1600年)で敗北した西軍に

属していたため領地を没収され，江戸時代には山内氏が領有した(ウ…○)。なお，伊達氏は陸奥国(ア…×)，織田氏は尾張国(イ…×)，島津氏は薩摩国(エ…×)を治めていた。

(7) 写真Ⅲは日本を代表する城として知られる姫路城で，兵庫県姫路市にある(ウ…○)。なお，アには広島城，イには岡山城，エには高松城(香川県)がある。

(8) 江戸時代末に欧米諸国との貿易が始まると，《貿易の開始による影響》の３のように日本の小判が大量に国外へ流出した。その理由として，当時の日本では金と銀の交換比率が１：５であったのに対し，外国では金と銀の交換比率が１：15であったことが挙げられる。自国では銀貨15枚が金貨１枚と交換であったが，日本では金貨３枚と交換できることに目をつけた外国の商人らが大量に銀を交換したため，小判(金)が流出した。そこで，幕府は金の量を減らし品質を下げた万延小判を鋳造して流出を防いだ。これにより金銀の価値の比率は正常化したが，貨幣の実質的な価値が下がったため物価が高騰し，国内の経済は混乱した。

(9) 板垣退助は土佐藩出身の政治家で，1874年に民撰議院設立建白書を提出し，自由民権運動を指導した(エ…○)。なお，岩倉具視は公家(ア…×)，伊藤博文は長州藩(山口県)出身(イ…×)，大久保利通は薩摩藩(鹿児島県)出身(ウ…×)の政治家である。

(10) ① 日中戦争(1937～45年)は，盧溝橋事件をきっかけに始まった。柳条湖事件(南満州鉄道爆破事件)は満州事変(1931～32年)のきっかけなので，エが正しくない。なお，治安維持法と普通選挙法は1925年，国家総動員法は1938年に制定された。　② アは1956年(日ソ共同宣言と日本の国際連合加盟)，イは1947年(日本国憲法の施行)，ウは1972年(沖縄の日本返還)，エは1951年(サンフランシスコ平和条約の調印)のことなので，年代の古い順にイ→エ→ア→ウとなる。

3 世界と日本の人口を題材にした問題

(1) 国連(国際連合)の公表によると，2022年11月に世界の人口は80億人を超えたとされる。

(2) 発展(開発)途上国での医療や公衆衛生が改善され，出生率が上がり死亡率が低下した。その結果，主にアジアやアフリカ地域での人口が爆発的に増え，世界全体の人口も増加傾向にある。

(3) SDGsとは「持続可能な開発目標」のことであり，2015年に国連サミットで採択された。2030年までに達成することを目指しており，17の世界的目標と169の達成基準からなる(エ…○)。なお，アは国連安全保障理事会，イは世界保健機関(WHO)，ウは国連教育科学文化機関(UNESCO)に関連が深い言葉である。

(4) 総務省は情報通信や地方自治，選挙など国全体の基本的な仕組みや，国民の経済・社会活動に関することを担当する中央省庁である。マイナンバーカードの普及やふるさと納税制度も担当している。

(5) 地方議会は，法律の範囲内でその地域だけに適用される規則として条例を制定することができる(エ…○)。なお，国会は二院制であるが地方議会は一院制である(ア…×)。18歳以上の国民に選挙権は認められているが，立候補する資格(被選挙権)は25歳以上である(参議院議員と都道府県知事は30歳以上)(イ…×)。議長は地方議会が選出する(ウ…×)。

(6) 人権・医療・環境などのさまざまな分野で，国境を越えて活動する民間団体を「NGO(非政府組織)」という。災害支援や医療活動を行う国境なき医師団や，人権擁護を目的としたアムネスティ・インターナショナルなどが知られる。

(7) 社会保障制度は生存権(人間らしい生活を営む権利)を保障するための制度で，社会保険・社会福祉・生活保護(公的扶助)・公衆衛生の「四本柱」からなる。現在の日本は，少子化と高齢化が進み人口減少社会となっているため，その財源となる保険料や税金の負担者が減少し，社会保障制度の維持が難しくなっている。

(8)　マイナンバーカードとは，日本国籍を持つすべての国民が持つことを期待されている電子身分証のことで，さまざまな行政サービスを迅速かつ簡単に受けられることが計画されている(ウ…×)。

(9)　女性の参政権は，戦後の1945年12月の選挙法改正により初めて認められた。年齢もこれまでの25歳以上から，男女ともに20歳以上に引き下げられ，翌46年４月に行われた衆議院議員選挙では，39人の女性議員が誕生している。

(10)　資料のグラフを見ると，男性は年齢が上がるとともに収入目的の割合が減少しているが，女性の場合は70～74歳が31.9％，75歳以上で38.5％と増えている(ア…○)。なお，健康や老化予防を目的にしているのは，男性よりも女性の方が多い(イ…×)。このグラフは経年変化を表していないので，働く人の増減は読み取れない(ウ…×)。男女ともに，友人や仲間づくりを目的としているのは各年代とも10％以下なのに対し，仕事の面白さや知識・能力を生かすことを目的としている割合は10～30％程度と高い(エ…×)。

理　科　＜第１回試験＞（30分）＜満点：70点＞

解　答

[1] (1) ①　ウ　②　ア　③　イ　(2)　ア　(3)　ア，イ，オ　(4)　⑤　(5)　イ→エ→オ→カ→ウ→ア　(6)　オ　(7)　**A**　ほう和　**B**　再結晶　(8)　ア，イ，ウ　(9)　ア，オ　[2] (1)　解説の図を参照のこと。　(2)　22.5cm　(3)　35cm　(4)　40g　(5)　5cm　(6)　15cm　(7)　2cm　[3] (1)　ア　(2)　(例)　その場所のゆれの強さを表したもの　(3)　イ　(4)　ア，イ　(5)　C　(6)　ウ　(7)　ウ　(8)　イ　(9)　①　ア　②　ア　③　ア

解　説

[1] 小問集合

(1)　①　火でフライパンを熱すると，加熱した部分から順に熱が伝わっていく。このような熱の伝わり方を伝導という。　②　エアコンの冷房から出る冷たい空気はまわりの空気よりも重い。そのため，エアコンの冷房の風向きを上向きにすると，冷たい風が上から下に向かって流れ，部屋全体を冷やすことができる。このように，冷やされた(温められた)気体や液体が動いてひとつの流れができ，やがて全体に熱が伝わる熱の伝わり方を対流という。　③　電子レンジは電磁波を出して食べ物にふくまれる水を振動させることで温めている。これは，太陽やストーブ，たき火などから出る赤外線が直接ものを温める放射のしくみと同じである。

(2)　６月ごろから７月上旬にかけて，日本の北にある高気圧(オホーツク海気団)の冷たい空気と，南にある高気圧(小笠原気団)の暖かい空気が日本付近でぶつかり合い，梅雨前線という停たい前線ができる。

(3)　昆虫の３対(６本)のあしは胸部に存在している。また，昆虫は主に腹部と胸部の節にある気

門から空気を取り入れて，全身にはりめぐらされた気管で呼吸をする。

(4)　エンドウ，ナズナの種子は無はい乳種子で，はい乳がなく子葉に栄養分をたくわえている。イネ，トウモロコシの種子は有はい乳種子で，はい乳に栄養分をたくわえている。

(5)　対物レンズの内側にほこりがたまらないようにするため，まず接眼レンズを取り付けてから対物レンズを取り付ける。次に反射鏡の向きを調節して視野全体を明るくしたのち，プレパラートをステージ上に固定する。そして，対物レンズとプレパラートがぶつからないように，横から見ながら対物レンズとプレパラートを調節ネジを回して近づけたあと，接眼レンズをのぞきながら対物レンズとプレパラートを遠ざけて，ピントを合わせる。

(6)　眼に光が入ると，角膜(かくまく)→ひとみ→レンズ→ガラス体→網膜(もうまく)の順に光が通過する。

(7)　最大限まで満たされた状態をほう和といい，物質を限界まで溶(と)かした水溶液(すいようえき)をほう和水溶液という。また，ふつう，固体の物質は水の温度が高いほど溶ける量が多くなるので，温度の高い水に固体の物質を溶かしたあとにその水溶液を冷やすと，溶けている固体を取り出すことができる。この固体の取り出し方を再結晶(さいけっしょう)という。

(8)　磁石に付くのは，鉄，ニッケル，コバルトといった一部の金属のみで，金，銀，銅は磁石に付かない。

(9)　石油はさまざまな種類の炭化水素(炭素と水素が結びついたもの)の混合物，ステンレスは鉄やクロム，ニッケルなどの混合物である。

2　ばねについての問題

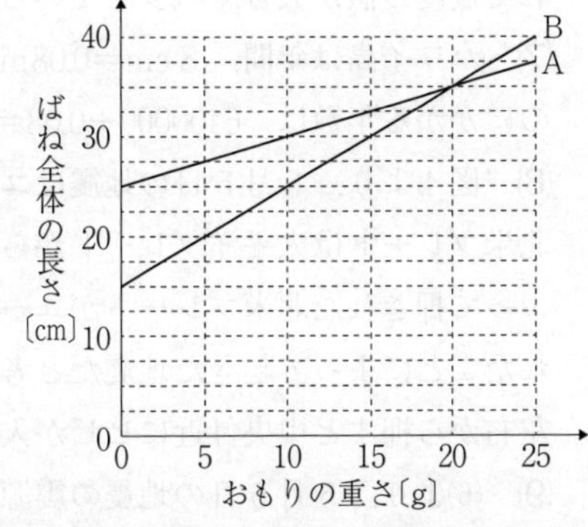

(1)　表１のおもりの重さを横軸(よこじく)に，ばね全体の長さを縦軸にして点を打ち，それらの点を直線で結ぶと右の図のようになる。

(2)　ばねＢに５ｇのおもりをつるすと，25－20＝５(cm)伸(の)びるので，ばねＢのもとの長さは，20－５＝15(cm)とわかる。よって，ばねＢにつるすおもりの重さが7.5ｇのときのばねＢの伸びは，$5\times\frac{7.5}{5}$＝7.5(cm)になるので，ばねＢ全体の長さは，15＋7.5＝22.5(cm)となる。

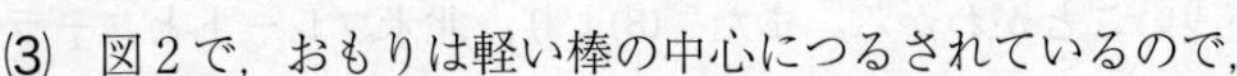

(3)　図２で，おもりは軽い棒の中心につるされているので，ばねＡ，ばねＢには等しい重さがかかっている。すると，右上の図より，ばねＡ，ばねＢそれぞれに20ｇのおもりをつるしたとき，全体の長さはどちらも35cmになり，等しくなることがわかる。

(4)　ばねＡ，ばねＢのそれぞれに20ｇの重さがかかっているので，つるしたおもりの重さは，20×２＝40(ｇ)となる。

(5)　表２より，棒の長さが，２÷１＝２(倍)になると，ばねＢの伸びは，15÷30＝$\frac{1}{2}$(倍)になることがわかる。同様に計算していくと，ばねＢの伸びは，棒の長さに反比例することがわかる。よって，棒の長さが１cmのときを基準にして考えると，棒の長さが６cmのときは，長さが，６÷１＝６(倍)なので，ばねＢの伸びは$\frac{1}{6}$倍となり，30×$\frac{1}{6}$＝５(cm)になる。

(6)　棒の長さが１cmのときを基準にして考えると，ばねＢの伸びが２cmになるとき，伸びが，２÷30＝$\frac{1}{15}$(倍)になっているので，棒の長さは15倍となり，１×15＝15(cm)と求められる。

(7)　表３より，板の１辺の長さが，２÷１＝２(倍)になると，ばねＣの伸びは，18÷72＝$\frac{1}{4}$＝$\frac{1}{2}$×

$\frac{1}{2}$(倍)になり，板の１辺の長さが，３÷１＝３(倍)になると，ばねＣの伸びは，$8 \div 72 = \frac{1}{9} = \frac{1}{3} \times \frac{1}{3}$(倍)になることがわかる。よって，板の１辺の長さが１cmのときを基準にして考えると，板の１辺の長さが６cmのとき，板の１辺の長さが，６÷１＝６(倍)なので，ばねＣの伸びは，$\frac{1}{6} \times \frac{1}{6} = \frac{1}{36}$(倍)となるから，$72 \times \frac{1}{36} = 2$(cm)と求められる。

3 地震(じしん)についての問題

(1)～(3)　図１の×は震源の真上の位置である震央の位置を，数字はそれぞれの場所でのゆれの強さ(震度)を表している。図１では，震央に近いほど震度が大きいことがわかる。

(4)　図２のＡ～Ｃの地震は×で示した震央の位置がほぼ同じだが，それぞれの場所での震度の大きさや，地震が伝わっている範囲(はんい)が異なっている。これは，震源の深さや地震が起きるときのエネルギーの大きさ(マグニチュード)が異なるためである。

(5)　Ａ～Ｃの地震は震源の深さや地震が起きるときのエネルギーの大きさが異なるので単純に比較(ひかく)できないが，一般(いっぱん)に，震源が浅いほど地上でのゆれは大きくなるが，ゆれが伝わる範囲はせまくなり，震源が深いとゆれが遠くまで伝わるのでゆれる範囲は広くなり，同じ震度を示す場所が多くなる。よって，震度を示す数字が最も広範囲に見られ，×の震央から離(はな)れていても震度４を示す④の数が多いＣの震源が最も深いと考えられる。

(6)　図３より，震央近くでの震度は特に大きいが，同じ震度の分布がせまく，震央から離れるにつれて震度の値が大きく減少しているので，震源が浅い地震だったと考えられる。

(7)　ハワイ島は年間，８cm＝0.08mの速さで日本に近づいていくので，6400km＝6400000m近づくのにかかる年数は，6400000÷0.08＝80000000(年)，つまり8000万年となる。

(8)　図４より，５月５日の地震はユーラシアプレートと北米プレートの境目の近くで発生しており，北米プレートは太平洋プレートから押(お)されていることがわかる。このことから，太平洋プレートによって押された北米プレートがユーラシアプレートにぶつかり，その境目付近でかたい岩ばんが割れたことによって起きた地震だと考えられる。よって，この地震が起こった仕組みは，せんべいを左右から押すと中央付近にヒビが入って割れたことで再現できるといえる。

(9)　(6)より，５月５日の地震の震源が浅いことがわかる。また，(8)より，北米プレートとユーラシアプレートの境目に左右から押される力がはたらき，岩ばんが割れることによって発生した地震だとわかる。

国　語　＜第１回試験＞（50分）＜満点：100点＞

解　答

一　Ⅰ　①　いただき　②　じゅうだん　③　しんこく　④～⑥　下記を参照のこと。　Ⅱ　①　筆　②　三　③　文　④　聞　二　**問1**　イ　**問2**　a　ウ　b　ア　c　エ　**問3**　もっと勉強　**問4**　(例)　いつもゆっくり歩いていた父が，駅までの道を大股で歩いていたから。　**問5**　エ　**問6**　ウ　**問7**　ウ　**問8**　イ　**問9**　イ　**問10**　ア　**問11**　ウ　三　**問1**　a　イ　b　エ　**問2**　ウ　**問3**　ファッション感

覚　**問４**　ウ　**問５**　(例)「じぶんらしくなければならない」という強迫観念に疲れてしまった雰囲気。　**問６**　エ　**問７**　**Ａ**　ウ　**Ｂ**　ア　**問８**　イ　**問９**　２　**問10**　エ

●漢字の書き取り

□一 Ⅰ　④　穴場　⑤　紅潮　⑥　裁(く)

解　説

□一 漢字の読みと書き取り，ことわざの完成

Ⅰ　①　音読みは「チョウ」で，「頂上」などの熟語がある。訓読みにはほかに「いただ(く)」がある。　②　南北の方向に通りぬけること。　③　事態の重大さに深く思いなやむようす。　④　あまり人に知られていない，良い場所。　⑤　顔に血がのぼって赤くなるようす。　⑥　音読みは「サイ」で，「裁判」などの熟語がある。訓読みにはほかに「た(つ)」がある。

Ⅱ　①「弘法(こうぼう)にも筆の誤り」は，名人でも時には失敗することがあることのたとえ。　②「石の上にも三年」は，しんぼうしていればそのうちうまくいくということ。　③「三人寄れば文殊(もんじゅ)の知恵(ちえ)」は，三人集まれば良い知恵がうかぶものだということ。　④「百聞は一見にしかず」は，人から何度も聞くより，実際に自分の目で一度見たほうが確かだということ。

□二 出典：佐川光晴(さがわみつはる)『大きくなる日』。弓子の成績悪化を父は怒(おこ)るが，弓子は受験して入学した中学校での生活に悩(なや)みがつきず，それが原因でテストでわざとちがう答えを書いたのだった。

問１　次の段落に，父からの電話で父がまもなく帰るとわかってから，「事情を知っている」らしい太二(たいじ)の箸(はし)は動かなくなったとあることに注目する。太二が，帰宅した父は弓子をしかるだろうと予想がついていたことがわかるので，イが選べる。

問２　**a**　この直前，父は怒(いか)りにまかせてカバンを床(ゆか)にたたきつけている。それに続いて，娘(むすめ)をにらみつけてきたのだから，前のことがらを受けて，それに続いてつぎのことが起こる意味を表す「そして」が合う。　**b**　駅に向かって全力で歩いている父の意外な姿に，弓子はおどろいたと前にある。後には，父のそんな姿を見たことを家族には話さなかったと続いている。よって，前のことがらに，ある条件や例外などをつけ加えなければならない場合に用いる「ただし」がよい。

c　前の部分では，中学校生活に関する悩みをいまさら両親には言えないと弓子が感じていることや，地元の中学校に進んでもやはり別の不満を感じただろうと思っていることが書かれている。後には，どの中学校に行こうとうまくいかなかっただろうという弓子の思いが書かれている。よって，“結局は”という意味の「つまり」が入る。

問３　続く父のことばから，弓子に「勉強する気がない」らしいことに父が怒っていることがわかる。父がひきあいにだした「かつて弓子が言ったことば」とは，本文最初にある「もっと勉強がしたいから，中学受験をさせてください」を指す。それに反した弓子の行動に父は怒ったのである。

問４　傍線部(ぼうせんぶ)③をふくむ文は，前のことがらを理由・原因として，後にその結果をつなげるときに用いる「だから」で始まっていることに注意する。前の部分で，家族で散歩するとき，父はとてもゆっくり歩いていたとあるので，その父が，仕事に行くときに駅への道を大股(おおまた)で勢いよく歩いていることに，おどろいたのである。

問５　弓子の成績の悪化を知った父が怒りを爆発(ばくはつ)させ，勉強不足を責め立てている場面なので，エ

が選べる。なお，担任から進路変更をすすめられたかどうかは書かれていないので，ウは合わない。

問６　同じ段落に理由が書かれている。中学校では通学時間が長くなったうえに部活もあって平日は帰りがおそくなり，週末も勉強でいそがしいため，弓子は母の家事を手伝わなくなった。勉強を家事より優先させていたのに成績が落ちたのは，自分の責任だと弓子は認めているので，ウが合う。

問７　弓子は伝統校の生徒になれたことに誇りを感じていたのだから，毎晩制服のスカートに心をこめて「念入りに」アイロンをかけたと考えられる。「念入りに」は，細かいところまで気をつけるようす。

問８　続く部分に，伝統校なので三代にわたって学ぶなど裕福な家庭の子が多く，同級生との育った環境のちがいを感じたとあるので，アとエは合う。また，もっと勉強したいと思って受験したが，地元の同級生に対して優越感を持ちたかっただけかもしれないとも思っているので，ウもよい。礼拝には「おごそかなきもち」で臨んでおり，グチを言うのも「息抜き」だとあるので，イが適当ではない。

問９　礼拝の後でグチを言い合うことに対し，うしろめたく感じて「いてもたってもいられなくなる」のだから，グチを言うことに良心がとがめるという内容のイが選べる。

問10　「裏腹」は，逆という意味。弓子の中学生活は，学校に居心地の悪さを感じ，自分に対しても情けなさややりきれなさを感じる悩みのつきないものだった。それに対し，太二はテニスの腕前をぐんぐん上げて，高い目標に向かって歩みを進めているのだから，アがあてはまる。

問11　ア，エ　弓子が中学受験を反対されたことや，太二が弓子を反面教師にしたことは書かれていないので，合わない。　イ　弓子の父がのんびり散歩するようすは幸せな風景として弓子に記憶されていること，父の怒りは無理もないと弓子も感じていることから，正しくない。　ウ　問６でみたように，弓子は母の家事を手伝わなくなったが，母も弓子がいそがしいことをわかっていて，たまにしか用を頼まなかったとあるので，合っている。

三　出典：鷲田清一『ちぐはぐな身体　ファッションって何？』。制服の「心地いい面」について，「じぶんらしく」あるということと関連させて述べられている。

問１　**a**　「制服」は，ある集団に属する人たちに決められた服装という意味。同じように“洋服”という意味で「服」が使われているのは，衣服のかざりを意味するイである。なお，アは薬などを飲むこと，ウはこっそり自分のものにすること，エは他人の命令などに従うことをいう。　**b**　「配布」は広くゆきわたるように大勢の人に配ること。一般に知らせることをいうエに，“ゆきわたる”という意味の「布」が使われている。ア～ウでは“ぬの”という意味の「布」が使われている。

問２　次の段落に，制服は「社会のなかの個人としてのじぶんに確定したイメージを与えてくれる」，服の「選択」に迷わなくて楽だとある。制服はその学校の生徒だということを示し，何を着るかを考える必要もないといえるので，ア，イの内容である。また，空欄２の後には，「めだたないようにじぶんを隠し」たいときには制服は心地いいとあり，エの内容と合う。ウの内容は，制服の「心地いい面」としては述べられていない。

問３　直前の文に，服装が自由なら毎日何を着ていくかを決めなければいけないため，「ファッション感覚」がきたえられるとある。制服だと服を選ぶ必要がないため，その訓練が不足するのである。

問４　傍線部③は，人間を職業や年齢などの共通する性質によって分類した型のことをいうので，そのものが本質的に持っている性質を表す，ウ「属性」が同じ意味の言葉になる。なお，アはじぶんらしさを構成するもの，イは真のじぶんらしさ，エは個人がつねに同じ存在であるということを指す。

問５　同じ段落で，八〇年代には人々は「じぶんらしくなければならない」という強迫観念にとりつかれて「〈わたし〉探しゲーム」にのめり込んだが，いまはそれに疲れてしまったようだと筆者は述べている。よって，「じぶんらしくなければならない」という強迫観念に疲れてしまった雰囲気のことになる。

問６　「どんなきみもきみだ」として「独自性」という言葉を「いやな言葉」と呼び，つくったイメージにじぶんを似せて「じぶんらしさ」だとすることを否定しているので，エが合う。

問７　**A**　空らんAをふくむ一文の内容を，続く部分で「人格としての固有性をゆるめることのできる」服と言いかえている。よって，ウが選べる。　**B**　制服は人格としての固有性をゆるめることができ，そのなかに隠れることができる服だとある。問５でみたように，いまの時代には「じぶんらしく」いることに疲れた雰囲気があり，問６でみたように，つくったイメージに似せるのではなく無理のない姿でいればよいとあるので，じぶんから解放してくれる制服こそが「自然体」という感覚で受け止められだしているとするのがよい。

問８　ひとが何気なく選んで着ている服が「おかあさん」や「老人」といったその人の属性を表しているため，筆者にとっては「どんな服も制服であるように」みえるのである。よって，イがふさわしい。

問９　もどす文には「従順か反抗かといった～見方ではなく」とあるので，もどす場所の直前には，制服を着ることは学校への従順さを，着くずすことは反抗を示すといった内容があると考えられる。よって，制服を囚人服のように感じて着くずすのは，従順さへの拒絶だと直前にある，空らん２に入れると，文意が通る。

問10　最後の段落に，制服は個人を「匿名の《属性》へと還元する」ことで独自性を隠すが，同時に「つねに同じ存在でいなければならない」という考えから解放してくれるとあるので，エがあてはまる。

Dr.福井の 入試に勝つ！ 脳とからだのウルトラ科学

睡眠時間や休み時間も勉強!?

みんなは寝不足になっていないかな？　もしそうなら大変だ。睡眠時間が少ないと，体にも悪いし，脳にも悪い。なぜなら，眠っている間に，脳は海馬（かいば）という部分に記憶をくっつけているんだから。つまり，自分が眠っている間も頭は勉強しているわけだ。それに，成長ホルモン（体内に出される背をのばす薬みたいなもの）も眠っている間に出されている。昔から言われている「寝る子は育つ」は，医学的にも正しいことなんだ。

寝不足だと，勉強の成果も上がらないし，体も大きくなりにくく，いいことがない。だから，睡眠時間はちゃんと確保するように心がけよう。ただし，だからといって寝すぎるのもダメ。アメリカの学者タウブによると，10時間以上も眠ると，逆に能力や集中力がダウンしたという研究報告があるんだ。

睡眠時間と同じくらい大切なのが，休み時間だ。適度に休憩するのが勉強をはかどらせるコツといえる。何時間もぶっ続けで勉強するよりも，50分勉強して10分休むことをくり返すようにしたほうがよい。休み時間は，散歩や体操などをして体を動かそう。かたまった体をほぐして，つかれた脳を休ませるためだ。マンガを読んだりテレビを見たりするのは，頭を休めたことにならないから要注意！

頭の疲れに関連して，勉強の順序にもふれておこう。算数の応用問題や理科の計算問題，国語の読解問題などを勉強するときには，脳のおもに前頭葉という部分を使う。それに対して，国語の知識問題（漢字や語句など）や社会などの勉強では，おもに海馬（かいば）という部分を使う。したがって，それらを交互に勉強すると，1日中勉強しても疲れにくい。

Dr.福井（福井一成（ふくいかずしげ））…医学博士。開成中・高から東大・文Ⅱに入学後，再受験して翌年東大・理Ⅲに合格。同大医学部卒。さまざまな勉強法や脳科学に関する著書多数。

2024年度 獨協埼玉中学校

【算　数】〈第２回試験〉（50分）〈満点：100点〉

（注意）定規，分度器は使用してはいけません。また，各問題とも，解答は解答用紙(別紙)の所定の欄(らん)に記入してください。〈考え方・式〉の欄(らん)にも必ず記入してください。

1 次の各問に答えなさい。

(1) $1\frac{7}{9} \times \frac{3}{4} + 12 \div 4\frac{1}{2}$ を計算しなさい。

(2) 分速 80 m の速さで 1 時間 35 分歩きました。進んだ道のりは何 m ですか。

(3) あるクラスの男子 23 名の平均身長は 159 cm, 女子 17 名の平均身長は 151 cm です。このクラスの平均身長は何 cm ですか。

(4) [1], [2], [3], [4] の 4 枚のカードを並べて 4 けたの整数をつくるとき, 何通りできますか。

(5) 水に 24 g の食塩を加えて 12% の食塩水をつくりました。このとき, 何 g の食塩水ができましたか。

(6)　次の図の三角形ＤＥＦは三角形ＡＢＣの拡大図です。

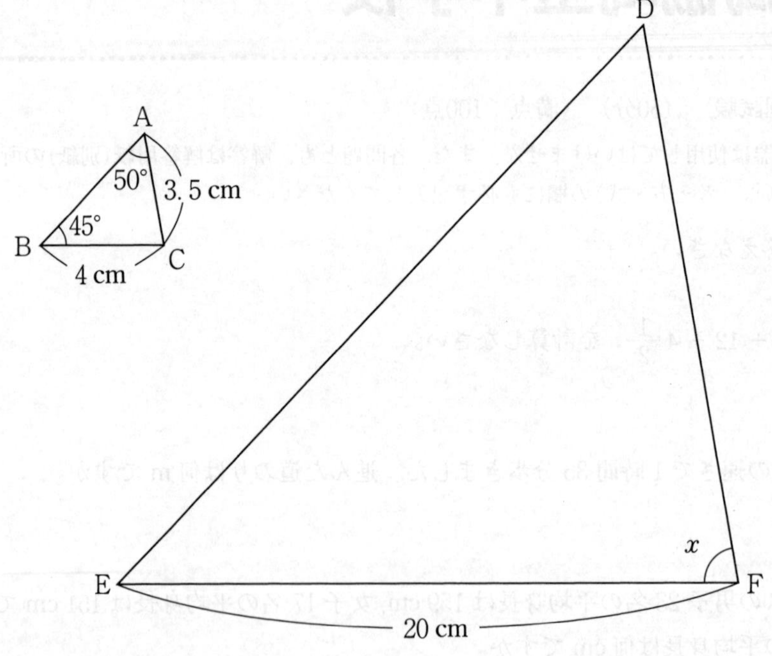

このとき, 次の各問に答えなさい。

①　辺ＤＦの長さを求めなさい。

②　角 x の大きさを求めなさい。

(7)　右の図は, 1 辺 8 cm の正方形と 1 辺を直径とする半円 2 つを組み合わせたものです。斜線の部分の面積を求めなさい。ただし, 円周率は 3.14 とします。

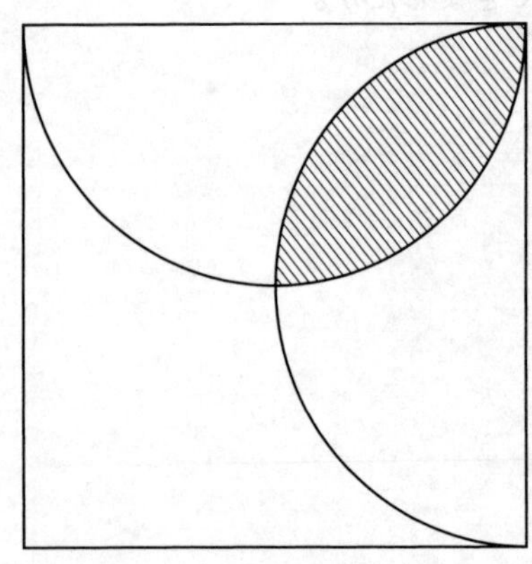

2 次の各問に答えなさい。

(1) 以下の会話を読んで，下の問に答えなさい。

太郎さん：今年は2024年だね。2024の約数ってたくさんありそうだね。
花子さん：小さい順に考えると，1，2，4，8，… となるね。
太郎さん：8の次は何だろう。
花子さん：2024を8で割ると［ア］だから，［ア］の約数を調べてみよう。
太郎さん：そういえば，算数の授業で，「3けたの整数のうち，百の位の数と一の位の数の和が一けたで，その数が十の位となっている整数は11の倍数である」というのを習ったよ。
花子さん：その性質を使うと，例えば891は11の倍数になるね。じゃあ［ア］も11の倍数になるから約数を考えてみると，1と［ア］のほかに11と［イ］があるね。
太郎さん：あとは計算すれば，2024の約数をすべて求めることができるよ。

① ［ア］，［イ］に当てはまる整数を答えなさい。

② 2024の約数の個数を求めなさい。

(2) 次の各問に答えなさい。

① 次の図の立方体において，点Aから点Bまで辺を通るときの最短経路は何通りですか。

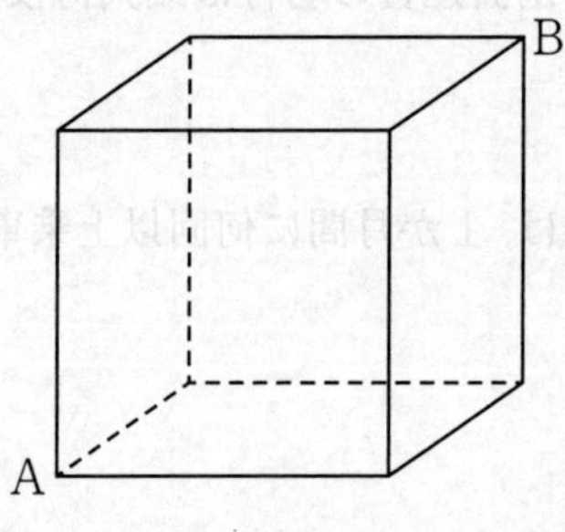

②　次の図は同じ立方体を３個つなげたものです。点Ｃから点Ｄまで辺を通るときの最短経路は何通りですか。

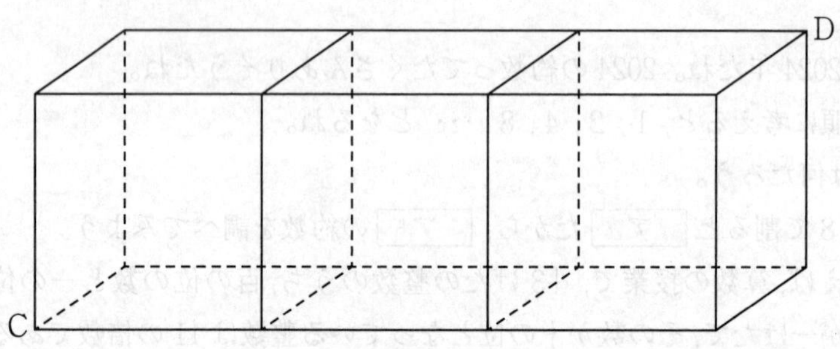

3　ある鉄道会社では，次の表のように区間ＡＢの運賃が３種類あります。

表

切符	通常運賃	１枚440円（片道）
	割引運賃	通常運賃の２割引きをして一の位を切り上げた金額 ただし，前日までに購入するものとし，割引きは１枚当たりの切符に適用
定期券		通常運賃の切符60枚分の金額を３割引きした金額 ただし，１か月間何回でも乗車可能

このとき，次の各問に答えなさい。

(1)　割引運賃の切符１枚の金額を答えなさい。

(2)　通常運賃の切符30枚分の金額で，割引運賃の切符は最大何枚買えますか。

(3)　定期券を購入する方が安くなるのは，１か月間に何回以上乗車する場合ですか。

4 ある学校では特別な時計を教室に置くことにしました。その時計は１日の授業時間に合わせたもので，次のような規則で動きます。

① 毎日９：00に長針と短針はともにＰの位置にあります。

② 長針は１回の授業（45分間）で１周します。

③ 短針は１回の授業で円周の６分の１ずつ進み，短針が指している場所がそのとき何時間目であるかを表しています。（図１では２時間目が始まって何分か経過した時間を表しています。）

④ 休み時間（15分間）と昼休み（45分間）の間，両方の針は止まっていて，授業が始まると再び動き出します。

⑤ 両方の針はともに右回りに動き，その間速さはそれぞれ一定です。

また，この学校では図２のような時間で授業が行われます。このとき，次の各問に答えなさい。

図１

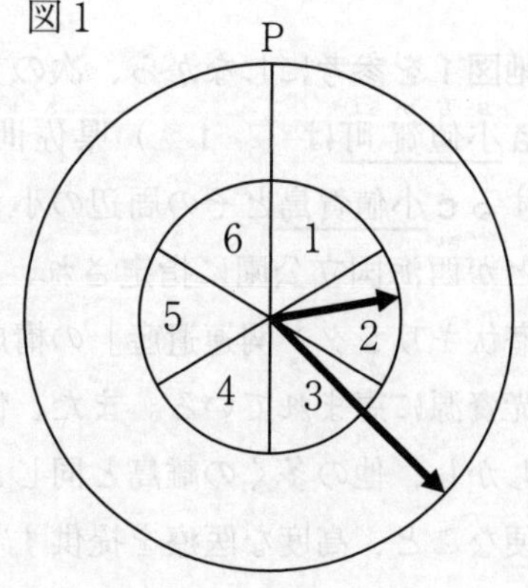

図２

１時間目	９:00～９:45
休み時間	９:45～10:00
２時間目	10:00～10:45
休み時間	10:45～11:00
３時間目	11:00～11:45
休み時間	11:45～12:00
４時間目	12:00～12:45
昼休み	12:45～13:30
５時間目	13:30～14:15
休み時間	14:15～14:30
６時間目	14:30～15:15

(1) 授業中，長針と短針は１分間にそれぞれ何度動きますか。

(2) １日の授業が始まって，長針と短針が２回目に重なるのは，何時間目の授業の開始何分後か答えなさい。ただし，９：00は除くものとします。

(3) ５時間目の途中で短針だけが止まってしまい，長針だけが動いて５時間目が終わりました。そのときの長針と短針の間の角は図３のようになっていました。時計の短針が止まったときの時刻を求めなさい。

図３

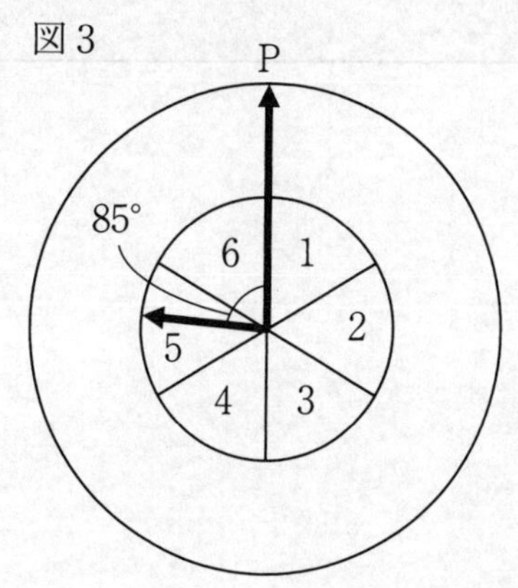

【社　会】〈第２回試験〉（30分）〈満点：70点〉

1　**地図１**を参考にしながら、次の文章を読んで、各問いに答えなさい。

a 小値賀町（おぢかちょう）は（　1　）県佐世保（させぼ）市から西へ約60 km 離れた、**b** 五島列島北部に位置する **c** 小値賀島とその周辺の小さな島々によって構成される自治体である。町のほとんどが西海（さいかい）国立公園に指定され、野崎島の集落跡（あと）は2018年には「（　1　）と天草地方の潜伏キリシタン関連遺産」の構成資産として、**d** 世界遺産に登録されており、多くの観光資源に恵（めぐ）まれている。また、伝統的に **e** 農業や漁業が盛んな地域でもある。

しかし、他の多くの離島と同じように、島外への進学や就職が増えたことや **f** 交通が不便なこと、高度な医療を提供する病院がないことなどを理由に若い世代を中心とした人口減少が始まり、小値賀町の人口は1950年の10,968人をピークに、現在は2,000人あまりとなっている。

このような人口減少と少子高齢化を克服（こくふく）するために、出生率を向上（こうじょう）させるための制度の整備や、**g** 移住者を増やすために移住希望者と町民の交流の機会を設けた。また、第一次産業をさらに発達させるために、農産物や海産物の **h** ブランド化に努めた。その成果があがり始め、転入者が転出者よりも多い自治体となった。

地図１

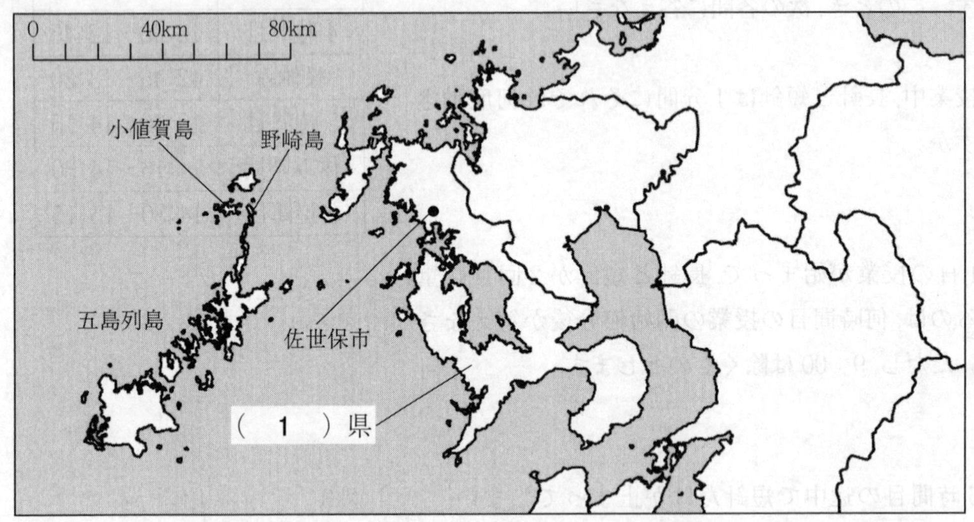

(1) 下線部**a**について、あとの問いに答えなさい。

① 次の**ア**～**エ**の人口ピラミッドは、小値賀町、埼玉県越谷市、東京都千代田区、京都市のいずれかのものである（データは2020年）。本文を読み、小値賀町の人口ピラミッドとして正しいものを、次の**ア**～**エ**のうちから１つ選び、記号で答えなさい。なお、問題の都合上、各人口ピラミッドの横軸は実人数ではなく、全体に占める人口の割合を示している。

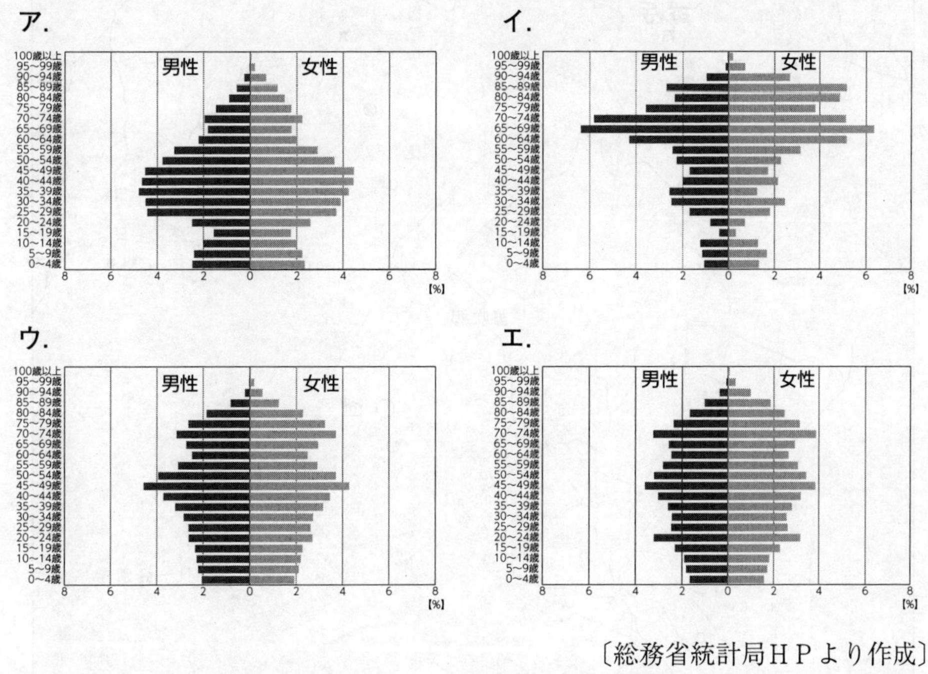

〔総務省統計局ＨＰより作成〕

② 小値賀町の特産物の一つである、らっかせいについて述べた文として正しくないものを、次の**ア**～**エ**のうちから１つ選び、記号で答えなさい。

ア．都道府県別でみると、千葉県が生産量日本一である。

イ．らっかせいの実は、土の中で成長する。

ウ．沖縄県では、豆腐に加工されて、食べられることが多い。

エ．らっかせいが未成熟の状態で収穫されたものが、枝豆である。

(2) 本文中の空欄（　１　）と、**地図１**中の空欄（　１　）に共通して入る地名を答えなさい。

⑶　下線部**b**について、**地図１**から分かるように、五島列島では、山地の谷に海水が入り込んでできた、ぎざぎざとした形の海岸がみられる。この地形の名称を答えなさい。

⑷　下線部**c**について、次の地形図は小値賀島の一部を拡大したものである。この地形図に関して、あとの問いに答えなさい。

〔電子地形図　25000分の１（2023年９月ダウンロード）の一部より作成〕

①　地形図から読みとれるものとして正しいものを、次の**ア**～**エ**のうちから１つ選び、記号で答えなさい。

ア．中学校と同じ敷地（しきち）内に高等学校があり、小学校のみが離れた場所にある。

イ．町役場の南西に交番がある。

ウ．「笛吹在」の西側はほとんど田として利用されている。

エ．「番岳」の山頂付近には、寺院がある。

②　フェリー発着所には、中国・四国・九州地方の中でもっとも人口の多い市へ直行するフェリーが就航している。この市の名称を答えなさい。

(5)　下線部dについて、県内に世界遺産がある県として正しくないものを、次のア～エのうちから１つ選び、記号で答えなさい。

ア．青森県　　**イ**．群馬県　　**ウ**．島根県　　**エ**．愛媛県

(6)　下線部eについて、次のア～エのグラフは、北海道、北陸、関東・東山、九州の各地域のいずれかの農業産出額の割合（2021）を示している。九州を示すグラフとして正しいものを、次のア～エのうちから１つ選び、記号で答えなさい。なお、東山とは、山梨県と長野県の２県をさす。

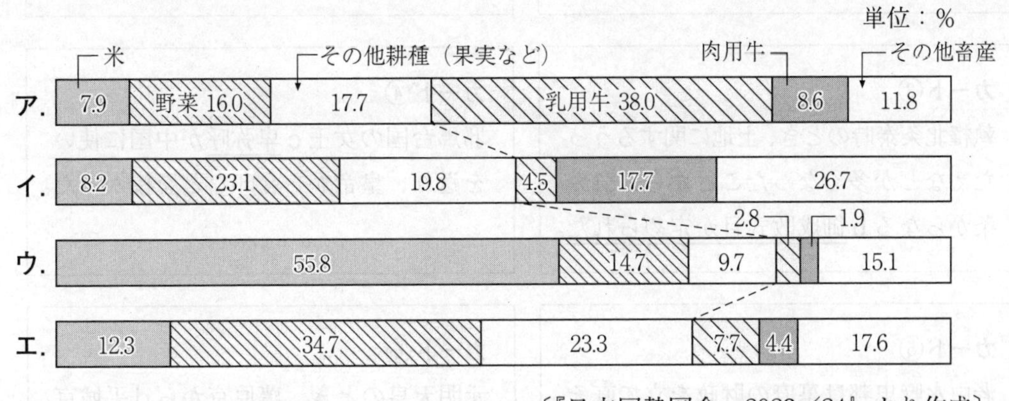

〔『日本国勢図会　2023／24』より作成〕

(7)　下線部fについて、小値賀島には現在でも使用することが可能な小値賀空港があるが、船便との客の取り合いもあり、2006年以降、定期的に運航される旅客便がない状態が続いている。空港には、観光客や住民の観光や出張、帰省の拠点となる役割のほかにも、様々な役割がある。本文を参考に、定期旅客便の発着以外に、小値賀空港が担（にな）うことができる役割を２つ考え、説明しなさい。

(8)　下線部gについて、大都市の出身者が、地方に移り住むことを何というか。次のア～エのうちから１つ選び、記号で答えなさい。

ア．Ｉターン　　**イ**．Ｏターン　　**ウ**．Ｕターン　　**エ**．Ｖターン

(9)　下線部hについて、小値賀島では、子牛を育て、その子牛をブランド牛の生産地に出荷している。県名とその県で生産されるブランド牛の組み合わせとして正しくないものを、次のア～エのうちから１つ選び、記号で答えなさい。

ア．山形県―米沢牛　　**イ**．長野県―飛騨牛

ウ．滋賀県―近江牛　　**エ**．三重県―松阪牛

2 次の**【カード】**は江戸時代までの日本のできごと、**【年表】**は明治時代以降の日本のできごとに関するものである。**【カード】**、**【年表】**を読んで、各問いに答えなさい。

【カード】

カード①
将軍足利義政の弟と妻の間におこった将軍のあとつぎをめぐる対立が、守護大名を巻き込んだ**a** 大戦乱となった。

カード②
将軍（　**1**　）によって学問にもとづく政治が進められ、生類憐(あわれ)みの令などの新しい法令が出された。

カード③
執権北条泰時のとき、土地に関するうったえなどが多くなったことから、51カ条からなる**b** 御成敗式目が定められた。

カード④
邪馬台国の女王**c** 卑弥呼が中国に使いを送り、皇帝から金印などを授かった。

カード⑤
老中水野忠邦は幕府の財政を立て直そうと、倹約令を出してはでな生活をとりしまった。

カード⑥
元明天皇のとき、藤原京から**d** 平城京に都がうつされ、市ではさまざまな各地の産物が取引された。

【年表】

年	できごと
1871	**e** 廃藩置県がおこなわれる
	↕⑦
1894	**f** 日清戦争が始まる
	↕⑧
1919	ヴェルサイユ条約が結ばれる
	↕⑨
1931	**g** 満州事変がおこる
	↕⑩
1946	日本国憲法が公布される
	↕⑪
1972	**h** 日中共同声明が出される

(1)　下線部ａについて、この戦乱のことを何というか、答えなさい。

(2)　空欄（　１　）に入る人名として正しいものを、次のア～エのうちから１つ選び、記号で答えなさい。

ア．徳川家康　　イ．徳川綱吉　　ウ．徳川吉宗　　エ．徳川慶喜

(3)　下線部ｂについて、この時代の人びとの様子について述べた文として正しくないものを、次のア～エのうちから１つ選び、記号で答えなさい。

ア．武士は堀や塀で囲まれた館をかまえ、日ごろから武芸にはげんでいた。

イ．農民のあいだでは、干鰯(ほしか)や油かすなどの金肥を使用した農業が営まれた。

ウ．人びとが集まる寺社の門前などでは、月に三度おこなわれる三斎市が開かれた。

エ．宋との貿易が盛んになったことで、宋銭が全国で使われた。

(4)　下線部ｃについて、卑弥呼が使いを送った中国の王朝として正しいものを、次のア～エのうちから１つ選び、記号で答えなさい。

ア．魏　　イ．漢　　ウ．隋　　エ．明

(5)　下線部ｄについて、平城京に都がうつされたのは西暦何年のことか、算用数字で答えなさい。

(6)　【カード】①～⑥について、古いものから年代順に正しく配列したとき、４番目にあたるものを、①～⑥のうちから１つ選び、数字で答えなさい。

(7)　下線部ｅについて、これより前におきたできごととして正しいものを、次のア～エのうちから１つ選び、記号で答えなさい。

ア．大日本帝国憲法が発布され、憲法にもとづく政治が始まった。

イ．地租改正がおこなわれ、地価の３％を現金で納めさせる税制が整った。

ウ．徴兵令が出され、満20歳以上の男子に兵役の義務が課せられた。

エ．版籍奉還によって各地の大名は土地と人民を天皇に返上した。

(8)　下線部**f**について、次の絵画は日清戦争の風刺画である。両脇(りょうわき)の日清両国が絵画中の**A**の国をとりあっている様子が見られる。日清戦争の講和条約では、**A**の国について日清両国でどのような取り決めがなされたか説明しなさい。ただし、絵画中の**A**の国名と日清戦争の講和条約名について明記すること。

(9)　下線部**g**について、満州事変前後の国内のできごとに関して述べた下の文**X**・**Y**について、その正誤の組み合わせとして正しいものを、次の**ア**～**エ**のうちから１つ選び、記号で答えなさい。

> **X**　1931年、中国・四国地方が冷害による凶作に見まわれ、たびかさなる不況もあいまって「身売り」や「欠食児童」が問題となった。
> **Y**　軍部の動きが活発となり、1936年には政党内閣をつくろうとした陸軍青年将校らによって東京中心部が占領される事件がおこった。

ア．**X**　正　**Y**　正　　**イ**．**X**　正　**Y**　誤
ウ．**X**　誤　**Y**　正　　**エ**．**X**　誤　**Y**　誤

(10)　下線部**h**について、このときの日本の内閣総理大臣として正しいものを、次の**ア**～**エ**のうちから１人選び、記号で答えなさい。
ア．田中角栄　　**イ**．池田勇人　　**ウ**．岸信介　　**エ**．佐藤栄作

(11)　次の**X**の文は**【年表】**中の⑦～⑪のどこにあてはまるか、⑦～⑪のうちから１つ選び、数字で答えなさい。

> **X**　関東大震災が発生し、東京を中心に大きな被害が出た。

3　次の文章を読んで、各問いに答えなさい。

2023年４月９日・23日に統一地方選挙が実施された。統一地方選挙とは、地方公共団体の**a**首長と**b**地方議会の議員の投票日を、全国的に統一して行う**c**選挙のことである。今回の選挙では、東京都杉並区などで女性議員が半数以上になったり、道府県議会議員選挙での女性の当選者は316人、定数2260人に占める割合は14.0％と、いずれも過去最多を更新したりと、確実に**d**女性議員数は増えてはいるが、まだ**e**８割は男性議員が占めている。

f総務省のまとめによると、９の知事、41の道府県議会議員選挙などの平均投票率は、過去最低だった。選挙に関するルールを定めた（　**1**　）法が改正され、**g**18歳以上が有権者となって初めての全国的な選挙は2016年の**h**参議院議員選挙で、このとき18歳・19歳の投票率は45.5％だったが、2022年の参院選では35.4％と投票率が低迷している。主権者である国民、住民の意見を政治に反映させるためにも、若者の政治参加を促(うなが)すことが大事である。

(1)　下線部**a**について、都道府県の首長の説明として正しくないものを、次の**ア**～**エ**のうちから１つ選び、記号で答えなさい。

ア．知事は、地方議会の議員による選挙で選ばれる。

イ．知事は、仕事を補佐する副知事を任命することができる。

ウ．知事は、地方議会が承認した予算に対して拒否権を行使することができる。

エ．知事は、地方議会から不信任決議を受けることがある。

(2)　下線部**b**について、次の憲法の条文中の空欄（　**A**　）・（　**B**　）にあてはまる語句の組み合わせとして正しいものを、次の**ア**～**エ**のうちから１つ選び、記号で答えなさい。

> 第94条　地方公共団体は、その財産を管理し、事務を処理し、及び行政を執行する権能を有し、（　**A**　）の範囲内で（　**B**　）を制定することができる。

	A	B
ア	憲法	政令
イ	憲法	法律
ウ	法律	規則
エ	法律	条例

(3) 下線部 **c** について、統一地方選挙において、投票が無効となるおそれがある例として正しくないものを、次の**ア**～**エ**のうちから１つ選び、記号で答えなさい。

ア．候補者の氏名と自分の氏名を記入して投票した。

イ．候補者が所属している政党名を記入して投票した。

ウ．候補者一人の氏名のみを記入して投票した。

エ．投票日当日に用事があったので、代わりに家族が代筆して投票した。

(4) 下線部 **d** について、下のグラフは法改正直後の総選挙時の有権者数の全人口比をあらわしたものである。初めて男女平等の普通選挙が行われた年のグラフとして正しいものを、次の**ア**～**エ**のうちから１つ選び、記号で答えなさい。

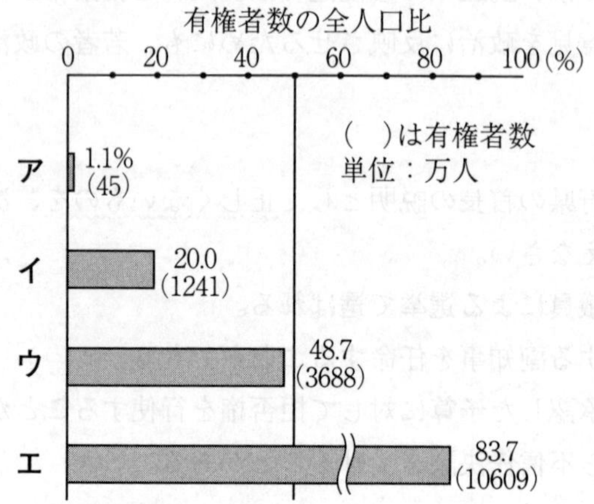

〔総務省資料より作成〕

(5)　下線部eについて、女性の社会進出に関するあとの問いに答えなさい。

①　次のグラフは、年齢階級別労働人口比率の就業形態別内訳（男女別、2022年）である。このグラフから分かる性別による働き方の違いを２点指摘しなさい。

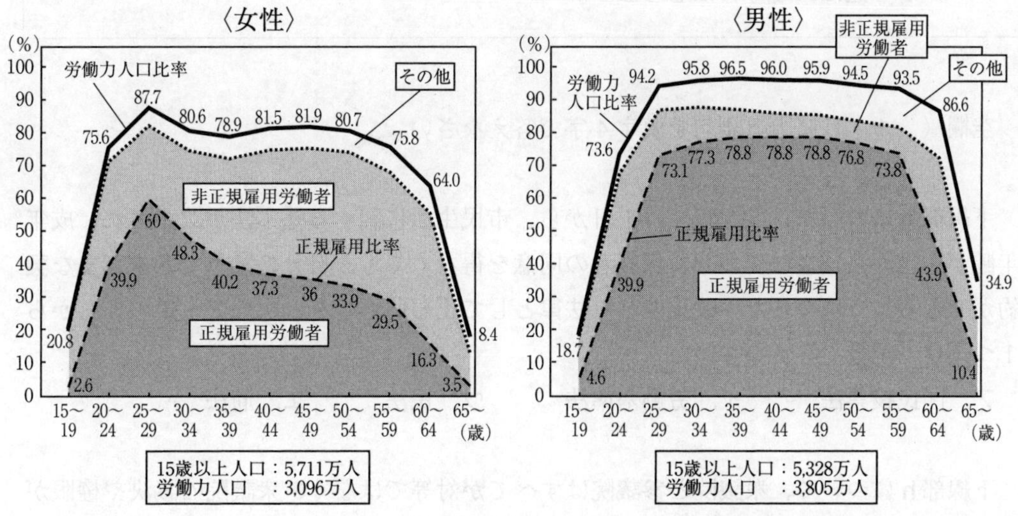

〔『令和５年版　男女共同参画白書』より作成〕

②　女性の社会進出を積極的に支援する策として正しくないものを、次の**ア**～**エ**のうちから１つ選び、記号で答えなさい。

ア．業務を年齢・性別によって区別することで、それぞれが能力を発揮できる体制を整える。

イ．性別を問わず、成果をだせば管理職に登用される制度を整える。

ウ．産休・育休などで長期休暇があっても、給与を減らされることなく仕事を続けられるしくみを整える。

エ．セクシュアルハラスメント防止のための研修を行い、すべての人が働きやすい環境を整える。

(6) 下線部ｆについて、府省の長を務めている国務大臣の任命等に関係する憲法の条文中の空欄（　C　）にあてはまる語句を答えなさい。

第68条　（　C　）は、国務大臣を任命する。但し、その過半数は、国会議員の中から選ばれなければならない。

(7) 空欄（　1　）に入る語句を漢字４字で答えなさい。

(8) 下線部ｇについて、2022年４月１日から、市民生活に関する基本法が改正され、成年年齢が20歳から18歳に変わり、保護者の同意を得なくても、自分の意思でさまざまな契約ができるようになった。改正された法律として正しいものを、次のア～エのうちから１つ選び、記号で答えなさい。

ア．国民投票法　　イ．労働基準法　　ウ．民法　　エ．刑法

(9) 下線部ｈについて、衆議院と参議院はすべてが対等ではなく、衆議院の議決や権限が参議院に優越するものがある。衆議院の優越が認められているものとして正しくないものを、次のア～エのうちから１つ選び、記号で答えなさい。

ア．国政調査権　　イ．内閣総理大臣の指名

ウ．条約の承認　　エ．法律の制定

【理　科】〈第２回試験〉（30分）〈満点：70点〉

1　次の各問い(1)～(6)に答えなさい。

(1)　右図は、豆電球１個と乾(かん)電池１個でつくった回路です。あとの問い①～③にあてはまるものをア～クからすべて選び、記号で答えなさい。ただし、ア～クは右図で使用したものと同じ豆電球、同じ乾電池を1～2個使ってつくった回路で、豆電球や乾電池は新品を使用したものとします。

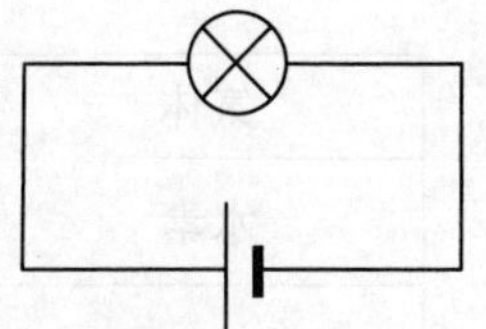

①　右図の豆電球より、明るく豆電球が光る回路
②　右図の豆電球より、長く豆電球が光り続ける回路
③　右図の豆電球に対して、明るさと光り続ける時間がともに同じになる回路

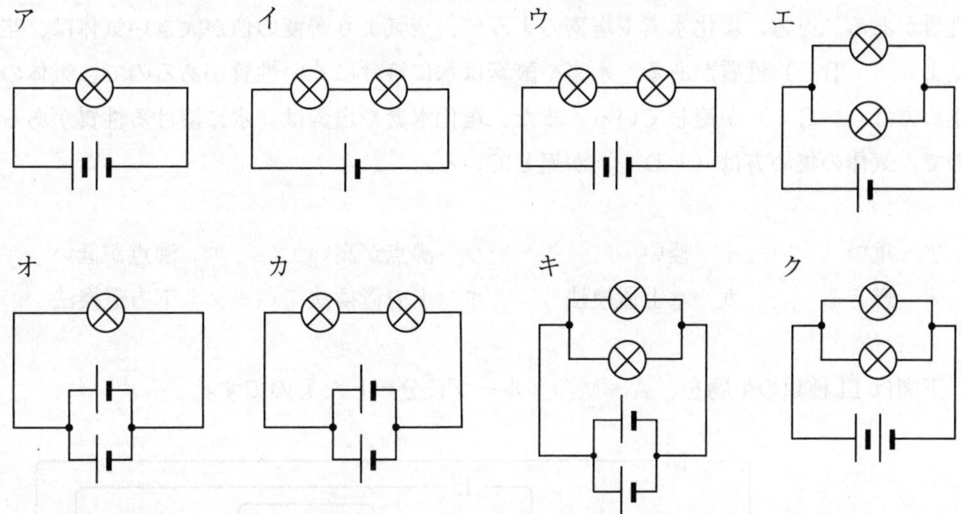

(2)　振(ふ)り子が１往復するのにかかる時間の説明として、適切なものを次のア～カから２つ選び、記号で答えなさい。

ア　おもりを重くすると、１往復するのにかかる時間は短くなる。
イ　おもりを重くすると、１往復するのにかかる時間は長くなる。
ウ　おもりを重くしても、１往復するのにかかる時間は変わらない。
エ　振り子の長さを長くすると、１往復するのにかかる時間は長くなる。
オ　振り子の長さを長くすると、１往復するのにかかる時間は短くなる。
カ　振り子の長さを長くしても、１往復するのにかかる時間は変わらない。

(3) 下の表は、いろいろな気体の密度［g/L］を示したものです。次の文章の空欄（　A　）～（　D　）にあてはまる語句として正しいものを、次のア～クからそれぞれ1つずつ選び、記号で答えなさい。

気体	密度［g/L］
水素	0.089
アンモニア	0.77
窒素	1.25
空気	1.29

気体	密度［g/L］
酸素	1.43
塩化水素	1.64
二酸化炭素	1.97
塩素	3.21

水素やアンモニアのように、空気より密度の値が小さい気体は、空気より（　A　）性質がある。一方、塩化水素や塩素のように、空気より密度の値が大きい気体は、空気より（　B　）性質がある。水素や酸素は水に溶けにくい性質があるので、気体の集め方は（　C　）が適している。また、塩化水素や塩素は、水に溶ける性質があるので、気体の集め方は（　D　）が適している。

ア　重い　　イ　軽い　　ウ　沸点が高い　　エ　沸点が低い
オ　燃える　　カ　水上置換法　　キ　上方置換法　　ク　下方置換法

(4) 下図は14種類の生物を、A～Mのグループに分類したものです。

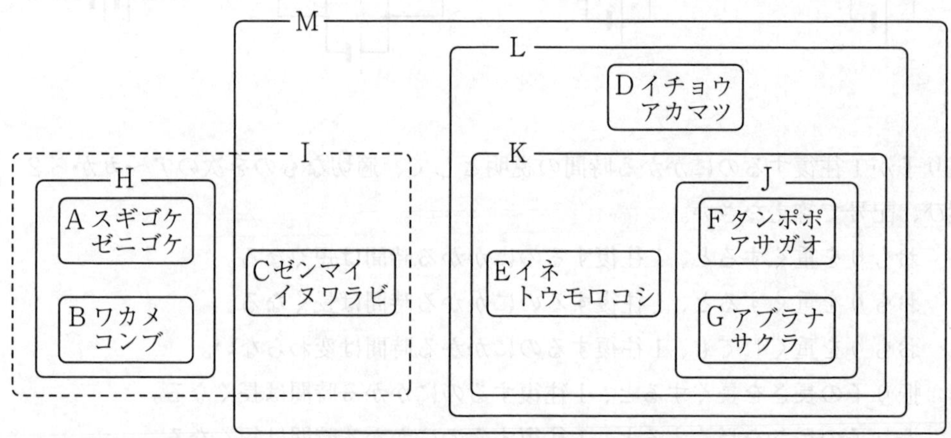

次の①・②にあてはまる生物のグループを、図のA～Mからそれぞれ1つずつ選び、記号で答えなさい。

① 花に子房がない

② 維管束をもつ

(5)　約46億年前、宇宙のガスや塵がぶつかったり、合体をくり返したりして太陽系の天体がつくられました。地球のような天体を惑星、冥王星のような惑星よりも小さな天体を準惑星、惑星や準惑星を周る天体を衛星といいます。火星と木星の間には小惑星と呼ばれる小さな天体が数多く存在しています。ＪＡＸＡ(宇宙航空研究開発機構)が2014年に打ち上げた探査機「はやぶさ２」は、2020年に小惑星リュウグウから採取したサンプルを地球に届けました。以下の問い①・②に答えなさい。

①　「はやぶさ２」が、小惑星リュウグウの探査を行った主な目的として考えられるものはどれですか。次のア～エから１つ選び、記号で答えなさい。

ア　知的生命体の調査をするため。
イ　太陽系が生まれたころの岩石や水を調査するため。
ウ　宇宙ステーションを建設するため。
エ　火星に居住地を建設するため。

②　約800万年前、小惑星リュウグウは火星と木星の間の小惑星帯を通る軌道から別の軌道に変化したことが分かっています。変化前と変化後のリュウグウの軌道を図中のア～エから１つずつ選び、記号で答えなさい。ただし、図中の点線は太陽から近い順に４番目までの惑星の軌道を示しています。

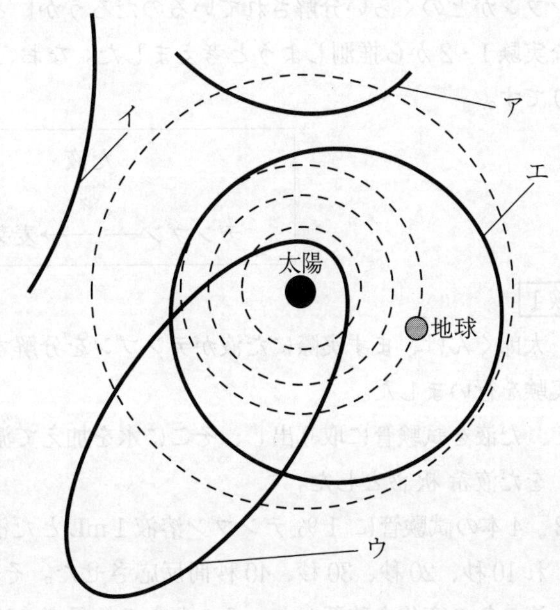

(6)　サンゴとアンモナイトの化石について、以下の問いに答えなさい。

①　サンゴの化石が発見された場所は、当時どのような環境だったと考えることができますか。次のア～カから１つ選び、記号で答えなさい。

ア　浅くきれいなあたたかい海　　イ　深くきれいな冷たい海
ウ　流れの急な河川　　エ　流れの緩やかな河川
オ　湖や河口　　カ　滝の周辺

② アンモナイトの化石と同年代の地層から発見される化石はどれですか。次のア～オから1つ選び、記号で答えなさい。

ア マンモス　　イ 恐竜　　ウ 三葉虫
エ ビカリア　　オ 猿人

2 次の文章を読み、各問い(1)～(6)に答えなさい。

太郎くんは、小学校の授業で消化について学び、『だ液や胃液などの消化液は、食べたものに含まれている栄養素を分解して細かくし、体内に吸収しやすくするはたらきがあること』や『消化液の中には消化酵素が含まれており、この消化酵素のはたらきによって栄養素が分解されること』が分かりました。

そこで、太郎くんは『お米を口に入れ、噛んでから飲み込むまでの間にお米の中のデンプンがどのくらい分解されているのだろうか』ということを疑問に思い、以下のような実験1・2から推測しようと考えました。なお、口の中で起こるだ液の反応は次の通りです。

だ液 ⇩ デンプン ——→ 麦芽糖

実験1

太郎くんは、まず実際にだ液がデンプンを分解するかを確認するため、以下のような実験を行いました。

1．だ液を試験管に取り出し、そこに水を加えて濃度を8分の1にうすめた。この溶液をだ液希釈液とした。
2．4本の試験管に 1％デンプン溶液 1 mL とだ液希釈液 2 mL を加え、室温でそれぞれ10秒、20秒、30秒、40秒間反応させた。その後、試験管にヨウ素液を加え、溶液の色の変化を確認した。そのときの結果を、次の表1、および図1にまとめた。

表1　だ液希釈液と 1％デンプン溶液の反応時間とヨウ素液を加えた後の色

反応時間	ヨウ素液を加えた後の色
10秒	濃い青紫色
20秒	うすい青紫色と茶褐色が混ざったような色
30秒	茶褐色
40秒	茶褐色

図1　反応後の溶液にヨウ素液を加えたときのようす

(1)　文中の下線部について、消化や消化酵素に関する文として正しいものを、次のア～オから２つ選び、記号で答えなさい。

ア　消化される栄養素を大きく３つに分けると、炭水化物、タンパク質、脂肪(しぼう)になる。

イ　胃液中の消化酵素は、食べた栄養素のうちタンパク質だけでなく炭水化物の消化も行う。

ウ　すい液は、栄養素のうち炭水化物のみを消化することができる。

エ　だ液に含まれている消化酵素をアミラーゼという。

オ　胆汁(たんじゅう)に含まれている消化酵素をペプシンという。

(2)　ヨウ素液の性質として正しいものを、次のア～エから１つ選び、記号で答えなさい。

ア　デンプンと反応すると、青紫色から茶褐色に変化する。

イ　デンプンと反応すると、茶褐色から青紫色に変化する。

ウ　麦芽糖と反応すると、青紫色から茶褐色に変化する。

エ　麦芽糖と反応すると、茶褐色から青紫色に変化する。

(3)　実験１の結果から分かることを、次のア～エから１つ選び、記号で答えなさい。ただし、この実験だけでは分からないものは選ばないこと。

ア　反応してから10秒後の試験管内には、デンプンはほとんど存在しない。

イ　反応してから20秒後の試験管内には、麦芽糖はできていない。

ウ　反応してから30秒後の試験管内では、だ液中の消化酵素のはたらきは失われている。

エ　反応してから40秒後の試験管内には、デンプンはほとんど存在しない。

実験２

次に太郎くんは、１％デンプン溶液１mL中のデンプンが、だ液によって完全に分解されるのにかかる時間を調べるため、以下のような実験を行いました。

1．実験１よりも反応時間をより細かく設定し、実験１と同じ手順で、１％デンプン溶液１mLとだ液希釈液２mLを反応させた。

2．ヨウ素液を加えたときの青紫色の濃さを、以下のような段階に分けて数値化した(図２)。

3．２.の数値をもとに、ヨウ素液を加えたときの青紫色の濃さと反応時間の関係をグラフにした（図３)。

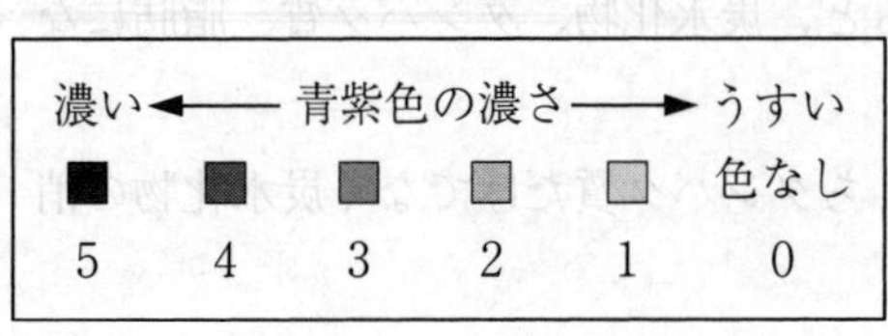

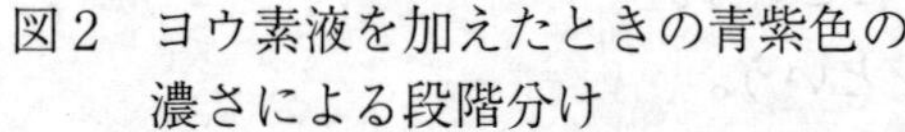

図2　ヨウ素液を加えたときの青紫色の濃さによる段階分け

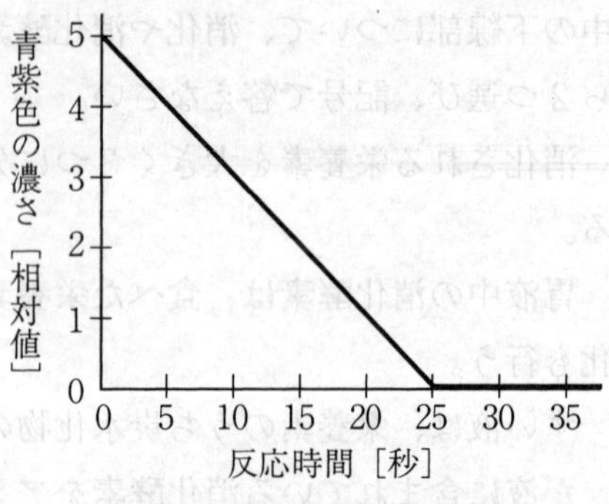

図3　図2の青紫色の濃さと反応時間の関係

(4)　実験2において、試験管内にある麦芽糖の量はどのように変化すると考えられますか。横軸(じく)を反応時間、縦軸を麦芽糖の量として解答用紙のグラフに麦芽糖の量の変化を線でかき込みなさい。なお、矢印（⇨）の位置はこの実験でできる麦芽糖の最大量とします。

(5)　次の文章は、太郎くんが実験2の結果から考察したものです。文中の空欄(らん)に適する数値を答えなさい。なお、数値が割り切れない場合には小数第5位を四捨五入し、小数第4位まで答えなさい。

まず、この実験で使用した1％デンプン溶液1mLには、どのくらいのデンプンが含まれているかを計算してみよう！　今回使用したデンプン溶液の密度を1g/mLとして考えると、反応に使用した1mLのデンプン溶液は1gとなる。さらに濃度が1％ということは、その溶液中にデンプンが100分の1の割合で溶(と)けていることになる。よって、今回使用した溶液に含まれているデンプンは（　ア　）gになる。

次に図3の結果をみると、この（　ア　）gのデンプンが（　イ　）秒で完全に分解されていることが分かった。ということは、今回使用しただ液希釈液は1秒間に（　ウ　）gのデンプンを分解したことになりそうだ！

だ液のはたらきの強さは濃度によって変わらないと考えると、希釈液にする前のだ液は、1秒間に（　エ　）gのデンプンを分解できると考えられそうだ！

ここまで分かれば、あとはお米を口に入れてから飲み込むまでに、どのくらい時間がかかっているかを計ることで、お米の中のデンプンがどのくらい分解されているか、推定できそうだ！

(6) 太郎くんがお米を口に入れてから飲み込むまでの時間を計ったところ15秒かかりました。口に入れてからすぐにお米とだ液の反応が始まるとすると、この間にお米の中のデンプンは何g分解されたと推定できますか。なお、数値が割り切れない場合には小数第4位を四捨五入し、小数第3位まで答えなさい。

3 次の文章を読み、各問い(1)〜(8)に答えなさい。

酸性の水溶(よう)液とアルカリ性の水溶液を混ぜると、それぞれの性質を打ち消し合う反応が起こります。この反応を中和といいます。中和が起こると、もとの水溶液に溶(と)けていた物質と異なる物質（塩(えん)という）と水ができます。また、中和には、酸性とアルカリ性の水溶液がどちらも余ることなく反応する場合と、酸性とアルカリ性のどちらかが多いため、一部しか中和されずに、どちらかが余る場合があります。

実験1

6本の試験管A〜Fに、ある濃(のう)度の塩酸を10 mLずつ入れました。次に、固体の水酸化ナトリウム8.0 gを水に溶かして100 mLとした水溶液をつくりました。この水酸化ナトリウム水溶液を試験管A〜Fに2.0 mLずつ増やしながら加え、よくかき混ぜました。

実験2

実験1の水溶液をそれぞれ数滴(てき)とり、リトマス紙につけて、色の変化を観察しました。

実験3

実験1の水溶液をそれぞれ加熱して、水を蒸発させた後に残った固体の重さをはかりました。

次の表は実験1〜3の結果の一部をまとめたものです。

試験管	A	B	C	D	E	F
加えた水酸化ナトリウム水溶液の体積［mL］	2.0	4.0	6.0	8.0	10	12
赤色リトマス紙の色の変化	なし	なし	なし	なし	なし	青色
青色リトマス紙の色の変化	赤色	赤色	赤色	赤色	なし	なし
蒸発後に残った固体の重さ［g］	①	②	③	④	1.17	⑤

(1) 塩酸に溶けている気体は何ですか。次のア〜オから1つ選び、記号で答えなさい。

ア　酸素　　イ　塩素　　ウ　水素　　エ　塩化水素　　オ　二酸化炭素

(2) 水酸化ナトリウム水溶液と同じ液性を示すものを、次のア～ケから３つ選び、記号で答えなさい。

ア　アンモニア水　　イ　炭酸水　　ウ　食塩水　　エ　砂糖水
オ　石けん水　　カ　レモン汁(じる)　　キ　石灰水　　ク　酢(す)
ケ　消毒用アルコール

(3) 次のうち中和反応であるものはどれですか。次のア～エから１つ選び、記号で答えなさい。

ア　過酸化水素水に二酸化マンガンを加える。
イ　塩酸に鉄を加える。
ウ　石灰水に炭酸水を加える。
エ　水酸化ナトリウム水溶液にアルミニウムを加える。

(4) 前ページの表より、酸性とアルカリ性の水溶液がどちらも余ることなく反応した試験管はどれですか。Ａ～Ｆのうち１つ選び、記号で答えなさい。

(5) 試験管Ｅの水溶液を加熱して、水を蒸発させて残った固体について調べたところ、食塩（塩化ナトリウム）であることが分かりました。食塩の結晶(しょう)の形として正しいものを、次のア～エから１つ選び、記号で答えなさい。

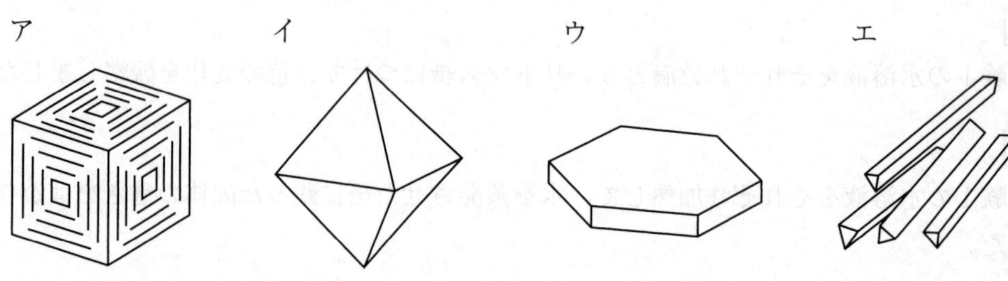

(6)　表の加えた水酸化ナトリウム水溶液の体積を横軸(じく)に、蒸発後に残った固体の重さを縦軸にしてグラフにするとどのような形になりますか。次のア～エから１つ選び、記号で答えなさい。

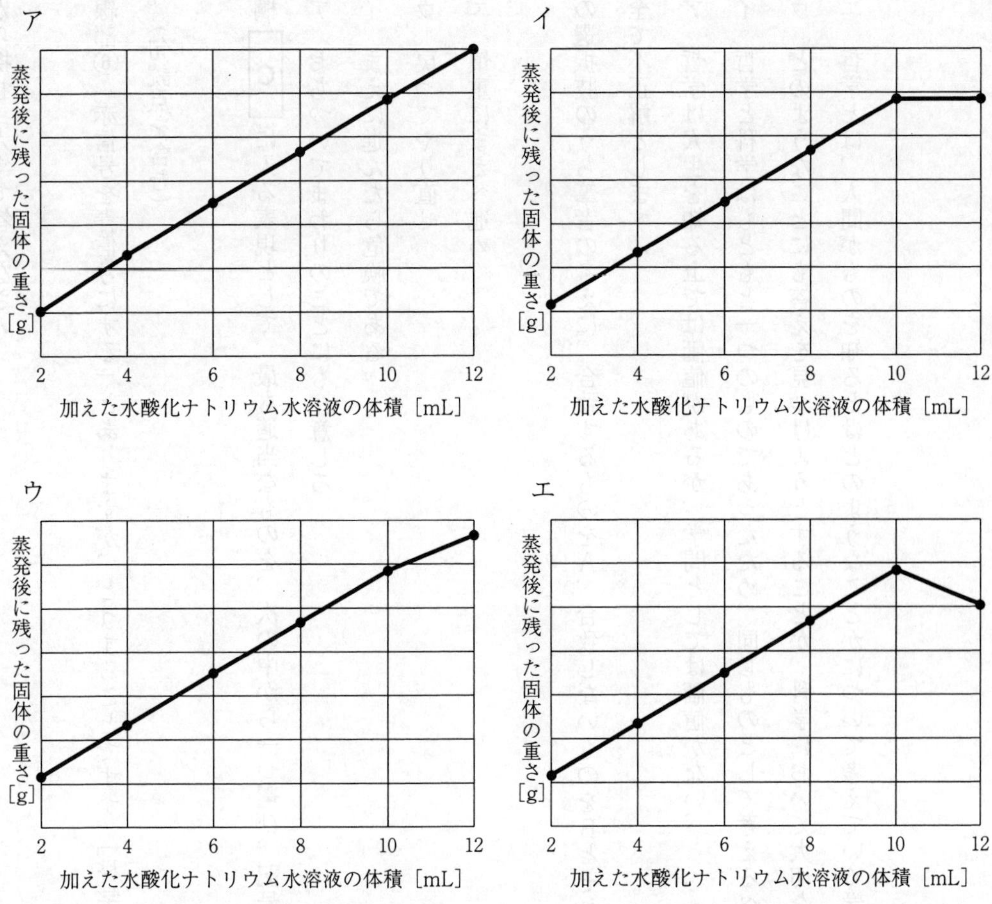

(7)　表の①、⑤にあてはまる数値を計算しなさい。ただし、答えは小数第３位を四捨五入し、小数第２位まで求めなさい。

(8)　試験管ＢとＦを混ぜた後、その水溶液を加熱して水を蒸発させると何ｇの固体が残りますか。ただし、答えは小数第３位を四捨五入し、小数第２位まで求めなさい。

問八　傍線部⑤「科学が答えないような疑問にも、どんどん答えを出していた人」とありますが、これを言い換えた言葉を傍線部⑤より後から探し、六字で答えなさい。

問九　傍線部⑥「赤信号を青信号にする」とありますが、どうすることですか。「科学」という言葉を使い、二十～二十五字で答えなさい。（句読点を含む）

問十　空欄 C に入る表現として、最も適当なものを、次の中から一つ選び、記号で答えなさい。

ア　おちついてまわりのことにも注意しろ
イ　まえに進んだら危険である
ウ　戻ってやり直せ
エ　慎重にまえへ進め

問十一　次の選択肢のうち筆者の考えに、合致するものをA、合致しないものをBとそれぞれ答えなさい。（全て同じ記号を選んだ場合には全て不正解とします。）

ア　哲学は人生を知る上では価値があるが、学問としては価値がない。
イ　哲学と科学はもともと一つのものであったため、同じものとして考えるべきである。
ウ　どのようなことにも答えを見つけようとすることが、科学において大切なことである。
エ　哲学とは、人間がものを知るとはどのようなことかについて考えていく学問である。

問三　傍線部②「どういうところで、哲学と科学とが区別されるようになってきたのでしょう」とありますが、筆者は「科学」と「哲学」をどのように区別していますか。最も適当なものを、次の中から一つ選び、記号で答えなさい。

ア　疑問を解明していくことが科学であり、解明した答えを掘り下げていくのが哲学である。
イ　科学は理論的に正しいことが明確なものであり、哲学は理論的に説明できないものである。
ウ　人間の好奇心を確実に満たすものが科学であり、好奇心を満たさないものが哲学である。
エ　科学は答えられることの限界があるものであり、哲学はその先について考えるものである。

問四　空欄 A ・ B にあてはまる言葉を、漢字一字でそれぞれ答えなさい。

問五　空欄（ a ）～（ c ）にあてはまる言葉を、それぞれ次の中から一つずつ選び、記号で答えなさい。ただし、同じ記号は一度しか使えないものとします。

ア　ところで　　イ　しかし　　ウ　または　　エ　つまり　　オ　たとえば

問六　傍線部③『そこからさきは、きかれても困るんだ』というところ」を、たとえを使って言い換えている部分はどこですか。三十～三十五字で探し、最初と最後の三字を抜き出しなさい。（句読点を含む）

問七　傍線部④「科学などはやらないで哲学をやればよさそうなものです」とありますが、これに対する筆者の考えとして、最も適当なものを、次の中から一つ選び、記号で答えなさい。

ア　科学をこえていくものが哲学であるため、科学をやるよりも哲学をやっていった方が効率がよい。
イ　科学で行き詰まることから哲学的な疑問がわいてくるので、科学をおろそかにするべきではない。
ウ　科学と哲学は別のものであるため、両方やるのではなくそれぞれの専門家が極めていく方がよい。
エ　科学はその先にある哲学の基本を支える大変重要な学問であるため、しっかりとやるべきである。

そこで、学問の場合にかぎらず、いままで一つのことに夢中になっていた人が、なにかのきっかけで、おちついてまわりのことも考えるようになると、「あの人も哲学的になった」ということがあるぐらいです。

（吉田夏彦『なぜと問うのはなぜだろう』による）

〈注〉※１　ニュートン……イギリスの物理学者・天文学者・数学者。
※２　ボイル……イギリスの化学者・物理学者。
※３　ガリレオ……イタリアの天文学者・物理学者・哲学者。
※４　妙薬……不思議なほどよく効く薬。

問一　傍線部①「学問といえば科学しかないと考える人もあるくらいです」とありますが、その理由として最も適当なものを、次の中から一つ選び、記号で答えなさい。

ア　今の日本では、「科学」以外を学問として教えていないから。
イ　今の日本では、学問一般を指すことばが「科学」であるから。
ウ　今の日本では、「科学」を重要視する教育をしているから。
エ　今の日本では、「科学」でないものまで「科学」としているから。

問二　□で囲われた中にあるＡ～Ｃの文を、文章に合うように並べ替えなさい。

たとえば、ガリレオやニュートン[※3]の時代になるまえに、自然のことについてしらべていた学者、そうして、いまでは科学者のなかまには数えられない学者の中には、⑤科学が答えないような疑問にも、どんどん答えを出していた人がいました。しかし、そういう答えは空想的なものだとして、いまでは信用されなくなっています。

つまり、赤信号の前で科学がとまるのには、それだけの意味があるのです。

科学の成功の秘密は、なにもかも答えようとはしないで、赤信号のたっているところがあることに気がついた点にあるとさえいえるぐらいです。

だから、むやみに赤信号の前にとびだそうとしても、話が空まわりになってしまうことが多いのです。

科学が、哲学からわかれるまえのほらふき学者のやり方に、もういっぺんかえろうとしても、あまり意味はないことになりそうです。

しかし、なぜ、赤信号がたっているのかしら、という疑問を持つことはできるでしょう。

また、科学に答えられない問いというものは、どんなことをしても答えられないものなのか、それとも、科学が、それより以前の学問をのりこえて発展してきたように、科学をのりこえるもっとさきの学問があるのだろうか、という疑問もわいてくるでしょう。

つまり、ここで、人は、一つの答えにくい問いにぶつかったことをきっかけにして、「人間がものを知るとはどういうことか。その、知るということには、そこから先にはどうしても行けない、きりというものがあるのか」という問いにぶつかるのです。

哲学というのは、こういった問いに答えようとするところからはじまる学問だともいえるのです。

つまり、ものごとを知ろうという点では科学とおなじことですが、その知ろうとすることがらが、科学とは少しちがう。いまの例でいえば、知ることとか、好奇心とかいったこと自体を問題にするのが哲学です。

さきほどの例でいうと、⑥赤信号を青信号にする妙薬（みょうやく）[※4]が哲学なのではありません。

むしろ、赤信号になったことをあらためて問題にして、いろいろ考えてみようというのが哲学です。その結果、思いがけないところから、まえにすすむ道がみつかるかも知れないし、やっぱり人間にはまえにすすむことができないんだ、ということがわかるかも知れない。

いわば、哲学は、まえにすすむか、とまるか、だけを考えるのではなく、［　C　］という、黄信号を出すものだともいえるのです。

科学とも、よばれてきたのです。

では、どういうところで、②哲学と科学とが区別されるようになってきたのでしょう。

これについてはいろいろな考え方がありますが、この本では、いちおう、つぎのように説明するところから、話をすすめていきたいと思います。

好奇心をみたすために、人間は、［A］ほり［B］ほり、いろいろなことをたずねます。しかし、その質問は、つづけようによっては、きりがなくなってしまいます。

（ａ）、「空はなぜ青くて赤くないのか」という疑問を持った人が、科学者のところに質問にいったとします。

科学者は、親切に、いろいろと説明してくれるでしょう。そうしてそのためには、物理学の理論を持ち出してくることになります。

（ｂ）、「それでは、なぜ物理学の理論をひきあいに出して説明すれば、正しい説明になるのか」という疑問をつづけて出すとしたらどうでしょうか。

そのとき、なお説明をつづけてくれる科学者もいるでしょうが、人によっては、「それは哲学の問題です。科学者の答えることではありません」という人もいることだと思います。

じっさい、科学者にこういう質問をして、こういう答えをもらい、それではというので哲学を勉強するようになった人がいるのです。

（ｃ）、科学は、好奇心をみたしてくれますが、それにはかぎりがあるのです。

科学はどんな質問をしても答えを出してくれるというものではなく、③「そこからさきは、きかれても困るんだ」というところが、科学にはかならずあるのです。

そうして、それでもそのさきがききたいという人には、哲学が待っているというわけです。

たとえていえば、好奇心の強い人が、科学という車にのって、いろいろな疑問についての答えをさがして行くと、ここからさきは科学的にはきいてもむだ、という赤信号がたっているところにぶつかるところがあるのです。

では、哲学という車にのりかえれば、そこで信号機は青を出してくれるでしょうか。かならずしも、そうとばかりはいいきれません。

哲学に科学で答えられないことが答えられるとしたら、はじめから、④科学などはやらないで哲学をやればよさそうなものです。

さきほどものべたように、科学ということばは、もともとヨーロッパで、学問一般をさすのに使われていたことばの一つの日本語訳なのですから。

しかし、日本が科学を大はばにとりいれだしたころというのは、ヨーロッパではニュートン[※1]やボイル[※2]の活躍した時代から、少し後の時代、つまり、科学と哲学とがそろそろ区別されだした時代なのです。

ですから、明治のはじめにヨーロッパの文化をとりいれる先頭にたった人は、この区別のあることを知っていました。そのために、わざわざ訳語も二つ、哲学と科学というのをこしらえたぐらいなのです。

そこで、この区別をたてたうえでの話ということになると、学問といえば科学しかないというのは、哲学は、学問としては価値がないというのとおなじことになります。しかし、はたしてそうでしょうか。

〔中略〕

もっとも、さきほどものべたように、哲学の原産地であるヨーロッパでさえ、このごろは、科学のほうを重んじて、哲学をかろんずる人が多くなってきているのです。

A　しかし、ヨーロッパでも、哲学をかろんずる人がかならずしも、哲学のことをくわしくしらべたうえで、そうしているわけではないのです。

B　じつは、哲学と科学とを、いつしかはっきり区別するようになってきたということが、はたして正しかったのかどうか、このごろになって、ヨーロッパやアメリカの学者も反省するようになってきています。

C　だから、哲学のいのちはもうながくないのだ、哲学などを学ぶのは時代おくれだ、と考える人も出てくるかも知れません。

そうして、あらためて哲学的な考え方がだいじだということをいうようになってきています。

まえにもいったように、哲学と科学とは、もともと一つのものでした。

哲学も科学も、人間の好奇心をみたすために、発展させられてきたともいえるヨーロッパ派の学問です。それが一般的に、哲学とも、

問九　傍線部⑥「お父さん！」とありますが、この時の仲樹くんの気持ちとして適当でないものを、次の中から一つ選び、記号で答えなさい。

ア　町内会長からものすごい勢いで逃げる父を見て、つい応援する気持ちが湧いている。

イ　父に自分の姿を重ね、大胆な行動は他の人とトラブルを起こす原因になると思い心配している。

ウ　今までは遠くから父の姿を見るだけだったが、初めて父の行動に心を動かされている。

エ　子供のように走って逃げる父を見てあっけに取られながらも、そのような父に憧れを抱いている。

問十　この文章の登場人物に関する説明として最も適当なものを、次の中から一つ選び、記号で答えなさい。

ア　マレオさんは変わった行動をとることがあるが、それは彼のこだわりの強さの表れでもある。

イ　仲樹くんは「かわいくないほう」のマネージャーをかばうために、潔く部活をやめた。

ウ　ぼくは仲樹くんを慰めるためにヌートリアを探そうとして、別の道から帰ることを提案した。

エ　町内会長はオブジェの件でマレオさんと敵対していたが、逃走劇の末、彼を見直し始めている。

三　次の文章を読んで、後の問いに答えなさい。なお、作問の都合上、本文を一部改変してあります。

いまの日本では、科学という学問があることは、あたりまえのことになっています。小学校から始まって、大学まで、学校で教えることの大部分は、科学か、科学に関係のあることがらです。

自然現象にかんする学問、つまり物理学、化学、生物学、地学といった学問はもちろんのことですが、歴史学にしても、科学的に教えなくてはいけないと考えている学校や教師が多いようです。

こういう教育を受けているのですから、人によっては、①学問といえば科学しかないと考える人もあるくらいです。そうして、それも、考え方によっては、まちがいではありません。

問五　空欄 B ・ C にあてはまる言葉の組み合わせとして、最も適当なものを、次の中から一つ選び、記号で答えなさい。

ア　B　守って　　C　弱気
イ　B　和らげて　C　強引
ウ　B　損ねて　　C　自由
エ　B　無くして　C　慎重

問六　次の一文を本文に戻すとき、最も適当なところを本文中の D ～ G から一つ選び、記号で答えなさい。

> 恥という名の水たまりからなかなか足を引っこ抜けないぼくの腕を、仲樹くんが勢いよく掴(つか)んで揺さぶった。

問七　傍線部④「さっきそう思ってしまいそうになった」とありますが、どのように思ってしまったのですか。空欄を指定字数にしたがって埋める形で、本文中の言葉を使って説明しなさい。（句読点含む）

> ぼくは、仲樹くんが Ⅰ（十五字以内） ため、 Ⅱ（三十字以内） と思ってしまった。

問八　傍線部⑤「たぶん、もめてるね」とありますが、ぼくはマレオさんの特異な行動をどのように考えていますか。空欄にあてはまる言葉を本文中から指定の字数で探し、はじめの五字を答えなさい。

> 他人に迷惑をかける行動ではあるが、それは 十六字 もので、それがマレオさんの生き方だと考えている。

問一　傍線部①「あ。えと、いただき、ます」とありますが、ここから読み取れる仲樹くんの心情として最も適当なものを、次の中から一つ選び、記号で答えなさい。

ア　ロコモコ丼を食べたことがないため、未知の食べ物に興奮している。
イ　久しぶりに話す「ぼく」との会話に気まずさを感じ、緊張している。
ウ　食事のあとにマレオさんの所に連れていかれると思い、警戒している。
エ　目の前に出てきた料理が想像していたものと違ったため、落胆している。

問二　傍線部②「奥のテーブルの彼らは会話の合間に、何度もこちらに視線を寄こす」とありますが、この視線にはどのような思いが込められていますか。最も適当なものを、次の中から一つ選び、記号で答えなさい。

ア　仲樹くんがマレオさんの息子だということを、ばかにする思い。
イ　久しぶりに会った仲樹くんに、どう声を掛けようかと迷う思い。
ウ　関係の良くない仲樹くんに注目し、遠くからからかおうとする思い。
エ　仲樹くんが知らない大人と二人で居て大丈夫かと、心配する思い。

問三　本文中に三か所ある空欄 A に共通してあてはまる漢字一字を答えなさい。

問四　傍線部③「仲樹くんはなにも言わずついてきた」とありますが、仲樹くんが思い悩んでいたことが分かる、たとえを使った一文を、傍線部③より後から探し、はじめの五字を書き抜きなさい。

仲樹くんが大きな声で叫ぶ。マレオさんが仲樹くんのほうを見た。

「⑥お父さん！」

「逃げて！」

ぼくの目にうつるマレオさんの姿はもうとうに小さくなっていて、どんな表情で息子の声援を受け止めたのかはわからない。でも、大きく腕を上げて応じたのが見えた。

横腹を押さえ、懸命に呼吸を整えながら、川を挟んで走り続けるマレオさんと仲樹くんを見送った。後方を振り返ると、対岸ではうなだれた町内会長がくやしそうに自分の太腿(ふともも)を叩いている。

逃げろマレオさん。仲樹くんも。残った力を振り絞って叫ぶ。誰も辿(たど)りつけない場所まで、走れ。マレオさんは止まらない。仲樹くんもまた。いつのまにか逃げることよりも走ること自体が目的になってしまったような、ひたむきな速度を保って駆け続ける彼らに、ぼくはせいいっぱいの声援をおくり続けた。

（寺地はるな『タイムマシンに乗れないぼくたち』所収「対岸の叔父」による）

〈注〉※1　玉城くん……「ぼく」の旧友。
※2　ヌートリア……ネズミの仲間の小型哺乳類。
※3　ファンタグレープ……炭酸飲料。

「そうか、うん。そうか」　E

頷きながら、ぼくはひそかに自分を恥じた。過去の自分を。あのランキングが書かれたルーズリーフは、破り捨てられるべきものだった。「人の外見にランク付けなどするな」と、怒らなければならなかったのだ。あの教室にいた誰かが。誰か。たとえば、ぼくが。

ぼくはただ頷くことしかできずに、草の上の、仲樹くんのぐっと握りこまれたこぶしを見ている。ぼくみたいな目立たない人間でも、マレオさんみたいな変わり者でも、仲樹くんみたいな男の子でも、だから生きやすいとか、自由だなんてありえないのに、④さっきそう思ってしまいそうになった。人生になんの障害もない、なんて、決めつけようとしていた。

「ねえ、あれ」

F　はっとして顔を上げると、対岸で町内会長がマレオさんに話しかけているのが見えた。いやあれは話しかけている、なんていう穏当（おんとう）なものじゃない。今にも噛（か）みつかんばかりに吠えている。

またオブジェの件で怒られているのかもしれない。しかしマレオさんも負けじとなにか言い返す。その声はかろうじて聞こえるが、なにを言っているかまではわからない。

⑤「たぶん、もめてるね」

「もめてます」

町内会長がマレオさんの腕を掴（つか）む。ぼくははっと息を呑（の）んだ。仲樹くんもまた。しかしマレオさんがその腕を振り払って駆け出した。

「あ、逃げてるね」

G　「逃げてます」

おじさんのくせに、マレオさんは足が速い。みるみるうちに、その姿が遠ざかる。町内会長は必死に追う。仲樹くんが立ち上がり、ぼくもそれに倣（なら）った。対岸の彼らを追って走り出した。雑草で足が滑ってひどく走りにくい。十メートルも行かぬうちに息が切れ、横腹が尖（とが）った棒で突かれたみたいに痛む。マレオさんと町内会長の差がぐんぐん開いていく。ぼくはなんとか対岸の町内会長を追い抜いたが、マレオさんにも仲樹くんにも追いつけそうにない。前方から風にのって、「ははっ」という声が聞こえてきた。仲樹くんが、今日はじめて笑っている。

「あの人ぐらい［C］だと」と対岸のマレオさんを顎（あご）でしゃくる。

「生きていくの、楽かな」

「それは、どうだろうね」

スプラッシュファンタ事件の記憶がよみがえった。

店にやってきたマレオさんに、須賀さんがしつこく絡（から）んだせいでおこった事件だった。ぼくもその場にいたわけじゃない。岸部さんの証言によると、須賀さんは店にやってきたマレオさんに「あんたさあ、いい年して芸術がどうとか馬鹿じゃないの、ただの無職じゃないの、いい加減にしなさいよ」としつこく絡んでいたらしい。マレオさんはしばらく黙って聞いていたが、とつぜん手に持っていたファンタグレープ[※3]のペットボトルを振りはじめ、須賀さんに向かって噴射した。溢（あふ）れ出る泡があたりいったいを紫色に染めたという。後ろの棚の商品にもかかって、べたべたになって掃除をするのがたいへんだった。

マレオさんのとった行動はけっして正しいとは言えない。子どもじみた感情の爆発。正しくないけど、間違ってもいないんじゃないだろうか。だってマレオさんはそんなふうにしか生きられない人だと思うから。

「自由に見える人は、まわりが思うより自由ではないかもしれないね」［D］

伸樹くんはしばらくヌートリアを目で追っていたが、やがて息を吐いた。川面に落としたら小石みたいに沈んでいきそうなぐらい、重たいため息だった。

「……さっきの人たち、野球部の先輩で」

野球部には女子マネージャーが二人いる。彼女たちのことを、彼らは陰で「かわいいほうとかわいくないほう」と呼んでいた。

「みんなが、それを笑いながら言うのがなんか嫌で。一緒になって笑わないと空気読めないやつみたいに扱われるのも嫌で、ぜんぶ嫌で、それでやめた」

ほんとうに嫌で、今も嫌で、と繰り返す伸樹くんの横顔を眺めながら、ぼくは「そうか」と呟くことしかできなかった。

「やめる時も、なんでなんでってしつこく訊かれて、正直に話したらお前もしかしてあいつが好きなのかとか、〔中略〕わけわかんないこと言われて、そうやってすぐ恋愛みたいな話に持っていくの意味がわからないし、だから」

つもりだった。彼らはいったん「自分たちの仲間ではない」と判断した相手には容赦なく冷笑を浴びせる。冷笑を浴びせることによって、彼らの結束はよりいっそう強くなるのだ。自分はけっして嗤われる側に行くまいと気をひきしめ、誰かにあらたな冷笑を向ける隙を見つけることに躍起になる。

彼らと仲樹くんのあいだになにがあったのかはまったく知らないが、男の集団のやっかいさというものはぼくもそれなりに知っている

店を出て「来たのとは違う道で帰ろうか」と声をかけると、③仲樹くんはなにも言わずついてきた。川沿いの遊歩道を選んで歩いた。土手は視界を遮るものが何もない。川向こうにはマレオさんの塔の先端が見えている。先端だけでもすでに景観を［B］おり、そりゃ町内会長も文句言いに来るよなと納得してしまう。

「あ」

仲樹くんが声を上げ、川を指さした。

「ヌートリア[※2]」

「うそ、どこどこ」

噂のヌートリアがついにその姿を現した。

（中略）

マレオさんに「今、ヌートリアいます」とメッセージを送る。しばらく眺めていると、土手の上にマレオさんが現れた。ものすごい勢いで斜面を駆けおり、［A］を伸ばしてヌートリアを目で追っている。スケッチブックをめくり、鉛筆を走らせはじめた。

「あの人、なにしてるんですか」

「あれは、スケッチだね。オブジェにヌートリアを加えたいんだと思うよ」

「写真撮ればいいのに」

写真を撮るとじゅうぶん見た気になっちゃうだろ、それじゃあダメなんだ、とはマレオさんの言葉だ。

「前から思ってたけど、法廷画家みたいだよね」

仲樹くんは「法廷画家」がなんなのかわからないようだった。怪訝そうに［A］を傾げながら、しかし聞き流すことに決めたらしい。

二 次の文章を読んで、後の問いに答えなさい。

変わり者として知られる「マレオさん」の甥である「ぼく」は、マレオさんの息子である「仲樹くん」と久しぶりに会い、昼食をとるためレストランに入った。以下はその続きの場面である。

ぼくのランチプレートと、仲樹くんのロコモコ丼が運ばれてきた。両手を合わせて①「あ。えと、いただき、ます」と呟く仲樹くんに、うんうん、と頷いてみせる。いい子なんだよな、仲樹くんは。ぼくは「いただきます」と「ごちそうさま」が言える子はそれだけでみんないい子だと思ってしまう。

玉城くん[※1]に似ているけれども馬鹿の極みでもないし、背が高くてしかも性格の良い仲樹くんの未来にはなんの障害もない。ただ歩いていくだけで、つぎつぎとチャンスのドアが勝手に開くような、そんな人生が待っているのに違いない。

「うん。いただきます。食べよう」

ぼくも両手を合わせた時、ドアベルがけたたましく鳴った。髪を短く刈った男子生徒数名が、にぎやかに入ってくる。いずれも陽に焼けていて、身体つきはたくましい。

「あれ、仲樹だ」

「ほんとだ」

「おーい、仲樹ー」

遠くから声をかけてくるが、ぼくに遠慮でもしているのか、近づいてはこない。仲樹くんが軽く頭を下げると、彼らは素早く視線を交わし、ごく短く笑った、ように見えた。大きな声でなにか話しながら、奥のテーブルに陣取る。

あれ友だち？　と訊こうとしてやめた。スプーンを持つ仲樹くんの手がかすかに震えているのに気がついたから。

仲樹くんはそれからすごい勢いで料理を口につめこみはじめた。②奥のテーブルの彼らは会話の合間に、何度もこちらに視線を寄こす。

もう出ようか、と耳打ちしたけど、もったいないから、と［Ａ］を横に振る。それでも仲樹くんの「一刻もはやくここから立ち去りたい」という思いが伝わってきて、ぼくも急いで食べた。

2024年度

獨協埼玉中学校

【国　語】〈第二回試験〉（五〇分）〈満点：一〇〇点〉

一　次のⅠ・Ⅱの問いに答えなさい。

Ⅰ　次の傍線部の漢字の読みをひらがなで答えなさい。カタカナは漢字に直しなさい。

①　含有量を調べる。

②　作業が滞る。

③　六畳の部屋で寝る。

④　シュウサクとして表彰される。

⑤　ひとりジめをする。

⑥　カンソな作りの服を着る。

Ⅱ　次の傍線部の漢字として、適当なものを後の選択肢から選び、それぞれ記号で答えなさい。

①　相手のイコウを聞く。

ア　以降　　イ　意向　　ウ　移行

②　病気がカイホウに向かっている。

ア　介抱　　イ　解法　　ウ　快方

③　名画をシュウシュウする。

ア　収集　　イ　修習　　ウ　収拾

④　左右タイショウの建物。

ア　対象　　イ　対称　　ウ　対照

2024年度
獨協埼玉中学校 ▶解説と解答

算 数 ＜第２回試験＞（50分）＜満点：100点＞

解 答

[1] (1) 4 (2) 7600m (3) 155.6cm (4) 24通り (5) 200g (6) ① 17.5cm ② 85度 (7) $9.12cm^2$ [2] (1) ① ア 253 イ 23 ② 16個 (2) ① 6通り ② 20通り [3] (1) 360円 (2) 最大36枚 (3) 52回以上 [4] (1) **長針**…8度，**短針**…$1\frac{1}{3}$度 (2) 3時間目の授業の開始18分後 (3) 13時56分15秒

解 説

[1] 四則計算，速さ，平均，場合の数，濃度，相似，長さ，角度，面積

(1) $1\frac{7}{9}\times\frac{3}{4}+12\div4\frac{1}{2}=\frac{16}{9}\times\frac{3}{4}+12\div\frac{9}{2}=\frac{4}{3}+12\times\frac{2}{9}=\frac{4}{3}+\frac{8}{3}=\frac{12}{3}=4$

(2) 1時間35分は，60＋35＝95(分)だから，分速80mで1時間35分歩くと，80×95＝7600(m)進む。

(3) 右の図1で，aとbの比は，$\frac{1}{23}:\frac{1}{17}=17:23$なので，$a$の大きさは，$(159-151)\times\frac{17}{17+23}=3.4$(cm)とわかる。よって，このクラスの平均身長は，159−3.4＝155.6(cm)と求められる。

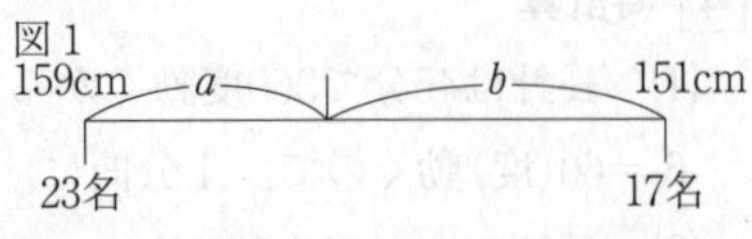

(4) 千の位の数字は1，2，3，4の4通りあり，百の位の数字は残りの3通り，十の位の数字はさらに残りの2通り，一の位の数字は最後の1通りとなる。よって，4けたの整数は，4×3×2×1＝24(通り)できる。

(5) (食塩の重さ)＝(食塩水の重さ)×(濃度)より，食塩水の重さを□gとすると，24＝□×0.12と表すことができる。よって，このとき食塩水の重さは，24÷0.12＝200(g)と求められる。

(6) ① 三角形ABCと三角形DEFは相似だから，BC：EF＝AC：DF＝4：20＝1：5となる。ACの長さは3.5cmなので，DFの長さは，$3.5\times\frac{5}{1}=17.5$(cm)とわかる。 ② 角$x$の大きさは角BCAの大きさと等しいから，180−(50＋45)＝85(度)と求められる。

(7) 右の図2のように，●印の部分を矢印のように移動すると，斜線(じゃせん)の部分の面積は，半径，8÷2＝4(cm)の半円の面積から，底辺の長さが8cmで高さが4cmの三角形の面積を引けば求められる。よって，その面積は，$4\times4\times3.14\times\frac{1}{2}-8\times4\div2=25.12-16=9.12(cm^2)$である。

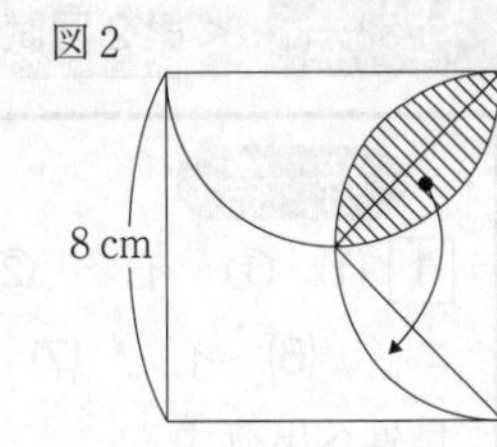

[2] 数の性質，場合の数

(1) ① 2024を8で割ると，2024÷8＝253(…ア)になる。また，253を11で割ると，253÷11＝23(…イ)となる。 ② 2024÷2＝1012，2024÷4＝506，2024÷8＝253，2024÷11＝184，2024÷22＝92，2024÷23＝88，2024÷44＝46より，2024の約数は，1，2，4，8，11，22，23，44，

46，88，92，184，253，506，1012，2024の16個である。

(2) ① 点Aから点Bまで進むとき，各頂点までの行き方は，下の図１の矢印のようになる。よって，２＋２＋２＝６(通り)となる。 ② ①と同様に表すと，下の図２のようになるので，点Cから点Dまでの行き方は，12＋４＋４＝20(通り)である。

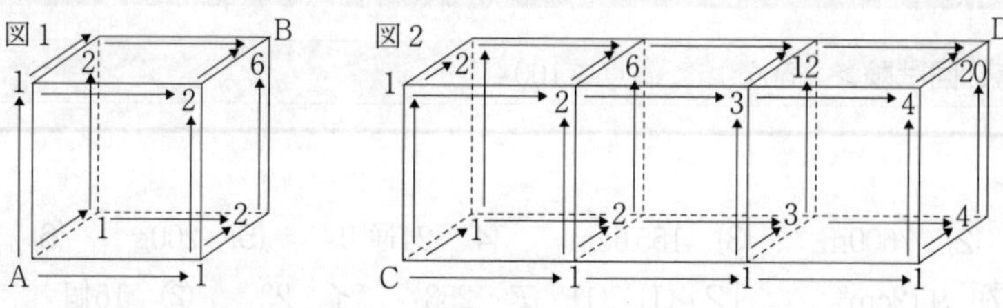

3 割合

(1) 割引運賃の切符１枚の金額は，440×(１－0.2)＝352(円)より，一の位を切り上げて360円となる。

(2) 通常運賃の切符30枚分の金額は，440×30＝13200(円)である。すると，13200÷360＝36あまり240より，割引運賃の切符は最大36枚買える。

(3) 定期券の金額は，440×60×(１－0.3)＝18480(円)になる。したがって，18480÷360＝51あまり120より，51＋１＝52(回)以上乗車すると定期券を購入する方が安くなる。

4 時計算

(1) 長針は45分で360度動くから，１分間に，360÷45＝８(度)動く。また，短針は45分で，360÷６＝60(度)動くので，１分間に，60÷45＝$1\frac{1}{3}$(度)動く。

(2) 長針の方が速く動くから，長針と短針が１回目に重なるのは２時間目，２回目に重なるのは３時間目とわかる。また，３時間目が始まるとき，短針は，60×２＝120(度)動いていて，長針は短針に１分間で，$8-1\frac{1}{3}=6\frac{2}{3}$(度)ずつ近づく。よって，２回目に重なるのは，３時間目の授業の開始から，$120\div6\frac{2}{3}=18$(分後)となる。

(3) 60×２－85＝35(度)より，短針は５時間目が始まってから35度進んで止まったことになる。$35\div1\frac{1}{3}=26\frac{1}{4}$(分)，$60\times\frac{1}{4}=15$(秒)より，短針が止まったのは，５時間目が始まってから26分15秒後とわかる。よって，５時間目は13時30分に始まるから，短針が止まったときの時刻は，13時30分＋26分15秒＝13時56分15秒と求められる。

社 会 <第２回試験>（30分）<満点：70点>

解 答

1 (1) ① イ ② エ (2) 長崎 (3) リアス海岸 (4) ① イ ② 福岡 (5) エ (6) イ (7) (例) 急病人を都市部の大病院に搬送する。／海産物をより新鮮な状態で島外へ出荷する。 (8) ア (9) イ 2 (1) 応仁の乱 (2) イ (3) イ (4) ア (5) 710 (6) ① (7) エ (8) (例) 下関条約では日清両国の間で，朝鮮の独立が認められた。 (9) エ (10) ア (11) ⑨ 3 (1) ア (2) エ (3) ウ (4) ウ (5) ① (例) 男性は労働力人口比率が高く，年齢による変化が少ない。／男性は正規雇用労働者が７割を占めるが，女性は25～29歳の６割をピークに下がっている。 ② ア (6)

内閣総理大臣　(7)　公職選挙　(8)　ウ　(9)　ア

解　説

1　長崎県の離島を題材にした問題

(1)　①　小値賀町のような離島に位置する町は，若い人が九州本土などにある大都市に出ていく場合が多く，過疎化が進むとともに高齢化も深刻な問題となっている。よって，15～24歳の割合が極端に少ない人口ピラミッド(年齢階級別人口構成)であるイが当てはまる。なお，アは20代～50代の勤労世代と見られる人口が多く，19歳以下が少ないことから東京都千代田区である。ウは子育て世代である40代前後が多いことから，東京のベッドタウンとして発展した埼玉県越谷市，エは学生と見られる20代前半の人口が多いことから，京都市と判断できる。　②　枝豆はらっかせいではなく，大豆が未成熟の状態で収穫されたものである(エ…×)。

(2)　小値賀島は五島列島の北部に位置し，長崎県に属している。

(3)　地図１より，五島列島の海岸は土地が沈み込んでできた複雑な海岸地形で，リアス海岸であると考えられる。リアス海岸は，入り江が陸地に深く湾入し水深も深いため，漁港や養殖地に適している。

(4)　①　特にことわりのない限り，地形図では上が北を示しており，町役場(◎)の南西(左下)に交番(Ⅹ)がある(イ…○)。なお，アの小・中学校(文)は同じ敷地にあるが，高等学校(⊗)は少し離れたところにある。ウの「笛吹在」の西側は田(‖)ではなく畑(∨)として利用されている。エの「番岳」の山頂付近にあるのは寺院(卍)ではなく，神社(⛩)である。　②　中国・四国・九州地方の中で最も人口の多い市は，福岡市である。なお，福岡市の人口は約158.1万人で，東京23区を除いて全国の市町村で５番目に多い(2023年)。

(5)　青森県には白神山地と三内丸山遺跡，群馬県には富岡製糸場，島根県には石見銀山遺跡があり，いずれもユネスコ(国連教育科学文化機関)の世界遺産に登録されている。しかし，2024年１月現在では，愛媛県には登録地がない。

(6)　九州地方は，肉用牛やにわとり，豚など畜産業がさかんである。よって，肉用牛やその他の畜産の合計の割合が高い(イ…○)。なお，アは乳用牛の割合が高いことから北海道，ウは米が半数以上を占めているので北陸，エは野菜や果実などの割合が高いことから関東・東山である。

(7)　小値賀島に空港があると，通常の旅客輸送により観光客の増加が見込めるほか，島の海産物を新鮮な状態で島外に出荷することができる。また，島内で急病人や大けがを負った人が出たとき，速やかに九州本土の大病院に運ぶことができる。このほか，災害時に救援物資の拠点になるなど，ライフラインとしても重要な役割を担うと考えられる。

(8)　もともと都市部に住んでいた人が，地方に移り住み定職に就くことを「Ｉターン」という(ア…○)。なお，ウの「Ｕターン」は地方から都市部に出た後に再び故郷に戻ること，イの「Ｏターン」は一度はＵターンをして都市部から故郷に戻ったものの再び都市部に出て働くこと，エの「Ｖターン」は地方から都市部に出た後に故郷ではない別の地方に移住することをいう。

(9)　飛騨(驒)牛は岐阜県のブランド牛なので，イが正しくない。なお，長野県のブランド牛は信州牛である。

2 各時代の歴史的なことがらについての問題

⑴　応仁の乱(1467～77年)は，室町幕府の第８代将軍足利義政のあと継ぎ問題が原因で起こり，全国の守護大名が東西に分かれて戦った。決着はつかなかったが，主戦場となった京都の大半は焼け野原となり，将軍の権威は落ち，全国に戦国大名が割拠する戦国時代に入った。

⑵　徳川綱吉は江戸幕府の第５代将軍で，儒学(朱子学)にもとづく文治政治を行ったほか，極端な動物愛護令である生類憐みの令を1685年以降たびたび発した(イ…○)。なお，アの徳川家康は初代，ウの徳川吉宗は第８代，エの徳川慶喜は第15代将軍である。

⑶　御成敗式目は1232年，鎌倉幕府の第３代執権北条泰時が定めた初の武家法で，干鰯や油かすなどの金肥が使用され始めたのは江戸時代である(イ…×)。

⑷　卑弥呼は３世紀に存在した邪馬台国の女王で，三国時代の魏(中国)に使いを送り，「親魏倭王」と刻まれた金印や銅鏡100枚などをたまわったとされる(ア…○)。なお，イの漢は紀元前３世紀ごろ，ウの隋は６世紀後半～７世紀ごろ，エの明は14～17世紀ごろの中国の王朝である。

⑸　平城京は710年，元明天皇が遷都した奈良の都で，784年の長岡京遷都まで栄えた。

⑹　カード①は室町時代，②は江戸時代前半，③は鎌倉時代，④は弥生時代，⑤は江戸時代後半，⑥は奈良時代である。よって，時代順は④→⑥→③→①→②→⑤となる。

⑺　明治新政府が天皇を中心とした中央集権体制を築くために，大名が支配していた領地と領民を返上させる版籍奉還を行ったのは1869年なので，廃藩置県(1871年)より前である(エ…○)。なお，大日本帝国憲法の発布は1889年(ア…×)，地租改正と徴兵令は1873年である(イ，ウ…×)。

⑻　資料はフランス人画家のビゴーが描いた日清戦争(1894～95年)の風刺画で，日本と清(中国)がAの魚(朝鮮)を釣りあげようと競っている。橋の上でこれを眺めているのはロシアで，どちらかが釣り上げた魚を横取りしようとしている。この戦争に勝利した日本は，清との間で下関条約を結び，多額の賠償金や台湾などの領土を得た。また，これまで清の属国であった朝鮮の独立が認められた。

⑼　1931年，冷害による凶作に見まわれたのは北海道や東北地方である(X…誤)。世界的な経済危機(世界恐慌)の影響が日本にもおよび，農産物の価格が暴落したことも重なり，特に東北地方の農村は困窮した。1936年の二・二六事件は，陸軍青年将校らが天皇を中心とした政治体制をつくろうとして起こしたとされる(Y…誤)。

⑽　1972年，田中角栄首相が中国(中華人民共和国)の首都ペキンを訪問し，日中共同声明に調印して国交を開いた(ア…○)。田中角栄は新潟県出身の政治家で，首相に就任すると日本列島改造論をかかげたが，物価の高騰や金脈問題(ロッキード事件)で退陣した。なお，イの池田勇人は1960～64年，ウの岸信介は1957～60年，エの佐藤栄作は1964～72年に首相を務めた。

⑾　関東大震災は，1923年９月11日に起こったので【年表】中の⑨に入る。相模湾北西部を震源とするマグニチュード7.9(推定)の巨大地震で，火災や津波も発生し，死者・行方不明者は10万人を超えた。

3 統一地方選挙を題材にした問題

⑴　都道府県知事は，住民の直接選挙で選ばれる(ア…×)。

⑵　日本国憲法第94条「地方公共団体の権能」で，地方公共団体は，法律(A)の範囲内でその地域だけに適用される規則として，条例(B)を制定することができるとしている(エ…○)。

(3)　統一地方選挙は，地方公共団体の首長や議員を選ぶ選挙で，投票用紙には立候補者一人の氏名のみを書いて投票する。よって，無効になるおそれがないのはウである。なお，アのように候補者以外の名前やメッセージなどを書いたり，決められた用紙以外で投票したりすると無効になる。イについて，政党名を記入するのは衆議院議員選挙の比例代表選である(参議院議員選挙の比例代表選は政党名または候補者名)。エについて，有権者本人による投票が原則なので，家族や友人による代理投票は認められない。

(4)　初めて男女平等の普通選挙が行われたのは1946年４月の衆議院議員選挙で，このときの有権者数は全国民のほぼ半分であった(ウ…○)。なお，アは1890年の第１回衆議院議員選挙，イは1928年の衆議院議員選挙(1925年の男子普通選挙実現後初の選挙)，エは2019年の衆議院議員選挙である。

(5)　①　資料のグラフを見ると，男性は女性に比べて，「労働力人口比率」と「正規雇用比率」のどちらも高く，25～59歳までは年齢による変化が少ないことがわかる。一方，女性はそのどちらも男性より低く，特に「正規雇用比率」が25～29歳の60％をピークに，30代にかけて急激に下がっている。　②　業務を性別によって区別することは，男女雇用機会均等法に反する(ア…×)。

(6)　日本国憲法第68条は「国務大臣の任免及び罷免(ひめん)」について定めた条文で，内閣総理大臣は国務大臣を任命し，また罷免する(辞めさせる)ことができるとしている。

(7)　公職選挙法は選挙に関する法律で，投票の方法や選挙権・被選挙権，選挙運動などについて決められている。

(8)　民法は市民生活に関する基本法である。2018年に民法が改正されたことで，2022年４月から成人年齢がこれまでの20歳以上から18歳以上に引き下げられた(ウ…○)。なお，国民投票法は憲法改正の手続きに関する法律，労働基準法は労働条件に関する最低限の基準を定めた法律，刑法は犯罪とそれに対する刑罰(けいばつ)を規定する法律である。

(9)　衆議院は参議院と比べ，任期が４年(参議院は６年)と短く，任期途中での解散があり(参議院は解散がない)，国民の意思(世論)を政治に反映しやすいと考えられているため，参議院より強い権限が認められている。これを「衆議院の優越(ゆうえつ)」という。この優越事項に当てはまらないもの(両院対等)は，憲法改正の発議，法を犯した裁判官を裁く弾劾(だんがい)裁判所の設置のほか，国政調査権がある(ア…×)。

理　科　＜第２回試験＞（30分）＜満点：70点＞

解　答

1　(1)　①　ア，ク　②　イ，オ，カ　③　ウ，キ　(2)　ウ，エ　(3)　**A**　イ　**B**　ア　**C**　カ　**D**　ク　(4)　①　D　②　M　(5)　①　イ　②　**変化前**…ウ　**変化後**…エ　(6)　①　ア　②　イ　2　(1)　ア，エ　(2)　イ　(3)　エ　(4)　解説の図を参照のこと。　(5)　**ア**　0.01　**イ**　25　**ウ**　0.0004　**エ**　0.0032　(6)　0.048ｇ　3　(1)　エ　(2)　ア，オ，キ　(3)　ウ　(4)　E　(5)　ア　(6)　ウ　(7)　①　0.23ｇ　⑤　1.33ｇ　(8)　1.87ｇ

解説

1 小問集合

表1

	ア	イ	ウ	エ	オ	カ	キ	ク
豆電球１個に流れる電流の大きさ	2	0.5	1	1	1	0.5	1	2

表2

	ア	イ	ウ	エ	オ	カ	キ	ク
乾電池１個から出る電流の大きさ	2	0.5	1	2	0.5	0.25	1	4

⑴ ① 図のような豆電球１個と乾電池１個でつくった回路の豆電球に流れる電流の大きさを１とすると，ア～クの回路の豆電球１個あたりに流れる電流の大きさは，右上の表１のようになる。豆電球１個あたりに流れる電流が大きいほど豆電球は明るく光るので，アとクの回路の豆電球が図の豆電球より明るく光る。 ② 図のような豆電球１個と乾電池１個でつくった回路の乾電池から出る電流の大きさを１とすると，ア～クの回路の乾電池１個から出る電流の大きさは，上の表２のようになる。乾電池１個から出る電流が小さいほど乾電池は長持ちするので，イ，オ，カの回路の豆電球が図の豆電球より長く光り続ける。 ③ 図の回路の豆電球に対して，明るさと光り続ける時間がともに同じになる回路は，表１，表２で，豆電球１個あたりに流れる電流の大きさと，乾電池１個から出る電流の大きさがともに１になるウとキの回路となる。

⑵ 振り子が１往復するのにかかる時間は振り子の長さによって決まり，おもりの重さや振り子の振れ幅とは関係がない。このとき，振り子の長さを長くすると１往復するのにかかる時間は長くなる。

⑶ 空気より密度の値が小さい気体は空気より軽く，空気より密度の値が大きい気体は空気より重い。水素や酸素のように水に溶けにくい気体は水上置換法で集め，塩化水素や塩素のように水に溶けやすく，空気よりも重い気体は下方置換法，アンモニアなどの水に溶けやすく，空気より軽い気体は上方置換法で集める。

⑷ ① 花をさかせるのはＬのグループの種子植物で，このうち，Ｄのグループの裸子植物は花に子房がない。 ② 維管束(道管と師管が集まったもの)をもつのはＬのグループの種子植物と，Ｃのグループのシダ植物なので，Ｍのグループを選べばよい。

⑸ ① 小惑星リュウグウには，太陽系が生まれたころ(今から約46億年前)の水や有機物が今でも残されていると考えられている。「はやぶさ２」は，小惑星リュウグウの探査をして地球にサンプルを持ち帰り，地球誕生の謎や海の水の起源，生命の原材料となった有機物の起源を探ることを目的として打ち上げられた。 ② 小惑星のひとつであるリュウグウは太陽のまわりを公転しているので，変化前後の軌道はウ，エのいずれかとなる。また，図で地球の外側の軌道は火星の軌道なので，木星の軌道はさらに外側であることがわかる。問題文より，変化前の軌道では火星と木星の間を通っていたことから，変化前の軌道は火星の軌道よりも外側を通り，太陽のまわりを公転しているウであり，変化後の軌道はエだと考えられる。

⑹ ① 現在，サンゴは浅くきれいなあたたかい海に生息するので，サンゴの化石が発見された場所は，当時浅くきれいなあたたかい海だったと考えられる。 ② アンモナイトや恐竜は中生代に生息していたので，アンモナイトや恐竜の化石が発見された地層は中生代にできたと考えられる。なお，マンモス，ビカリア，猿人の化石がある層は新生代，三葉虫の化石がある層は古生代にできたと考えられる。

2 だ液のはたらきを調べる実験についての問題

(1) 胃液はタンパク質のみを消化し，すい液は炭水化物，タンパク質，脂肪のすべてを消化する。また，胆汁には消化酵素が含まれておらず，消化酵素のペプシンは胃液に含まれている。

(2) 茶褐色のヨウ素液がデンプンと反応すると，青紫色に変化する。

(3) 反応してから10秒後の試験管内は濃い青紫色だったので，デンプンが存在していることがわかる。反応してから20秒後の試験管内はうすい青紫色と茶褐色が混ざったような色だったので，デンプンの一部が消化されていることがわかるが，この実験だけでは麦芽糖ができたかどうかはわからない。反応してから30秒後の試験管内は茶褐色だったことから，デンプンが存在していないことがわかるが，だ液中の消化酵素のはたらきが失われたかどうかはわからない。

(4) だ液によってデンプンは麦芽糖に分解される。図３より，反応時間が25秒のとき，デンプンがすべて分解されたことがわかるので，このときにできた麦芽糖の量が最大となり，25秒以降は麦芽糖の量は増えず，一定のままとなる。これをグラフで示すと右の図のようになる。

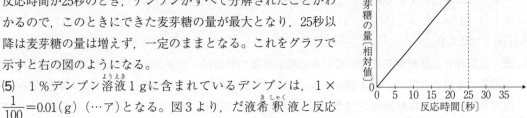

麦芽糖の量〔相対値〕
0　5　10　15　20　25　30　35
反応時間〔秒〕

(5) １％デンプン溶液１gに含まれているデンプンは，$1\times\frac{1}{100}=0.01$(g)（…ア）となる。図３より，だ液希釈液と反応して，0.01gのデンプンが25秒（…イ）で完全に分解されているので，１秒間にだ液希釈液は，$0.01\div25=0.0004$(g)（…ウ）のデンプンを分解していることがわかる。実験２で使用しただ液希釈液はだ液の濃度を$\frac{1}{8}$にうすめているので，うすめる前のだ液は，同じ量のだ液希釈液よりも８倍の量のデンプンを分解できると考えられる。よって，うすめる前のだ液が１秒間に分解するデンプンは，$0.0004\times8=0.0032$(g)（…エ）と求められる。

(6) (5)より，だ液が１秒間に分解できるデンプンは0.0032gなので，だ液が15秒間で分解したデンプンは，$0.0032\times15=0.048$(g)と推定できる。

3 塩酸と水酸化ナトリウム水溶液の中和についての問題

(1) 塩酸には，塩化水素という気体が溶けている。

(2) 水酸化ナトリウム水溶液，アンモニア水，石けん水，石灰水はアルカリ性を示す。なお，炭酸水，レモン汁，酢は酸性，食塩水，砂糖水，消毒用アルコールは中性を示す。

(3) アルカリ性の石灰水に酸性の炭酸水を加えると，中和して炭酸カルシウムという物質と水ができる。

(4) 酸性の水溶液を青色リトマス紙につけると赤色に，アルカリ性の水溶液を赤色リトマス紙につけると青色に変化する。試験管Ｅの水溶液は赤色リトマス紙，青色リトマス紙のどちらにつけても色が変化しなかったことから，試験管Ｅの水溶液は酸性の水溶液とアルカリ性の水溶液のどちらも余ることなく反応し，中性になったことがわかる。

(5) アは食塩，イはミョウバン，ウはホウ酸，エは硝酸カリウムの結晶の形である。

(6) 塩酸に水酸化ナトリウム水溶液を加えると，食塩と水ができる。塩酸10mLに水酸化ナトリウム水溶液を2.0mLずつ増やしながら加えると，生じる食塩の重さが増えていく。加えた水酸化ナトリウム水溶液が10mLのとき（試験管Ｅ），リトマス紙の色が変化しなかったことから，塩酸10mLと水酸化ナトリウム水溶液10mLがどちらも余ることなく反応し，このとき，食塩が1.17gできたとわかる。水酸化ナトリウム水溶液を10mLより多く加えていっても，塩酸がなくなっているので中和は起こらず，水酸化ナトリウム水溶液が残っていく。この水溶液を加熱して水を蒸発させると，1.17ｇの食塩のほか，残った水酸化ナトリウム水溶液に溶けている水酸化ナトリウムが残るので，蒸発後に残った固体の重さは少しずつ重くなっていく。よって，加えた水酸化ナトリウム水溶液と，蒸発後に残った固体の重さの関係をグラフに表すと，ウのようになる。

⑺　①　塩酸10mLと水酸化ナトリウム水溶液10mLが過不足なく反応し，食塩1.17ｇができる。試験管Ａでは塩酸２mLと水酸化ナトリウム水溶液２mLが反応しているので，このときにできる食塩の重さは，$1.17\times\frac{2}{10}=0.234$より，0.23ｇとなる。　⑤　試験管Ｆでは塩酸10mLと水酸化ナトリウム水溶液10mLが完全に中和し，このときに1.17ｇの食塩ができる。また，中和していない水酸化ナトリウム水溶液が，12－10＝２(mL)残る。100mLの水酸化ナトリウム水溶液には8.0ｇの水酸化ナトリウムが溶けているので，２mLの水酸化ナトリウム水溶液に溶けている水酸化ナトリウムの重さは，$8.0\times\frac{2}{100}=0.16$(g)とわかる。よって，蒸発後に残った固体の重さは，1.17＋0.16＝1.33(g)と求められる。

⑻　試験管Ｂと試験管Ｆに入っている塩酸の体積の合計は，10＋10＝20(mL)，水酸化ナトリウム水溶液の体積の合計は，4.0＋12＝16(mL)とわかる。塩酸20mLと水酸化ナトリウム水溶液16mLを混ぜ合わせると，塩酸16mLと水酸化ナトリウム水溶液16mLが中和し，このときに食塩が，$1.17\times\frac{16}{10}=1.872$(g)より，1.87ｇできる。また，中和していない塩酸が，20－16＝４(mL)残るが，塩酸に溶けている塩化水素は気体なので，蒸発後に固体は残らない。よって，蒸発後に残った固体は1.87ｇの食塩のみとなる。

国　語　＜第２回試験＞（50分）＜満点：100点＞

解　答

□一　Ⅰ　①　がんゆう　②　とどこお(る)　③　ろくじょう　④～⑥　下記を参照のこと。　Ⅱ　①　イ　②　ウ　③　ア　④　イ　□二　**問１**　イ　**問２**　ウ　**問３**　首　**問４**　川面に落と　**問５**　ウ　**問６**　Ｆ　**問７**　Ⅰ　（例）　背が高くてしかも性格が良い　Ⅱ　（例）　何の障害もない，チャンスだらけの生きやすい人生を送るだろう　**問８**　正しくない　**問９**　イ　**問10**　ア　□三　**問１**　ウ　**問２**　C→A→B　**問３**　エ　**問４**　**A**　根　**B**　葉　**問５**　**a**　オ　**b**　イ　**c**　エ　**問６**　ここか～ところ　**問７**　イ　**問８**　ほらふき学者　**問９**　（例）　科学では解明できないことを解明していくこと。　**問10**　ア　**問11**　**ア**　Ｂ　**イ**　Ｂ　**ウ**　Ｂ　**エ**　Ａ

●漢字の書き取り

□一　Ⅰ　④　秀作　⑤　占(め)　⑥　簡素

解　説

□一　漢字の読みと書き取り，同音異義語の知識

Ⅰ　①　中にふくんでいること。　②　音読みは「タイ」で，「滞納（たいのう）」などの熟語がある。　③　たたみ六枚分の広さ。　④　すぐれた作品。　⑤　音読みは「セン」で，「占有」などの熟語がある。訓読みにはほかに「うらな(う)」がある。　⑥　むだがなく質素なようす。

Ⅱ　①　考え・気持ちという意味を表すイの「意向」がよい。なお，アの「以降」はそれより後，ウの「移行」は移り変わること。　②　病気やけがが良くなることを意味するウの「快方」がよい。なお，アの「介抱」は病気やけがの世話をすること，イの「解法」は問題の解き方。　③　集めることをいうアの「収集」が合う。なお，イの「修習」は学問や技能などを習って身につけること，ウの「収拾」は混乱している状態をおさめ，整えること。　④　向かい合う位置にある二つの図形が，半分に折ると一つに重なるようすを左右「対称」というので，イが合う。なお，アの「対象」は目的になるもの，ウの「対照」は二つのものを照らし合わせること。

二　出典：寺地はるな「対岸の叔父」（『タイムマシンに乗れないぼくたち』所収）。仲樹くんと話しながら，「ぼく」は人の人生について他人が決めつけることはできないと感じる。

問１　仲樹くんは「ぼく」と久しぶりに会ったと前書きにある。「いただきます」のあいさつもすんなり出てこないことから，久しぶりに「ぼく」と会ったので緊張していると考えられる。

問２　傍線部②の前後に書かれた，「彼ら」が店に入ってきた後の仲樹くんのようすに注目する。スプーンを持つ手が震えていて，すごい勢いで料理を食べはじめ，「一刻もはやくここから立ち去りたい」という思いが伝わってきたとある。また，二段落後の内容から，「彼ら」は仲樹くんに冷笑を浴びせようとしていると「ぼく」が感じていることがわかるので，ウが選べる。「冷笑」は人をさげすむような冷ややかな笑いのこと。

問３　「首を横に振る」は，不賛成を表すしぐさ。「首を伸ばす」は，遠くなどを見るために首を長く伸ばすようにするしぐさ。「首を傾げる」は，疑問に思うときのしぐさ。

問４　たとえを使った文に注意しながら読み進めていくと，空欄Ｄの後の，「川面に落としたら」で始まる一文に，仲樹くんが「小石みたいに沈んでいきそうなぐらい，重たいため息」をついたとある。その後で仲樹くんが，店で出会った「彼ら」は仲樹くんの野球部の先輩にあたり，「彼ら」とうまく合わずに野球部をやめたことを話しているので，思い悩んでいたことがわかる。

問５　Ｂ　マレオさんの塔に対して町内会長が文句を言うのも無理はないと「ぼく」は納得しているのだから，塔が景観を「損ねて」いたのだと考えられる。「損ねる」は，“だめにする”という意味。　Ｃ　続く部分で「ぼく」は，その後よみがえった記憶によって，「自由に見える人は，まわりが思うより自由ではないかもしれない」と返答している。よって，「あの人ぐらい自由だと」「生きていくの，楽かな」とたずねられたと想像できる。

問６　戻す文は，「恥」を感じていた「ぼく」の腕を仲樹くんが強く揺さぶり，注意を引く内容である。よって，前には過去の自分を恥じていた「ぼく」に「ねえ，あれ」と仲樹くんが声をかけたとあり，後にははっとして顔を上げているとある，空欄Ｆに入れると文意が通る。

問７　前後の内容から，傍線部④は，「ぼく」が仲樹くんに対し，「生きやすい」，「人生になんの障害もない」と決めつけようとしていたことを指すとわかる。そのような内容が書かれた，本文の最初から二つめの段落に注目する。　Ⅰ　「ぼく」がそう考えた理由は，仲樹くんは背が高くて性格も良いからである。　Ⅱ　「ぼく」は仲樹くんについて，「なんの障害もない」，「チャンス」がつぎつぎとめぐってくるような，生きやすい人生を送るだろうと考えていたのである。

問８　須賀さんにしつこく絡まれたさいに，マレオさんが感情を爆発させ，炭酸飲料のペットボトルを振って噴射した事件を「ぼく」が思い出す場面が前にある。こうしたマレオさんの行動を，

「ぼく」は「正しくないけど，間違ってもいない」と考えている。

問９　変わり者として知られ，自分の感情に正直に行動するマレオさんを伸樹くんは「自由」だと感じ，自分より生きやすそうだと憧れに似た感情を持っている。マレオさんと伸樹くんとは個性が違い，似ているとはいえないので，「自分の姿を重ね」ているとあるイは誤りになる。

問10　マレオさんの言動にはこだわりの強さも感じられるので，アが適する。なお，伸樹くんが部活をやめたのは先輩たちの言動が嫌だったからであること，ヌートリアを伸樹くんが見つけたことに「ぼく」はおどろいており，ヌートリアを探すために別の道から帰ろうとしたのではないこと，町内会長はマレオさんを見直したとはいえないことから，イ，ウ，エは合わない。

三　出典：吉田夏彦『なぜと問うのはなぜだろう』。哲学と科学はもともと一つのものだったとして，科学との関係性やちがいをふくめ，哲学とは何かを説明している。

問１　傍線部①の前に「こういう教育を受けているのですから」と，傍線部①の状況の理由が説明されている。「こういう教育」とは，今の日本では，教えることの大部分が科学か科学に関係のあることがらで，歴史学などでも科学的な教え方が必要だとされていることを指すので，ウが選べる。

問２　枠で囲まれた部分の直前には，哲学が生まれたヨーロッパでも，最近は哲学をかろんずる人が増えてきたとある。よって，これを受けて，哲学は時代おくれだと考える人も出てくるかもしれないとあるＣが最初に来る。それを，前のことがらを受けて，それに反する内容を述べるときに用いる「しかし」でつなぎ，哲学をかろんずる人が必ずしも哲学についてくわしいわけではないとするＡがこれに続く。さらには，哲学と科学を区別したのは誤りだったのではないかと欧米の学者も反省するようになったと，哲学の大切さを見直す内容のＢが来る。その後，あらためて哲学的な考え方はだいじだといわれるようになってきたと続くので，文意が通る。

問３　次の部分から説明が続き，空欄ｃに続く三文に，科学には答えられる限界があり，そのさきについては哲学になるとあるので，エがあてはまる。

問４　**Ａ，Ｂ**　「根ほり葉ほり」は，細かいところまでしつこく。

問５　**ａ**　好奇心をみたすための質問は，場合によってはきりがなくなると前にある。後には，「空はなぜ青くて赤くないのか」という質問を科学者のところに持っていったという例があげられている。よって，具体的な例をあげるときに用いる「たとえば」が入る。　**ｂ**　前には，質問を受けた科学者は，物理学の理論を持ち出していろいろ説明をするだろうとある。後には，なぜ物理学の理論で説明すると正しいのかという疑問を出すと，科学者が答えることではないという人もいるだろうと続く。よって，前のことがらを受けて，それに反する内容を述べるときに用いる「しかし」が合う。　**ｃ**　前には，科学者に質問をして，それは哲学の問題だから答えられないといわれた人がいるとある。後には，科学は好奇心をみたしてくれるが，それにはかぎりがあると続く。よって，前に述べた内容を，“要するに”とまとめて言いかえるときに用いる「つまり」がよい。

問６　二文先の「たとえていえば」で始まる文に，いろいろな疑問についての答えを科学でさがそうとすると，「ここからさきは科学的にはきいてもむだだ，という赤信号がたっているところ」にぶつかるところがあると，「たとえ」を使って言い換えられている。

問７　読み進めていくと，科学では答えられない問いにぶつかることをきっかけに，「ものを知るとはどういうことか」，知ることには限りがあるのか，といった問いが生まれるが，哲学はそういった問いに答えようとする学問だと述べられている。哲学的な問いが生まれるには科学の存在が必要なのだから，イがよい。

問８　傍線部⑤のような人たちは，いまでは科学者とは呼ばれず，その答えは空想的だとして信用されなくなっていると前後にある。したがって，後で「話が空まわりになってしまうことが多い」とされている，「ほらふき学者」がぬき出せる。

問９　問６でみたように，「赤信号」とは，科学という車に乗って疑問についての答えをさがすときにぶつかる，科学では答えられないところを指す。「青信号」とは，その答えられなかった疑問を解明することを意味するので，傍線部⑥は，科学では解明できないことを解明していくという意味になる。

問10　前後の段落に注意する。前では，哲学は科学で解明できないことについて考える学問であり，その結果，「まえにすすむ道がみつかるかも知れない」し，やはり「まえにすすむことができない」とわかるかも知れないと述べられている。また，後では，なにかのきっかけで「おちついてまわりのことも考えるようになる」と，「哲学的になった」ということもあると述べられている。よって「黄信号」とは，「すすむか，とまるか，だけ」ではなく，「まわりのことにも注意」すべきだという意味になるので，アが合う。

問11　**ア**　〔中略〕の前で，「哲学は，学問としては価値がない」という考え方に対し，筆者は疑問を投げかけているので，合わない。　**イ**　筆者は，哲学と科学はもともと一つのものだったと述べているが，知ろうとすることがらが哲学と科学ではちがうと最後のほうで述べているので，同じものと考えているとはいえない。　**ウ**　これまでみてきたとおり，科学には“そこからさきは答えられない”というところがあるのだから，合わない。　**エ**　問７でみた筆者の考えと合っている。

Memo

2023年度 獨協埼玉中学校

【算　数】〈第１回試験〉（50分）〈満点：100点〉

（注意）定規，分度器は使用してはいけません。また，各問題とも，解答は解答用紙（別紙）の所定の欄(らん)に記入してください。〈考え方・式〉の欄(らん)にも必ず記入してください。

1 次の各問に答えなさい。

(1) $2\frac{1}{3}-\left\{\frac{3}{2}-(1-0.25)\right\}\times 0.8\div\frac{3}{10}$ を計算しなさい。

(2) 9％の食塩水が400ｇあります。この食塩水に水を加えて，5％の食塩水を作るには，何ｇの水を加えればよいか求めなさい。

(3) 1，2，3，4，5の数の中から異なる２つの数を選んで２桁(けた)の整数を作ります。その整数が３の倍数となるのは何通りあるか求めなさい。

(4) ３つの数Ａ，Ｂ，Ｃがあり，ＡとＢ，ＢとＣ，ＣとＡの和がそれぞれ20，30，40です。このとき，Ａの値を求めなさい。

(5) りんご５個，みかん３個を買うと代金の合計は550円でした。また，りんご３個，みかん５個を買うと代金の合計は490円でした。りんご１個の値段は何円か求めなさい。

(6) ２枚の三角定規を右の図のように重ねました。角アの大きさを求めなさい。

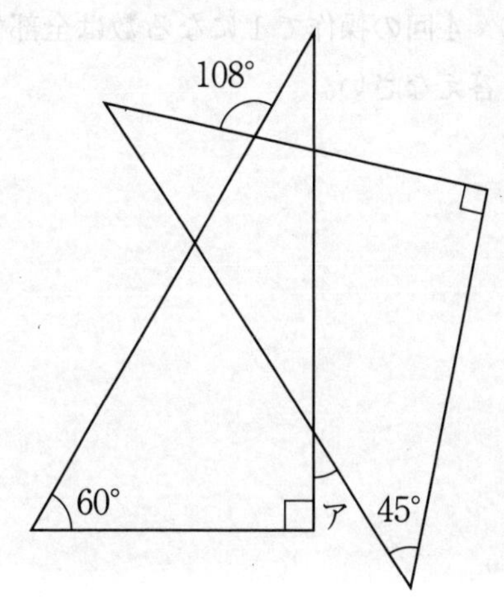

(7)　１辺の長さが１cmの正方形を右の図のように配置した図形を直線ℓを軸として１回転させるとき，次の各問に答えなさい。
ただし，円周率は3.14とします。

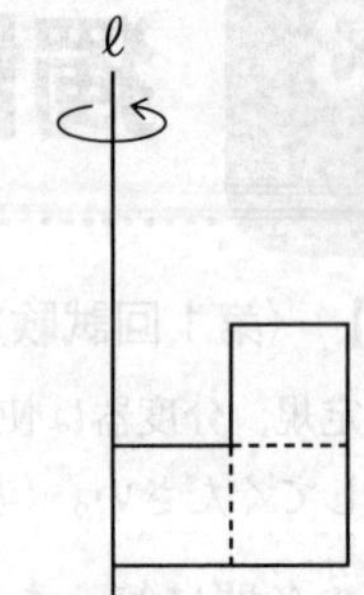

①　この立体の体積を求めなさい。

②　この立体の表面積を求めなさい。

2　次の各問に答えなさい。

(1)　与えられた数に，ある操作を繰り返し行い，その結果が１となれば終わりとします。

【操作１】その数が奇数のとき，１をたす。
【操作２】その数が偶数のとき，２で割る。

例えば，与えられた数が10のとき
10→5→6→3→4→2→1
となり，６回の操作で終わります。

このとき，次の各問に答えなさい。

①　与えられた数が25のとき，何回の操作で終わるか求めなさい。

②　４回の操作で１になる数は全部で３個あります。その３個の数をすべて答えなさい。

(2) 同じ量の水を直方体Ａ, 三角柱Ｂ, 円柱Ｃの３つの容器にそれぞれ入れると, 水の高さは図のようになりました。このとき, 次の各問に答えなさい。

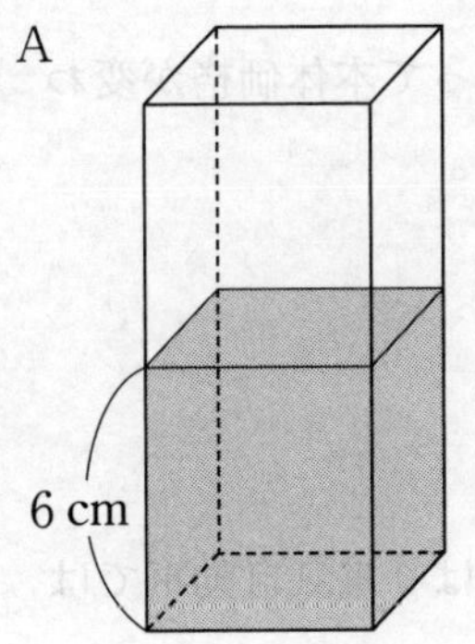

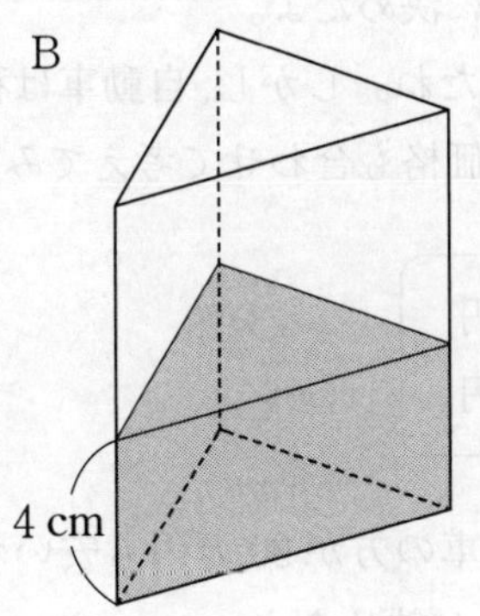

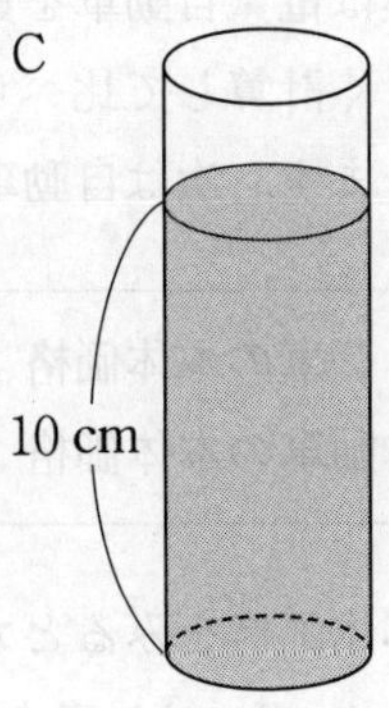

① 各容器Ａ, Ｂ, Ｃの底面積の比をもっとも簡単な整数の比で答えなさい。

② 容器Ｃに入っている水を, 容器Ａと容器Ｂの水の高さが同じになるようにすべて移しました。このとき, 容器Ａ, Ｂの水の高さは何 cm か答えなさい。

3 ある授業での, 太郎さん, 花子さん, 先生の会話を読み, 次の各問に答えなさい。ただし, 総額とは, 本体価格と燃料費の合計とし, また総額が安い方を得と考えます。

先生：今日は, 皆さんが将来どんな自動車を購入したいかを話し合ってもらいます。
　　　今回話し合ってもらうのは, ガソリン車と電気自動車の２種類についてです。
太郎：先生, 自動車を選ぶのはどんな理由でもよいのですか？
先生：いいえ, どちらの自動車を選べば得をするのかを考えて選びましょう。
花子：お金がかからない方の自動車を選べばいいのね。
先生：その通りです。では, ２種類の車の燃料費を見ていきましょう。

ガソリン車：ガソリン１ℓで 15 km 走り, １ℓのガソリン代は 150 円かかります。
電気自動車：電気１kWh（キロワットアワー）で 6.5 km 走り, １kWh の充電は 26 円かかります。

太郎：ガソリンと電気では単位が異なるから比べるのが難しいや。
花子：そうね。でも, それぞれの車が１km 進むのにかかる燃料費は求められそうだよ。

太郎：本当だ。ガソリン車は１km 進むのに［ア］円かかって，電気自動車は１km 進むのに［イ］円かかるね。つまり，電気自動車を選べば得するってことだ。僕は電気自動車を買うことに決めたよ。

先生：よく計算して比べられましたね。しかし，自動車は種類によって本体価格が変わります。次は自動車の本体価格も合わせて考えてみましょう。

ガソリン車の本体価格：420 万円
電気自動車の本体価格：450 万円

太郎：本体価格をみるとガソリン車の方が 30 万円も安いね。やっぱり電気自動車ではなく，ガソリン車を買うことに決めたよ。

花子：太郎さん，どれくらいの距離を走行するかによって燃料費が変わるから，このままではどちらが得かは決められないよ。

先生：花子さん，その通りですね。では年間走行距離を 10,000 km として４年間乗るとどちらが得なのか考えてみましょう。

花子：先生，わかりました。確かにそれならどちらが得なのか考えられそうです。

(1)　会話文中の［ア］，［イ］に当てはまる数を答えなさい。

(2)　～～～の部分について，どちらの車がいくら得であるか答えなさい。ただし，ガソリン・電気は使い切るものとし，また燃料ごとの価格に変動はないものとします。

(3)　車の使用期間を４年間として，年間走行距離がどのようなときにガソリン車が得で，どのようなときに電気自動車が得になるか，具体的な理由を含めて説明しなさい。

4 図のように１から８までの数字が等間隔(とうかんかく)に並んでいる時計があります。この時計の特徴(とくちょう)は以下の通りです。

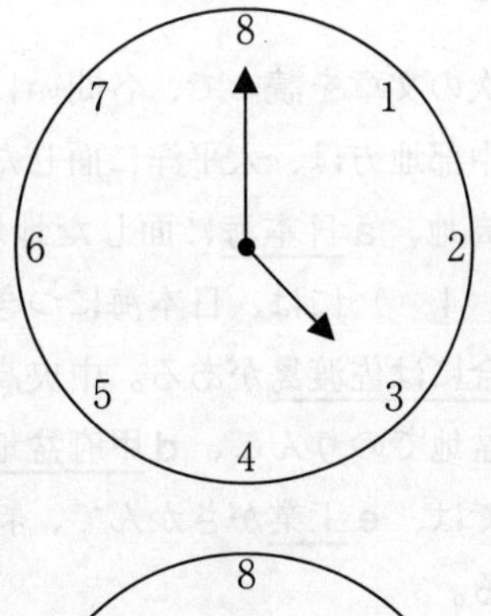

〈特徴〉

・０時から８時間ごとに時計盤(ばん)の色が 白→赤→青 へと変化し１日の時刻(じこく)を表す。

・０時のとき，短針と長針はともに８を指し，時計盤の色は白である。

・時計の短針は８時間ごとに１周する。

・時計の長針は１時間ごとに２周する。

例えば，時計の針が右のような位置にあり，時計盤の色が赤のとき，この時計が示す時刻は13時45分です。

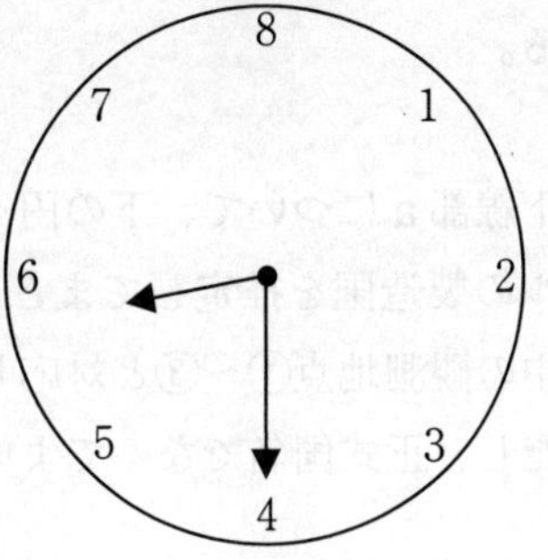

このとき，次の各問に答えなさい。

ただし，短針と長針はそれぞれ一定の速さで時計回りに進みます。

(1) 時刻が20時30分のとき，この時計盤の短針，長針を図にかきこみ，時計盤の色を答えなさい。ただし，短針と長針の長さの差が分かるようにかくこと。

(2) 右の時計の針が示す時刻を求めなさい。
ただし，時計盤の色は赤とします。

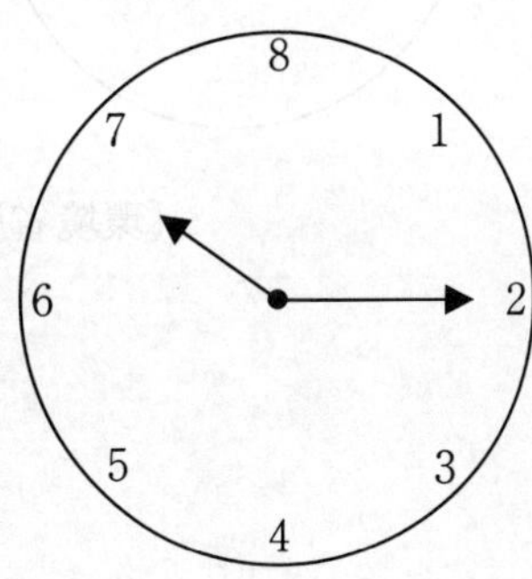

(3) 現在，短針が６，長針が８をちょうど指していて，時計盤の色は白です。ここから，短針が150度だけ進んだときの時刻を求めなさい。

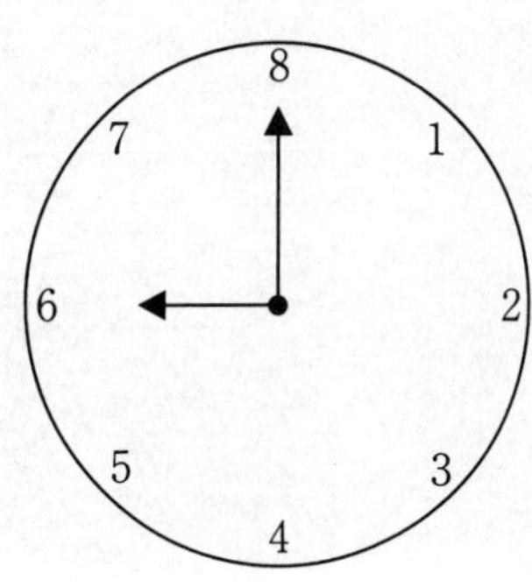

【社　会】〈第１回試験〉（30分）〈満点：70点〉

1　次の文章を読んで、各問いに答えなさい。

中部地方は、太平洋に面した地域を中心とする東海、日本アルプスの山々をふくむ中央高地、a日本海に面した地域を中心とする（　1　）の３つの地域に分けられる。（　1　）には、日本海につき出た石川県からなる（　2　）半島があり、b新潟県の沖合には佐渡島がある。中央高地では、冷涼な気候をいかした野菜の抑制栽培や、c長野盆地でのりんご、d甲府盆地でのぶどうやももなど、さまざまな農業がみられる。東海では、e工業がさかんで、特にf愛知県は都道府県別工業生産額で長年上位をしめている。

(1)　下線部aについて、下の円グラフは、図１中の各地点で観測された、漂着（ひょうちゃく）ペットボトルの製造国を推定してまとめたものである（平成28年調査）。円グラフ①～③は、図１中の観測地点①～③と対応している。円グラフ中のXに当てはまる国名を答えなさい。ただし、正式国名でなくてよい。

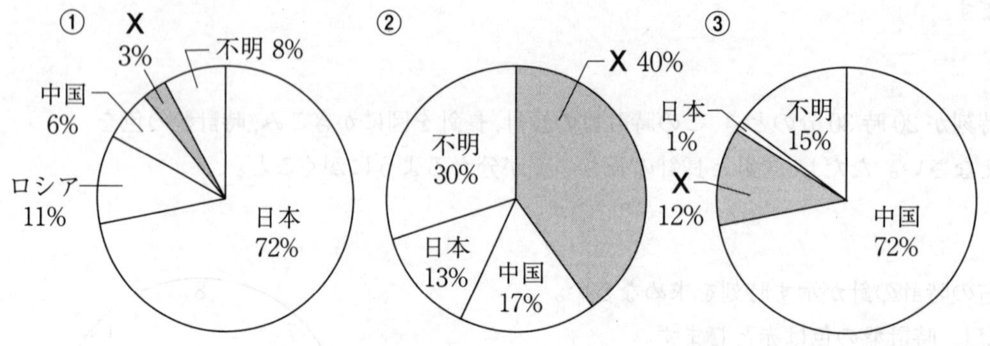

〔環境省資料　プラスチックを取り巻く国内外の状況　より作成〕

（問題作成上、一部の島をのぞいている。）

図１

(2)　空欄（　**1**　）・（　**2**　）に入る語句をそれぞれ答えなさい。

(3)　下線部**b**について、都道府県名と島名の組み合わせとして正しくないものを、次の**ア**～**エ**のうちから１つ選び、記号で答えなさい。

ア．東京都―沖ノ鳥島　　**イ**．兵庫県―小豆島
ウ．鹿児島県―屋久島　　**エ**．沖縄県―与那国島

(4)　下線部ｃについて、次の問いに答えなさい。

①　長野県と接する県として正しくないものを、次のア～エのうちから１つ選び、記号で答えなさい。

ア．栃木県　　イ．群馬県　　ウ．富山県　　エ．静岡県

②　次のＡ～Ｃの雨温図は、図２で示した長野県内のＸ～Ｚのいずれかの地点で観測されたものである。Ａ～Ｃの雨温図が、Ｘ～Ｚのどこで観測されたものかについて話し合っている小学生のれんさんとひまりさんの会話を読んで、会話文中の下線部の内容が正しくないものを、ア～エのうちから１つ選び、記号で答えなさい。

図２

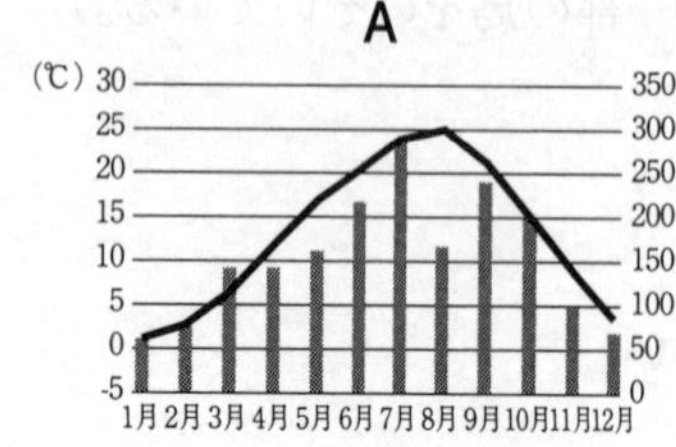

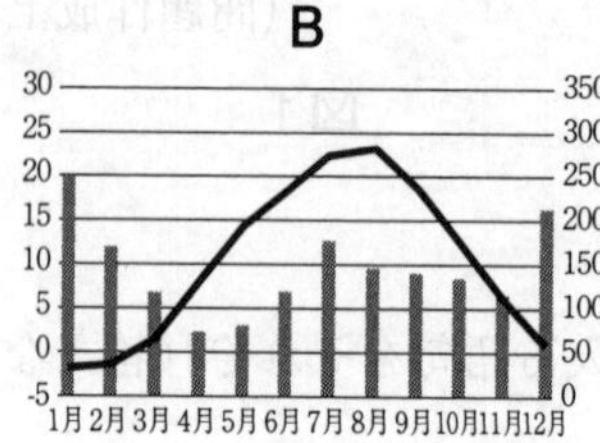

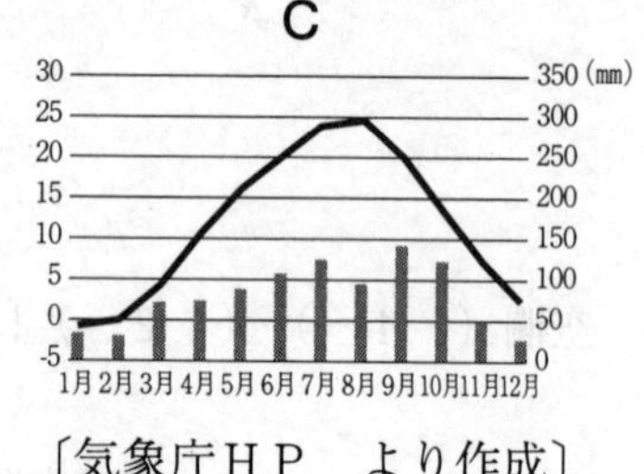

〔気象庁ＨＰ　より作成〕

れんさん

長野県は、たてに長い県だから、同じ県の中でも気候の特色がずいぶん変わるんだね。

ひまりさん

そうだね。アＡは、７月の降水量がＡ～Ｃの中でもっとも多くて、冬は夏と比べると降水量が少ないね。

れんさん

イＢは、１月の気温が０度を下回っているし降水量が多いから、雪がとても多い地域なのではないかな。

Bは、学校でならった新潟市のような日本海側の気候の雨温図に似ていると思う。

ウCは、A～Cの中で年降水量が一番少ないね。X～Zのうちでもっとも内陸で、海からの湿った風が届きにくい地域なのかな。

ということは、エAはX、BはZ、CはYで観測された雨温図ということだね。

(5)　下線部dについて、甲府盆地などでみられ、中央部は日当たりと水はけがよく果樹栽培がさかんな、川が山から平地に出たところに土砂をつもらせてできた地形を何というか、答えなさい。

(6)　下線部eについて、工業が発展すると公害が発生することがある。四大公害病の一つで、1960年ごろ三重県伊勢湾周辺で発生した亜硫酸ガスを原因とする公害病を何というか、答えなさい。

(7)　下線部 **f** について、次の地形図は愛知県海部郡飛島村周辺をしめしたものである。この地形図に関して、あとの問いに答えなさい。

〔電子地形図　25000分の１（2022年９月ダウンロード）の一部　より作成〕

〈編集部注：編集上の都合により実際の試験問題の90%に縮小してあります。〉

① 地形図から読みとれるものとして正しくないものを、次のア～オのうちから２つ選び、記号で答えなさい。

ア．村役場の北には、高等学校がある。

イ．村の大部分は、畑と広葉樹林からなる。

ウ．村の中には、発電所・変電所がある。

エ．村の中には、自然災害伝承碑がある。

オ．この地形図中に、鉄道の駅はない。

② 次の写真は、地形図中の**あ**・**い**周辺の空中写真を拡大したものである。写真から、海水面に何かがういていることが分かる。これは何か、写真とこれを商品としてとりあつかっている会社の【社長さんのお話】を参考に答えなさい。また、これを海水面にうかせて保管している理由を答えなさい。

あ

い

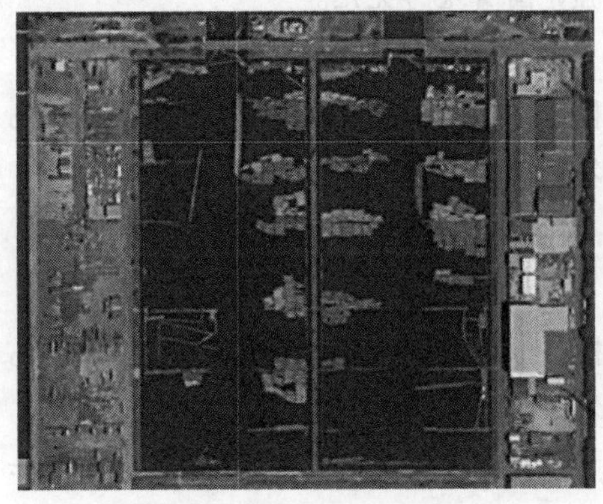

〔地理院地図　より作成〕

【社長さんのお話】

この商品のおもな輸入先は、アメリカ合衆国とカナダです。同じようなものは、秋田県や奈良県など国内にもありますが、値段が高いので海外からのものをとりあつかっています。近年は、賃金の安い海外で加工してから輸入することが増え、水面にうかせて保管する量は減ってきています。

2 次の文章を読んで、各問いに答えなさい。

山形県の遺跡の約（　**1**　）年前の地層からは山形県最古の土器の一つが、また、山形県の別の遺跡からは国内最大級の土偶「（　**2**　）の女神」が出土している。

出羽国（でわのくに）は、現在の山形県から北の秋田県側に領域をのばしていき、**a** 平安時代後期になると清原氏が台頭し、後三年合戦の後は奥州藤原氏の勢力下となった。

鎌倉時代に入ると、奥州藤原氏攻（ぜ）めに功績（こうせき）のあった関東武士団が、出羽国各地の荘園などの年貢を取り立てる（　**3**　）に任命された。**b** 室町時代に入り、最上（もがみ）氏が出羽国の **c** 戦国大名として勢力を拡大した。江戸時代に入り山形藩や米沢藩などが置かれ、江戸と地方を結ぶ **d** 交通路の開設により「最上紅花（べにばな）」などの特産品が運ばれると、酒田港はにぎわった。

e 明治4年の廃藩置県により山形藩などの藩は7県に置き換（か）えられ、その後現在の山形県が誕生した。酒田港は、**f** 昭和に入ると最上川と港との工事が実施（じっし）され、新しく生まれ変わったが、第四次（　**4**　）戦争をきっかけとする第一次石油危機は、県内の工場に強い衝撃（しょうげき）を与えた。

(1) 空欄（　**1**　）に入る語句として正しいものを、次の**ア**～**エ**のうちから1つ選び、記号で答えなさい。

ア. 100　　**イ**. 1,000　　**ウ**. 1万　　**エ**. 100万

(2) 空欄（　**2**　）に入る語句として正しいものを、次の**ア**～**エ**のうちから1つ選び、記号で答えなさい。

ア. 旧石器　　**イ**. 縄文　　**ウ**. 弥生　　**エ**. 古墳

(3) 下線部 **a** について、11世紀後半、東国の武士を率いて東北地方で起こった豪族の争いをしずめた人物として正しいものを、次の**ア**～**エ**のうちから1人選び、記号で答えなさい。

ア. 源義家　　**イ**. 源義仲　　**ウ**. 源義経　　**エ**. 源頼朝

(4) 空欄（　**3**　）に入る語句を答えなさい。

(5)　下線部**b**について、室町時代から現代に伝わる文化として正しくないものを、次の**ア**～**エ**のうちから１つ選び、記号で答えなさい。

ア．能

イ．生け花

ウ．枯山水

エ．歌舞伎

(6)　下線部**c**について、次の**史料**のように、戦国大名が自分の国を支配するためにつくったきまりを何というか、答えなさい。

> **史料**
>
> 一　勝手にほかの国から嫁(よめ)をもらったり、婿(むこ)を迎えたり、娘を嫁にやったりすることは今後禁止する。（今川氏の『今川仮名目録』）
>
> 一　あらかじめ許可を得ずに他国へ贈(おく)り物や手紙を送ることは一切禁止する。
>
> （武田氏の『甲州法度之次第(こうしゅうはっとのしだい)』）

(7)　下線部**d**について、江戸時代の交通について述べた文として正しくないものを、次の**ア**～**エ**のうちから１つ選び、記号で答えなさい。

ア．幕府は、江戸の日本橋を起点とする五街道を定めた。

イ．飛脚(ひきゃく)とよばれる手紙などを運ぶ人によって、通信が発達した。

ウ．樽廻船(たるかいせん)は、江戸と大阪の間を定期的に往復した。

エ．日本海側でつくられた米は、関門海峡(かんもんかいきょう)を通って江戸に運ぶ東廻(ひがしまわ)り航路で運ばれた。

(8) 下線部**e**について、次の問いに答えなさい。

① 明治時代のできごとに関して述べた次の文Ⅰ～Ⅲについて、古いものから年代順に正しく配列したものを、次の**ア～カ**のうちから１つ選び、記号で答えなさい。

Ⅰ 天皇が国民に与えるという形で、大日本帝国憲法が発布された。
Ⅱ 日清戦争後には、労働者は団結して労働組合をつくるようになった。
Ⅲ 日本が韓国を併合して日本の植民地にすると、土地を取り上げられた朝鮮の農民のなかには日本に移住する者もいた。

ア. Ⅰ—Ⅱ—Ⅲ　**イ**. Ⅰ—Ⅲ—Ⅱ　**ウ**. Ⅱ—Ⅰ—Ⅲ
エ. Ⅱ—Ⅲ—Ⅰ　**オ**. Ⅲ—Ⅰ—Ⅱ　**カ**. Ⅲ—Ⅱ—Ⅰ

② 次の**史料**は青鞜社(せいとうしゃ)が明治から大正にかけて発行した婦人月刊誌『青鞜』の一部である。**史料**を読み、下線部はどのようなことを意味しているか、筆者である「私」が誰かを明らかにして説明しなさい。

史料

元始、女性は実に太陽であった。真正の人であった。今、女性は月である。他によって生き、他の光によって輝(かがや)く、病人のような蒼(あお)白い顔の月である。……<u>私たちは隠(かく)されてしまったわが太陽を今や取り戻さねばならない</u>。……もはや女性は月ではない。其日、女性はやはり元始の太陽である。真正の人である。

(9) 下線部**f**について、昭和時代の人々の生活について述べた文として正しいものを、次の**ア～エ**のうちから１つ選び、記号で答えなさい。

ア. 世界恐慌(きょうこう)によってアメリカ向けの生糸の輸出が増えたため、農家の生活は苦しくなった。
イ. 国家総動員法によって、政府は議会の承認がなくても、物資や人を動かせるようになった。
ウ. 戦争中、空襲がはげしくなると、地方に住んでいた児童は、都市に疎開(そかい)した。
エ. 戦争中は、戦争相手の言葉が理解できるように、英語やアルファベットをすすんで使うようになった。

(10) 空欄（　４　）に入る語句を答えなさい。

3 次の文章を読んで、各問いに答えなさい。

2022年４月、**a**厚生労働省は、大人の代わりに家族の介護（かいご）や世話を日常的に行っている（　**1**　）が、小学６年生の15人に１人、大学３年生は16人に１人いることを公表した。前年に調べた中高生を含め、家族の**b**介護や世話をしているこどもたちは**c**学校を欠席したり、遅刻しがちになるなどの傾向がみられた。（　**1**　）の認知度はまだ低く、本人が自覚していないケースも少なくない。

小学生が求める支援（しえん）として「勉強を教えてほしい」「話をきいてほしい」という意見があった。一方、大学生では「学費の支援」「進路や**d**就職などの相談」も目立った。年代に応じて、どのような助けを必要としているか、客観的に状況を把握（はあく）することが必要である。そして、社会全体の問題として**e**支援のしくみをつくるとともに、こどもの様子や変化を見逃さないよう、関心をもつことが大切である。

(1) 下線部**a**について、次の問いに答えなさい。

① 厚生労働省の仕事として正しくないものを、次の**ア**～**エ**のうちから１つ選び、記号で答えなさい。

ア．外国から輸入される食品の検査をする。
イ．仕事をするのに必要な技術などを学ぶため、職業訓練を実施する。
ウ．国宝・重要文化財に指定し、文化財の保存を図る。
エ．生活が苦しくて困っている人を助ける制度を活用し、自立を手助けする。

② 厚生労働省や文部科学省などがこれまで別々に行ってきたこどものための政策をまとめて行うために、2023年４月に設置されることが決まった庁を答えなさい。

(2) 空欄（　**1**　）に入る語句をカタカナで答えなさい。

(3)　下線部**b**について、次の問いに答えなさい。

①　介護保険は、憲法第25条を具体化した社会保障制度のひとつである。憲法第25条が保障している「健康で文化的な最低限度の生活を営む権利」を何というか、答えなさい。

②　次のグラフは、「平均寿命」と健康上の問題がなく日常生活を送ることができる期間を表す「健康寿命」の推移を表している。このグラフに関する説明文Ａ～Ｃの正誤の組み合わせとして正しいものを、次の**ア～ク**のうちから１つ選び、記号で答えなさい。

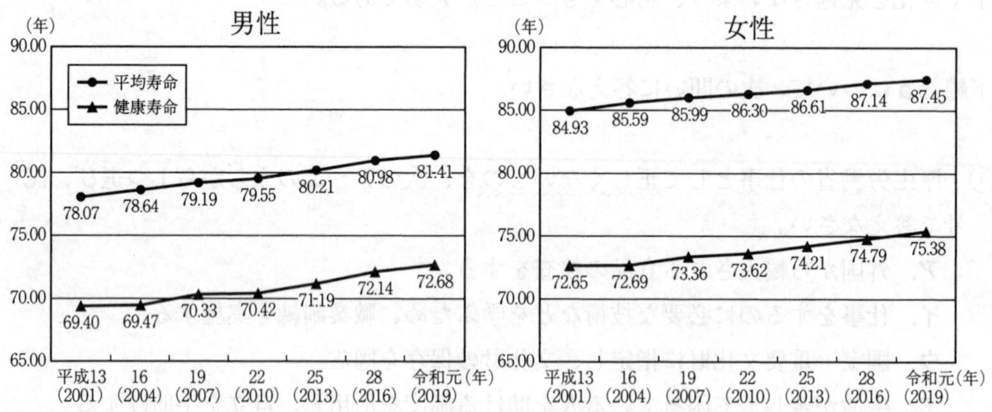

資料：平均寿命：平成13・16・19・25・28年・令和元年は、厚生労働省「簡易生命表」、平成22年は「完全生命表」
健康寿命：厚生労働省「第16回健康日本21（第二次）推進専門委員会資料」

〔『令和４年版　高齢社会白書』より作成〕

Ａ　2019年の男女を比較すると、男性の方が「平均寿命」が長い。
Ｂ　2001年と2019年を比較すると、男女ともに、「平均寿命」が延びている。
Ｃ　2019年の男女を比較すると、男性の方が「平均寿命」と「健康寿命」の差が大きい。

ア．Ａ：正　Ｂ：正　Ｃ：正　　**イ**．Ａ：正　Ｂ：正　Ｃ：誤
ウ．Ａ：正　Ｂ：誤　Ｃ：誤　　**エ**．Ａ：正　Ｂ：誤　Ｃ：正
オ．Ａ：誤　Ｂ：正　Ｃ：正　　**カ**．Ａ：誤　Ｂ：誤　Ｃ：誤
キ．Ａ：誤　Ｂ：誤　Ｃ：正　　**ク**．Ａ：誤　Ｂ：正　Ｃ：誤

③　「平均寿命」と「健康寿命」の差が大きくなることで生じる問題を、２つ具体的に説明しなさい。

(4) 下線部**c**について、こどもたちには、社会権のひとつとして「教育を受ける権利」が保障されている。社会権に含まれるものとして正しいものを、次の**ア**〜**エ**のうちから１つ選び、記号で答えなさい。

ア．思想・良心の自由　　**イ**．勤労の権利
ウ．選挙権　　**エ**．裁判を受ける権利

(5) 下線部**d**について、１日８時間以内、１週間40時間以内など、働く人たちの権利を守るために、労働条件の最低基準を定めた法律を何というか、答えなさい。

(6) 下線部**e**について、2020年に、埼玉県は介護などをする人を社会で支えるための条例を制定した。このことに関連して、次の問いに答えなさい。

① 条例を制定した地方議会に関する文として正しくないものを、次の**ア**〜**エ**のうちから１つ選び、記号で答えなさい。

ア．地方議会は一院制である。
イ．議員の被選挙権は満30歳以上である。
ウ．議員の任期は４年である。
エ．地方議会は、首長に対して不信任の議決を行うことができる。

② 住民は、地方公共団体に対して条例の制定を請求することができる。必要な署名数**X**・**Y**、請求先**A**〜**D**から正しいものを、それぞれ１つずつ選び、記号で答えなさい。

〈署名数〉
X．有権者の50分の１以上　　**Y**．有権者の３分の１以上

〈請求先〉
A．首長　　**B**．選挙管理委員会　　**C**．監査委員　　**D**．人事委員会

【理　科】〈第１回試験〉（30分）〈満点：70点〉

1　次の(1)～(8)の各問いに答えなさい。

(1)　作用点が支点と力点の間にあるものを、次のア～エから選び、記号で答えなさい。

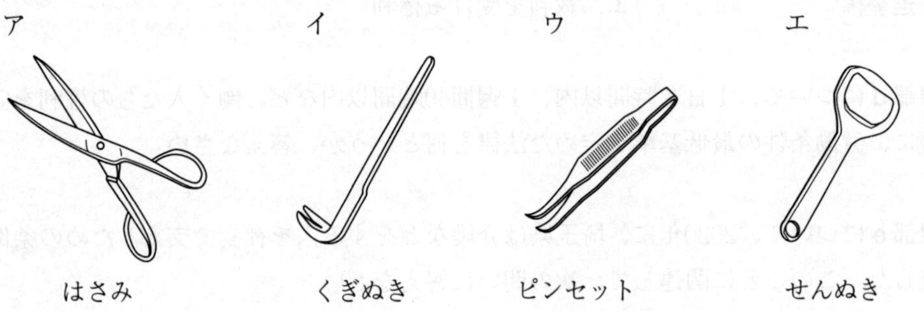

(2)　磁石につくものを次のア～カからすべて選び、記号で答えなさい。

ア　チョーク　　イ　鉄のくぎ　　ウ　アルミ缶

エ　10円玉　　オ　消しゴム　　カ　スチール缶

(3)　次の水溶液を加熱して水を蒸発させたとき、固体が生じるものを次のア～エから選び、記号で答えなさい。

ア　炭酸水　　イ　塩酸　　ウ　砂糖水　　エ　アンモニア水

(4)　酸性とアルカリ性の強さの尺度にpH（ピーエイチ）という値があります。pHが７のときは中性、７より小さいときは酸性、７より大きいときはアルカリ性を示します。石灰水、炭酸水、食塩水について、pHが小さいものから順に並べたものを次のア～カから選び、記号で答えなさい。

ア　石灰水 ＜ 炭酸水 ＜ 食塩水

イ　石灰水 ＜ 食塩水 ＜ 炭酸水

ウ　炭酸水 ＜ 石灰水 ＜ 食塩水

エ　炭酸水 ＜ 食塩水 ＜ 石灰水

オ　食塩水 ＜ 石灰水 ＜ 炭酸水

カ　食塩水 ＜ 炭酸水 ＜ 石灰水

(5)　12％の食塩水300ｇから水を蒸発させて、20％の食塩水をつくるには、水を何ｇ蒸発させればよいですか。

(6)　右図は、ヒトの耳のつくりを示したものです。次のⅠ・Ⅱの働きをする部分を、図のア～カからそれぞれ選びなさい。

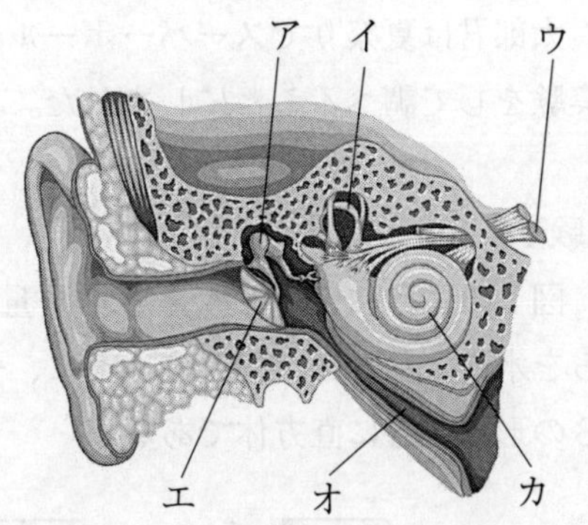

Ⅰ　体の回転の向きを感じる部分
Ⅱ　音を大脳に伝える部分

(7)　下図の①～④は、様々な生物の心臓のつくりを示したものです。生物の進化に伴(ともな)って、心臓のつくりも変化しました。心臓のつくりの変化の順番が、正しくなるように、図の①～④を並べ替(か)えなさい。

①
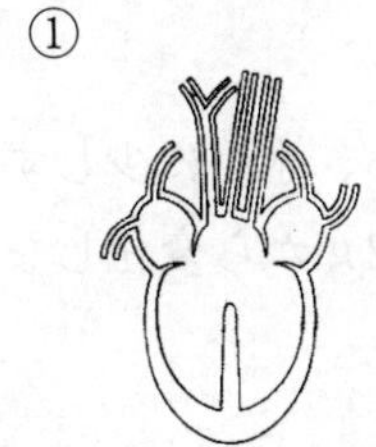
②
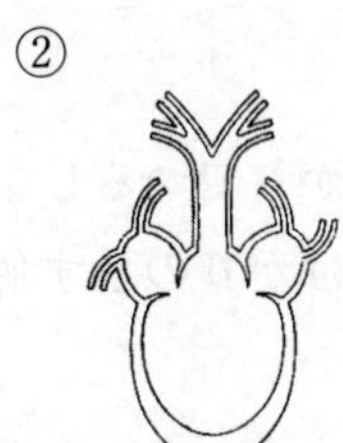
③

④
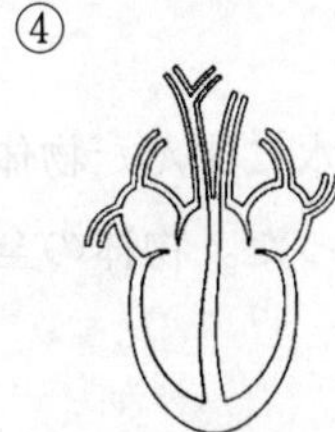

(8)　図１・２は、ある植物の茎(くき)と葉の断面図です。Ａ～Ｄの管について正しく説明した文章を、次のア～クから２つ選び、記号で答えなさい。

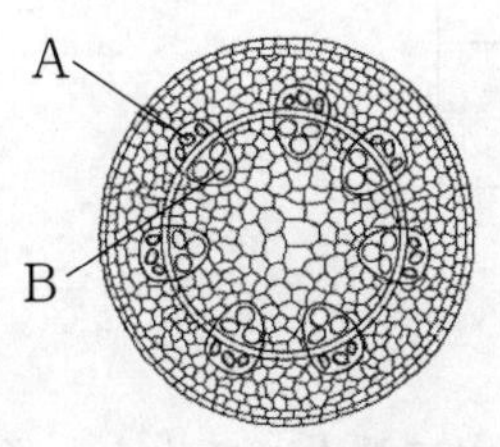

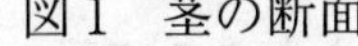
図１　茎の断面

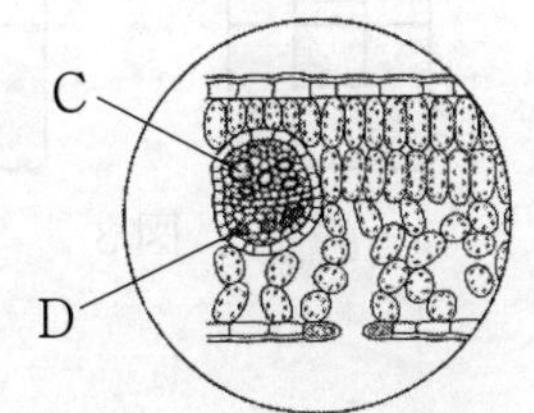

図２　葉の断面

ア　Ａ・Ｃは主に葉で作られた養分を運ぶ管である。
イ　Ａ・Ｄは主に葉で作られた養分を運ぶ管である。
ウ　Ｂ・Ｃは主に葉で作られた養分を運ぶ管である。
エ　Ｂ・Ｄは主に葉で作られた養分を運ぶ管である。
オ　Ａ・Ｃは主に根から吸収された水分などを運ぶ管である。
カ　Ａ・Ｄは主に根から吸収された水分などを運ぶ管である。
キ　Ｂ・Ｃは主に根から吸収された水分などを運ぶ管である。
ク　Ｂ・Ｄは主に根から吸収された水分などを運ぶ管である。

2 太郎君は夏祭りでスーパーボールが浮(う)いている様子を見て、浮(ふ)力について疑問を持ち、実験をして調べることにしました。

【実験１】

図１のように、同じ大きさで質量がそれぞれ10ｇ、20ｇの物体Ａ・Ｂがある。これらを水に入れると、図２のように、一方は沈(しず)み、もう一方は浮かんで静止した。物体Ａ、Ｂの形はともに直方体である。

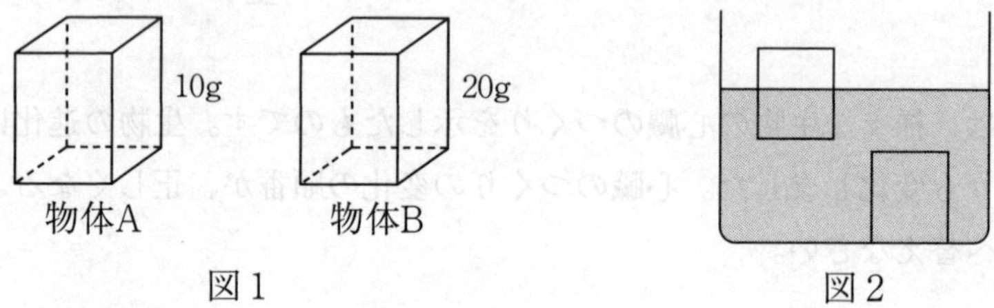

図１　　　図２

【実験２】

実験１で水に沈んだ物体を図３のように、ばねばかりでつるしながら、水中に少しずつ入れていった。物体の全てが水中に入ると、ばねばかりの示す値は２ｇから変化しなかった。

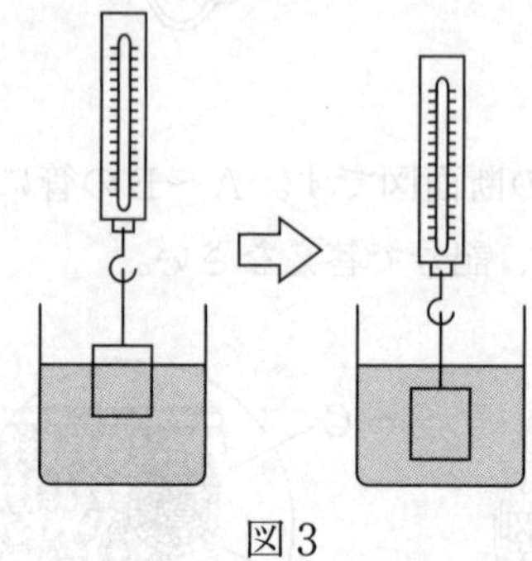
図３

【実験３】

図４のように、実験１で浮かんで静止した物体を水に浮かべてから、その物体の上面におもりを乗せたところ、物体の上面が水面と一致(ち)したところで静止した。

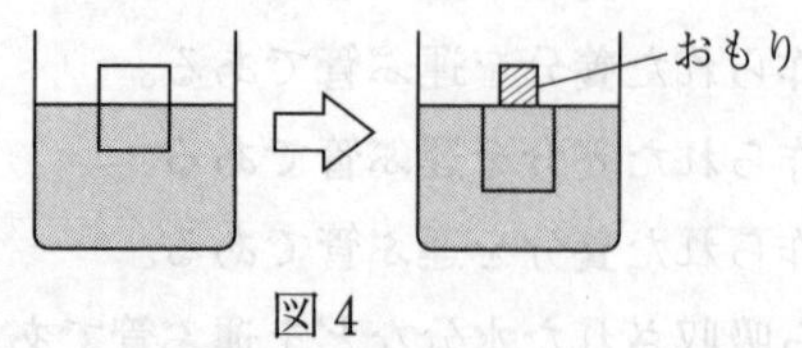

図４

【実験４】

図２の状態から水に食塩を溶(と)かしていくと、沈んでいた物体が浮かび上がり、物体Ａ、Ｂともに浮かんで静止した。

(1) 浮力に関するものとして適切なものを次のア～エからすべて選び、記号で答えなさい。

ア　プールの中では体重が軽く感じられる。

イ　エレベーターが下降し始めるとき、体重が軽く感じられる。

ウ　スキー板をつければ雪に沈みにくい。

エ　浮き輪をつければ水に沈みにくい。

(2) 実験１において、水に浮かんで静止する物体はＡとＢのうちどちらですか。記号で答えなさい。

(3) 実験１で水に浮かんで静止している物体が受ける浮力の大きさは何ｇか求めなさい。

(4) 実験２において、物体が水中に全て入ったとき、物体にはたらく浮力の大きさは何ｇか求めなさい。

(5) 実験３で乗せたおもりは何ｇか求めなさい。

(6) 実験４において、沈んでいた物体が浮かび上がってきたときに、物体ＡとＢにはたらく浮力の大きさはそれぞれ何ｇか求めなさい。

(7) **実験1～4の結果から**分かることは何ですか。適切なものを次のア～オからすべて選び、記号で答えなさい。

ア　同じ形の物体であれば、水に浮かぶ物体の方が受ける浮力が大きい。

イ　浮かんでいる物体にはたらく浮力は、水中よりも食塩水中の方が大きい。

ウ　物体の水中に沈んでいる体積が大きいほど物体が受ける浮力が大きい。

エ　物体の水中に沈んでいる体積が同じであれば、水中よりも食塩水中の方が物体の受ける浮力が大きい。

オ　物体が水中の深くに沈んでいるほど物体の受ける浮力が大きい。

3 太郎くんは以下の新聞記事を読み、今年の自由研究を「なぜ今年の夏は暑いのか？」というテーマに決めました。次の各問いに答えなさい。

【新聞記事】

> ……世界中で異常気象をもたらす「ラニーニャ現象」が昨秋から続いているとみられるからだ。ラニーニャ現象の際、南米・ペルー沖から太平洋中部にかけての赤道域では海面水温が平年より低くなる一方、太平洋西部の水温は高くなる。日本の南の海上では水蒸気量が多くなり、積乱雲の発生が増加。この影響(えいきょう)で上空のチベット高気圧の張り出しが強まり、偏(へん)西風は通常より北を流れる。……
>
> （朝日新聞、2022年６月28日　朝刊　東京本社　より一部抜粋(ばっすい)）

太郎くんは、ラニーニャ現象が発生しているときの海面水温の図を探しました。３つの図のうち、１つだけがラニーニャ現象発生時の様子を示している事が分かりました。

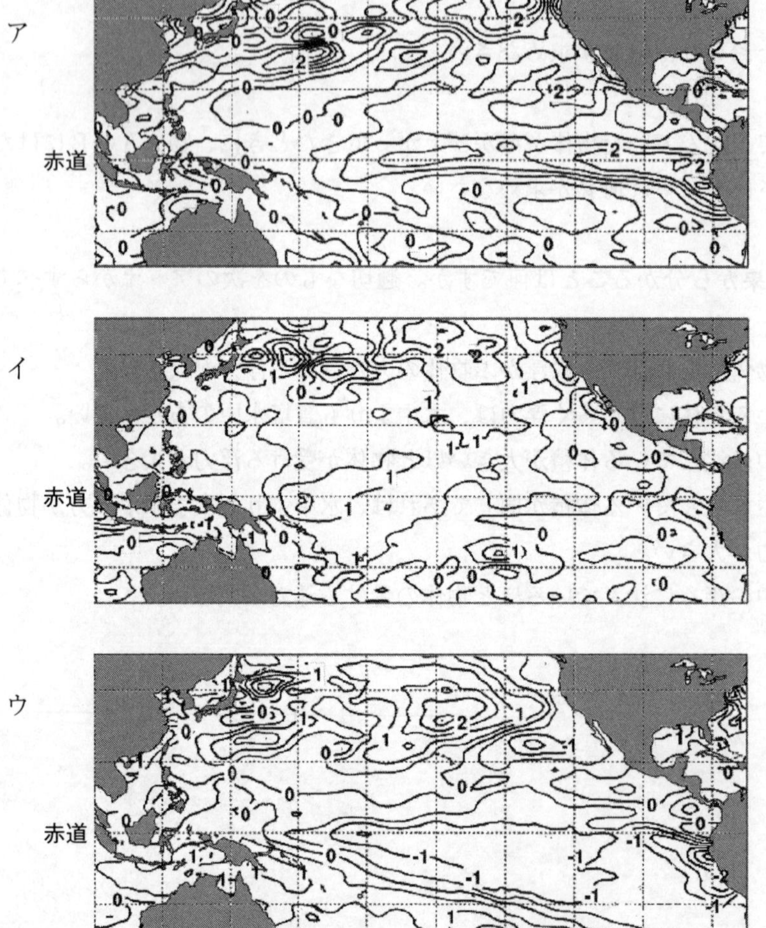

(1)　22ページの図ア～ウのうち、ラニーニャ現象の発生を示しているのはどの図ですか。ア～ウのいずれかに○をしなさい。また、選んだ図について、赤道付近の範囲で平年よりも１度以上海面水温が低くなっているところを鉛筆でていねいに塗りなさい。

(2)　新聞記事の下線部について、ラニーニャ現象が発生しているとき、日本の南の海上で積乱雲が多く発生するそうです。積乱雲は、次のどの写真ですか。ア～エから選び、記号で答えなさい。

太郎くんは新聞記事の下線部について、太平洋西部の水温が高くなるとなぜ積乱雲が多く発生するのか、２つの仮説（Ａ・Ｂ）を立てました。

仮説Ａ「水蒸気量増加説」	①	海水温が高くなると海水がたくさん蒸発する。
	②	空気中の水蒸気の量が増えると雲ができやすくなる。
仮説Ｂ「気温低下説」	①	海水温が高くなると上昇気流がおこる。
	②	空気が上昇すると、その空気の温度が下がって雲ができやすくなる。

仮説Ａが正しいのかを確かめるために、実験を行いました。

【実験】

〈方法〉

① ２つのビーカーに同じ量の水を入れ、１つだけラップでふたをする。３日間日なたにおき、水の減り方を調べる。

② ①と同じようにビーカーを用意する。日かげで３日間実験を行い、水の減り方を調べる。

〈日なたにおく〉

〈日かげにおく〉

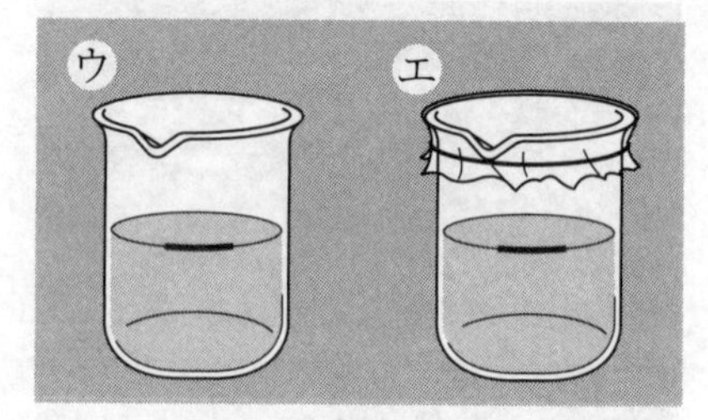

(3) ア～エのビーカーの中で、水の減り方があまり変わらなかったのは、どのビーカーとどのビーカーの組み合わせですか。①～⑥の番号で答えなさい。

① アとイ　　② アとウ
③ アとエ　　④ イとウ
⑤ イとエ　　⑥ ウとエ

太郎くんは、仮説Ｂについて、右の図を用いて考えてみました。このグラフは、空気中１m^3あたりに含むことができる水蒸気の量（飽和水蒸気量）が、気温の変化によってどのように変化するかを示しています。

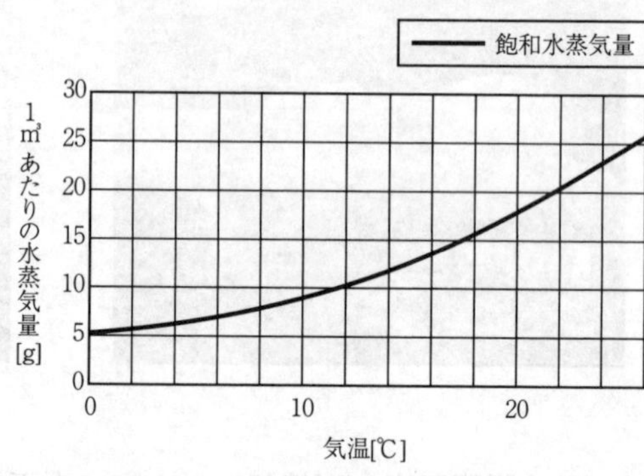

【考えたこと】

ある空気のかたまり「空気Ｃ」が海の上にあったとします。この空気Ｃは、気温20℃で、１m^3あたりに水蒸気を10ｇ含んでいるとします。この空気Ｃの変化について考えてみました。

(4) 解答用紙のグラフに空気Ｃを示す点を記しなさい。

(5)　この空気Cが、仮説Bに従って変化したとすると、右の図ではどちらの点に向かって変化しますか。ア～オから選び、記号で答えなさい。なお、海水温が上がっても空気Cの気温は上がらないものとします。

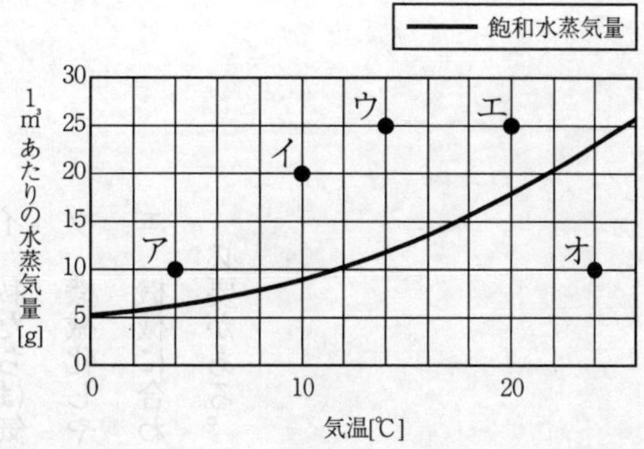

(6)　空気Cが仮説Bに従って変化したとすると、気温何℃で雲が発生し始めますか。

(7)　実験の結果やグラフから考えたことをまとめてみたとき、仮説Aと仮説Bは正しいと判断できますか。次のア～エより選び、記号で答えなさい。

ア　仮説Aだけが正しい。

イ　仮説Bだけが正しい。

ウ　仮説A・仮説Bのどちらも正しい。

エ　仮説A・仮説Bのどちらも正しくない。

積乱雲がなぜ発生しやすかったのか理解した太郎くんは、最後に日本周辺の気圧について考えてみました。そして、なぜ2022年の夏が暑かったのか、自分の考えをまとめました。

【太郎くんの結論】

今年は日本の南の海上で積乱雲が多く発生しました。つまり、この場所では、周囲から空気を受け取っているので、普段(ふだん)の年よりも気圧が［ア］ということになります。一方、日本周辺では、南の海上に向かって空気が吹(ふ)きだしていることになるので普段の年よりも気圧が［イ］ということになります。そのため天気が良くて暑くなったと考えました。

(8)　［ア］・［イ］に入る言葉の組み合わせを選び、①～④の番号で答えなさい。

		ア	
		低い	高い
イ	低い	①	②
	高い	③	④

問七　傍線部⑤「機械が要求する労働の質」とありますが、それに当てはまるものを次の選択肢からすべて選び、記号で答えなさい。

ア　熟練　　イ　単純　　ウ　複雑　　エ　部分　　オ　創意

問八　傍線部⑥「人間の利点が人間自身にはね返り、マイナスに転化する」とありますが、どういうことですか。「道具」または「機械」という言葉を使い、三十～四十字で答えなさい。（句読点を含みます。）

問九　空欄 Ⅱ ・ Ⅲ に当てはまる語を、それぞれ漢字一字で答えなさい。

問十　本文の内容と一致するものを、次の選択肢から一つ選び、記号で答えなさい。

ア　自分の体を道具のように変形できたら、人間はもっと高い能力を身につけることができる。

イ　私たちは気がつかないうちに、道具を自分の体に組みこみ、自分の体の一部のように使っていることがある。

ウ　機械化しやすい工程に機械を入れることは、労働者の仕事がなくなることにつながるため、するべきではない。

エ　機械に合わせてはたらくと、夜勤が続いてしまう人が出てくるため、社会生活に合わせることができるよう交代制にする必要がある。

問三　傍線部②「それ」が指すものを、本文中より探し一語で抜き出しなさい。

問四　空欄 I に入る表現として、最も適当なものを次の選択肢から選び、記号で答えなさい。

ア　ハサミに使われている

イ　ハサミを使いこなしている

ウ　ハサミに使い古されている

エ　ハサミを使い切れない

問五　傍線部③「機械になるとなかなかそうはゆきません」とありますが、「機械」の場合はどうなってしまうと筆者は述べていますか。適当でないものを次の選択肢から一つ選び、記号で答えなさい。

ア　機械の使い方は道具よりも複雑であるため、しっかりと使い方を学んでからでないと機械を使うことができなくなってしまう。

イ　機械は社会的な生産組織に組みこまれることがあるため、機械の構造に合わせて私たちがはたらくことになってしまう。

ウ　大規模な工場機械であると道具のように持ち運ぶことは不可能になるため、私たちが機械のもとへ通っていくことになってしまう。

エ　機械は道具よりも私たちの生活を助けるものであるため、その多くの要求に従わないと使いこなせないものとなってしまう。

問六　傍線部④「機械の能力を最大限に発揮しなければ合理的ではないでしょう」とありますが、「機械の能力を最大限に発揮」するとどのような問題が起こりますか。本文中より探し、九字で抜き出しなさい。

〈注〉
※１　随時……その時々。
※２　潜在……表面に表れず隠れていること。
※３　疎外……仲間外れ。近づけないこと。
※４　償却……使った費用のうめ合わせをすること。
※５　中岡哲郎……技術史学者。
※６　産業主義的な制度……工場や機械などによる生産が経済の中心となる制度。
※７　スチュワーデス……客室乗務員。
※８　微分化……非常に細かく分けること。
※９　産業革命……手工業から機械工業への産業上の変化。
※10　臨界点……物質が、ある状態から別の状態へ変化する境目。

問一　空欄（ａ）～（ｃ）に当てはまる言葉を、次の選択肢から選び、それぞれ記号で答えなさい。
　ア　たとえば　　イ　つまり　　ウ　もし　　エ　あるいは　　オ　ところが

問二　傍線部①「まずうまくゆかない」とありますが、なぜですか。その理由を説明したものとして最も適当なものを、次の選択肢から選び、記号で答えなさい。
　ア　小さな子供は、ハサミで紙を切る方法を理解することができないから。
　イ　ハサミの使い方を教えるには、切り絵作者くらいの技術がないと難しいから。
　ウ　ハサミを使い慣れた人は、自然とハサミの構造に合った使い方をしているから。
　エ　まずは子供に、ハサミを使えるようになりたいと思わせないといけないから。

ズムができている。ところが機械によっては、とめることができない機械があります。多くの装置産業の機械はそうです。溶鉱炉のようなものですと、朝労働者が出勤をしてきて、労働開始と同時に火を入れる、そして八時間労働して帰るときに火を落とすとすれば、溶鉱炉は温まるひまもないでしょう。溶鉱炉は絶えず燃やし続けなければならない。つまり二四時間操業ということになります。そこで人間が交代して、機械を動かし続けますが、そうなると人間の生体時計が狂ってしまうという問題が起こります。

生体時計はある程度なれによる調整が可能ですから、文明が発達すると人間のなかでも夜型がふえてきます。生体のリズムが人工化されてくる。しかし夜勤が毎日続くと、日中を中心に動いている社会生活と合わない不都合が出てきます。そこで夜勤の時間を少しずつずらすということになります。交代することは、社会生活を考えれば意味がありますが、生体時計の面からみれば、せっかくなれたリズムをまた変えてしまい、生体時計が狂ってしまう。生理的にも心理的にもいろいろな障害を引き起こします。パイロットとか、スチュワーデス[※7]とか、航空関係者にも起こっている大きな問題です。

機械化にともなうもう一つの問題は、⑤機械が要求する労働の質です。機械の発達は、しだいに熟練労働を不要にします。単純労働ですむ場面が多くなる。機械がある種の質の労働を要求し、人間がそれに従う。一部の複雑労働はますます高度になりますが、多くの複雑労働が単純労働に変えられてゆく。単純労働はふつう部分労働でもありますから、熟練も創意も必要とせず、労働の意味は、労働の部分化とともに微分化[※8]されて、無意味に近づいてゆきます。

機械による疎外[※9]は、産業革命以後顕著になった問題ですが、すでにのべたようにこの構造は、道具の使用にも潜在していました。つまりこれは、⑥人間の利点が人間自身にはね返り、マイナスに転化するという問題です。生産力の爆発的な増大による資源の枯渇・環境破壊なども、人間がきずいてきた文明の Ⅱ 所が Ⅲ 所に転ずる臨界点[※10]に達したことを示しています。この自己矛盾は、人間の能力に課せられた最大の難問といえるでしょう。

（市川浩『〈身〉の構造』より）

の構造によって柄を握るよう強制されています。金づちによって命令され、支配されているといってもいい。ただ手もとにある身のまわりの道具の場合には、われわれが道具を自由にするという組みこみの自由の方が、組みこまれの強制力より大きくみえるところから、道具に支配され、組みこまれていることに気づかないだけです。

ところが、③機械になるとなかなかそうはゆきません。機械には説明書がついていますが、説明書というのは実に厄介（やっかい）なもので、読んでもよくわからない。最初機械を使うときは、一所懸命頭で理解し、説明書の説明（実は命令）どおり操作します。だんだんなれてくると、くたびれたオンボロ自動車をだましだまし運転するなんていったりしますね。そのようにわれわれの方が機械に自分をそわせなければならない。ましてそれが大規模な工場機械になると、これは社会的な生産組織・経済組織のなかに組みこまれていますから、二重の意味でわれわれの自由になりません。われわれの方が機械のところへかよってゆき、機械の構造に合わせてわれわれがはたらきます。これは道具の場合にもすでに潜在[※2]していたことですが、社会的な生産組織に組みこまれ、個人の手元において自由にできない大規模な生産機械の場合には、組織や機械による支配の面が、より強く出てきます。つまり〈機械による疎外[※3]〉です。

〔中略〕

われわれは、人間の能力を拡大し、人間の労働を楽にするために機械をつくったはずであるのに、逆に人間が機械によって支配される事態が起こっています。たとえば生産システムのうち、まず比較的機械化しやすい工程に機械を入れるとしましょう。するとそこで働いていた人間が余る。その人間を機械が入った工程の前後へ配置すれば、労働が楽になるはずです。ところがそれでは経営の合理化にはつながらないから、配置転換するか、首を切るということになります。

それだけではない。人間がやっていた一つの作業の流れがあります。そこへ機械を入れたとき、人間の作業の流れに機械の流れを合わせれば、問題はないはずです。しかし機械を入れる目的はそれではありません。機械の償却（しょうきゃく）[※4]がありますから、④機械の能力を最大限に発揮しなければ合理的ではないでしょう。そこで中岡哲郎さん[※5]が指摘しておられるように、機械が導入されることによって前後の人間の手作業の部分の流れもスピード・アップされます。人間のリズムを機械のリズムに合わせ、さらにいえば機械を不可欠の要素として組みこんだ産業主義的[※6]な制度が要求するリズムに合わせなければなりません。これは人間のリズムの破壊です。

機械は人間とちがって生体的なリズムをもちません。人間には生体時計があって、だいたい昼間活動して夜休息するよう、からだのリ

三　次の文章を読んで、後の問いに答えなさい。（問題の作成上、一部改変した箇所があります。）

ハサミというのは便利なものです。われわれは無意識に手もとにあるハサミを取り上げて自由に使いこなします。なかでも切り絵作者のハサミの動きは、まるで生きもののように魔術的でさえあります。（　a　）子供にハサミの使い方を教えようとすると、①まずうまくゆかない。子供は紙をハサミの刃の間にはさみ込んでしまうのがおちです。まさにハサミは使いようだな、と痛感します。（　b　）われわれは長い修練の結果、ハサミを持ったとたん、無意識のうちに刃と刃をすり合わせるよう力を配分しているのです。ハシの使い方も同じですね。

用具（道具や機械の両方を合わせて「用具」と呼ぶことにします）を使うことによって、われわれは用具のはたらきを身のはたらきのうちに組みこみ、身のはたらきを拡大・強化してゆきます。こうした用具の仲だちによって、人間は高度の技術文明をきずいてきました。力の弱い裸のサルは、用具を身にまとうことによって比類のない力を獲得（かくとく）したといえるでしょう。

用具は、われわれのからだの外のものです。だからこそ用具の構造とはたらきを、人間の身体の構造とはたらきから分離して、自由に変形し、精練することができます。（　c　）自分自身のからだを変形するのであれば、大した能力はもてないにちがいありません。自分から離れた存在だからこそ、②それを変形し、発展させ、自由にとりかえ、身に接続したり切りはなしたりできます。

こうしてわれわれは、※1随時（ずいじ）用具を身に組みこみ、身体化します。服を着たり、メガネをかけたり、靴をはいたり……。メガネをかけている人は、ほとんどメガネをかけていることを意識しません。だからこそメガネをかけていながら、「メガネはどこへ行った、どこへ行った」と大騒ぎをしたりする（笑）。それくらい身体化してしまいます。

われわれが手元に置いて自由に使ったり、使わなかったりする道具の場合には、われわれはふつう道具の身体化という面だけを意識します。ところがハサミの使い方を教えようとすると大変むつかしい、という事実が典型的に示すように、われわれはハサミの構造に合った指の動かし方をしています。逆にいえば、われわれは［　Ⅰ　］。用具の構造とか論理があって、それにのっとらなければ用具は使えない。無意識のうちにわれわれは用具の構造に身をそわせ、用具に組みこまれているという側面があります。身のまわりの道具の場合には、われわれは、これをほとんど意識しません。しかし金づちやナイフを使う場合、われわれは無意識に柄（え）の方を握ります。金づちの頭やナイフの刃を握る人はいない。金づちの頭を握って釘を打つことはできないわけではありませんが、うまくゆきません。われわれは金づち

問八　傍線部⑥「いえね、あなたをお見かけするたびに羨ましいと思っていたものですから」とありますが、ここでの「年老の男」の心情を説明したものとして適当でないものを、次の選択肢から一つ選び、記号で答えなさい。

ア　かわいい妻を連れて歩く俊男に好感を抱いている。
イ　若く堂々とした俊男の様子をまぶしく感じている。
ウ　俊男の気持ちを頑張って盛り上げようとしている。
エ　急に俊男に話しかけた理由を説明したいと思っている。

問九　傍線部⑦「俊男は道端に佇み、見慣れたはずの家を眺めた」とありますが、「見慣れたはず」のこの家に対する俊男の思いは、「年老の男」と出会った後でどのように変化しましたか。その説明として最も適当なものを、次の選択肢から選び、記号で答えなさい。

ア　一方的だったその家に対する自分の思いを、住人に受け入れてもらって満足している。
イ　憧れの対象であったその家にも、自分の知らない実際の生活があることを実感している。
ウ　住人の思いもよらぬ本音を知ったことで、その家に対する興味自体を失ってしまっている。
エ　今まで親しみを感じていたその家に、自分が強く拒絶されたような気分になっている。

問十　傍線部⑧「春の光に向かって、ソンザイカン、と小さな声で言ってみる」とありますが、この時の俊男の気持ちを説明したものとして最も適当なものを、次の選択肢から選び、記号で答えなさい。

ア　希望を持って自らの人生を歩もうとしている。
イ　他の家の暮らしをとても羨ましく感じている。
ウ　家族に迷惑をかけてしまったことを後悔している。
エ　自分の生き方に強い自信を持ちうぬぼれている。

問四　傍線部③「慌ててそれを押しとどめ棒立ちになる」とありますが、「俊男」が「慌ててそれを押しとどめ」た理由を説明したものとして最も適当なものを、次の選択肢から選び、記号で答えなさい。

ア　実際には「あの女の人」は自分を知らないことに気づいたから。

イ　「あの女の人」を空想の中でしか見たことがなかったから。

ウ　自分に対する「あの女の人」の反応がとても気になったから。

エ　「あの女の人」が自分からこちらに近づいてきたから。

問五　空欄 X に入る言葉として最も適当なものを、次の選択肢から選び、記号で答えなさい。

ア　理想　イ　欠点　ウ　実体　エ　疑問

問六　傍線部④「自分の選びそびれた人生」とはどのような人生ですか。本文中の言葉を使い六十～七十字で説明しなさい。（句読点を含みます。）

問七　傍線部⑤「取り戻そうにも、呼び鈴を押すことすらもうできない」とありますが、この時の取り戻すことはできないという状態を表すことわざとして適当なものを、次から二つ選び、記号で答えなさい。

ア　身も蓋（ふた）もない

イ　覆水盆（ふくすいぼん）に返らず

ウ　虻蜂（あぶはち）取らず

エ　後の祭り

オ　身から出た錆（さび）

問一　傍線部①「初老の婦人とは別の、住人」とありますが、俊男がその人を見て想像したこととして適当なものを、次の選択肢から二つ選び、記号で答えなさい。

ア　洒落た職場

イ　上質そうな衣服

ウ　目や髪の毛の清潔さ

エ　西洋料理や紅茶の香り

問二　空欄 A ～ C に当てはまるものを次の選択肢から選び、それぞれ記号で答えなさい。

ア　ぴったり　　イ　くっきり　　ウ　きっちり　　エ　ゆったり　　オ　うっかり

問三　傍線部②「俊男はバツが悪くなり、飯をかき込む」とありますが、この時の俊男の気持ちを説明したものとして最も適当なものを、次の選択肢から選び、記号で答えなさい。

ア　あの家のように豊かで知的な暮らしをさせてやれないことを、妻に申し訳なく思っている。

イ　せっかく自分だけの空想を楽しんでいたのに、妻に邪魔されてしまい機嫌が悪くなっている。

ウ　あの家の母娘と仲良くなってしまっていることを、妻には絶対に知られたくないと思っている。

エ　よその家庭への空想を自分の妻の前で口にしてしまった気まずさを、ごまかそうとしている。

を進め、しばらく行ったところでそっと振り返った。

ちょうど老人が、あの家の、スペインタイルの玄関を開け、「ただいま」と入っていくところだった。パタン、とドアが閉まって、老人は家の中に消えた。⑦俊男は道端に佇み、見慣れたはずの家を眺めた。生垣の隙間(すきま)に、異国のタイルだけが鮮やかに浮き上がっている。いったい老人はどの部屋から自分の様子を眺めていたのだろう。陰になった室内に、ぽつんと座って外を眺めている老人の様子を想像した。気管が絞(しぼ)られるような気がした。

⑧俊男は、足を速めて勤め先への道を行く。

春の光に向かって、ソンザイカン、と小さな声で言ってみる。

（木内昇『茗荷谷の猫』所収「スペインタイルの家」より）

〈注〉※１　とっくり……タートルネック。

※２　居候……他人の家に住んで食べさせてもらっている人。

※３　講釈……物事の意義や価値についてもったいぶって説明すること。

※４　目刺し……数匹のイワシを串などでつなげて干した食品。

※５　『浮雲』の文三……二葉亭四迷の小説『浮雲』の主人公のこと。

※６　ツイード……秋冬用のジャケットなどの生地。

※７　虚構……事実ではないことを事実らしく作り上げたこと。

※８　憧憬……あこがれること。

※９　書生……他人の家に世話になって、勉強をする人。

※10　忽然と……急に。突然。

※11　遮二無二……ほかのことは考えないで。ただがむしゃらに。

※12　飄逸な……世間のことを気にしない明るくのんきなさま。

もちろんそこに後悔はないのだけれど。

あの家には、④自分の選びそびれた人生がこっそり眠っているように俊男は感じた。⑤取り戻そうにも、呼び鈴を押すことすらもうできない。

隣から規則正しい妻の寝息が聞こえてくる。寝返りをうったばかりなのだろう、頬(ほお)に［B］タオルケットの模様が刻まれていた。

〔中略〕

最後にするつもりで、俊男はあの家の前を通った。生垣の脇にそびえるこぶしの木の、白いふくらみが弛(ゆる)んできている。もの悲しくなって、つい立ち止まった。眩(まぶ)しい青と白があった。

「もうじきに咲きそうですな」

ふいに背後で声がして、俊男は驚き、振り返る。

針のように痩(や)せた年老の男が立っていた。貧相な体つきに、手にした買い物かごから頭を出した青ネギが似合い過ぎるのが可哀想(かわいそう)なようだった。

あなた、よくこの辺りをお通りになりますな、と唐突(とうとつ)に老人は言った。俊男は息を呑(の)んだ。不審者とでも思われたろうか。注意深く口をつぐんだ俊男に老人は弁解がましく、⑥いえね、あなたをお見かけするたびに羨ましいと思っていたものですから、と続けた。

「［C］大股で歩かれる姿がなんとも勇壮でね、それに以前、歯で瓶(びん)をこう、開けていたでしょう」

俊男は赤面した。

あなたのような逞(たくま)しい青年を見るのは気持ちの良いもので、私なんぞ若い時分からここが悪かったですから、と老人は肺の辺りを軽く二度ほど叩いた。それにかわいい奥さんをお連れになって微笑ましくてね、うちは女どものほうが強いもので私なんぞ家長だというのに家の中ではダンゴムシ同然に縮こまっておるんです、まったくいけません、と※12飄逸(ひょういつ)な口調で言った。

「おや、足をお止めして」

老人は軽く会釈をしてから、こぶしを見上げた。

俊男もつられて頭を下げ、自分の鼓動を聞きながら歩き出した。どの家の住人だろう。どこから見られていたのだろう。ぎこちなく歩でも仕事の合間に、家の佇まいを思い出した。そこにある暮らしを空想した。その行為は、決まって彼の心を穏やかにした。

その日も夜になってようやく仕事が終わり、俊男は疲労を煮染めたような身体をなんとか動かし、千駄ヶ谷の駅前でオート三輪に仕事道具を積み込んでいた。

と、目の前を知った顔が横切った。とっさに彼は会釈しそうになり、③慌ててそれを押しとどめ棒立ちになる。

あの女の人だった。仕立てのいいツイード※6のスーツに重そうな革の書類鞄を持って、カツカツと規則正しくコンクリを鳴らしていく。目線を貼り付けた俊男に一瞬不審そうに目を向け、次の瞬間にはもう彼のことなど忘れ去ったかのようにすっきりと背を伸ばして遠ざかっていった。

このとき、あの家がひどくはっきりした［X］を持ち得たように彼は感じた。あそこにあるものには一片の虚構※7もないのだ、と思い知らされた。

奇妙な戸惑いが湧き、迷子になったときのような寄る辺ない心細さに襲われた。

明け方、夢を見た。

俊男はあの家で居候をしている。なにか難しい学問をしているらしく、うずたかく積まれた書物の中に座し、一心に頁をめくっていた。鉛筆の尻で頭を掻く。わからないことだらけだと呟く。それでも時間は無限にあった。複雑にこんがらがっている糸は、きっと少しずつほどけていくだろう。どれほど時間がかかっても、いずれ謎が氷解し、彼は世界と対峙する。入り口に立つのね、と娘が言った。母は、羨ましいようだよ、と微笑んだ。

目が覚めて、あの家への憧憬※8の度合いを我ながら可笑しく思った。しばらく早暁の青い光に身を預けてぼんやりしていると、そういえば俺は書生※9のような身分に一度なってみたかったのだ、と遥か昔の思いが忽然※10と浮かび上がった。誰かに師事し、なにか専門の学問を学び、未来を実感しながら、これと思い決めたひとつことを極めてみたかったのだ。そういう贅沢なやり方で、世の中に入っていきたかったのだ。

中学も出ないうちに戦災で孤児になり、突然、世間に放り出された。身寄りも金もない中で物乞いや靴磨きで食いつなぎ、そのあともただ生きていくためだけに這うようにして働いてきた。立ち止まる間もなく、遮二無二※11日々を送ってきた。

二　次の文章を読んで、後の問いに答えなさい。（問題の作成上、一部改変した箇所があります。）

電気工の尾道俊男は、出勤途中にある西洋風の家に憧れていた。ある時、その家の前で住人であるらしい上品な初老の婦人をみかけ、そこでの暮らしに思いをはせる。一方、家庭では妻の祐子とささやかながらも楽しい日々を過ごしていた。

二月も終わりに近い日だった。いつものようにあの家の前を通りかけて、俊男は思わず足を止めた。①初老の婦人とは別の、住人を目にしたからだった。

その女の人は、北側の部屋の窓辺にある安楽椅子に座って煙草をふかし、書類らしきものに目を通していた。年の頃は、俊男より二つ、三つ上、三十半ばだろうか。顎の辺りで切りそろえた黒々とした髪と切れ長の目が、煙草くらいでは侵されない清潔さを誇っていた。以前見かけた老婦人の娘かもしれない。どことなく面差しが似ている。俊男は、女の人が着ている上質そうな黒いとっくりセーター※1を見た。雰囲気からして独り身のような気がした。きっと机に向かってする仕事なんだろう。目尻の上がったきつめの顔つきは、職場できびきび働く様を容易に想像させた。たぶん彼には想像もつかない洒落た職場で。通りから見えない西側の部屋には彼女の蔵書が並んでいるのかもしれない。食卓には西洋の料理が並び、母娘は難しい哲学の話や欧州の文化の話をしながら樫の木のテーブルにつくのだろう。

あの家に自分が住んでいたとすると、と俊男は職場に向かいながら、途方もない空想を巡らす。母娘とは釣り合いがとれぬから、せいぜい居候※2という立場だろう。北側の一室に住み、ふたりにからかわれながら食事の支度を手伝い、食後には隣の応接間にあるはずのレコードプレイヤーで音楽を聴く。母は静かに耳を傾け、娘はなにかしらの講釈※3を加える。弾力のある紅茶の香りが漂っている。

空想を引きずったままだったので、アパートに帰り、目刺し※4の頭を噛み砕きながら、俺は居候になったら『浮雲』※5の文三みたいに気の強い母娘に虐められて肩身の狭い思いをするのがオチだな、と［A］声に出して言ってしまった。ちゃぶ台の向こう側にいる祐子が、何の話？と小首を傾げた。②俊男はバツが悪くなり、飯をかき込む。祐子はそれ以上訊かず、存外うまくやっていくわ、あなたにはソンザイカンがあるもの、と言った。昨日図書館で借りてきた本に載ってた言葉よ、新しく覚えたの、と笑った。

しばらく煩雑な日が続いた。朝早くから入らなければならない現場が多くなり、俊男はあの家に立ち寄ることができなくなった。それ

2023年度

獨協埼玉中学校

【国　語】〈第一回試験〉（五〇分）〈満点：一〇〇点〉

一　次のⅠ・Ⅱの問いに答えなさい。

Ⅰ　次の傍線部の漢字の読みをひらがなで答えなさい。カタカナは漢字に直しなさい。

①　素晴らしさに驚嘆する。

②　幕末の志士。

③　思いどおりに操る。

④　危険をカイヒする。

⑤　生地をサイダンする。

⑥　土手にソう道。

Ⅱ　次の空欄に例にならって漢字を入れ、それぞれ四つの熟語を完成させなさい。

【例】

写↓　一→［生］→糸　↓身

①

具↓　場→［　］→格　↓宿

②

素↓　正→［　］→感　↓立

③

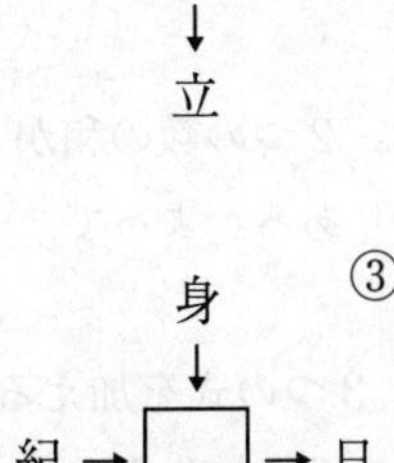

④

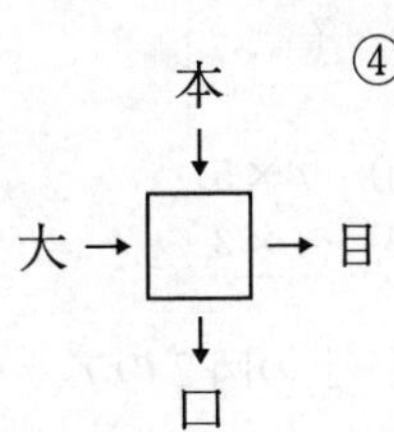

2023年度 獨協埼玉中学校 ▶解説と解答

算　数 <第１回試験>（50分）<満点：100点>

解　答

1 (1) $\frac{1}{3}$　(2) 320g　(3) 8通り　(4) 15　(5) 80円　(6) 33度　(7) ① 21.98cm³　② 56.52cm²　**2** (1) ① 8回　② 6, 7, 16　(2) ① 10：15：6　② 7.2cm　**3** (1) ア 10　イ 4　(2) ガソリン車の方が6万円得である　(3) (例) 解説を参照のこと。　**4** (1) 解説の図を参照のこと。／色は青　(2) 14時37分30秒　(3) 9時20分00秒

解　説

1 **四則計算，濃度，場合の数，消去算，角度，体積，表面積**

(1) $2\frac{1}{3}-\left\{\frac{3}{2}-(1-0.25)\right\}\times0.8\div\frac{3}{10}=2\frac{1}{3}-\left\{\frac{3}{2}-\left(\frac{4}{4}-\frac{1}{4}\right)\right\}\times\frac{4}{5}\times\frac{10}{3}=2\frac{1}{3}-\left(\frac{6}{4}-\frac{3}{4}\right)\times\frac{8}{3}=2\frac{1}{3}-\frac{3}{4}\times\frac{8}{3}=2\frac{1}{3}-2=\frac{1}{3}$

(2) (食塩の重さ)＝(食塩水の重さ)×(濃度)より，9％の食塩水400gにふくまれる食塩の重さは，400×0.09＝36(g)である。また，食塩水に水を加えても食塩の重さは変わらないので，水を加えた後の食塩水にも36gの食塩がふくまれる。よって，水を加えた後の食塩水の重さを□gとすると，□×0.05＝36となるから，□＝36÷0.05＝720(g)と求められる。したがって，加える水の重さは，720－400＝320(g)とわかる。

(3) 各位の数の和が3の倍数になるとき，その整数は3の倍数になる。2つの数の和が3の倍数になる組み合わせは，(1, 2)，(1, 5)，(2, 4)，(4, 5)の4通りある。よって，2桁の整数は，12, 21, 15, 51, 24, 42, 45, 54の8通りある。

(4) 下の図1のように，ア，イ，ウのような式を作ることができる。3つの式を加えると，$(A+B+C)$の2倍が，20＋30＋40＝90となるので，$A+B+C$＝90÷2＝45とわかる。よって，Aの値は，45－30＝15と求められる。

図1

$A+B$　　＝20…ア
　$B+C$＝30…イ
$A+$　　C＝40…ウ

図2

りんご×5＋みかん×3＝550(円)…ア
りんご×3＋みかん×5＝490(円)…イ
⬇
りんご×25＋みかん×15＝2750(円)…ア×5
りんご×9＋みかん×15＝1470(円)…イ×3

(5) りんご1個の値段をり，みかん1個の値段をみとして式を表すと，上の図2のア，イのようになる。アの式を5倍，イの式を3倍してみかんの個数をそろえると図2のようになり，これらの式の差を求めると，り×25－り×9＝り×(25－9)＝り×16にあたる金額が，2750－1470＝1280(円)とわかる。よって，りんご1個の値段は，1280÷16＝80(円)である。

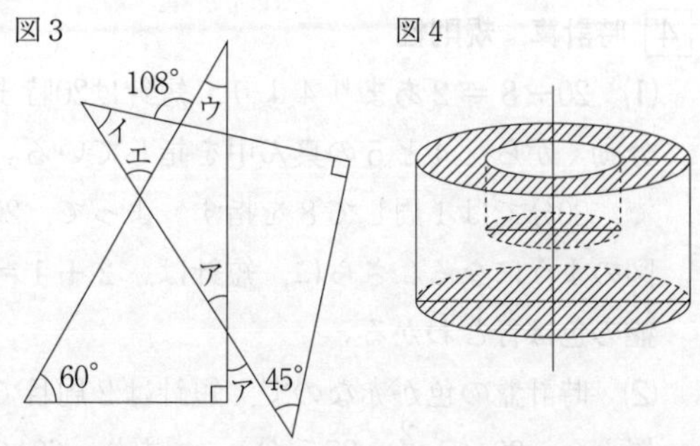

(6)　右の図３で，角イと角ウの大きさはそれぞれ，180−90−45＝45(度)，180−90−60＝30(度)になる。また，三角形の１つの外角はとなり合わない２つの内角の和と等しいから，角エの大きさは，108−45＝63(度)とわかる。よって，角アの大きさは，63−30＝33(度)と求められる。

(7)　①　右の図４のように，底面の円の半径が２cmで高さが２cmの円柱から，底面の円の半径が１cmで高さが１cmの円柱をのぞいた立体になる。よって，この立体の体積は，２×２×3.14×２−１×１×3.14×１＝８×3.14−１×3.14＝(８−１)×3.14＝７×3.14＝21.98(cm³)である。　②　この立体を上下から見ると斜線(しゃせん)の部分が見える。これは半径が２cmの円なので，その面積の和は，(２×２×3.14)×２＝８×3.14(cm²)となる。また，円柱の側面積は外側が，２×２×3.14×２＝８×3.14(cm²)，内側が，１×２×3.14×１＝２×3.14(cm²)とわかる。よって，この立体の表面積は，８×3.14＋８×3.14＋２×3.14＝(８＋８＋２)×3.14＝18×3.14＝56.52(cm²)と求められる。

2　数の性質，比，水の深さと体積

(1)　①　与(あた)えられた数が25のとき，25＋１＝26，26÷２＝13，13＋１＝14，14÷２＝７，７＋１＝８，８÷２＝４，４÷２＝２，２÷２＝１より，８回の操作で終わる。　②　問題文の条件より，どんな数が与えられても最後は「４→２→１」となる。そこで，４回の操作で１になる数を□とすると，□÷２÷２＝４，□÷２＋１＝４，(□＋１)÷２＝４の３通りが考えられる。□÷２÷２＝４の場合は，□＝４×２×２＝16，□÷２＋１＝４の場合は，□＝(４−１)×２＝６，(□＋１)÷２＝４の場合は，□＝４×２−１＝７となるので，４回の操作で１になる数は６，７，16である。

(2)　①　(底面積)＝(体積)÷(高さ)より，容器Ａ，Ｂ，Ｃの底面積の比は，(１÷６)：(１÷４)：(１÷10)＝$\frac{1}{6}$：$\frac{1}{4}$：$\frac{1}{10}$＝10：15：６となる。　②　容器Ａ，Ｂ，Ｃの底面積をそれぞれ10，15，６とすると，３つの容器に入っている水の量の和は，10×６＋15×４＋６×10＝180になる。容器Ａ，Ｂを合わせて１つの容器と考えると，その底面積は，10＋15＝25となるから，このとき水の高さは，180÷25＝7.2(cm)と求められる。

3　単位あたりの量

(1)　ガソリン車は15km走るのに150円かかるので，１km進むのに，150÷15＝10(円)(…ア)かかる。また，電気自動車は6.5km走るのに26円かかるから，１km進むのに，26÷6.5＝４(円)(…イ)かかる。

(2)　ガソリン車の本体価格は420万円で，燃料費は，10×１万×４＝40万(円)なので，総額は，420万＋40万＝460万(円)になる。また，電気自動車の本体価格は450万円で，燃料費は，４×１万×４＝16万(円)だから，総額は，450万＋16万＝466万(円)となる。よって，この場合，ガソリン車の方が，466万−460万＝６万(円)得である。

(3)　本体価格は電気自動車の方が，450万−420万＝30万(円)高い。また，１km進むのにかかる燃料費は電気自動車の方が，10−４＝６(円)安い。よって，ガソリン車と電気自動車の総額が等しくなるのは，４年間の走行距離(きょり)が，30万÷６＝５万(km)のときとわかる。したがって，年間走行距離が，50000÷４＝12500(km)未満のときにガソリン車が得で，12500kmより長いときに電気自動車が得になる。

4 時計算，規則性

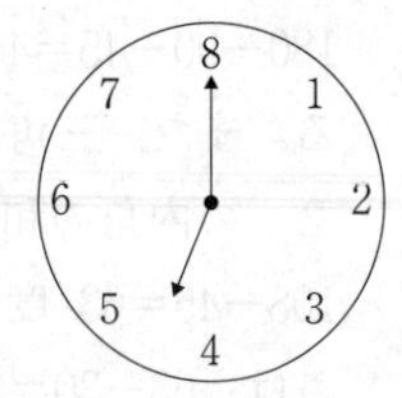

⑴　20÷８＝２あまり４より，短針は20時までに２周して４を指すが，もう30分動くから，４と５の真ん中を指している。また，長針は１時間で２周するので，30分では１周して８を指す。よって，20時30分のときの短針と長針は右の図のようになる。さらに，短針は，２＋１＝３(周目)に入っているから，時計盤(ばん)の色は青とわかる。

⑵　時計盤の色が赤なので，短針は２周目であり，８＋６＝14(時)である。また，短針と長針の位置から，$30\times1\frac{2}{8}$＝37.5(分)，つまり，60×0.5＝30(秒)より，37分30秒とわかる。よって，時刻は14時37分30秒となる。

⑶　時計盤の色が白なので，短針は１周目であり，現在の時刻は６時00分である。短針は８時間で360度進むから，１時間で，360÷８＝45(度)進む。よって，短針が150度進むのにかかる時間は，150÷45＝$3\frac{1}{3}$(時間)，つまり，$60\times\frac{1}{3}$＝20(分)より，３時間20分と求められる。したがって，求める時刻は，６時＋３時間20分＝９時20分00秒とわかる。

社　会　＜第１回試験＞（30分）＜満点：70点＞

解　答

1 ⑴　韓国(大韓民国)　⑵　**1**　北陸　**2**　能登　⑶　イ　⑷　①　ア　②　エ　⑸　扇状地　⑹　四日市ぜんそく　⑺　①　ア，イ　②　木材／(例)　海面にうかせることで，簡単に移動することができるため。　**2** ⑴　ウ　⑵　イ　⑶　ア　⑷　地頭　⑸　エ　⑹　分国法　⑺　エ　⑻　①　ア　②　(例)　平塚らいてうらが，女性差別からの解放や女性の自立を求めている。　⑼　イ　⑽　中東(戦争)　**3** ⑴　①　ウ　②　こども家庭(庁)　⑵　ヤングケアラー　⑶　①　生存権　②　ク　③　(例)　医療や介護を必要とする人が増え，施設や人材が不足する。また，医療費や介護費用が増加することで，財政が苦しくなる。　⑷　イ　⑸　労働基準法　⑹　①　イ　②　X，A

解　説

1 中部地方の自然や産業，地形図の読み取りなどについての問題

⑴　各円グラフから，日本の沿岸に漂着(ひょうちゃく)する外国製のペットボトルは，中国やロシアなど，近隣(きんりん)の国でつくられたものが多いことがわかる。また，①の根室(北海道)の沖合には千島海流(親潮)が北東から南西へ，②の対馬(つしま)(長崎県)の沖合には対馬海流が南西から北東へ，③の奄美(あまみ)大島(鹿児島県)の沖合には日本海流(黒潮)が南西から北東へ，それぞれ流れている。漂着ペットボトルはこれらの海流に乗ってくると考えられるので，特に②の対馬で大きな割合を占めるX国は，対馬の西側にある近隣の国ということになる。ここからX国は，対馬海峡(かいきょう)をはさんでそのすぐ西に位置している韓国(大韓民国)だと判断できる。

⑵　**1**　中部地方は太平洋側の東海，内陸部の中央高地，日本海側の北陸の３つの地域に分けられ，東海には静岡県・愛知県・岐阜県南部が，中央高地には山梨県・長野県・岐阜県北部が，北陸には新潟県・富山県・石川県・福井県がふくまれる。　**2**　石川県の北部には，能登(のと)半島が日本海に

つき出ている。能登半島は，漆器の輪島塗の産地である輪島市があることなどで知られる。

(3)　小豆島は香川県に属する島で，同県の北東の沖合にある。瀬戸内海の島のなかでは淡路島(兵庫県)についで２番目に大きく，オリーブの産地として知られている。

(4)　①　長野県は，北から時計回りに，新潟・群馬・埼玉・山梨・静岡・愛知・岐阜・富山の８県と接しており，全国の都道府県でほかの県と接している数が最も多い。なお，栃木県は福島・茨城・埼玉・群馬の各県と接している。　②　Ｂについてのれんさんの発言はグラフと一致しており，これに対するひまりさんの答えもまちがっていないのだから，Ｂには，長野県のなかでも日本海側に位置するＸがあてはまるとわかる。ここから，ひまりさんのエの発言が正しくないと判断できる。なお，ＡはＺの南信濃，ＢはＸの野沢温泉，ＣはＹの松本の雨温図。

(5)　川が山地から平地に出るところでは，川が土砂を運ぶはたらきが弱まり，土砂が扇形に広がる斜面をつくることがある。この地形を扇状地といい，扇央とよばれる中央部は水はけがよいため，日当たりのよい斜面が果樹栽培に利用されることが多い。山梨県の甲府盆地は代表的な扇状地として知られ，山梨県が収穫量全国第１位をほこるぶどうやももの栽培がさかんに行われている。統計資料は『日本国勢図会』2022／23年版による(以下同じ)。

(6)　第二次世界大戦後にすすめられた工業化のさい，三重県四日市市には大規模な石油化学コンビナートが建設された。これが本格的に稼働し始め，大気汚染物質が排出されるようになると，1960年ごろから，付近の住民がせきやぜんそくなどの症状を訴えるようになった。調査の結果，工場の排煙にふくまれる亜硫酸ガス(二酸化硫黄)がその原因であることが判明し，この病気は四日市ぜんそくとなづけられた。四日市ぜんそくは，水俣病，第二水俣病，イタイイタイ病とともに四大公害病に数えられ，これをめぐる裁判ではすべて被害者側が勝訴した。

(7)　①　地形図には方位記号が示されていないので，地形図の上が北にあたる。地形図中の左上に見える村役場(◎)の北にあるのは，高等学校(⊗)ではなく小・中学校(文)である。また，地形図では，上半分のほとんどが，畑(∨)や広葉樹林(Q)ではなく田(‖)として利用されている。なお，発電所・変電所は(☼)，自然災害伝承碑は(⑪)で表され，「新政成」地域に見られる。　②　水面にうくものであること，奈良県や秋田県でとれるが，アメリカ合衆国やカナダから輸入するもののほうが安いことなどから，木材だと判断できる。秋田県は秋田すぎ，奈良県は吉野すぎという高級木材の産地として知られる。また，合板やパルプなどの原料として用いられる用材の輸入量は，アメリカ合衆国とカナダを合わせた北アメリカ産のものが最も大きな割合を占めている。木材を海面にうかせて保管する理由としては，倉庫などに保管する場合に比べて移動が簡単なことがあげられる。

2　各時代の歴史的なことがらについての問題

(1)　土器は，縄文時代から弥生時代にかけてつくられた。縄文時代は今から約１万年前，弥生時代は今から約2500年前(紀元前４世紀ごろ)に始まっているので，ウが選べる。なお，今(2023年)から100年前は大正時代，1000年前は平安時代，100万年前は旧石器時代にあたる。

(2)　土偶は，縄文時代の人々が，子孫繁栄やえものが豊かであることなどを祈るまじないのさいに利用されたと考えられている土人形で，女性をかたどったものが多い。「縄文の女神」は山形県舟形町にある西ノ前遺跡から出土した土偶で，国宝に指定されている。

(3)　平安時代後半，源義家は東北地方で起こった前九年の役(1051～62年)を父の頼義とともに平定し，出羽守に任じられた。その後，陸奥守となった義家は，再び東北地方で起こった後三年の役

(1083～87年)をしずめ，源氏の東国における地位を確立した。なお，源義仲と源義経は源平の戦い(1180～85年)で活躍した武士，源頼朝は鎌倉幕府を開いた武士で，義経は頼朝の弟にあたる。

⑷　鎌倉時代には，国ごとに守護，荘園や公領ごとに地頭が置かれた。地頭は所領内の治安維持や土地の管理，年貢の取り立てなどの仕事を行った。

⑸　歌舞伎は，安土桃山時代に出雲阿国が始めた歌舞伎踊りを起源とし，江戸時代に大成されて現在まで続く伝統芸能である。

⑹　戦国時代には，戦国大名が領国支配を確立するため，領内の武士が守るべき規則としてさまざまな法令が定められた。これらはまとめて，分国法とよばれる。

⑺　エは「江戸に運ぶ東廻り航路」ではなく「大坂(大阪)に運ぶ西廻り航路」が正しい。東廻り航路は東北の日本海側から津軽海峡を通って太平洋側に出たのち，南下して江戸にいたる航路である。

⑻　①　Ⅰは1889年，Ⅱは1890年代後半(日清戦争は1894～95年のできごと)，Ⅲは1910年の韓国併合以降のできごとなので，古いものから年代順にⅠ→Ⅱ→Ⅲとなる。　②　『青鞜』は，平塚らいてうらが1911年に設立した，女性のみの文学団体である青鞜社が刊行した雑誌で，らいてうは女性の地位向上のために活動した。史料は『青鞜』の発刊にさいしてらいてうが書いた文で，女性の現状や，それを改善しようという決意が表現されている。

⑼　ア「増えた」ではなく「減った」が正しい。　イ　1938年に出された国家総動員法の説明として正しい。　ウ「地方」と「都市」が逆である。　エ　太平洋戦争(1941～45年)が始まると，英語は敵国の言語として使用が禁じられるようになった。

⑽　第二次世界大戦後，中東にユダヤ人国家のイスラエルが建国されると，周辺のアラブ諸国との間でたびたび争いが起きるようになった。1973年には第四次中東戦争が起こり，このとき，アラブの産油国が石油の値上げや輸出制限などを行ったため，日本をふくむ先進工業国では，第一次石油危機(オイルショック)という経済的な混乱におちいった。なお，第二次石油危機は1979年のイラン革命が原因で発生した。

3　人権や政治のしくみなどについての問題

⑴　①　国宝・重要文化財の指定や，文化財の保存は，文部科学省の外局である文化庁が担当している。　②　2023年４月，少子化対策や子育て支援など，こどもに関する政策を担当する行政機関として，こども家庭庁が発足することになった。こども家庭庁は内閣府の外局とされ，内閣府特命担当大臣が長を務める。

⑵　本来大人が担うと考えられている家事や家族の世話などを日常的に行っているこどものことを，ヤングケアラーという。ヤングケアラーは十分に学業に取り組めなかったり，友人と過ごす時間が失われたりするため，問題となっている。

⑶　①　日本国憲法第25条は，すべての国民に「健康で文化的な最低限度の生活を営む権利」として生存権を保障しており，これにもとづいてさまざまな社会保障制度が整備されている。　②　A　2019年の男性の平均寿命は81.41歳，女性の平均寿命は87.45歳で，女性のほうが長い。　B　2001年以降，男女とも平均寿命は延び続けている。　C　2019年の平均寿命と健康寿命の差は，男性が8.73歳，女性が12.07歳で，女性のほうが差が大きい。　③　平均寿命と健康寿命の差が大きくなればなるほど，医療や介護を必要とする人が増えることになり，医療や介護の施設や人材が不足するという問題が起こる。また，それにともなう医療・介護のための費用がかさんで財政を

圧迫し，財源が不足するといった問題も起こる。

(4)　社会権には生存権のほか，教育を受ける権利や勤労の権利などがふくまれる。なお，思想・良心の自由は自由権，選挙権は参政権，裁判を受ける権利は請求権に分類される。

(5)　勤務時間や最低賃金・休日など，労働条件の最低基準を定めた法律が労働基準法で，太平洋戦争後の民主化政策の一つとして，1947年に制定された。

(6)　①　地方議会議員の被選挙権は，満25歳以上で与えられる。なお，参議院議員と都道府県知事の被選挙権は，満30歳以上で与えられる。　②　地方自治では，住民が有権者の署名を一定数以上集めることで，政治に対する直接請求を行える。条例の制定や改廃を請求する場合には，有権者の50分の１以上の署名を集めて首長に提出する。なお，監査請求は有権者の50分の１以上の署名を集めて，監査委員に提出する。また，首長や議員の解職請求（リコール）と議会の解散請求は，有権者の３分の１以上（人口40万人をこえない場合）の署名を集めて選挙管理委員会に提出する。

理　科　＜第１回試験＞（30分）＜満点：70点＞

解　答

[1]　(1)　エ　(2)　イ，カ　(3)　ウ　(4)　エ　(5)　120g　(6)　Ⅰ　イ　Ⅱ　ウ　(7)　③→②→①→④　(8)　イ，キ　[2]　(1)　ア，エ　(2)　A　(3)　10g　(4)　18g　(5)　8g　(6)　A　10g　B　20g　(7)　ウ，エ　[3]　(1)　ウ／解説の図①を参照のこと。　(2)　ウ　(3)　⑤　(4)　解説の図②を参照のこと。　(5)　ア　(6)　12℃　(7)　ウ　(8)　③

解　説

[1]　小問集合

(1)　てこの３点のうち，ほかの物体に力をはたらかせている点を作用点，力を加えている点を力点，てこの動きの中心となっている点を支点という。アのはさみとイのくぎぬきは，作用点と力点の間に支点があるてこ，ウのピンセットは作用点と支点の間に力点があるてこ，エのせんぬきは支点と力点の間に作用点があるてことなる。

(2)　磁石につくのは鉄，ニッケル，コバルトなどの金属である。ここでは，鉄でできている鉄のくぎとスチール缶があてはまる。

(3)　炭酸水は気体の二酸化炭素，塩酸は気体の塩化水素，砂糖水は固体の砂糖，アンモニア水は気体のアンモニアが溶けた水溶液なので，水を蒸発させたときに固体が生じるのは砂糖水だけである。

(4)　石灰水はアルカリ性なのでpHは７より大きく，炭酸水は酸性なのでpHは７より小さい。また，食塩水は中性で，pHが７であることから，pHが小さい順に，炭酸水＜食塩水＜石灰水となる。

(5)　12％の食塩水300gに溶けている食塩の重さは，$300\times\frac{12}{100}=36$（g）である。36gの食塩を水に溶かして20％の食塩水をつくるとき，全体の重さは，$36\div\frac{20}{100}=180$（g）になるので，蒸発させる水の重さは，$300-180=120$（g）とわかる。

(6)　Ⅰ　体の回転の向きを感じる部分は半規管で，３本のドーナツのような形をした管がたがいに直角になるようについていて，それぞれ前後，左右，上下の回転を感じとる。　Ⅱ　エのこまくにとどいた音のしん動は，アの耳小骨を伝わって，カのうずまき管に入る。その後，音の情報はウの聴神経を通して大脳に伝わる。

⑺　生物の進化に伴った心臓のつくりの進化は，③の１心房１心室(魚類)，②の２心房１心室(両生類)，①の不完全な２心房２心室(ハチュウ類)，④の２心房２心室(鳥類，ホニュウ類)の順である。

⑻　図２の葉の断面で，下側に気こうが見られることから，図２の上が表側，下が裏側とわかる。葉で光合成によってつくられた養分は，師管(茎のＡと葉のＤ)を通って運ばれる。また，根から吸収された水分などは，道管(茎のＢと葉のＣ)を通る。

2 浮力についての問題

⑴　水などの液体中の物体は，その物体がおしのけた液体の重さに等しい浮力を受ける。アとエはどちらも水中で上向きの力をうけているので適当である。なお，イは，静止している物体は，その位置にとどまっていようとする性質があることによる。また，ウは，スキー板をつけることで雪に接する面積が大きくなり，圧力が小さくなったことに関係がある。

⑵　物体Ａも物体Ｂも同じ大きさであるため，水に浮かんでいるのは重さが軽い物体Ａのほうであると考えられる。

⑶　物体が水に浮かんで静止しているとき，物体が受ける浮力の大きさはその物体の重さと等しくなっている。よって，物体Ａが受けている浮力の大きさは，物体Ａの重さと同じ10gである。

⑷　図３では，物体Ｂの重さ20gを，浮力とばねばかりで支えている。したがって，物体Ｂにはたらく浮力の大きさは，20－２＝18(g)とわかる。

⑸　物体Ａと物体Ｂは大きさが同じなので，図４で物体Ａを完全に水に沈めたときに受ける浮力の大きさは，物体Ｂを沈めたときと同じ18gである。いま，物体Ａの重さは10gであるから，物体Ａの上面が水面と一致したときに乗せたおもりの重さは，18－10＝８(g)と求められる。

⑹　液体に浮いている物体にはたらく浮力の大きさは，その物体の重さと等しいので，食塩水に浮いた物体Ａにはたらく浮力の大きさも10gで変わらない。また，物体Ｂにはたらく浮力の大きさは，物体Ｂの重さと同じ20gとなる。

⑺　水に浮いた状態の物体Ａにはたらく浮力の大きさが物体Ａの重さと同じ10gであったのに対して，物体Ａを完全に水に沈めたときにはたらく浮力の大きさは18gとなることから，ウは正しい。また，水中では沈んでいた物体Ｂが食塩水中では浮いたことから，エも適切である。なお，浮力は物体の水中に沈んでいる体積によってかわるので，アは不適当。浮かんでいる物体にはたらく浮力は，食塩水中でも水中と同じなので，イはまちがい。物体が全て水中にあるとき，浮力は深さによらないので，オも正しくない。

3 日本の気象についての問題

⑴　ラニーニャ現象が発生しているときは，南米・ペルー沖から太平洋中部にかけての赤道域での海面水温が平年より低くなっているので，その地域が「－１」の線で囲まれているウを選ぶ。また，「－１」の線の内側が，平年より１度以上海面水温

図①

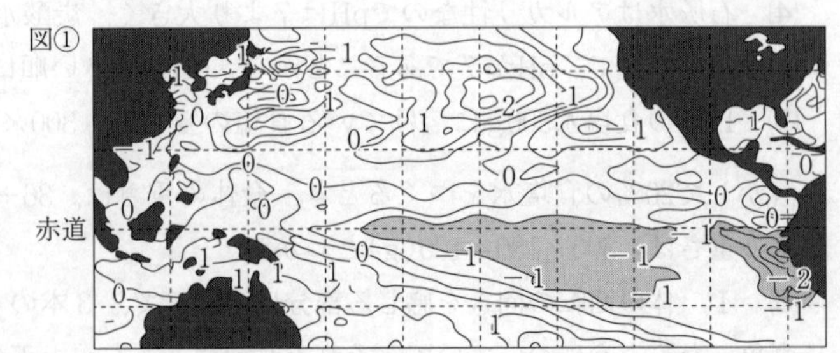

が低くなっているところなので，これを塗(ぬ)りつぶすと上の図①のかげをつけたところになる。

(2)　積乱雲は強い上昇(しょう)気流のあるところに発生し，垂直方向に高く成長した雲である。入道雲ともよばれ，限界まで発達すると，ウのように上部が平らになって広がる。

(3)　ビーカーアとビーカーウでは水が大きく減る。これは水面から水が蒸発して空気中ににげたためである。ビーカーイやビーカーエのように，ビーカーにラップシートをつけると，水蒸気はビーカー内にとどまり，水はほとんど蒸発できないため，水がほとんど減らない。

(4)　右の図②のように，気温が20℃，１m^3あたりの水蒸気量が10ｇの位置に点を記す。

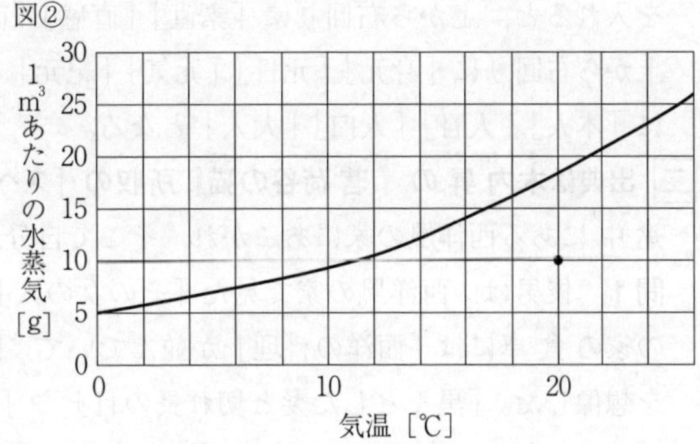

(5)　仮説Ｂによると，空気が上昇するとその空気の温度が下がって雲ができやすくなるので，気温が下がる方向，つまりグラフのアの点に向かって変化する。

(6)　空気Ｃを示す点とアを結んだ線が，飽(ほう)和水蒸気量のグラフと交わる点で雲が発生し始めるので，グラフよりおよそ12℃とわかる。

(7)　実験で，アとウのビーカーを比べると，日なたにおいたビーカーアのほうが，日かげにおいたビーカーウよりも水の減り方が大きいと考えられるので，海水温が高いほど海水がたくさん蒸発するという仮説Ａが正しいと確かめられる。また，飽和水蒸気量のグラフから，気温が下がると空気１m^3あたりにふくむことができる水蒸気量が減り，空気中にふくみきれなくなった水蒸気が水てきとなり雲が発生するので，仮説Ｂも正しいとわかる。

(8)　風は気圧の高いところから低いところへ吹(ふ)く。積乱雲が多く発生した日本の南の海上では，空気が上昇していて気圧が低くなっていた。その結果，日本周辺は気圧が高くなり，日本周辺から南の海に向かって空気が吹き出すことになる。このため，日本周辺がよく晴れて暑くなったと考えられる。

国　語　<第１回試験>（50分）<満点：100点>

解　答

一　Ⅰ　①　きょうたん　②　ばくまつ　③　あやつ(る)　④～⑥　下記を参照のこと。
Ⅱ　①　合　②　直　③　元　④　人　二　問１　ア，エ　問２　Ａ　オ　Ｂ　イ　Ｃ　エ　問３　エ　問４　ア　問５　ウ　問６　(例)　誰かに師事し，なにか専門の学問を学び，未来を実感しながら，これと思い決めたひとつことを極めるような贅沢なやり方で，世の中に入っていく人生。　問７　イ，エ　問８　ウ　問９　イ　問10　ア
三　問１　ａ　オ　ｂ　イ　ｃ　ウ　問２　ウ　問３　用具　問４　ア　問５　エ　問６　人間のリズムの破壊　問７　イ，エ　問８　(例)　人間のためにつくったはずの道具に，人間が支配されているということ。　問９　Ⅱ　長　Ⅲ　短　問10　イ

●漢字の書き取り

一　Ⅰ　④　回避　⑤　裁断　⑥　沿(う)

解　説

一　漢字の読みと書き取り，漢字のパズル

Ⅰ　①　おどろいて感心すること。　②　幕府の末期。　③　音読みは「ソウ」で，「操作」などの熟語がある。訓読みにはほかに「みさお」がある。　④　ものごとを避けること。　⑤　布や紙などをたち切ること。　⑥　音読みは「エン」で，「沿線」などの熟語がある。

Ⅱ　①「合」を入れると，上から右回りに「具合」「合格」「合宿」「場合」となる。　②「直」を入れると，上から右回りに「素直」「直感」「直立」「正直」となる。　③「元」を入れると，上から右回りに「身元」「元日」「元気」「紀元」となる。　④「人」を入れると，上から右回りに「本人」「人目」「人口」「大人」となる。

二　出典は木内昇の『茗荷谷の猫』所収の「スペインタイルの家」による。

電気工の俊男は，出勤途中にある西洋風の家にあこがれ，そこで自分が暮らしていることなどを想像する。

問１　俊男は，西洋風の家で見た「その女の人」が，「洒落た職場」で仕事をしていることや，その家の食卓には「西洋の料理」が並んでいて，「弾力のある紅茶の香りが漂っている」ことなどを想像した。「黒々とした髪と切れ長の目」や「上質そうな黒いとっくりセーター」は，俊男が実際に見たものなので，想像したことではない。

問２　**Ａ**　空想していたことを意識せずに「声に出して言ってしまった」という内容なので，不注意によってものごとをやってしまうようすを表す「うっかり」が入る。　**Ｂ**　妻が「寝返りをうったばかりなのだろう」と俊男が思ったのは，頬に「タオルケットの模様」がはっきりと残っていたからである。よって，物の形などがはっきりとしているようすを表す「くっきり」が入る。　**Ｃ**「大股」で「勇壮」に歩くようすを表しているので，行動などに余裕のあるようすを表す「ゆったり」が入る。

問３「バツが悪くなり」は，“きまりが悪くて気まずい思いをして”という意味。俊男は，西洋風の家で暮らしている自分のことを空想し，そのようすを妻がいる前で声に出してしまったので，気まずくなり，「飯をかき込む」ことでごまかしたのである。

問４　俊男は，「あの女の人」の顔を知っているので，「会釈しそう」になったが，「あの女の人」は自分のことを全く知らないのだと気づいたので，あわてて会釈を「押しとどめ」たのである。

問５　俊男は，西洋風の家を見ていろいろ空想していたが，実際に「あの女の人」から「不審そうに目を向け」られ，自分のことなど「忘れ去ったかのよう」に遠ざかっていく姿を見て，「あの家」には「一片の虚構もないのだ」と思い知らされた。つまり，「あの家」が空想ではなく，現実のものとしてとらえられたような気がしたのである。よって，ウが合う。

問６「選びそびれる」は，“選ぶ機会を失ってしまう”，という意味。「戦災で孤児」になり，「突然，世間に放り出され」てしまった俊男は，「誰かに師事し，なにか専門の学問を学び，未来を実感しながら，これと思い決めたひとつことを極め」るような「贅沢なやり方」で，「世の中に入って」いくという生き方を選べなかった。俊男がどのような生き方を望んでいたのかということをまとめる。

問７「覆水盆に返らず」と「後の祭り」は，“元には戻らず取り返しがつかない”という意味。「身も蓋もない」は，表現が直接すぎて味気ないこと。「虻蜂取らず」は，複数のものを同時に手に入れようとして失敗すること。「身から出た錆」は，自分の悪い行いの結果として自分が苦しむこ

と。

問８　老人は，俊男が「息を呑ん」で，「注意深く口をつぐんだ」ので，「不審者」と思ったのではないということを「弁解」するために，俊男のことを「羨ましいと思っていた」と言ったのだから，エは合う。そして，その理由として，俊男の歩く姿が「勇壮」であることを述べているので，イもよい。また，俊男が「かわいい奥さん」を連れていることもあげているので，アも正しい。老人は，初めて話す俊男の気持ちをわかっていないので，ウは正しくない。

問９　俊男は，何度も「あの家」の前を通り，自分がその家で暮らすようすまで空想していた。しかし，「あの女の人」を実際に見たり，自分の知らない老いた男が，「あの家」に住んでいるのを知ったりすることにより，「見慣れたはずの家」にも，自分の知らない現実の生活があることを思い知らされたのである。よって，イが合う。

問10　妻の言った「ソンザイカン」は，「存在感」と書き，“人や物が確かな存在であると印象づける感じ”という意味。俊男は，自分の空想していたことが現実ではないと思い知らされたが，妻に「あなたにはソンザイカンがあるもの」と言われたことを思い出し，現実の存在である自分や家族のことを大切にしようと思い，「勤め先へ」の「足を速め」たと考えられる。よって，アが合う。

三　**出典は市川浩の『〈身〉の構造―身体論を超えて』による。**道具や機械は人間の生活に利益をもたらしたが，それと同時にマイナスの面ももたらした，といったことなどについて説明した文章。

問１　**a**　「われわれ」はハサミを「生きもののよう」に使いこなすことができるが，子どもに「ハサミの使い方」を教えても「うまくゆかない」，という文脈になる。前のことがらを受けて，後に対立することがらを述べるときに用いる「ところが」が入る。　**b**　子どもにはハサミの使い方をうまく教えられないので「ハサミは使いようだな」と痛感するという内容から，ハサミの使い方には「長い修練」が必要だという結論が導き出されている。よって，“要するに”という意味の「つまり」が入る。　**c**　直後に「変形するのであれば」とあるので，あることを仮定する場合に使う「もし」が入る。

問２　ハサミを使うとき，大人は「長い修練の結果」に身につけた「無意識のうちに刃と刃をすり合わせる」といった力の配分を利用している。つまり，長い修練を経ていない子どもに「ハサミの使い方」を教えても，ハサミの構造に合った体の動かし方ができないのである。よって，ウが合う。

問３　人間は，「自分自身のからだを変形」しても「大した能力はもてない」が，「用具」は「自分から離れた存在」であるからこそ，「変形し，発展させ，自由にとりかえ」て，「身に接続したり切りはなしたり」することができる。よって，「それ」は「用具」を指すとわかる。

問４　前の文には，「ハサミの使い方を教えようとする」のが難しいのは，われわれが「ハサミの構造に合った指の動かし方」をしているためだと書かれている。つまり，ハサミの構造に人間のほうを合わせていることになるので，アが選べる。

問５　人間が機械を最初に使うときは，使い方を「頭で理解」して，「説明書の説明（実は命令）どおり」に操作するとあるので，アは合う。そして，「大規模な工場機械」などは「社会的な生産組織・経済組織のなかに組みこまれ」ているから，人間のほうが「機械のところへかよって」いくとあるので，ウもよい。また，人間が「機械の構造に合わせて」働くようになるともあるので，イも正しい。エは，「機械は道具よりも私たちの生活を助けるものであるため」というところが本文に書かれていない内容なので，正しくない。

問６　「機械の能力を最大限に発揮」させるためには「前後の人間の手作業の部分の流れもスピード・アップ」しなければならなくなる。つまり，「人間のリズムを機械のリズムに合わせ」るようになるので，「人間のリズムの破壊」が起こることになる。

問７　機械が発達すると，「多くの複雑労働が単純労働に変えられて」いくので，イはあてはまり，ウはあてはまらないとわかる。このことから「熟練労働」は不要になるので，アは合わない。また，「単純労働はふつう部分労働」でもあると述べられているので，エは合う。「熟練も創意も必要とせず」とあるので，オは合わない。

問８　道具や機械は人間に多くの利点をもたらしたが，それと同時に人間は身体の動きを道具に合わせたり，機械に合わせて労働の質を変えたりせざるを得なくなってしまった。人間に利点をもたらした道具や機械に人間が支配されるようになってしまった，という内容をまとめる。

問９　Ⅱ，Ⅲ　機械は「生産力の爆発的な増大」という「利点」を人間にもたらしたが，「資源の枯渇・環境破壊」という「マイナス」になる問題も機械によってもたらされた。つまり，「長所」が「短所」に転じてしまったことになる。

問10　本文の初めのほうに「自分自身のからだを変形するのであれば，大した能力はもてない」とあるので，アは誤り。イは，人間は「道具に支配され，組みこまれていることに気づかない」が，道具の「はたらきを身のはたらきのうち」に組みこんでいる，という内容が本文から読み取れるので，正しいと考えられる。また，機械を導入すると「働いていた人間が余る」とは書かれているが，機械の導入自体を否定しているわけではないので，ウは正しくない。さらに，機械に合わせて人間は働かなければならないため，交代することは必要だとは書かれているが，交代制は「人間の生体時計が狂ってしまうという問題」を引き起こすとも書かれているので，エは正しくない。

2023年度 獨協埼玉中学校

【算　数】〈第２回試験〉（50分）〈満点：100点〉

（注意）定規，分度器は使用してはいけません。また，各問題とも，解答は解答用紙(別紙)の所定の欄に記入してください。〈考え方・式〉の欄にも必ず記入してください。

1 次の各問に答えなさい。

(1) $\left(4\frac{2}{3}-2\frac{1}{4}\right)\div\frac{1}{6}\times2$ を計算しなさい。

(2) 0より大きい2つの整数A，Bについて，$A*B=\frac{B-A}{A\times B}$ とします。このとき，(2＊3)+(3＊4)+(4＊5)を計算しなさい。
ただし，AはBより小さい整数とします。

(3) あるお店では，黒・赤・青・黄・緑の5種類のボールペンを売っています。黒を含む異なる3色を自由に選んで，3種類のボールペンを買う場合，色の組合せは全部で何通りですか。

(4) 5% の食塩水Aと，9% の食塩水Bを混ぜたところ，6% の食塩水が 800 g できました。食塩水Aを何 g 混ぜましたか。

(5) A地点からB地点を通り，C地点まで行きます。B地点までは時速 30 km で進み，残りを時速 40 km で進んだところ，全部で2時間15分かかりました。A地点からC地点までの道のりが 84 km であるとき，A地点からB地点までの道のりは何 km か求めなさい。

(6)　図のように，1 辺が 1 cm の正方形がすきまなく 6 個並んでいます。このとき，次の各問に答えなさい。

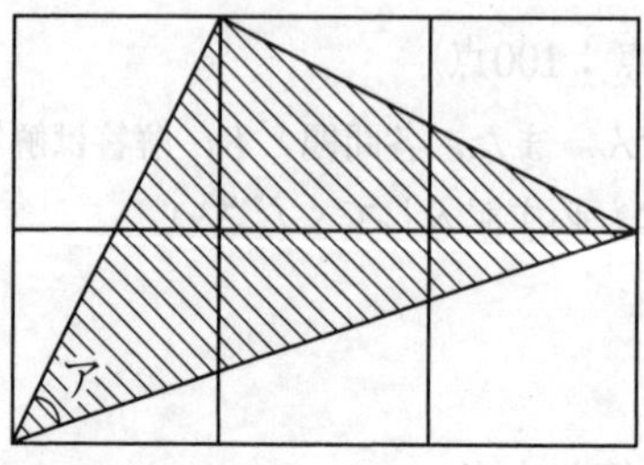

①　アの角は何度ですか。

②　斜線部分の三角形の面積を求めなさい。

(7)　図 1 のような，底面が 6 cm の正方形で高さが 12 cm である正四角柱の容器いっぱいに水が入っています。この容器を傾けて水を捨てたところ，図 2 のようになりました。容器に残った水の体積を求めなさい。

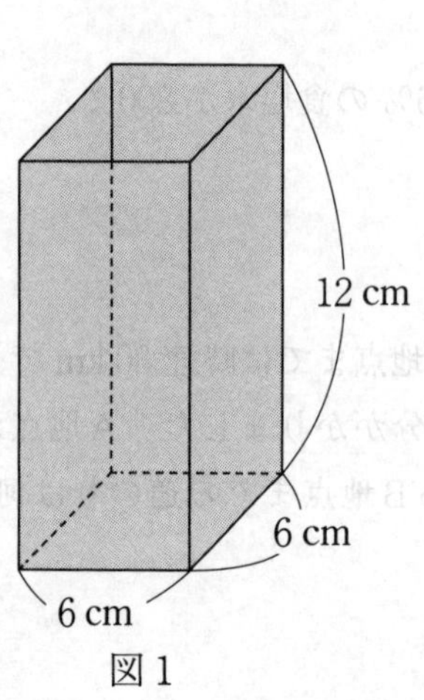

図 1

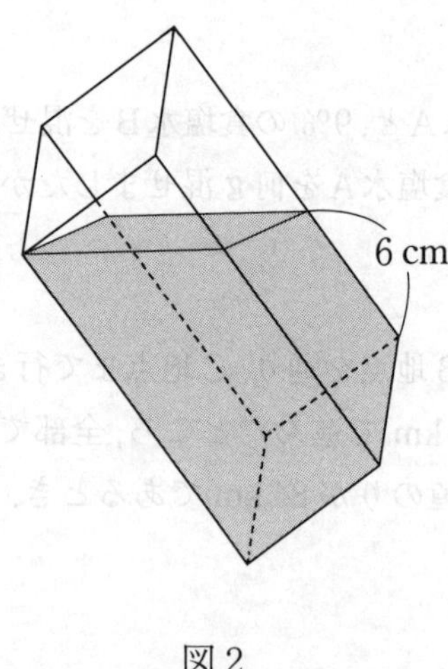

図 2

2 次の各問に答えなさい。

(1) あるドーナツ店では, ドーナツが1箱に5個入った商品Aと1箱に7個入った商品Bの2種類が販売されています。このとき, 次の各問に答えなさい。

① 次の個数のドーナツをちょうど買う場合, 商品Aと商品Bをそれぞれ何箱ずつ買えばよいか答えなさい。

(i) 24個

(ii) 33個

② 75個のドーナツをちょうど買う場合, 商品Aと商品Bの買い方の組合せは何通りありますか。ただし, 買う商品が1種類であってもよいものとします。

(2) 次の3つの規則にしたがって, 数を並べます。

【規則Ⅰ】 最初の数は1
【規則Ⅱ】 2番目の数は2
【規則Ⅲ】 3番目以降の数は直前の2つの数の和

したがって,

1, 2, 3, 5, 8, 13, ･･･

のようになります。

このとき, 次の各問に答えなさい。

① 12番目の数を答えなさい。

② 2023番目の数を4で割った余りを答えなさい。

3 ミツバチの巣の断面は,同じ大きさの正六角形を敷(し)きつめたような構造であることが知られています。以下の太郎さんと花子さんの会話を読んで,次の各問に答えなさい。

太郎「ミツバチの巣はなぜ正六角形が敷きつめられているのかな？なぜ正三角形や正五角形ではないのだろう。」

花子「断面図を見ると,正六角形がすき間なく並んでいることがわかるね。正五角形だとすき間なく並べることができないよ。」

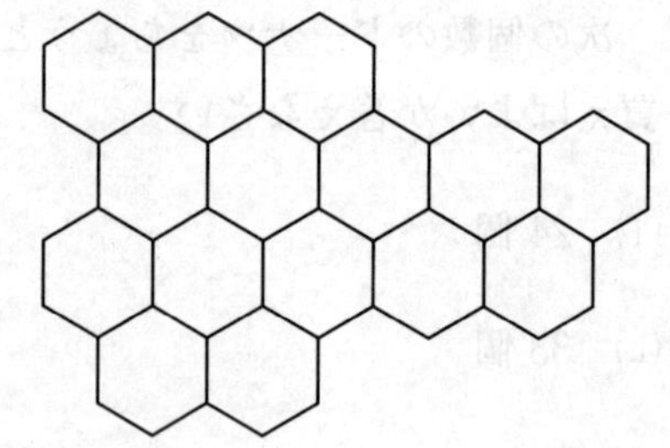

太郎「そうか。正五角形は1つの内角が[ア]度だから,その角をいくつか合わせて360度にならないのですき間ができてしまうんだね。」

花子「正六角形の他にも正三角形や[イ]だったらすき間なく並べることができるよ。」

太郎「そうすると,ミツバチが正六角形を選んだ理由は他にもありそうだね。」

花子「ミツバチの巣は,“蜜(みつ)ろう”という物質でできているんだけど,蜜ろうはとても貴重なものだと本で読んだことがあるよ。それからミツバチは巣にできるだけたくさんの蜜を貯(た)めておけるように工夫してるんだって。」

太郎「正三角形や[イ]ではなく,正六角形を選んだヒントがそこにありそうだね。」

花子「巣を作るのに必要な蜜ろうの量を,正六角形の周の長さと考えて,周の長さが等しい正三角形と面積を比較してみましょう。」

太郎「わかりやすいように周の長さが6cmの正六角形と正三角形で面積の比を求めてみると,[ウ]だから,同じ蜜ろうの量からできるスペースは正六角形の方が広くなり,蜜がたくさん貯められることがわかるね。」

(1) [ア]にあてはまる数を答えなさい。

(2) [イ]にあてはまる正多角形を答えなさい。

(3) [ウ]にあてはまる比を最も簡単な整数の比で答えなさい。

4 花子さんの家では，１台のスマートフォンを花子さんと弟の太郎さんの２人で使用しています。ある週のスマートフォンの総利用時間とそのうちの動画視聴時間を調べました。この週について，図１はスマートフォン総利用時間の内訳を，図２はスマートフォン利用時間のうちの動画視聴時間の占（し）める割合を表したグラフです。また，スマートフォンの総利用時間は200分間で，「花子さん１人だけ」についての動画視聴時間は16分間です。

このとき，次の各問に答えなさい。

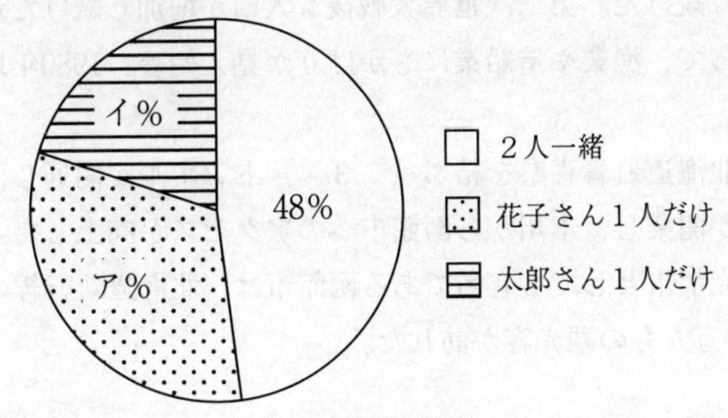

図１　スマートフォン総利用時間（200分間）の内訳

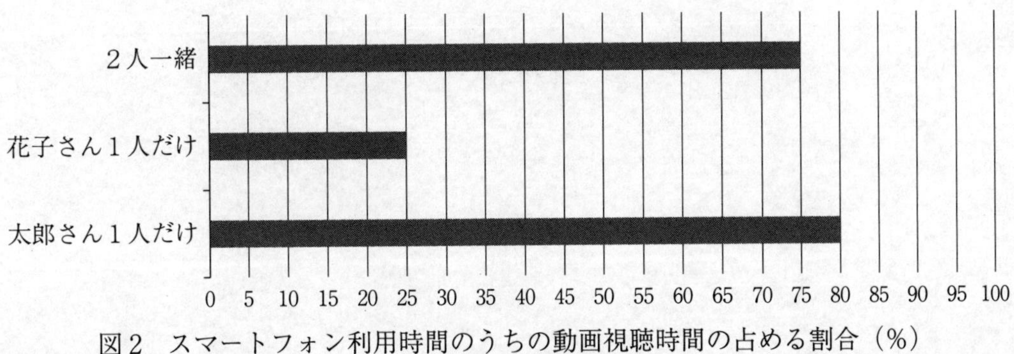

図２　スマートフォン利用時間のうちの動画視聴時間の占める割合（％）

(1)　「２人一緒」について，次の①，②に答えなさい。

①　スマートフォン利用時間は何分間か求めなさい。

②　動画視聴時間は何分間か求めなさい。

(2)　図１における，ア，イにあてはまる数をそれぞれ求めなさい。

(3)　この週の総動画視聴時間のうち，「２人一緒」についての動画視聴時間の割合は何％ですか。ただし，総動画視聴時間とは，この週の動画視聴時間の合計とします。

【社　会】〈第２回試験〉（30分）〈満点：70点〉

1　次の文章を読んで、各問いに答えなさい。

約25万人が暮らす a 函館(はこだて)市は、（　1　）市、旭川市についで、b 北海道で３番目に人口が多い自治体である。函館は c 天然の良港であったこともあり、日米修好通商条約が結ばれた際には、新潟、神奈川、兵庫、長崎とともに開港地として選ばれ、国際貿易港として、にぎわい始めた。また、ポーツマス条約の締結(ていけつ)後は、d 漁業の基地としての繁栄(はんえい)が、造船業などの関連工業の発展につながり、1935年の国勢調査までは道内で最も人口の多い自治体であり続けた。第二次世界大戦後も人口が増加し続けたが、1973年に起きた（　2　）によって、漁業や造船業にもかげりが見え始め、1980年以降は、e 人口も減少に転じている。

一方で、1988年には北海道と青森県を結ぶ（　3　）トンネルが開通し、さらに2016年には f 北海道新幹線が開業し、本州から函館市へのアクセスが向上した。観光資源と g 気候にめぐまれ、観光都市としても有名である函館市は、北海道新幹線の開業初年度には過去最高の年間560万人もの観光客が訪れた。

(1)　下線部 **a** について、次の地形図は函館市周辺をしめしたものである。この地形図に関して、あとの問いに答えなさい。

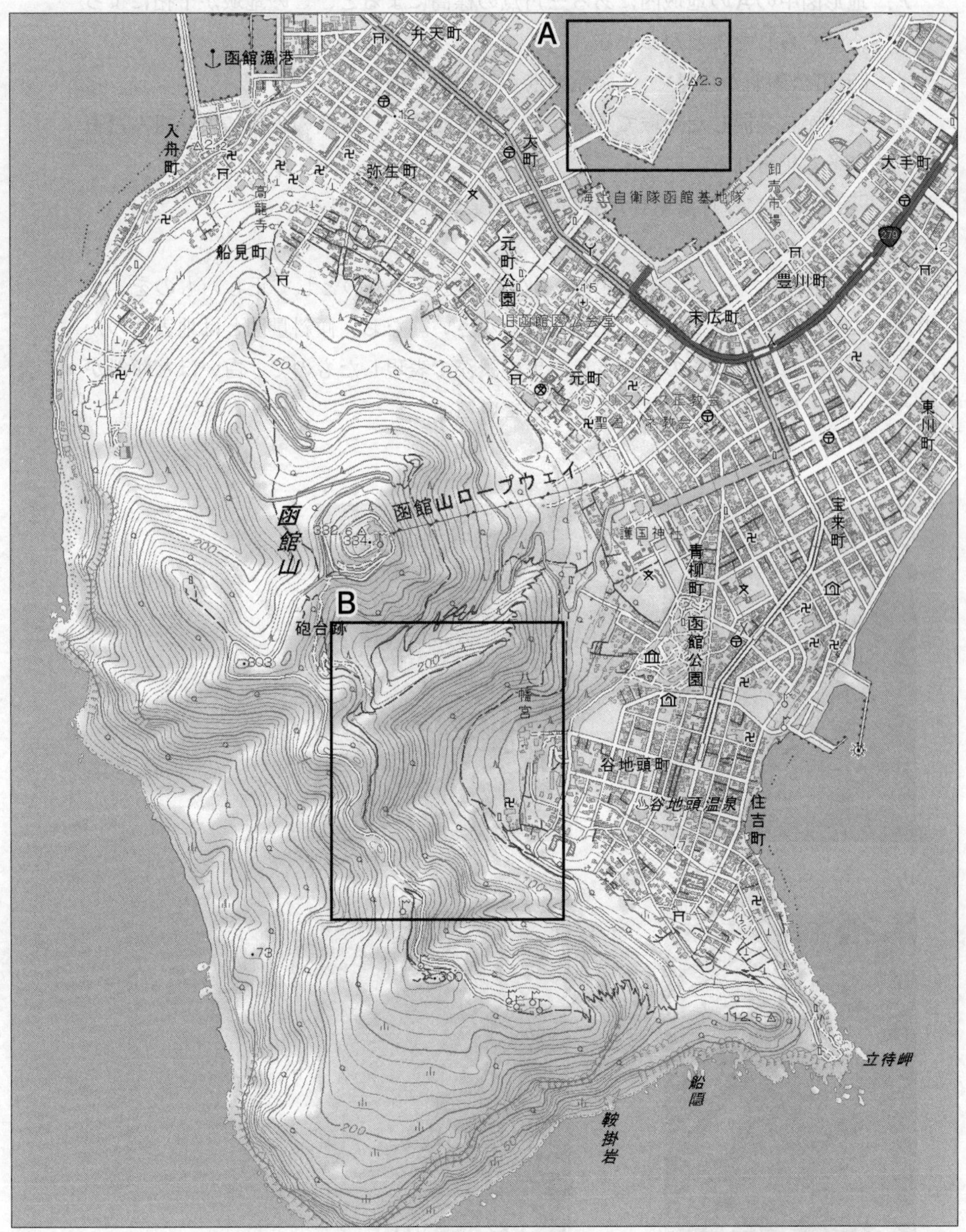

〔電子地形図　25000分の１（2021年９月ダウンロード）の一部より作成〕

① 地形図に関する説明文として正しいものを、次の**ア**～**エ**のうちから１つ選び、記号で答えなさい。

ア．地形図中の**A**の地域内にある三角点の標高によると、この地域が干拓によって、つくられたことがわかる。

イ．「元町公園」から見て、「函館漁港」は北西にあたる。

ウ．古くから発展した地域であるため、幅がせまく、迷路のように入り組んだ道路が多く見られる。

エ．「函館山」には針葉樹林が見られ、広葉樹林は見られない。

② 次の傾斜量図（けいしゃりょうず）のうち、地形図中の**B**の範囲を表すものとして正しいものを、次の**ア**～**エ**のうちから１つ選び、記号で答えなさい。なお、傾斜量図とは地表面のかたむきの量を算出し、その大きさを白黒の濃淡で表現したもので、白いほど傾斜が緩やか、黒いほど急であることを意味している。

ア．

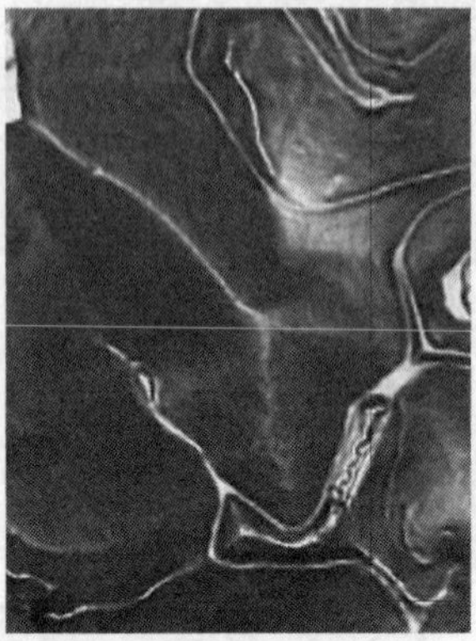

イ．

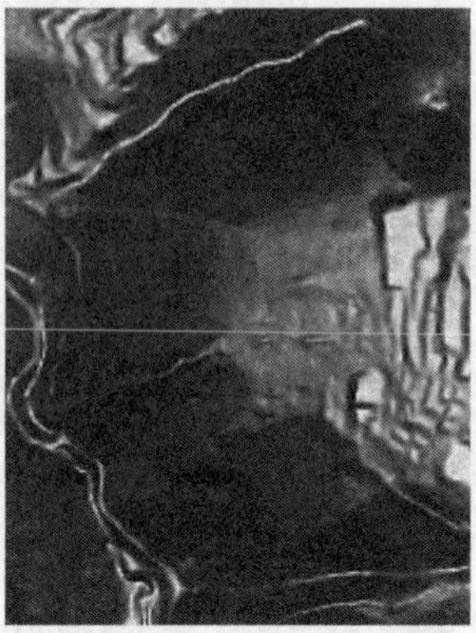

ウ．

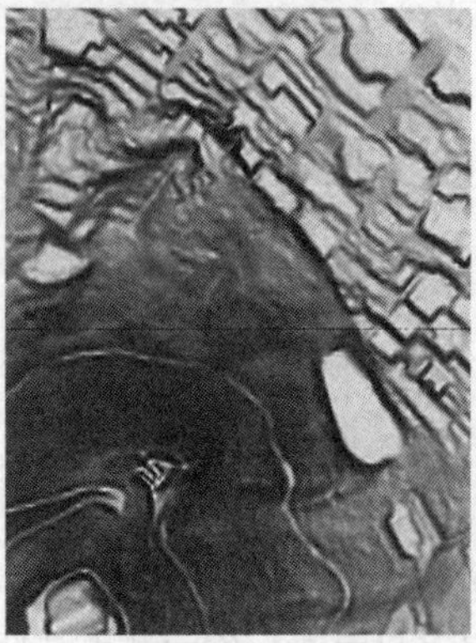

エ．

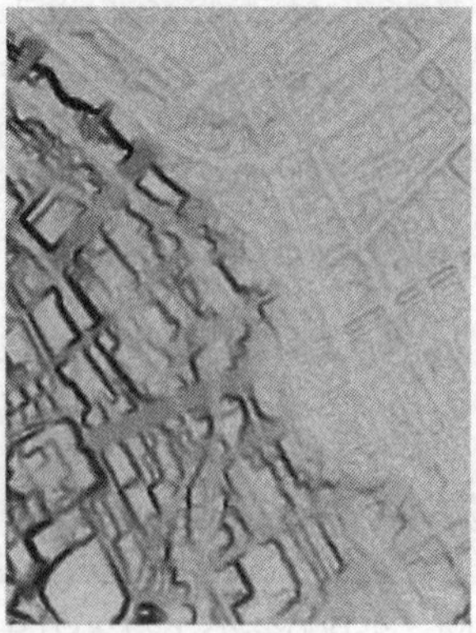

(2) 空欄（　**1**　）に入る地名を答えなさい。

(3) 下線部**b**について、北海道の自然環境と産業について説明した文として正しくないものを、次の**ア**～**エ**のうちから１つ選び、記号で答えなさい。

ア. 洞爺湖は火山の噴火によって形成されたカルデラ湖で、温泉のある観光地となっている。

イ. 夕張山地では、かつて、多くの石炭が採掘されたが、現在は大規模な採掘がされていない。

ウ. 夏に濃霧がよく発生し、気温が上がりにくい根釧台地では、酪農がさかんに行われている。

エ. 泥炭地の広がる石狩平野では、稲作が行われておらず、じゃがいもの栽培がさかんに行われている。

(4) 下線部**c**について、函館港はもともと港をつくるのに向いた地形であった。港をつくるのに向いた場所の条件として正しいものを、次の**ア**～**エ**のうちから１つ選び、記号で答えなさい。

ア. 周りを陸地に囲まれた、波がおだやかな場所

イ. 外敵が侵入しにくい、波が高い場所

ウ. 海水の透明度が高く、遠浅な場所

エ. 強い風が吹く日が多く、さえぎるものがない場所

(5) 下線部**d**について、次の円グラフは海面漁業漁獲量の上位４道県である北海道・宮城県・茨城県・長崎県のいずれかの魚種別漁獲量（2019年）の割合を示したものである。北海道を表すものとして正しいものを、次の**ア**～**エ**のうちから１つ選び、記号で答えなさい。

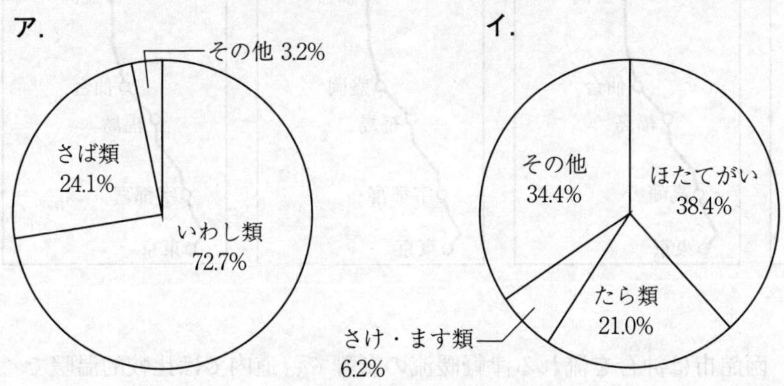

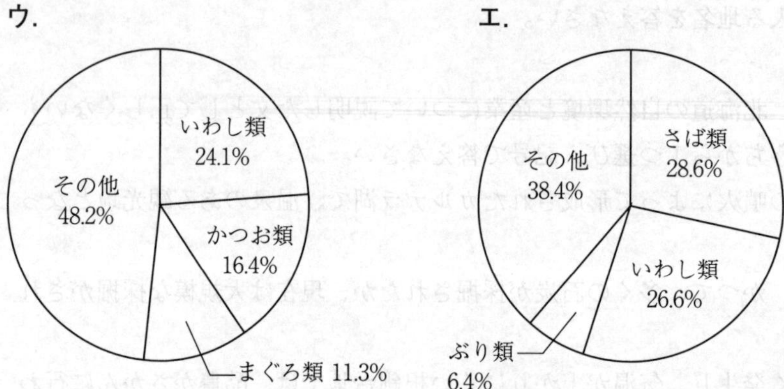

〔令和元年　漁業・養殖業生産統計より作成〕

(6)　空欄（　2　）に入る語句を漢字で答えなさい。

(7)　下線部eについて、大幅な人口減少が地方のまちや生活におよぼすと考えられる影響を２つ、具体的に述べなさい。

(8)　空欄（　3　）に入る語句を答えなさい。

(9)　下線部fについて、東北・北海道新幹線の主要駅を示した路線図として正しいものを、次のア～エのうちから１つ選び、記号で答えなさい。

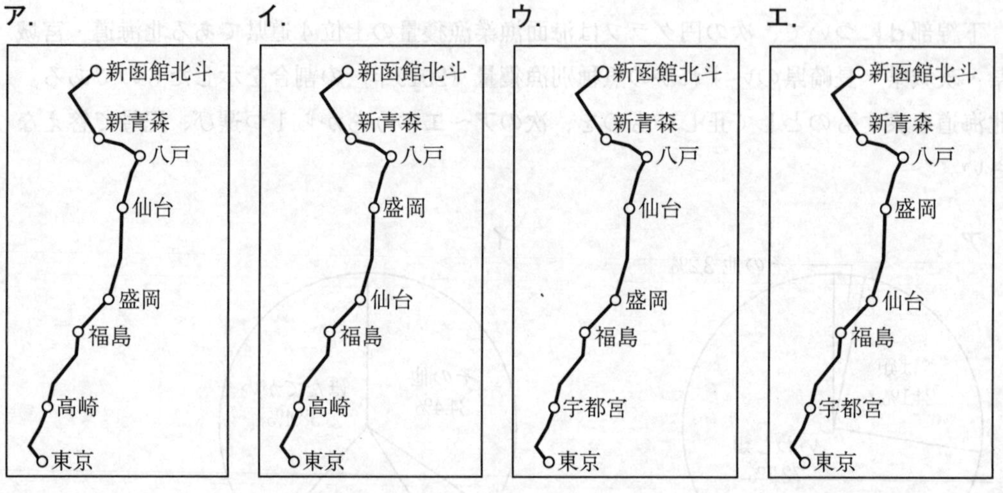

(10)　下線部gについて、函館市は沖合（おきあい）を流れる津軽暖流の影響で、道内では比較的温暖で降雪の少ない気候になっている。津軽暖流は日本海側を流れる、ある海流から枝分かれした海流である。この海流の名称を答えなさい。

2 次の【カード】は中国と日本の関係について書かれたもの、【年表】は明治時代以降の日本のできごとに関するものである。【カード】、【年表】を読んで、各問いに答えなさい。

【カード】

カード①	カード②
隋が中国を統一すると、朝廷は朝鮮の国ぐににならって、607年に遣隋使として（　1　）を派遣(はけん)した。	幕府は外国との貿易を制限し、清・オランダとはａ<u>長崎</u>を通じて外交・交易を行った。

カード③	カード④
遣唐使の持ち帰った情報などをもとに、ｂ<u>天皇の命令</u>によって唐の長安にならった平城京がつくられた。	琉球王国は明と密接な関係をきずき、（　2　）は朝鮮や日本の商人も行き来する大きな港となった。

カード⑤	カード⑥
ハリスは、清がイギリスとの戦争に敗れたことなどを述べ、幕府にｃ<u>貿易の開始</u>をせまった。	宋から帰国した僧である（　3　）によって伝えられた臨済宗は、幕府の保護(ほご)を受け発展した。

【年表】

年	できごと
1889年	大日本帝国憲法が発布される
	↕⑦
1902年	イギリスとのあいだに日英同盟が結ばれる
	↕⑧
1918年	ｅ<u>富山県の女性が米屋に押しかける事件</u>が発生する
	↕⑨
1923年	関東大震災が発生する
	↕⑩
1945年	ポツダム宣言が受諾(じゅだく)される
	↕ｆ
ｇ<u>1972年</u>	沖縄が日本に復帰する

〈編集部注：ｄに該当する設問はありません。〉

(1)　空欄（　**1**　）に入る人名を答えなさい。

(2)　下線部**a**について、オランダとの外交・貿易のために使われた長崎にある人工島を何というか、答えなさい。

(3)　下線部**b**について、次の**史料**は奈良時代に出された天皇の命令である。**史料**の内容に関する説明**W**・**X**と、**史料**の命令を出した人物に関する説明**Y**・**Z**について、正しいものの組み合わせを、次の**ア**～**エ**のうちから１つ選び、記号で答えなさい。

史料

天平十五年（743年）冬十月十五日、聖武天皇が詔を出され、「ここに天平十五年十月十五日、菩薩の大願を立てて、盧舎那仏の金銅像一体の鋳造を開始しようと思う。国中の銅のすべてを使って仏像を鋳て、大きな山をけずって平地をつくって仏殿を建立し、その徳を広く世界におよぼして、私の仏へのささげものとしよう。そしてすべての民も同じように仏像の利益を受けて、一緒に悟りを開くようにさせよう。」と

＊作問にあたり一部改編『続日本紀』

W．この**史料**は大仏をつくるように命令している。
X．この**史料**は国分寺・国分尼寺をつくるように命令している。

Y．この**史料**の命令を出したのは聖武天皇である。
Z．この**史料**の命令を出したのは天武天皇である。

ア．**W**・**Y**　　**イ**．**W**・**Z**　　**ウ**．**X**・**Y**　　**エ**．**X**・**Z**

(4)　空欄（　**2**　）に入る港の名称として正しいものを、次の**ア**～**エ**のうちから１つ選び、記号で答えなさい。

ア．酒田　　**イ**．堺　　**ウ**．博多　　**エ**．那覇

(5)　下線部**c**について、日米修好通商条約と同様の条約を結んで、日本が貿易を開始した国として正しくないものを、次の**ア**～**エ**のうちから１つ選び、記号で答えなさい。

ア．イギリス　　**イ**．フランス　　**ウ**．ロシア　　**エ**．ドイツ

(6)　空欄（　**3**　）に入る人名を答えなさい。

(7)　**【カード】**①～⑥について、古いものから年代順に正しく並べたとき、５番目にあたるものを、①～⑥のうちから１つ選び、数字で答えなさい。

(8)　下線部**e**について、このような民衆の動きは1918年７月以降、新聞報道などによって全国に広がった。なぜ全国でこのような暴動(ぼうどう)事件が起こったのか、この全国的な暴動(ぼうどう)事件の名称を明らかにし、**グラフ**からわかる当時の家計の状況にふれて説明しなさい。

グラフ　物価・米価・賃金の変化

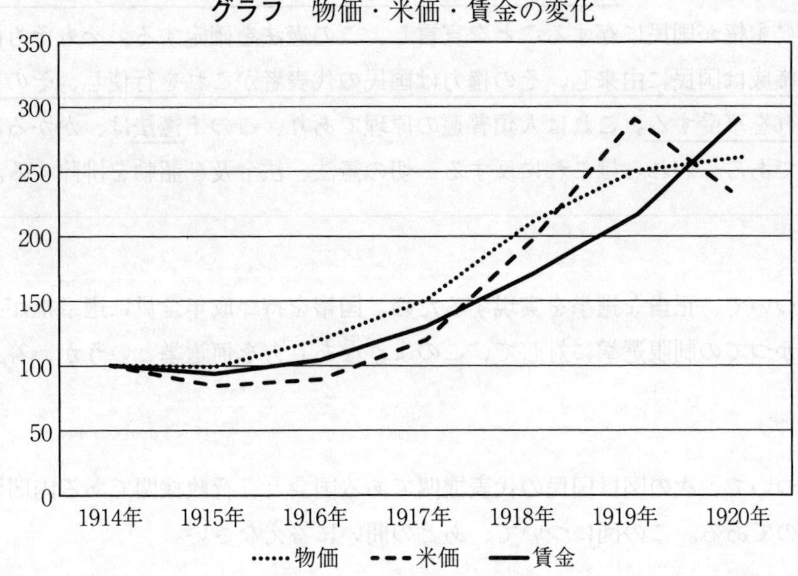

※グラフ内の物価・米価・賃金の値は1914年を100としたときの数値を示す

（『明治以降本邦主要経済統計』をもとに作成）

(9)　**f**の時期に起きたできごととして正しくないものを、次の**ア**～**エ**のうちから１つ選び、記号で答えなさい。

ア．大戦の講和(こうわ)条約としてサンフランシスコ平和条約が結ばれる。

イ．アジア地域で初めてとなる東京オリンピックが開催される。

ウ．平和主義などを原則とする日本国憲法が施行される。

エ．アメリカでの株価の暴落(ぼうらく)をきっかけに世界恐慌が起きる。

(10)　下線部**g**について、この年に日本が国交を結んだ国として正しいものを、次の**ア**～**エ**のうちから１つ選び、記号で答えなさい。

ア．中華人民共和国　　**イ**．アメリカ合衆国

ウ．ソビエト連邦　　**エ**．大韓民国

(11)　次の**X**の文は**【年表】**中の⑦～⑩のどこにあてはまるか、⑦～⑩のうちから１つ選び、数字で答えなさい。

X　２月26日の早朝、約1500人の陸軍部隊がクーデタをくわだて、政府の中心人物を殺害し、首都を占拠(せんきょ)するという事件が起こった。この事件のあと、軍部の発言力は増し、政治への影響(えいきょう)力を強めていった。

3 次の日本国憲法の前文の抜粋について、各問いに答えなさい。

日本国民は、**a** 正当に選挙された **b** 国会における代表者を通じて行動し、われらとわれらの子孫のために、…**c** 再び戦争の惨禍（さんか）が **d** 起こることのないようにすることを決意し、ここに主権が国民に存することを宣言し、この憲法を確定する。そもそも国政は…**e** その権威は国民に由来し、その権力は国民の代表者がこれを行使し、その福利は国民がこれを享受する。これは人類普遍の原理であり、この **f** 憲法は、かかる原理に基くものである。われらはこれに反する一切の憲法、法令及び詔勅を排除する。

⑴ 下線部 **a** について、正当な選挙を実現するため、国籍を持つ成年全員に選挙権が与えられている。かつての制限選挙に対して、このようなあり方を何選挙というか、答えなさい。

⑵ 下線部 **b** について、次の図は国民の代表機関である国会と、行政機関である内閣の関係を示したものである。この図について、あとの問いに答えなさい。

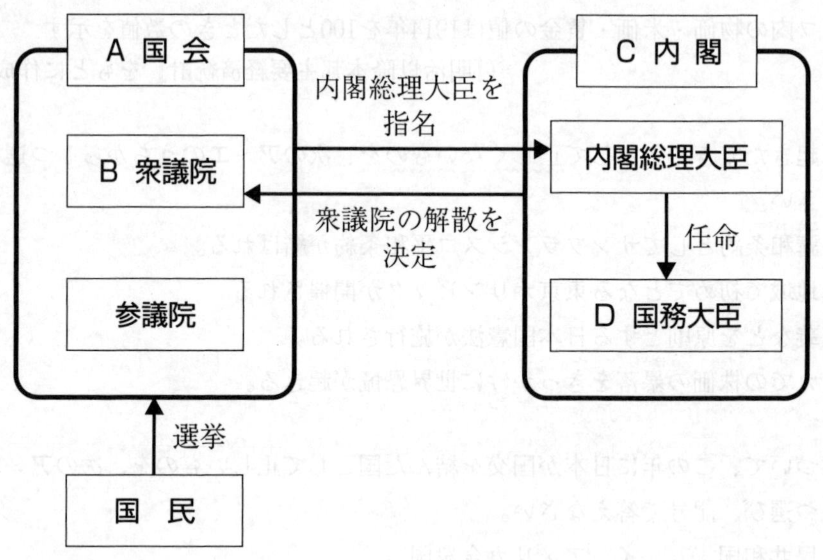

① **A** の国会について、衆議院の解散による総選挙後に初めて開かれ、内閣総理大臣の指名を行う国会を何というか、答えなさい。

② **B**の衆議院は参議院に対していくつか優越した権限を持っている。その内容として正しいものを、次の**ア**～**エ**のうちから１つ選び、記号で答えなさい。

ア．衆議院のみが、国政調査権を持っている。

イ．衆議院のみが、裁判官に対する弾劾裁判を行う。

ウ．衆議院のみが、内閣不信任決議権を持っている。

エ．衆議院のみが、天皇の国事行為の助言と承認を行う。

③ **C**の内閣において、政権を担当する政党を何というか、答えなさい。

④ **D**の国務大臣について、次の文の空欄（　**X**　）に入る語句として正しいものを、次の**ア**～**エ**のうちから１つ選び、記号で答えなさい。

内閣総理大臣は、国務大臣を任命する。ただし、その（　**X**　）は、国会議員の中から選ばなければならない。

ア．３分の１　　**イ**．２分の１　　**ウ**．過半数　　**エ**．３分の２

⑤ 衆議院と参議院の違いについて、それぞれの「被選挙権年齢」と「任期」にふれて説明しなさい。

(3) 下線部**c**について、広島に原子爆弾が投下されたのは1945年何月何日のことか、答えなさい。

(4) 下線部**d**の考え方に基づいて定められている、憲法９条の規定として正しくないものを、次の**ア**～**エ**のうちから１つ選び、記号で答えなさい。

ア．自衛のため核兵器を保有する。

イ．戦争を永久に放棄する。

ウ．陸海空軍その他の戦力を持たない。

エ．国として戦う権利を認めない。

(5) 下線部**e**は、アメリカ大統領による演説の「人民の人民による人民のための政治」と内容が重なる。南北戦争中に奴隷(どれい)解放を宣言したこのアメリカ合衆国大統領とは誰か、答えなさい。

(6)　下線部 **f** について、次のカードは、日本国憲法の基本的人権に関する条文の一部をまとめたものである。この中で「参政権」を規定したものとして正しいものを、次の**ア**～**エ**のうちから１つ選び、記号で答えなさい。

ア.

公務員を選定し、及びこれを罷(ひ)免(めん)することは、国民固有の権利である。

15条

イ.

何人も、公共の福祉に反しない限り、居住、移転及び職業選択の自由を有する。

22条

ウ.

財産権は、これを侵してはならない。

29条

エ.

何人も、裁判所において裁判を受ける権利を奪はれない。

32条

【理　科】〈第２回試験〉（30分）〈満点：70点〉

1　次の(1)～(8)の各問いに答えなさい。

(1)　右図のように、２つのおもりを重さの無視できる棒（ぼう）とひもでつるしたところ、棒やおもりは止まったままでした。

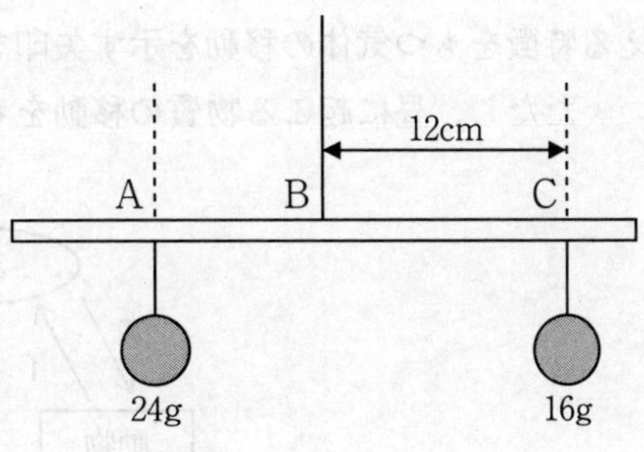

①　ＡＢ間の長さは何cmか答えなさい。

②　図のおもりの代わりに、Ａにつるしたおもりが30ｇのとき、棒やおもりが止まったままであるためには、Ｃにつるすおもりは何ｇであればよいか答えなさい。

(2)　右図のように、コイルに電池をつなぐとコイルは電磁石となりました。

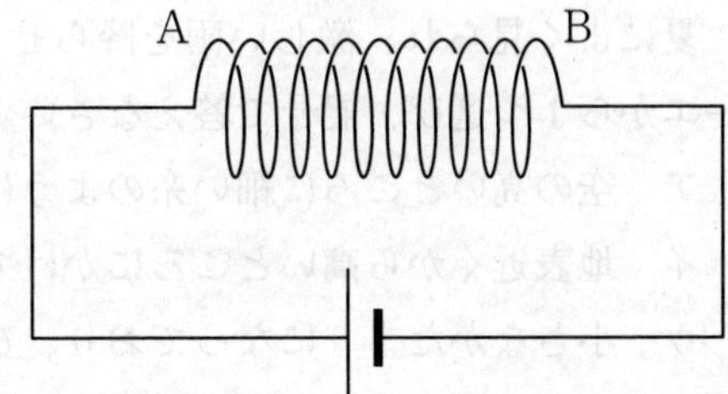

①　電磁石のＮ極は、ＡとＢのどちらか記号で答えなさい。

②　電磁石の磁力を強くするためにはどうすればよいですか。以下のア～オのうち適切なものをすべて選び、記号で答えなさい。

ア　電池の向きを逆向きにする
イ　コイルの巻き数を増やす
ウ　コイルの内部に鉄芯（しん）を入れる
エ　電池を２個直列につなぐ
オ　電池を２個並列につなぐ

(3)　二酸化炭素について述べた文として、正しいものを次のア～エからすべて選び、記号で答えなさい。

ア　空気より重い気体である。
イ　水に少し溶けて、水溶（よう）液はアルカリ性を示す。
ウ　ヒトの吸う息とはく息で、割合が変わらない気体である。
エ　石灰水に通すと白くにごる。

(4)　下図の色々な向きの矢印は、動物や植物が、生活する上で出し入れするいくつかの種類の物質の移動を表したものになります。ただし、１本の矢印が１種類だけでなく、２種類以上の物質を示す場合もあります。水に溶けると、青色リトマス紙を赤色に変える特徴をもつ気体の移動を示す矢印を、ア～オの中から全て選び、記号で答えなさい。ただし、昼に起こる物質の移動を考えるものとします。

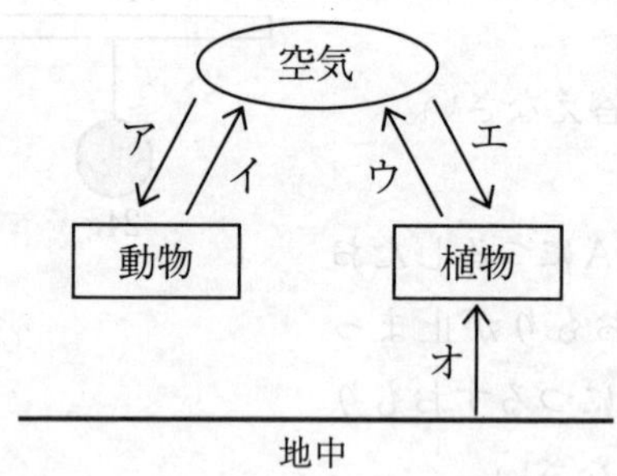

(5)　夏によく見られ、激しい雨を降らせる雲の特徴(ちょう)として当てはまるものを、次のア～エから１つ選び、記号で答えなさい。

ア　空の高いところに細い糸のように広がっている。
イ　地表近くから高いところにかけて、むくむくと伸びている。
ウ　小さなかたまりになっており、ひつじの群れのように見える。
エ　太陽の光をあまり通さず、空全体を広くおおっている。

(6)　日本に接近する台風について述べた文として正しいものを、次のア～オからすべて選び、記号で答えなさい。

ア　台風の多くは春に発生する。
イ　台風の中心の気圧は、周りの気圧よりも低い。
ウ　台風の中心は最も激しい雨が降る。
エ　台風の渦は時計回りに回っている。
オ　台風が通過した場所は気温が上がり、晴れになりやすい。

(7) 冬のある日の午後10時に南の空を見上げると、オリオン座の一部であるベテルギウスが下の図の位置にありました。この日から1ヵ月後の午後7時に南の空を見上げると、ベテルギウスはどの位置にありますか。次のア～カから1つ選び、記号で答えなさい。ただし、図の点線は15°おきに引かれています。

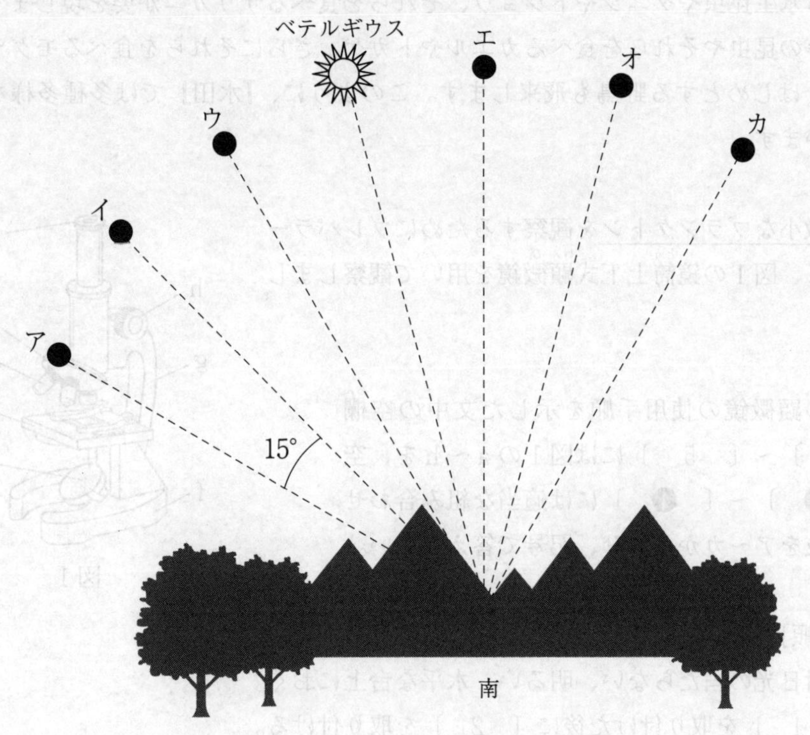

(8) 満月から次の満月まで30日かかったとき、新月の日から満月が見える日はおよそ何日後になりますか。最も当てはまるものを、次のア～オから1つ選び、記号で答えなさい。

ア 8日後
イ 10日後
ウ 15日後
エ 23日後
オ 28日後

2 次の文章を読み、(1)、(2)の各問いに答えなさい。

獨協埼玉中学校には水を引いてイネを植える『実習田』という『水田』を持っています。『水田』に水が張られると、ミジンコやミカヅキモのような微小なプランクトンが発生し、それを餌(えさ)とする水生昆虫やタニシやドジョウ、それらを食べるザリガニが姿を現します。畦(あぜ)ではバッタ等の昆虫やそれらを食べるカエルやトカゲ、さらにそれらを食べるモグラも見られ、サギをはじめとする野鳥も飛来します。このように、『水田』では多種多様な生物が生息しています。

(1) 下線の微小なプランクトンを観察するためにプレパラートを作成し、図１の鏡筒(とう)上下式顕微(けんび)鏡を用いて観察しました。

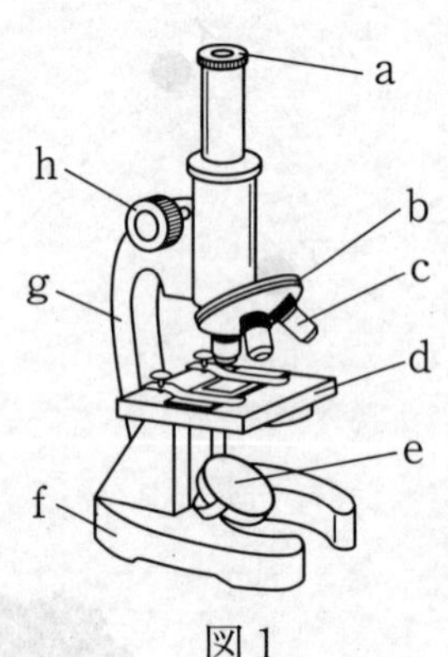

図１

① 図１の顕微鏡の使用手順を示した文中の空欄(らん)〔 1 〕～〔 5 〕には図１のａ～ｈを、空欄(らん)〔 ❶ 〕～〔 ❹ 〕には適当な組み合わせの選択肢をア～カから選び、記号で答えなさい。

［使用手順］

1．直射日光の当たらない、明るい、水平な台上におく。
2．〔 1 〕を取り付けた後に〔 2 〕を取り付ける。
3．接眼レンズをのぞきながら〔 3 〕を動かし、視野全体が最も明るくなるようにする。
4．最初は視野の〔 ❶ 〕い低倍率で観察する。
5．〔 ❷ 〕から見ながらプレパラートと対物レンズを〔 ❸ 〕、次に接眼レンズをのぞきながら、それらを〔 ❹ 〕るように〔 4 〕をまわしてピントを合わせる。
6．適当な像が見つかれば、〔 5 〕をまわして高倍率に切りかえる。

	❶	❷	❸	❹
ア	広	真上	近づけ	遠ざけ
イ	広	真横	遠ざけ	近づけ
ウ	広	真横	近づけ	遠ざけ
エ	狭(せま)	真横	遠ざけ	近づけ
オ	狭	真上	近づけ	遠ざけ
カ	狭	真上	遠ざけ	近づけ

② 倍率を150倍にして観察した時、図２のようにミカヅキモが20個体、視野の中に均等に観察することができました。倍率を600倍にあげて観察したとき、理論上、視野の中には何個体のミカヅキモが観察されますか。数字で答えなさい。

図２

③ ミカヅキモが図３のように視野の左下に見えました。これを視野の中央に移動して観察するには、プレパラートをどの向きに移動すればよいですか。次のア～エから選び、記号で答えなさい。

ア　右上　　イ　右下
ウ　左上　　エ　左下

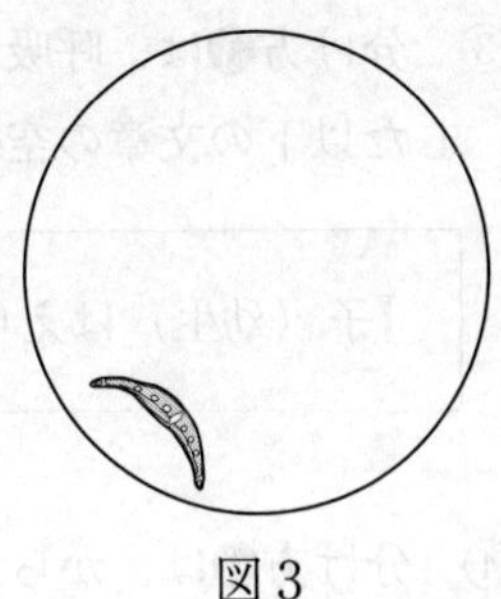
図３

(2) 水田に現れた生物Ⅰ～Ⅷをからだのつくりや生活のしかたなどの特徴によって、A～Oに分け下表にまとめました。例えば、分け方❶はからだをつくる細胞の数の違いで分けられ、Aは細胞が１つでからだがつくられている単細胞生物、Bは多くの細胞でからだがつくられている多細胞生物です。分け方❹は体温の変化のしかたによって分けられ、Gは外界の温度が変わると体温が変わる変温動物、Hは外界の温度が変わっても体温が一定に保たれる恒温動物です。

	Ⅰ	Ⅱ	Ⅲ	Ⅳ	Ⅴ	Ⅵ	Ⅶ	Ⅷ
	ミカヅキモ	ザリガニ	バッタ	ドジョウ	カエル	トカゲ	サギ	モグラ
分け方❶	A	B						
分け方❷	C			D				
分け方❸				E				F
分け方❹				G			H	
分け方❺				I	J	K		
分け方❻				L	M	L	N	O

① 分け方❷はからだのつくりで分けられています。Dの５種類の生物をCの３種類の生物に対してその特徴から何動物と呼びますか。

② 分け方❸は、どのような基準によって分けられたものですか。次のア～オから最も適当なものを１つ選び、記号で答えなさい。

ア 卵が石灰質の殻(から)で包まれているか、寒天状のものでおおわれているか。

イ 親が子の世話をするか、しないか。

ウ ４本足で歩くか、つばさで飛ぶか。

エ 陸上でうまれるか、水中でうまれるか。

オ 母体内である程度育ってからうまれるか、うまれないか。

③ 分け方❺は、呼吸のしかたで分けられている。Jに当てはまる生物の特徴を説明した以下の文章の空欄に適語を入れなさい。

『子（幼生）はえらと（　　　）で呼吸し、親は肺と（　　）で呼吸する。』

④ 分け方❻は、からだの表面の様子で分けられている。このうちMに当てはまる生物のからだの表面の様子はあることに役立っているが、それは何ですか。次のア～オから最も適当なものを１つ選び、記号で答えなさい。

ア 血液の運搬(ぱん)　イ 体色の変化（擬態(ぎたい)）　ウ 呼吸

エ 産卵　オ 冬眠

3 下の表は、ブドウ糖と硝(しょう)酸カリウムについて、水の量と水温を変えながら、それぞれを水に溶(と)かすことのできる最大量を記録した結果です。これについて以下の各問いに答えなさい。

表１ 各量、各温度の水に溶かせるブドウ糖の量［ｇ］

水の量[ｇ]＼水温[℃]	0	20	40	60
50	10	12	15	20
100	20	24	①	40
150	30	36	45	60

表２ 各温度、各量の水に溶かせる硝酸カリウムの量［ｇ］

水の量[ｇ]＼水温[℃]	0	20	40	60
50	6	16	32	②
100	12	32	64	110
150	18	48	96	165

(1)　表１・表２の空欄①・②に当てはまると考えられる数値を答えなさい。

(2)　下の図１は、食塩を用いて、表１・２と同様の実験を100ｇの水を用いて行ったときの結果を●印とそれを結ぶ曲線で示したグラフです。図１を参考に、ブドウ糖は▲印、硝酸カリウムは○印を用いてグラフを作成しなさい。ただし、解答用紙には予め食塩についてのグラフが記入されているので、ブドウ糖と硝酸カリウムについてのグラフは、そこに加えて記入すること。

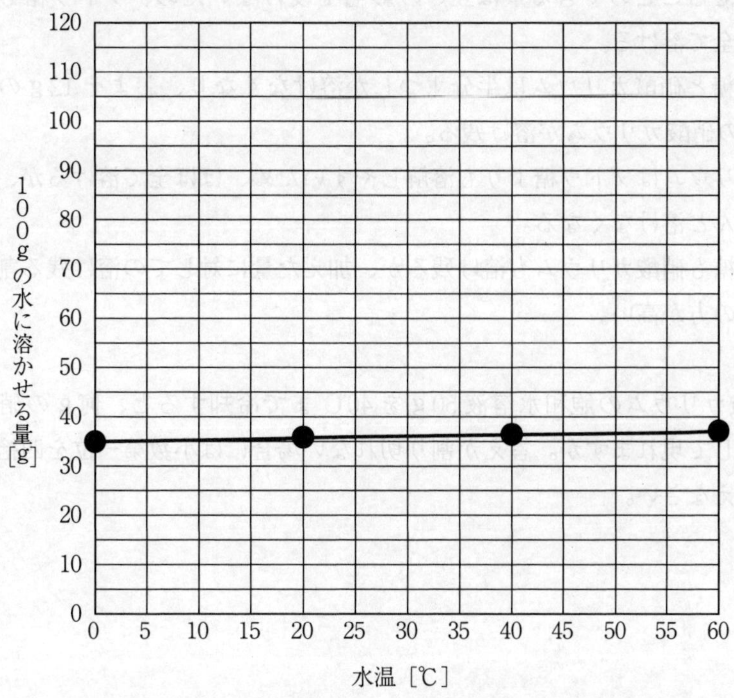

図１　100ｇの水に溶かせる食塩の量と水温の関係

(3)　ブドウ糖、硝酸カリウム、食塩それぞれを、80℃、100ｇの水に溶かす場合、溶ける量が多いと考えられるものから順に、左から並べたものを以下のア～エから選び、記号で答えなさい。

ア　ブドウ糖・硝酸カリウム・食塩

イ　硝酸カリウム・ブドウ糖・食塩

ウ　硝酸カリウム・食塩・ブドウ糖

エ　食塩・硝酸カリウム・ブドウ糖

(4)　ブドウ糖の、20℃での飽和水溶液の濃度に最も近いものを以下のア～オから選び、記号で答えなさい。

ア　12%　　イ　15%　　ウ　19%　　エ　24%　　オ　30%

(5)　20℃、100ｇの水に、24ｇのブドウ糖と32ｇの硝酸カリウムの両方を加えてよく混ぜたときに起こる現象の記述として適当なものを以下のア～エから選び、記号で答えなさい。

ア　溶解させることのできる量は互いの影響を受けないため、ブドウ糖も硝酸カリウムも全て溶ける。

イ　ブドウ糖と硝酸カリウムは半分ずつしか溶けなくなり、およそ12ｇのブドウ糖と5ｇの硝酸カリウムが溶け残る。

ウ　硝酸カリウムはブドウ糖よりも溶解しやすいため、ほぼ全て溶けるが、ブドウ糖はほとんど溶けなくなる。

エ　ブドウ糖も硝酸カリウムも溶け残るが、加えた量に対しての溶け残る割合は、ブドウ糖の方が高い。

(6)　60℃の硝酸カリウムの飽和水溶液50ｇを40℃まで冷却すると、何ｇの硝酸カリウムが結晶として現れますか。答えが割り切れない場合には小数第一位を四捨五入して、整数で答えなさい。

(7) 20℃の各水溶液に、図2のように電池と豆電球をつなぐと、硝酸カリウム、食塩の水溶液には電気が通り、ブドウ糖水溶液には電気が通らないことがわかりました。表3は、同様にして身の回りや実験室にある様々な水溶液に電気が通るかどうかを調べた結果をまとめたものです。この結果から考察できることとして適当なものを1つ選び、記号で答えなさい。

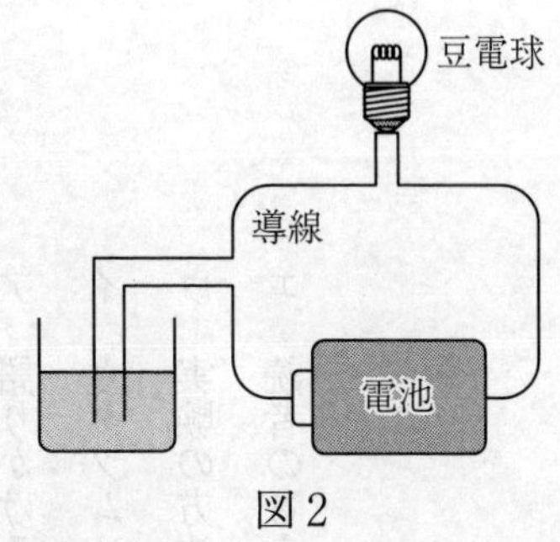

図2

表3

水溶液	電気が通ったか
硝酸カリウム水溶液	通った
食塩水	通った
ブドウ糖水溶液	通らなかった
塩酸	通った
石灰水	通った
デンプン水溶液	通らなかった
水酸化ナトリウム水溶液	通った
食酢(す)	通った
アルコール水溶液	通らなかった
炭酸水	通った

ア　溶質が気体である水溶液は、電気を通さない。
イ　溶質が固体である水溶液は、電気を通す。
ウ　酸性やアルカリ性を示す水溶液は電気を通す。
エ　中性を示す液体は電気を通さない。

問八　傍線部⑦「すぐに人間生活に役立つ必要もありません」とありますが、その理由としてふさわしいものを次から二つ選び、記号で答えなさい。

ア　何の役にも立たないとしても、カタツムリを深く理解することが大切だから。
イ　人々が素朴な疑問をもつと、カタツムリへの注目が集まるかもしれないから。
ウ　すぐには役に立たないとしても、結果的に応用できることがあるから。
エ　研究を人間生活に応用するには、テクノロジーの発達も必要だから。
オ　人間生活のほかにも、人間にとって良い影響をおよぼす可能性があるから。
カ　人間のために利用しようと考えていると、かえって成果が得られないから。

問九　空欄　B　に入る言葉として最もふさわしいものを次から一つ選び、記号で答えなさい。

ア　長い　　イ　遅い　　ウ　広い　　エ　遠い

問十　本文の表現に関する説明として最もふさわしいものを次から一つ選び、記号で答えなさい。

ア　語りかけるような口調が使われることで、読者にカタツムリを好きにさせる効果がある。
イ　カタツムリのあまり知られていない一面を伝えることで、読者の関心を引き付ける効果がある。
ウ　実験の方法をくわしく説明することで、読者に自分も実験をしてみたいと思わせる効果がある。
エ　読者の考えをあらかじめ予想して批判することで、筆者の主張を強める効果がある。

問七　次の会話文は、傍線部⑥「ロボット開発」について、AさんとBさんが本文を読みながら話している内容です。空欄［Ⅰ］、［Ⅱ］に入る言葉として最もふさわしいものを後の選択肢から一つずつ選び、記号で答えなさい。

会話文

Aさん「前に、ヘビ型ロボットやクモ型ロボットを見たことがある。災害救助や調査、医療現場での活用などに向けて、いまも研究が進んでいるんだよ。」

Bさん「わたしは初めて知ったけれど、人間以外の生き物を研究して［Ⅰ］ロボットをつくることで、その能力を活かしていろいろなことが可能になるんだね。」

Aさん「そうだね。カタツムリ型ロボットの場合なら、筆者も言うように、［Ⅱ］が期待できるね。」

［Ⅰ］
ア　人間の身体にはない器官をもつ
イ　人間が応用しやすい動きをする
ウ　人間にはない身体機能をもつ
エ　人間には想像できない動きをする

［Ⅱ］
ア　人間には入ることのできないせまい場所の調査
イ　人間には進むことのできない水面で行う作業
ウ　人間には活動することのできない高地での救助
エ　人間には歩くことのできない角度や環境での移動

問四　傍線部④「そう考える」の指す内容として最もふさわしいものを次から一つ選び、記号で答えなさい。

ア　カタツムリが背負っている殻は炭酸カルシウムを主成分としていること。
イ　コンクリートの原料であるセメントは石灰石からつくられていること。
ウ　人里離れた場所にいるカタツムリは石灰石を含んだ岩石を食べること。
エ　セメントの原料になる石灰石のもとの成分は太古の生き物の殻であること。

問五　傍線部⑤「同じ理由」とありますが、何と理由が「同じ」なのですか。最もふさわしいものを次から一つ選び、記号で答えなさい。

ア　コンクリートのブロック塀にカタツムリが集まること。
イ　カタツムリは殻をつくるためにコンクリートを食べること。
ウ　石灰岩地域に生息するカタツムリは多様化しやすいこと。
エ　カタツムリはカルシウムをリサイクルして殻をつくること。

問六　本文中の空欄 A には、次の四つの文が入ります。正しい順番に並べかえ、解答用紙に記号を順番どおりに書きなさい。

ア　殻の表面には無数の微細な溝があり、雨どいのように水が流れる構造になっています。
イ　そのため、油性ペンで印をつけても、水をかけるだけですぐに落とすことができた、というわけです。
ウ　カタツムリの殻が汚れない秘密は、殻の表面の構造にあります。
エ　ここに水が流れることで、汚れが浮き上がって落ちやすいようになっているのです。

カタツムリの研究なんて、何の役にも立たないと思っている人がいるかもしれませんが、決してそんなことはないのです。もっとも、カタツムリに関する研究が、⑦すぐに人間生活に役立つ必要もありません。なぜだろう?どうなっているんだろう?という素朴(そぼく)な疑問をもち、探究し続ける気持ちが、カタツムリという生き物をより深く理解することにつながり、結果的に、テクノロジーに応用されることになるのです。研究成果が、たとえずっと人間生活に応用できなくても、価値がないというわけではありません。研究成果には、私たちがわくわくしたり、感動したり、難題を解決するアイデアやヒントがあったりと、形にならないさまざまな価値があるものです。それらは決して研究者が狙(ねら)ってできるものではありません。

カタツムリの歩みを見るように、**B** 目で、これからも生き物の研究に注目していたいものです。

(野島智司『カタツムリの謎』による)

〈注〉※1 藻類……海藻や、真水に生える、花の咲かない藻(も)などをまとめた呼び名。
※2 土壌……作物の育つ土地。土。

問一 傍線部①「種」について、本文中の文字と違う意味で使われている熟語を次から一つ選び、記号で答えなさい。

ア 職種　イ 種子　ウ 種類　エ 一種

問二 傍線部②「カタツムリは基本的に身近にあるさまざまな植物を食べています」とありますが、その理由について本文ではどのように述べられていますか。本文中の言葉を用いて、四十五~五十字で説明しなさい。

問三 傍線部③「そんな石」とはどのような石のことですか。「~ための石。」に続くように、本文中から二十字以内で書き抜きなさい。

岡岩のようなカルシウムの乏しい環境では、カタツムリは少ないようです。

殻が汚れない秘密

カタツムリの存在は、現代の科学技術にも影響を及ぼしています。そのヒントが、カタツムリの殻の表面に隠されています。殻の秘密は、次のような実験で確かめることができます。用意するものは、砂浜で拾った巻き貝の貝殻と、カタツムリの貝殻です。両方とも事前に水ぶきして乾かし、きれいな状態にしておきます。次に、それぞれの貝殻に、油性ペンで印をつけます。油性ペンだから、簡単には落ちないはずですよね。そこに霧吹きで水をかけて、ティッシュでふきとってみましょう。砂浜で拾った巻き貝につけた印はまったく消えないのに対し、カタツムリの貝殻は完全にきれいになっています。おどろくほどハッキリした差が出ます。じつは、カタツムリは陸上生活に適応するにあたって、殻が汚れないように進化しているのです。

A

このようなカタツムリの殻の構造に注目したのは、住宅用の材料をつくっている会社の研究所です。この研究成果は、実際に、外壁用タイル、台所、トイレなどに応用されています。水を流すだけで簡単に汚れが落とせることは、ただ掃除の際に楽で便利だというだけでなく、節水や洗剤の消費をおさえることにもつながります。

カタツムリとテクノロジー

ほかにも、カタツムリの独特な移動方法を応用した研究が進んでいます。⑥ロボット開発です。ロボットのなかには、生き物の移動方法を参考にしたものが数多くあります。たとえばクモ型ロボット、ヘビ型ロボットなどです。このようなロボットは、人間には入ることができない、がれきやぬかるみのある災害現場などで活躍することが期待されています。カタツムリの移動の特徴は、つねにからだ全体を地面に密着させるところにあります。この特徴を応用し、滑りにくいロボットや、壁面にくっつきながら移動するロボットを開発するのです。

かすので、それを狙って食べるというわけです。

カタツムリのほかにも、コンクリートのようにかたいものを食べる動物はいます。たとえば鳥類は石や砂を食べます。砂嚢という消化器官（焼き鳥などで食べる「砂肝」）に砂や小石を詰めてかたい食べ物を砕き、消化に役立てるのです。では、カタツムリもコンクリートを消化に役立てるのでしょうか？いや、そうではありません。ただでさえ軟らかい植物を歯舌で削り取って食べているのに、③そんな石は必要ないはずです。じつはカタツムリは、殻をつくるために必要なカルシウムを得るために、コンクリートを食べるのです。カタツムリの殻は炭酸カルシウムを主成分としています。殻といっしょに成長するカタツムリは、大きくなるためにコンクリートを食べているのです。

石灰岩地に多い

市街地ではコンクリートを食べているカタツムリ。しかし本来、自然界にコンクリートはありません。では、人里離れた場所に生息するカタツムリは、いったい何からカルシウムを得ているのでしょうか。そもそも、コンクリートの原料であるセメントは、大部分が自然界にもともとある石灰石からつくられています。したがって、人里から離れて生息するカタツムリは、石灰石を含んだ岩石や土壌※2からカルシウムを得ることができますし、ときには死んだカタツムリの殻をかじることもあります。そのため、土地のカルシウム量がその地域のカタツムリの生息状況に影響します。環境中のカルシウム量が豊富なのは石灰岩地域と呼ばれる地域で、この地域ではカタツムリが多様化する傾向にあります。

セメント用の石灰石は石灰石鉱山から採掘されますが、それは2～3億年前のサンゴや有孔虫と呼ばれる生き物の殻がもともとの成分です。ちなみに、大理石は石灰岩が結晶化したものですが、ビルなどの建築物の壁や床に使われる石材には結晶化していない石灰岩もあり、貝殻などの化石が含まれていることがあります。

④そう考えると、カタツムリがコンクリートを食べるのも納得できます。カタツムリは、大昔から生き物が利用してきたカルシウムを、何度もリサイクルして殻をつくっているのです。死んだカタツムリの殻をかじることもとても自然なことかもしれません。

また、サンゴ礁で形成された島にもカルシウムは豊富で、⑤同じ理由からカタツムリが増えやすい傾向にあります。逆に、火山地帯や花

三 次の文章を読んで、後の問いに答えなさい。(問題の作成上、一部改変した箇所があります。)

花びらもコケもキノコも食べる

カタツムリといえば、葉っぱの上にいるイメージがあります。そのイメージどおり、カタツムリは植物が好物で、カタツムリの多くは植物性のものを食べています。

昆虫などは食べる植物の①種が決まっていることがありますが、②カタツムリは基本的に身近にあるさまざまな植物を食べています。生育環境によって多少の傾向はありますが、草の葉っぱはもちろん、木の芽や花びらだって食べますし、コケやキノコ、※1藻類(そうるい)も、よく食べます。生きている葉っぱも食べますし、微生物などによる分解途中(とちゅう)の落ち葉を食べることもあります。

さまざまな食べ物を食べることは、移動能力が低いことと関係があると考えられています。もしも特定の植物の葉っぱしか食べられないと、その葉っぱを探すために周辺の環境をいつも探しまわらなければなりません。そうすると相当の時間がかかりますし、そのぶんエネルギーも消耗(しょうもう)します。しかし、いろいろな種類の植物を食べられるなら、食べ物を探す時間もエネルギーも節約することができます。食べ物を見つけること自体が大変なのに、いちいち好き嫌いを言っていられない、というわけです。ただし、さすがにかたい樹皮や枝などを食べることはできないようです。

〔中略〕

コンクリートも食べる!?

私が幼いころ、カタツムリをよく見つけた場所は、近所にあるコンクリートのブロック塀(べい)の側面でした。雨の日にそのブロック塀を見に行くと、いつもたくさんのカタツムリがブロックにくっついているので、すぐに私のお気に入りの場所になりました。当時はなぜそこにカタツムリが集まっているのかわかりませんでしたが、ブロック塀に集まるには理由があります。カタツムリはコンクリートを食べるのです。

かたいコンクリートを食べるわけがない、と思うかもしれませんが、雨の日には二酸化炭素を含んだ雨水がコンクリートをわずかに溶(と)

問十　本文の内容として正しいものには○、正しくないものには×を書いて答えなさい。

ア　風にあおられて落ちていってしまったこいのぼりがタケシの大切なものだったので、「少年」は自転車に乗ってあわてて追いかけ、無事に拾うことができた。

イ　ヨッちゃんは、タケシの家を訪問したときに「少年」がいたので、不審に思い早く帰ってほしいと考えたが、結局長い時間一緒に遊ぶことになってしまった。

ウ　タケシのお母さんは、ヨッちゃんがいまだに息子のことを気にかけてくれることをうれしく思う反面、ヨッちゃんにも新しい人間関係をつくっていってほしいと思っている。

エ　ヨッちゃんとぎくしゃくした関係が続いていた「少年」だが、タケシという共通の「友だち」ができたことで誤解が解け、あっという間に仲良くなった。

問五　傍線部④「嘘」とは、どのような嘘ですか。説明しなさい。

問六　傍線部⑤「しばらくたって外に出てきたヨッちゃんは、真鯉だけをつないだ竿を持っていた」について、ヨッちゃんがこいのぼりを持ち出した目的を、「〜ため。」につづく形で、五十〜六十字で具体的に説明しなさい。

問七　空欄　X　に入る台詞（せりふ）として最もふさわしいものを次から一つ選び、記号で答えなさい。

ア　これからも、タケシだけが友だちなんだ
イ　おまえと、同じようなものだよ
ウ　俺、いまでも親友だから
エ　だけど、もう友だちはやめないと

問八　傍線部⑥「そういうのって、いいんだよ、もう」の内容として最もふさわしいものを次から一つ選び、記号で答えなさい。

ア　ヨッちゃんにも苦手なことがあるのだと気づいたが、もう必要以上に手助けしなくてよいということ。
イ　ヨッちゃんに対していつも偉そうな態度をとってしまうが、もう友だちだから問題ないということ。
ウ　ヨッちゃんとのやりとりでとっさに嘘をついてしまったが、きっともう許してくれるだろうということ。
エ　ヨッちゃんに素直な気持ちを言葉にするべきかもしれないが、もう気にしすぎる必要はないということ。

問九　傍線部⑦「友だちの友だち」とは、ここでは何を指しますか。ふさわしいものを本文中から九字で探し、書き抜きなさい。

問二　傍線部②「空に泳ぎ出た」について、この部分と同じ表現技法が使われている文を、次から一つ選び、記号で答えなさい。

ア　鳥が、美しい声で歌っている。
イ　そのとき降ってきたんだよ、雨が。
ウ　砂浜は白く、海は青い。
エ　春の楽しみといえば、花見。

問三　空欄（ 1 ）～（ 3 ）に入る語句としてふさわしいものを次からそれぞれ一つ選び、記号で答えなさい。

空欄（ 1 ）
ア　若そうに　　イ　明るそうに　　ウ　寂しそうに　　エ　怖そうに

空欄（ 2 ）
ア　不思議そうに　　イ　うれしそうに　　ウ　恥ずかしそうに　　エ　おかしそうに

空欄（ 3 ）
ア　不安そうに　　イ　後ろめたそうに　　ウ　心配そうに　　エ　悔しそうに

問四　傍線部③「胸がどきんとした」とありますが、このときの「少年」の心情として最もふさわしいものを次から一つ選び、記号で答えなさい。

ア　おばさんのおかげでヨッちゃんと仲直りできるかもしれず、期待している。
イ　タケシくんも偶然ヨッちゃんと友だちだったのだと知り、がっかりしている。
ウ　おばさんにヨッちゃんとの関係を探られそうになり、はらはらしている。
エ　気まずい関係になっているヨッちゃんの名前が出てきて、戸惑っている。

れてサンキュー」と言った。

少年は黙って、首を横に振った。

「あそこの橋渡って、ぐるーっと回って、向こうの橋を通って帰るから」

向こう岸を指さして言ったヨッちゃんは、行こうぜ、とペダルを踏み込んだ。ハンドルが揺れる。自転車が道幅いっぱいに蛇行(だこう)する。片手ハンドルで自転車を漕ぐのは、あまり得意ではなさそうだ。

少年はヨッちゃんの自転車に並んで、手を差し伸べた。「持ってやろうか」と声をかけると、ヨッちゃんは少し間をおいて「悪い」と竿を渡した。「べつにいいよ」と竿を受け取ったあと、ほんとうはもっと別の言葉を言わなきゃいけなかったのかもな、と思った。でも、⑥そういうのって、いいんだよ、もう、と竿を持った右手を高く掲げた。

こいのぼりが泳ぐ。金色にふちどられたウロコが、夕陽を浴びてきらきらと光る。

ヨッちゃんの自転車が前に出た。少年は友だちを追いかける。右手で、⑦友だちの友だちを握りしめる。振り向いたヨッちゃんが、「転ぶなよお」と笑った。

（重松清『小学五年生』所収「友だちの友だち」による）

問一　傍線部①「知らないうちにうつむいてしまっていた」のはなぜですか。理由として最もふさわしいものを次から一つ選び、記号で答えなさい。

ア　人気のある子と絶対に仲良くなろうと意気込んでいたのに、男子のリーダー格であるヨッちゃんと友だちになれず、焦っていたから。

イ　せっかく楽しく順調に過ごせそうだったのに、自分が調子に乗ってしまったことで友だち関係がうまくいかず、落ち込んでいたから。

ウ　クラスのみんなは初めこそ自分に興味津々(しんしん)だったのに、飽きてきたらそっけない態度をとるので、戸惑っていたから。

エ　みんなを楽しませるだけのつもりだったのに、実は自分の心の中には田舎を見下す気持ちがあったのだと気づき、反省していたから。

「自転車の？」

簡単だよ、そんなの、と笑った。道が平らだったら両手を離しても漕げる。

ヨッちゃんはこいのぼりを少年に渡した。

「おまえに持たせてやる」

「……どうするの？」

「ついて来いよ。タケシのこいのぼり、ぴんとなるように持ってろよ」

そう言って、自分の自転車のペダルを勢いよく踏み込んだ。

〔中略〕

河原に出た。空も、川も、土手も、遠くの山も、夕焼けに赤く染まっていた。

ヨッちゃんは土手のサイクリングロードに出ると自転車を停め、少年からこいのぼりを受け取った。

「俺ら……友だちなんだって？」

少年は、ごめん、とうつむいた。おばさんが勝手に勘違いしただけだ、とは言いたくなかった。

「べつにいいけど」

ヨッちゃんはまたさっきのように笑って、手に持った竿を振ってこいのぼりを泳がせた。

「タケシって……すげえいい奴だったの。サイコーだった。 X 」

「……うん」

「でも……おばさん、もう来るなって。ヨッちゃんは新しい友だちをどんどんつくりなさい、って……そんなのヤだよなあ、関係ないよなあ、俺が友だちつくるのとかつくんないのとか、自分の勝手だよなあ……」

ヨッちゃんは、（ 3 ）竿を振り回す。こいのぼりは身をくねらせ、ばさばさと音をたてて泳ぐ。「こいのぼり、ベランダからだと、川が見えないんだ。俺らいつも河原で遊んでたから、見せてやろうかな、って」

へへっと笑うヨッちゃんを、少年はじっと見つめた。ヨッちゃんはそのまなざしに気づくと、ちょっと怒った顔になって、「拾ってくヨッちゃんはゲームがうまかった。少年といい勝負――勝ったり負けたりを繰り返す二人を、「ひさしぶりにゲームすると、指と目が疲れちゃうねえ」と途中から見物に回ったおばさんは、にこにこ微笑んで見つめていた。

ヨッちゃんと仲直りをしたわけではない。ヨッちゃんは家に入って少年を見たとき、一瞬、なんでおまえなんかがここにいるんだよ、という顔をした。少年も、しょうがないだろ、とにらみ返して、そっぽを向いた。

おばさんがジュースのお代わりを取りに台所に立ったとき、「さっさと帰れよ」とヨッちゃんに小声で言われ、肩を小突かれた。

少年も最初はそうするつもりだった。おばさんに④嘘がばれるのが嫌だったし、嘘をついたままタケシくんの写真に見つめられて遊ぶ自分が、もっと嫌だった。

でも、おばさんはジュースを持って戻ってくると、二人に言った。

「タケシも喜んでるわよ、ヨッちゃんに新しいお友だちができて」

帰れなくなった。頬が急に熱くなり、赤くなって、そこからはいままで以上にゲームに夢中になったふりをした。ヨッちゃんも、ゲームのコントローラーを動かしながら、ときどき、テレビの画面を見つめたまま話しかけてくるようになった。そんな二人を、おばさんはずっと――ほんとうにずうっと、にこにこと（　**2**　）見つめていた。

先に「さようなら」と言った少年が団地の建物の外に出ても、ヨッちゃんはなかなか出てこなかった。放っておいて帰るつもりで自転車にまたがったが、このまま帰ってしまうのも、なんとなく嫌だった。困ったなあと思ってタケシくんの家のベランダを見上げていたら、窓が開いて、おばさんがベランダに顔を出した。少年に気づくと、「ちょっと待っててね」と笑って声をかけ、フェンスからこいのぼりの竿をはずした。

⑤しばらくたって外に出てきたヨッちゃんは、真鯉だけをつないだ竿を持っていた。

「すぐ帰らないとヤバい？」

少年に顔を向けずに訊いた。

「べつに……いいけど」

「片手ハンドル、できる？」

うこと……。

ヨッちゃんの名前が出た。③胸がどきんとした。タケシくんのいちばんの友だちはヨッちゃんだったらしい。

「ヨッちゃんと同じクラスなの？　じゃあ、もう友だちになったでしょ。あの子元気だし、面白いし、意外と親切なところもあるから」

タケシくんが小学校に上がって最初に仲良くなったのがヨッちゃんで、最後まで――いまでもヨッちゃんは、ときどき仏壇にお線香をあげに来てくれるのだという。

「ヨッちゃん、いろいろ面倒見てくれるから、すぐに友だちになれたでしょ」

少年は黙ってうなずいた。一週間前までは、確かにそうだった。通学路の近道も、学校でいちばん冷たい水が出る水飲み場の場所も、教室を掃除するときの手順も、ぜんぶヨッちゃんに教わった。

「そうかあ、ヨッちゃんと友だちかあ……」

おばさんはうれしそうに微笑（ほほえ）んで、しみじみとつぶやくように言った。勘違い――でも、そんなの、打ち消すことなんてできない。

「じゃあ、タケシとも友だちってことだね」

おばさんはもっとうれしそうに言った。

少年がしかたなく「はあ……」と応（こた）えると、玄関のチャイムが鳴った。

外からドアが開く。

「おばちゃん！　こいのぼり、黒いのがなくなってる！　飛んでったんじゃないの！」

玄関に駆け込んできたのは、ヨッちゃんだった。

五時のチャイムが鳴るまで、少年はヨッちゃんと一緒にタケシくんの家にいた。おばさんに「やろう、やろう」と誘われて、三人でテレビゲームをした。タケシくんの家にあったゲームはみな、少年も三年生の頃に遊んだものだった。タケシくんが生きてれば友だちになったよな、絶対そうだよな、と少年は思う。去年発売されたシリーズの新作はもっと面白い。タケシくんが生きてれば絶対にハマっただろうな。

団地の建物は古く、オートロックどころかエレベータもなかった。陽のほとんど射さない階段はひんやりとして、カビと埃の入り交じったにおいがした。

竿のあるベランダの位置を外から確認し、廊下に並ぶドアの数と照らし合わせて、奥から二軒目のドアのチャイムを鳴らした。

中から顔を出したのは、おばさんだった。少年のお母さんと変わらない年格好で、お母さんよりきれいで、そのかわり、お母さんより（　1　）見えた。

こいのぼりが飛んでいったことを説明して、拾ってきたこいのぼりを差し出すと、おばさんはとても——少年が予想していたよりもずっと喜んで、感謝してくれた。

「ちょっと待っててね、お菓子あるから、持って帰って」

玄関の中に招き入れられた。おばさんは玄関とひとつづきになった台所の戸棚を開けながら、「何年生？」と訊いた。

「五年、です」

「……東小学校の子？」

けげんそうに訊かれた。

少年がうなずいて、「転校してきたばかりだけど」と付け加えると、おばさんは、ああそうなの、と笑った。固まっていたものがふっとゆるんだような笑顔だった。

「ねえ、ボク、上がっていきなさい。おみやげのお菓子はあとであげるから、おやつ食べていけば？」

〔中略〕

おばさんの息子は、タケシくんという。三年生の秋、交通事故で亡くなった。生きていれば東小学校の五年生——少年と同じ五年二組だったかもしれない。仏壇に供えられた超合金ロボやトレーディングカードは少年の好きなものと一緒だったから、仲良しの友だちになれた、かもしれない。

おばさんは東小学校のことをあれこれ教えてくれた。髪の薄い校長先生のあだ名が「はげっち」だということ、秋の運動会に親子競技があること、冬になるとクラスでストーブ委員を決めること、学校のプールは真ん中が深くなっていて背が立たないかもしれない、とい

二 次の文章を読んで、後の問いに答えなさい。(問題の作成上、一部改変した箇所があります。)

引っ越してきたばかりの町を自転車で探検していた「少年」は、初めて来た団地のベランダにこいのぼりが掲げられているのを見つけた。

初めての転校だった。新しい友だちとどうなじんでいけばいいのかよくわからなかったから、しくじった。最初はよかったのだ。クラスのみんなは休み時間のたびに少年のまわりに集まって、前の学校のことをあれこれ訊いてきた。すっかり人気者だ――と、勘違いしてしまった。気がゆるんだ。質問に答えるだけではなく、なにか面白いことを言って、みんなを笑わせてやろうと思った。前の学校や町のことを少し大げさに話した。この学校やこの町の感想も、ギャグのネタになるようにしゃべった。すると、それが「いばってる」「ここを田舎だと思ってバカにしてる」ということになってしまった。笑ってくれるはずのみんなは怒りだした。誰も少年の席には集まらなくなり、放課後のソフトボールにも誘ってくれなくなった。

「そんなに前の学校がいいんだったら、帰れよ、そっちに」――今日、聞こえよがしに言われた。言ったのは、少年の話に真っ先に腹を立てたヨッちゃんだった。

男子のリーダー格のヨッちゃんは好きなテレビやゲームやマンガがどれも少年と同じで、おしゃべりをするときのテンポやノリもぴったりで、クラスでいちばん仲良くなれるはずだった。親友になれたらいいな、きっとなれるだろうな、と楽しみにしていた一週間前まで が、いまは、ずっと昔のことのように思える。

①知らないうちにうつむいてしまっていた。顔を上げ、こいのぼりをもう一度見つめて、まあいいや、とため息をついて自転車のペダルを踏み込みかけたとき、こいのぼりが一尾、②空に泳ぎ出た。ぽかんと開けた口と竿を結んでいた紐が、ほどけたか、ちぎれたか、黒い真鯉が竿からはずれてしまい、風に乗って飛んでいったのだ。

少年はあわてて追いかけた。畑の真ん中にふわりと落ちたのを確かめると、自転車を乗り捨てて、ごめんなさいごめんなさいしょうがないんです、と謝りながら畑に入った。

2023年度

獨協埼玉中学校

【国　語】〈第二回試験〉（五〇分）〈満点：一〇〇点〉

一　次のⅠ・Ⅱの問いに答えなさい。

Ⅰ　次の傍線部の漢字の読みをひらがなで答えなさい。傍線部のカタカナは漢字に直しなさい。

①　ちょうどその日は都合が悪い。
②　調味料として塩を用いる。
③　体調の良くない日に無理は禁物だ。
④　キュウキュウ車の到着を待つ。
⑤　試験で満点がとれるようツトめる。
⑥　新しく雑誌をカンコウする。

Ⅱ　次の熟語の構成を後の選択肢から一つずつ選び、記号で答えなさい。ただし、同じ記号は一度しか使えない。

①　帰宅　②　高低　③　満足　④　軽量

ア　同じような意味の字を組み合わせたもの（例：進行）
イ　反対や対になる意味を表す字を組み合わせたもの（例：左右）
ウ　上の字が下の字を説明（修飾）しているもの（例：赤色）
エ　下の字から上の字へ返って読むと意味がよくわかるもの（例：開会）

2023年度

獨協埼玉中学校　▶解説と解答

算数　＜第２回試験＞（50分）＜満点：100点＞

解答

1 (1) 29　(2) $\frac{3}{10}$　(3) 6通り　(4) 600g　(5) 18km　(6) ① 45度　② 2.5cm²　(7) 324cm³　2 (1) ① (i) A…2箱，B…2箱　(ii) A…1箱，B…4箱　② 3通り　(2) ① 233　② 1　3 (1) 108　(2) 正方形　(3) 3：2　4 (1) ① 96分間　② 72分間　(2) ア 32　イ 20　(3) 60%

解説

1 四則計算，約束記号，場合の数，濃度（のうど），つるかめ算，角度，面積，体積

(1) $\left(4\frac{2}{3}-2\frac{1}{4}\right)\div\frac{1}{6}\times2=\left(4\frac{8}{12}-2\frac{3}{12}\right)\times\frac{6}{1}\times2=2\frac{5}{12}\times12=\frac{29}{12}\times12=29$

(2) $2*3=\frac{3-2}{2\times3}=\frac{1}{6}$，$3*4=\frac{4-3}{3\times4}=\frac{1}{12}$，$4*5=\frac{5-4}{4\times5}=\frac{1}{20}$となるから，$(2*3)+(3*4)+(4*5)=\frac{1}{6}+\frac{1}{12}+\frac{1}{20}=\frac{10}{60}+\frac{5}{60}+\frac{3}{60}=\frac{18}{60}=\frac{3}{10}$になる。

(3) 黒をのぞいた4種類のボールペンから2色を選ぶので，その組合せは，$\frac{4\times3}{2\times1}=6$（通り）とわかる。

(4) 食塩水Aの量を□g，食塩水Bの量を△gとして図に表すと，下の図1のようになる。図1で，aとbの比は，$(6-5):(9-6)=1:3$だから，□と△の比は，$\frac{1}{1}:\frac{1}{3}=3:1$とわかる。この和が800gなので，食塩水Aの量は，$800\times\frac{3}{3+1}=600$(g)と求められる。

(5) 2時間15分は，$2\frac{15}{60}=2\frac{1}{4}$時間だから，A地点からC地点まで時速40kmで$2\frac{1}{4}$時間進むと，道のりは，$40\times2\frac{1}{4}=90$(km)となり，実際よりも，$90-84=6$(km)長くなる。そこで，時速40kmで進む時間をへらして，時速30kmで進む時間をふやすと，1時間に，$40-30=10$(km)短くなる。よって，時速30kmで進んだ時間は，$6\div10=\frac{3}{5}$(時間)なので，A地点からB地点までの道のりは，$30\times\frac{3}{5}=18$(km)とわかる。

(6) ① 下の図2で，三角形ABFと三角形DFEは合同なので，BF＝FEとなり，○と×の角の和は90度になるから，イの角は90度とわかる。よって，三角形BEFは直角二等辺三角形になるので，アの角は，$(180-90)\div2=45$(度)となる。　② 長方形ABCDの面積は，$2\times3=6$(cm²)である。また，三角形ABFと三角形DFEの面積の和は，$(1\times2\div2)\times2=2$(cm²)，三角形BCEの面積は，$3\times1\div2=1.5$(cm²)になる。よって，斜線（しゃせん）部分の面積は，$6-2-1.5=2.5$(cm²)と求められる。

(7) 下の図3の容器をもとの位置にもどすと，水面の高さはABとCDの長さの平均の，$(12+6)\div2=9$(cm)となる。よって，容器に残った水の体積は，$6\times6\times9=324$(cm³)である。

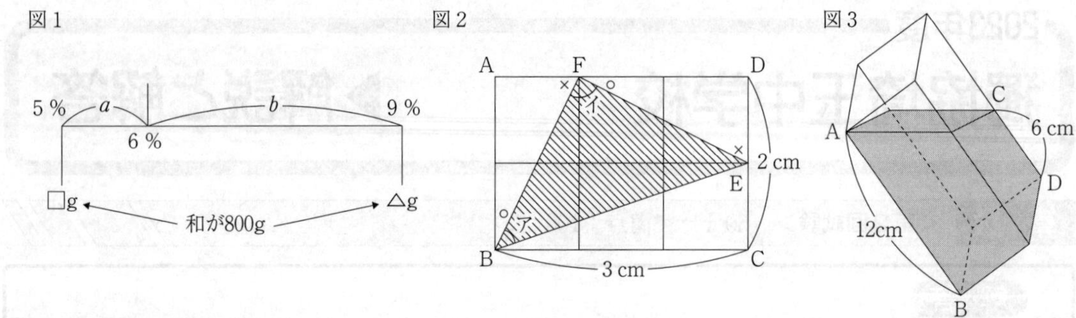

2 場合の数，規則性

⑴ ① (i) 商品Aを□箱，商品Bを△箱とすると，５×□＋７×△＝24という式で表せる。すると，□＝２，△＝２のときに成り立つので，商品Aは２箱，商品Bは２箱となる。 (ii) ５×□＋７×△＝33という式で表せる。すると，□＝１，△＝４のときに成り立つから，商品Aは１箱，商品Bは４箱になる。 ② ５×□＋７×△＝75という式で表せる。すると，□と△の組み合わせは，(□，△)＝(15，０)，(８，５)，(１，10)の３通りある。なお，商品Aを７箱へらすと商品Bを５箱ふやすことができる。

⑵ ① ７番目の数は，８＋13＝21，８番目の数は，13＋21＝34，９番目の数は，21＋34＝55，10番目の数は，34＋55＝89，11番目の数は，55＋89＝144なので，12番目の数は，89＋144＝233になる。 ② ４で割った余りは，１番目の数から，１，２，３，１，０，１，１，２，３，１，０，１，…となるので，{1，２，３，１，０，１}の６個の数がくり返される。よって，2023÷６＝337余り１より，2023番目の数を４で割った余りは，１番目の数と同じ１とわかる。

3 角度，構成，面積

⑴ N角形の内角の和は，180×(N－２)で求められるから，五角形の内角の和は，180×(５－２)＝540(度)である。よって，正五角形の１つの内角は，540÷５＝108(度)となる。

⑵ 正六角形や正三角形のほかに，内角をいくつか合わせて360度になる正多角形は，１つの内角が90度の正方形とわかる。

⑶ 右の図１より，周の長さが６cmの正六角形の面積は，一辺の長さが１cmの正三角形の面積の６倍である。また，右の図２より，周の長さが６cmの正三角形の面積は，一辺の長さが１cmの正三角形の面積の４倍である。よって，面積の比は，６：４＝３：２とわかる。

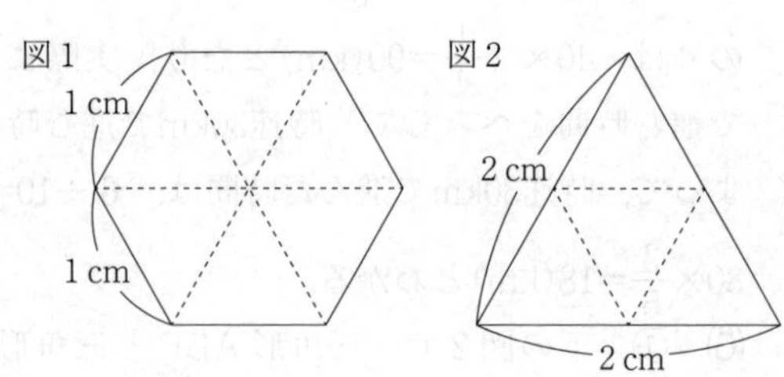

4 割合

⑴ ① 問題文中の図１より，全体の48％が「２人一緒(いっしょ)」のスマートフォン利用時間なので，その時間は，200×0.48＝96(分間)である。 ② 問題文中の図２より，96分間の75％が「２人一緒」の動画視聴(しちょう)時間だから，96×0.75＝72(分間)と求められる。

⑵ 「花子さん１人だけ」のスマートフォン利用時間の25％が16分間にあたる。よって，「花子さん１人だけ」のスマートフォン利用時間は，16÷0.25＝64(分間)だから，アにあてはまる数は，64÷200×100＝32(％)である。したがって，イにあてはまる数は，100－48－32＝20(％)となる。

(3)　(2)より，「太郎さん１人だけ」の動画視聴時間は，200×0.2×0.8＝32(分間)である。また，動画視聴時間は「２人一緒」が72分間，「花子さん１人だけ」が16分間なので，総動画視聴時間は，72＋16＋32＝120(分間)とわかる。よって，「２人一緒」の動画視聴時間の割合は，72÷120×100＝60(%)と求められる。

社　会　＜第２回試験＞（30分）＜満点：70点＞

解　答

1　(1)　①　イ　②　イ　(2)　札幌(市)　(3)　エ　(4)　ア　(5)　イ　(6)　石油危機　(7)　(例)　採算のとれなくなった鉄道やバスなどの公共交通が廃止になる。／スーパーや飲食店などが閉店してしまう。　(8)　青函　(9)　エ　(10)　対馬(海流)　2　(1)　小野妹子　(2)　出島　(3)　ア　(4)　エ　(5)　エ　(6)　栄西　(7)　②　(8)　(例)　第一次世界大戦参戦以降の物価上昇に加え，シベリア出兵を見こんだ米の買い占め，売りおしみによる米価の急上昇が原因で，米騒動が起こった。　(9)　エ　(10)　ア　(11)　⑩　3　(1)　普通(選挙)　(2)　①　特別(国会)　②　ウ　③　与党　④　ウ　⑤　(例)　衆議院議員は，被選挙権年齢が25歳以上で任期は４年，参議院議員は，被選挙権年齢が30歳以上で任期は６年である。　(3)　８(月)６(日)　(4)　ア　(5)　リンカーン　(6)　ア

解　説

1　北海道を中心とする地形や産業，地形図の読み取りなどについての問題

(1)　①　ア　Aの地域内にある三角点の標高が2.3mであることと，海岸線が直線的であることから，この地域が埋め立てによって造成されたと判断できる。海を干拓する場合，浅瀬を堤防で仕切り，陸側の水を排水して土地を造成するので，一般的にその場所の標高は海面より低くなる。　イ　地形図には方位記号がしめされていないので，上が北，下が南，右が東，左が西にあたる。「元町公園」から見て「函館漁港」は左上，つまり北西にあたるので，正しい。　ウ　函館市街地には幅の広い大通りがいくつも通っているほか，直線的な道路や直角な交差点が多く見られる。　エ　「函館山」の山腹には，針葉樹林(Λ)だけでなく広葉樹林(Q)も見られる。　②　地形図のBの範囲では，中央右側に等高線がまばらな場所があり，この辺りの傾斜がゆるやかであることが読み取れる。ここは，傾斜量図では白く表される。そして，ここから左(西)にかけて等高線の間隔がせまい，つまり傾斜が急な場所が続き，傾斜量図では濃い黒で表される。

(2)　札幌市は北海道の道庁所在地で，人口が200万人近い道内最大の都市である。統計資料は『日本国勢図会』2022／23年版，『データでみる県勢』2023年版などによる(以下同じ)。

(3)　石狩平野は，泥炭地の広がる農業に不向きな土地だったが，ほかの場所から土を運んで混ぜこむ客土を行って土地改良をしたことと，寒さに強い稲の品種改良がすすんだことから，北海道を代表する稲作地帯として発展した。

(4)　港は船がとまる場所なので，船が入ってとまるのに十分な深さがあり，波や風がおだやかな入り江などが適している。

(5)　日本の最も北に位置する北海道は，ほたてがいやたら類，さけ・ます類など，海水温の低い地

域でとれる魚介類の漁獲量が多い。なお，アは茨城県，ウは宮城県，エは長崎県のグラフ。

⑹　1973年に第四次中東戦争が起こると，アラブの産油国は石油の値上げや輸出制限などを行った。これによって，日本をふくむ先進工業国では，石油危機(オイルショック)とよばれる経済的な混乱におちいった。

⑺　人口が減少すると，鉄道やバスなどの公共交通機関のなかには採算がとれない路線が出てくるため，運行本数の減少や廃線などが行われるおそれがある。また，スーパーや商店・飲食店なども，客数が減るため，店舗の減少や閉店に追いこまれてしまう。さらに，地方公共団体も税収が減って財政が苦しくなるため，住民への行政サービスの質が低下することも考えられる。

⑻　青函トンネルは，津軽海峡の海底を通って青森県の津軽半島と北海道の松前半島を結んでいる鉄道専用の海底トンネルで，1988年に開通した。現在はおもに，北海道新幹線と貨物列車が青函トンネルを利用している。

⑼　東北・北海道新幹線は東京駅のある東京都を出たのち，埼玉県・茨城県を通って，宇都宮駅のある栃木県に入る。そこから，福島県，仙台駅のある宮城県，盛岡駅のある岩手県を通って青森県にいたる。青森県からは，青函トンネルを通って北海道に入り，現在の終点である新函館北斗駅に到着する。なお，高崎駅は群馬県にあり，上越新幹線と北陸新幹線がここで分かれる。

⑽　日本列島の日本海側には，南から北へ暖流の対馬海流が流れている。本州に沿うようにして北上した対馬海流の一部は，津軽海峡を通って太平洋側へと流れこむ津軽暖流に枝分かれする。

2　各時代の歴史的なことがらについての問題

⑴　607年，朝廷は隋(中国)のすすんだ文化や政治制度を学ぶことなどを目的に，小野妹子を遣隋使として隋に派遣した。

⑵　江戸時代初め，幕府はポルトガル人の居留地として，長崎港内に出島とよばれる人工島を建設した。しかし，1639年にポルトガル船の来航が禁止されると，1641年には平戸(長崎県)にあったオランダ商館が出島に移され，出島はオランダとの貿易の窓口となった。

⑶　史料の初めのほうに，「聖武天皇が詔を出され」とある。詔とは，天皇が出す命令を意味する。また，これが「盧舎那仏の金銅像」の鋳造を命令するものであることも読み取れる。なお，史料は聖武天皇が743年に出した「大仏造立の詔」の一部で，このときつくるよう命じた大仏は，東大寺の大仏にあたる。

⑷　15世紀前半に沖縄に成立した琉球王国は，王城として首里城をかまえ，那覇はその外港として発展した。那覇市は現在，沖縄県の県庁所在地となっている。なお，酒田は山形県，堺は大阪府，博多は福岡県にある。

⑸　1858年，江戸幕府はアメリカ合衆国と日米修好通商条約を結ぶと，続けて同様の条約を，オランダ・ロシア・イギリス・フランスとも結んだ(安政の五か国条約)。

⑹　栄西は平安時代末から鎌倉時代にかけて活躍した僧で，宋(中国)に渡って禅宗を学んだのち，帰国して臨済宗を開いた。また，栄西は中国から茶の種を持ち帰ってその栽培を広め，『喫茶養生記』を著して茶の薬効を説いたことでも知られる。

⑺　カード①は飛鳥時代初め，②は江戸時代前半，③は飛鳥時代末，④は室町時代，⑤は江戸時代末，⑥は鎌倉時代のことを説明しているので，古いものから年代順に①→③→⑥→④→②→⑤となる。

(8)　1914年，ヨーロッパを主戦場として第一次世界大戦が始まると，日本はヨーロッパ諸国がぬけたアジア市場に進出するなどして輸出をのばし，大戦景気とよばれる好景気をむかえたが，これにともなって物価も上昇した。さらに，1918年，政府がシベリアへの出兵を表明すると，商人らがこれを見こして米の買い占めや売りおしみをするようになった。この結果，グラフからわかるように，米価が急上昇した。賃金の上昇が物価や米価の上昇に追いついていないことから，当時の家計の状況が苦しかったと推測できる。こうした状況のなか，1918年7月には，富山県魚津の主婦らが米屋に押しかけ，米の安売りなどを求める騒動を起こした。この事件が新聞で報道されると，同じような事件が全国各地に広がり，米騒動とよばれた。

(9)　アは1951年，イは1964年，ウは1947年，エは1929年のできごとである。

(10)　1972年，田中角栄首相が中華人民共和国(中国)の首都北京を訪問して周恩来首相と会談し，日中共同声明を発表した。これによって，日本と中国の国交が正常化した。なお，1951年，日本はアメリカ合衆国をふくむ連合国48か国との間で，サンフランシスコ平和条約を結んだ。1956年には日ソ共同宣言を出してソビエト連邦との国交が，1965年には日韓基本条約を結んで大韓民国との国交が，それぞれ正常化した。

(11)　Xの文は，1936年に起こった二・二六事件について説明している。なお，文中の「政府の中心人物」とは，斎藤実内大臣・高橋是清大蔵大臣らにあたる。

3　日本国憲法や政治のしくみなどについての問題

(1)　一定の年齢に達したすべての国民に選挙権を与えるという原則を，普通選挙という。なお，これに加え，一人につき一票を与えるという平等選挙，だれに投票したかわからないようにする秘密選挙，自分の意思で投票するという自由選挙，有権者が代表者を直接選ぶという直接選挙が，現在の選挙の原則とされている。

(2)　①　特別国会は，衆議院の解散総選挙のあと30日以内に開かれる国会で，最初にそれまでの内閣が総辞職したのち，内閣総理大臣の指名が行われる。　②　ア，イ　国政調査権の行使と弾劾裁判所の設置には，衆議院の優越は適用されない。　ウ　内閣不信任案(信任案)の決議権は衆議院だけが持っているので，正しい。なお，参議院には問責決議案を可決する形で内閣や大臣の政治責任を問えるが，法的拘束力はない。　エ　天皇の国事行為に助言と承認を与えるのは，内閣の仕事である。　③　内閣を組織し，政権を担当する政党を与党という。また，与党以外の政党を野党という。　④　国務大臣は内閣総理大臣が任命し，その過半数は国会議員でなければならないとされている。　⑤　被選挙権年齢は，衆議院議員が25歳以上，参議院議員が30歳以上となっている。また，衆議院議員の任期は4年で，任期途中で衆議院が解散されることもあるが，参議院議員の任期は6年で，参議院には解散はない。

(3)　1945年8月6日，アメリカ軍によって人類史上初めて広島に原子爆弾が投下され，爆発やその後の後遺症(原爆症)などで多くの尊い命が失われた。また，3日後の8月9日には，長崎にも原子爆弾が投下され，大きな被害が出た。

(4)　日本国憲法第9条は平和主義について定めており，戦争の放棄や戦力の不保持，国の交戦権の否認などが明記されているが，核兵器に関する内容は書かれていない。

(5)　リンカーンはアメリカ合衆国の第16代大統領で，南北戦争(1861～65年)のさなかの1863年，激戦地のゲティスバーグで「人民の人民による人民のための政治」という言葉をふくむ演説を行った。

この言葉は，民主主義の本質を表すものとしてよく知られている。

(6)　参政権は政治に参加する権利のことで，選挙権・被選挙権や憲法改正の国民投票権，地方自治における住民投票権などがこれにあたる。なお，イとウは自由権，エは請求権に分類される。

理　科　＜第２回試験＞（30分）＜満点：70点＞

解　答

1 (1) ①　8cm　②　20g　(2) ①　A　②　イ，ウ，エ　(3)　ア，エ　(4)　イ，ウ，エ　(5)　イ　(6)　イ，オ　(7)　ウ　(8)　ウ　2 (1) ①　**1**…a　**2**…c　**3**…e　**4**…h　**5**…b　**組合せ**…ウ　②　1.25　③　エ　(2) ①　せきつい動物　②　オ　③　皮ふ　④　ウ　3 (1) ①　30　②　55　(2)　解説の図を参照のこと。(3)　イ　(4)　ウ　(5)　ア　(6)　11g　(7)　ウ

解　説

1 小問集合

(1) ①　AB間の長さを□cmとすると，棒がつり合っていることから，24×□＝16×12の関係が成り立ち，□＝16×12÷24＝８(cm)と求められる。　②　Cにつるすおもりの重さを□gとすると，30×８＝□×12の関係が成り立つときに棒がつり合うので，□＝30×８÷12＝20(g)となる。

(2) ①　電池の記号は長い線の方が＋極，短い線の方が－極で，電流は電池の＋極から出て－極にもどる向きに流れるので，図のコイルの上側では電流が図の手前から奥(おく)側に向かって流れる。右手の親指以外の４本の指をコイルに流れる電流の向きに合わせてコイルをにぎるようにしたとき，親指のある側にコイルのＮ極ができるため，ＡがＮ極，ＢがＳ極になっている。　②　電磁石の磁力を強くするためには，コイルの巻き数を増やす，コイルの内部に鉄芯(てっしん)を入れる，電池を直列に増やしてコイルに流れる電流を大きくするなどの方法がある。

(3)　二酸化炭素は，空気の約1.5倍の重さで空気より重く，水に少し溶(と)けて水溶液(すいようえき)は酸性を示す。ヒトの呼吸において，二酸化炭素は吸う息よりはく息の方がふくまれている体積の割合が大きい。また，二酸化炭素を石灰水(せっかいすい)に通すと，石灰水が白くにごる。

(4)　動物や植物が，生活する上で出し入れする物質としては，酸素，二酸化炭素，水(水蒸気)，肥料，不要物などがある。このうち，二酸化炭素は水に溶けると酸性を示し，青色リトマス紙につけると赤色に変わる。動物や植物は空気中から二酸化炭素を体内に取り入れて呼吸を行っていて，晴れている場合には植物は昼間，光合成を行い，空気中に二酸化炭素を放出する。

(5)　夏によく見られ，激しい雨を降らせる雲は積乱雲である。積乱雲は，強い上昇(じょうしょう)気流によりたてにむくむくと伸(の)びるように発達した雲で，高さが10kmをこえることもある。

(6)　ア　台風は初夏から秋にかけて多く発生する。　イ，エ　台風は熱帯低気圧が発達したもので，中心の気圧は周りより低く，地上付近では中心に向かって反時計回りに風が吹きこんでいる。　ウ　台風の中心付近で風が弱く雲が少ない部分は台風の目とよばれ，その下に位置する地点では雨が降らずにおだやかに晴れていることが多い。　オ　台風一過という四字熟語があるように，台風が通り過ぎた後は晴れて天気がよくなり，気温が上がることが多い。

(7)　同じ時刻に観察すると，星は１か月で約30度東から西に移動して見える。また，同じ日に星空を観察すると，星は１時間に約15度東から西に移動していく。図のベテルギウスは，１か月後の午後10時には30度西に移動したオの位置に見え，その３時間前の午後７時には45度東に移動したウの位置に見える。

(8)　月は，満月からしだいに欠けていき新月になり，新月になった後はしだいに満ちていき満月となる。満月から次の満月になるまではおよそ30日で，新月の日から数えると満月が見える日はその半分のおよそ，30÷２＝15(日後)になる。

2　顕微鏡による観察と生物の分類についての問題

(1)　①　顕微鏡を用いて観察するときには，まず顕微鏡を直射日光の当たらない，明るい水平な台上におく。次に，鏡筒にほこりが入るのを防ぐため，接眼レンズ(図１のａ)，対物レンズ(図１のｃ)の順にレンズを取りつけ，接眼レンズをのぞきながら反射鏡(図１のｅ)を動かし，視野全体が明るくなるようにする。このとき，レンズは視野が広い低倍率になるようにする。その後，プレパラートをステージ(図１のｄ)にのせ，横から見ながらプレパラートと対物レンズを近づけ，次に接眼レンズをのぞきながら，プレパラートと対物レンズを遠ざけるように調節ねじ(図１のｈ)をまわして，ピントを合わせる。さらに，ある部分をくわしく観察したいときには，レボルバー(図１のｂ)を回して対物レンズを高倍率のものに切りかえる。　②　倍率を150倍から600倍に，600÷150＝４(倍)にすると，長さが４倍，面積が，４×４＝16(倍)になって見えることになる。したがって，見えるミカヅキモの数は，$1\div16=\frac{1}{16}$(倍)となり，$20\times\frac{1}{16}=1.25$(個体)になる。　③　顕微鏡で観察すると，上下左右が逆さまになって見える。図３のように，視野の左下にあるミカヅキモは実際には右上にあるため，それを視野の中央に移動するには，プレパラートを左下に動かせばよい。

(2)　①　Ｃに当てはまる生物には背骨がないが，Ｄに当てはまる生物には背骨がある。Ｄのように，背骨がある動物をせきつい動物という。　②　ドジョウは魚類，カエルは両生類，トカゲはは虫類，サギは鳥類，モグラはほ乳類である。Ｅにあてはまる動物は卵でうまれるが，Ｆにあてはまる動物は子が母体内である程度育ってからうまれる。　③，④　両生類は皮ふがしめっていて，しめっている皮ふに酸素を溶かして，体内に取りこんでいる。このような皮ふを通して行われる呼吸を皮ふ呼吸とよぶ。

3　ものの溶け方についての問題

(1)　同じ温度の水に同じ物質を溶かすとき，物質が溶ける量は水の量に比例する。したがって，①には，$15\times\frac{100}{50}=30$，②には，$110\times\frac{50}{100}=55$が当てはまる。

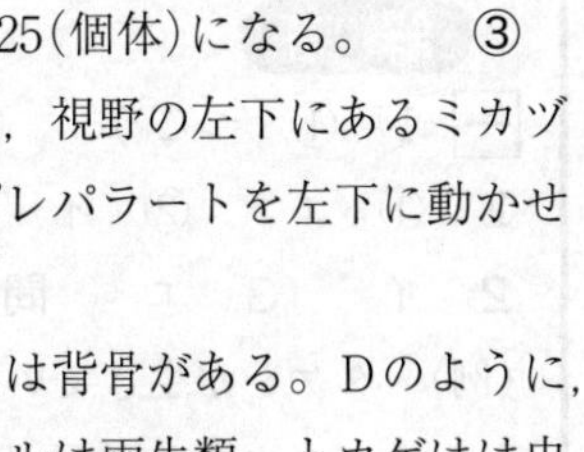

(2)　表１と表２で水の量100ｇにおける各水温で水に溶かせる量を，ブドウ糖は▲印，硝酸カリウムは○印で記入し，それぞれの印をできるだけなめらかな曲線でつなぐと右の図のようなグラフになる。

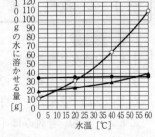

100ｇの水に溶かせる量［ｇ］
水温［℃］

(3)　(2)のグラフで，どの物質も水温が上がるにつれて，水に溶かせる量が増えているが，食塩はその増え方が非常に小さい。したがって，80℃の水100に溶かせる量が多い順は，60℃の水100ｇに溶かせる量が多い順と同じ，硝酸カリウム，ブドウ糖，食塩になると考えられる。

(4)　表１より，20℃の水100ｇに溶かすことができるブドウ糖の最大量は24ｇである。よって，ブドウ糖の20℃での飽和(ほうわ)水溶液の濃度(のうど)は，24÷(100＋24)×100＝19.3…より，約19％と求められる。

(5) ブドウ糖と硝酸カリウムの両方を水に入れても，溶解させることのできる量は互(たが)いの影響(えいきょう)を受けない。表１と表２より，20℃の水100ｇに溶けるブドウ糖の最大量は24ｇ，硝酸カリウムの最大量は32ｇなので，ここではどちらの物質も全て溶けることになる。

(6) 60℃の水100ｇに硝酸カリウムを溶けるだけ溶かした飽和水溶液の量は，100＋110＝210(ｇ)で，これを冷やして40℃にすると，110－64＝46(ｇ)の結晶(けっしょう)が出てくる。したがって，60℃の硝酸カリウムの飽和水溶液50ｇを40℃まで冷却(れいきゃく)したときには，$46\times\frac{50}{210}$＝10.9…より，約11ｇの結晶が現れる。

(7) 塩酸と食酢(す)，炭酸水は酸性，石灰水と水酸化ナトリウム水溶液はアルカリ性を示す水溶液で，これらの水溶液は表３でいずれも電気が通っている。一方，硝酸カリウム水溶液，食塩水，ブドウ糖水溶液，デンプン水溶液はふつう中性を示すが，表３で電気が通ったものと通らないものがある。これらのことから考察できることとして，エは当てはまらず，ウが適当である。なお，表３で溶質が気体である塩酸と炭酸水は電気を通し，溶質が固体である硝酸カリウム水溶液やブドウ糖水溶液，デンプン水溶液は電気が通らなかったため，アやイは当てはまらない。

国語　＜第２回試験＞（50分）＜満点：100点＞

解答

一　Ⅰ　①　つごう　②　もち(いる)　③　きんもつ　④～⑥　下記を参照のこと。
Ⅱ　①　エ　②　イ　③　ア　④　ウ　二　問１　イ　問２　ア　問３　１　ウ　２　イ　３　エ　問４　エ　問５　(例)　ヨッちゃんと友だちであるという嘘。　問６　(例)　タケシが生きていたころいつも遊んでいた河原が，こいのぼりのあるベランダからは見えないので，タケシに見せてやる(ため。)　問７　ウ　問８　エ　問９　タケシのこいのぼり　問10　ア　×　イ　○　ウ　○　エ　×　三　問１　イ　問２　(例)　カタツムリは移動能力が低く，いろいろな植物を食べれば食べ物を探す時間とエネルギーを節約できるから。　問３　かたい食べ物を砕き，消化に役立てる(ための石。)　問４　エ　問５　ウ　問６　ウ→ア→エ→イ　問７　Ⅰ　ウ　Ⅱ　エ　問８　ウ，オ　問９　ア　問10　イ

●漢字の書き取り

一　Ⅰ　④　救急　⑤　努(める)　⑥　刊行

解説

一　漢字の読みと書き取り，熟語の構成

Ⅰ　①　何かをするときの具合がよいか悪いかということ。　②　音読みは「ヨウ」で，「使用」などの熟語がある。　③　してはならないものごと。　④　急病人などに応急の手当を施(ほどこ)すこと。　⑤　音読みは「ド」で，「努力」などの熟語がある。　⑥　印刷して出版すること。

Ⅱ　①「帰宅」は，「宅に帰る」と読めるので，下の字から上の字へ返って読むと意味がよくわかる熟語。　②「高低」は，「高い」「低い」と読めるので，反対や対になる意味を表す漢字を組

み合わせた熟語。　③「満足」は，「満ちる」「足りる」と読めるので，同じような意味の漢字を組み合わせた熟語。　④「軽量」は，「軽い量」と読めるので，上の字が下の字を説明している熟語。

二 **出典は重松清の『小学五年生』所収の「友だちの友だち」による。**自分の発言が原因で，クラスのみんなにきらわれてしまい，落ちこんでいた少年は，初めて来た団地でベランダから風に乗って飛んでいってしまったこいのぼりを見つけ，それを自転車で追いかけていく。

問1　少年は，自分が「すっかり人気者だ」と「勘違いしてしまった」ことで気がゆるみ，「前の学校や町のこと」を大げさに話したり，「この学校やこの町の感想」を「ギャグのネタになるよう」に話したりしたために，みんなを怒らせてしまった。さらには「親友になれたらいいな」と期待していた男子のリーダー格のヨッちゃんにまできらわれてしまったので，落ちこんでいたのである。よって，イが合う。

問2　こいのぼりが「泳ぎ出た」や，鳥が「歌っている」など，人間でないもののようすや状態を，人間の動作になぞらえて表現する技法を擬人法という。よって，アが選べる。なお，イは，文の前後を入れかえて印象的に表現する倒置法。ウは，似ている二つの句を並べて強調する対句法。エは，文の最後を名詞で止めることで余韻を残す体言止め。

問3　**1**　直前に「お母さんよりきれいで，そのかわり」とあることから，アとイは文脈に合わない。また，おばさんの息子が「交通事故で亡くなった」ということが後に書かれているので，少年は初対面のおばさんのようすから寂しさを感じとったと考えられる。　**2**　直前に「にこにこと」とあり，また少し前にも，ゲームをしている少年とヨッちゃんのことを，おばさんが「にこにこ微笑んで見つめていた」とあるので，「うれしそうに」が入る。　**3**　ヨッちゃんは，今でもタケシのことを友だちだと思っているが，おばさんには，もうタケシの家には来てはいけないと言われてしまった。その悔しい気持ちが，「竿を振り回す」という行動に表れたと考えられる。

問4　少年は，仲よくなれそうだと期待していたヨッちゃんにきらわれてしまったことで落ちこんでいた。そんなとき，おばさんの口から不意にヨッちゃんの名前が出たので，どうしてよいかわからなくなったのである。

問5　少年は，ヨッちゃんと友だちだと自分からは言わなかったが，「ヨッちゃんと友だちかあ」というおばさんの言葉を打ち消すこともしなかった。だから，ヨッちゃんと友だちだという「嘘」をついていることになると思ったのである。

問6　ヨッちゃんは，タケシといつも遊んでいた「河原」が，団地のベランダからだと見えないので，こいのぼりを持ち出して，タケシにも見せてやろうと思ったのである。

問7　ヨッちゃんは，おばさんに「もう来るな」「新しい友だちをどんどんつくりなさい」と言われたことに不満を感じている。ヨッちゃんは，タケシのことを「すげえいい奴だった」「サイコーだった」と言っており，今でも大切な友だちだと思っていることが読み取れるので，ウが合う。

問8　少年は，調子に乗って話したことが原因でヨッちゃんにきらわれたので，言葉には気をつけなければならないと思っていた。だから，「べつにいいよ」と言って「竿」を受け取ったときも，「もっと別の言葉を言わなきゃいけなかったのかもな」と思った。しかし，タケシを通じて，ヨッちゃんと少しずつ打ちとけられていると感じていたので，もう言葉を気にしすぎる必要はないとも思ったのである。よって，エが選べる。

問９　少年は，ヨッちゃんに渡された「竿」を握りしめていた。この「竿」には，ヨッちゃんがタケシに河原を見せてやろうと持ち出してきた「タケシのこいのぼり」がつけられている。

問10　**ア～エ**　おばさんから話を聞くまで，少年は飛んでいったこいのぼりがタケシのものだとは知らなかったので，アは正しくない。また，タケシの家に来たヨッちゃんは，少年を見て「なんでおまえなんかがここにいるんだよ」という顔をし，小声で「さっさと帰れよ」と言ったが，結局はゲームをして長い時間，いっしょに遊ぶこととなったので，イは本文の内容に合っている。さらに，タケシのお母さんは，ヨッちゃんが今でもタケシのことを友だちだと思って訪ねてきてくれてうれしいとは思うものの，ヨッちゃんには「新しい友だち」をどんどんつくってほしいという思いも伝えたので，ウも正しいと考えられる。エは，少年とヨッちゃんの心の距離が少しずつ縮まってきたことは読み取れるが，「あっという間に仲良くなった」とまでは考えにくく，また少年は実際にはタケシに会ったことがないので，正しくない。

三　**出典は野島智司の『カタツムリの謎』による。**カタツムリがコンクリートを食べること，カタツムリの殻が汚れない秘密など，知られていないカタツムリの謎について説明した文章。

問１　「植物の種」の「種」は，“種類”という意味。「職種」は“職業の種類”，「一種」は“一つの種類”という意味。「種子」の「種」は“植物のたね”という意味。

問２　「移動能力が低い」カタツムリは，「いちいち好き嫌いを言っていられない」ので，「身近にあるさまざまな植物」を食べることで，「食べ物を探す時間もエネルギーも節約」しているといったことをまとめればよい。

問３　「軟らかい植物を歯舌で削り取って食べている」カタツムリは，鳥類のように「かたい食べ物を砕き，消化に役立てる」ための「石」を食べる必要はないと考えられる。

問４　カタツムリは，カルシウムを得るためにコンリートを食べるが，そのコンクリートは，太古の「サンゴや有孔虫」の殻が成分である石灰石からつくられている。このことから，カタツムリが食べているのは「サンゴや有孔虫」の殻だともいえるので，カタツムリが，コンクリートや死んだカタツムリの殻を食べるのは自然なことなのである。

問５　サンゴの殻は石灰石の成分となる。よって，環境中のカルシウム量が豊富な「石灰岩地域」においてカタツムリが多様化するのと，「サンゴ礁で形成された島」でカタツムリが増えやすい傾向にある理由は，同じといえる。

問６　イの最初にある「そのため」，エの最初にある「ここ」などの指示語が何を指すのかといったことを考えながら文をつなげてみる。すると，ウのカタツムリの殻が汚れない秘密は，アで説明されている殻の表面にある無数の微細な溝に，エのように水が流れることで汚れが浮き上がるというところにあるとわかる。だから，イにあるように油性ペンで印をつけても水を流すだけですぐに落とすことができるのである。

問７　Ⅰ　クモ型ロボットやヘビ型ロボットは，「人間には入ることができない」場所で活躍することができる。つまり，人間にはない身体機能を持っているといえる。よって，ウが選べる。

Ⅱ　人間と違って「つねにからだ全体を地面に密着」させているという特徴を持つカタツムリの移動は，人間には移動のできない急な坂や壁面に「くっつきながら移動するロボットを開発する」ためのヒントになると考えられる。よって，エが合う。

問８　筆者は，カタツムリを探究し続ける気持ちを持っていれば，すぐに人間生活に役立たなくとも，「結果的に，テクノロジーに応用されることになる」と期待しているので，ウが選べる。また，「人間生活に応用できなくても，価値がないというわけではありません」とも述べており，役に立つということ以外に「わくわくしたり，感動したり，難題を解決するアイデアやヒントがあったりと，形にならないさまざまな価値がある」と述べているので，オもよい。

問９　筆者は，今すぐに役立たなくても，移動に時間がかかる「カタツムリの歩み」を見るように，時間をかけて見ていてほしいと考えている。よって，「長い」が入る。

問10　「コンクリートも食べる⁉」や「殻が汚れない秘密」などカタツムリの知られていない一面を見出しにつけたり，その内容をくわしく説明したりするなどして，読者に興味を持たせる工夫(くふう)がされている。よって，イが合う。

Memo

2022年度　獨協埼玉中学校

〔電　話〕　048(970)5522
〔所在地〕　〒343－0037　埼玉県越谷市恩間新田寺前316
〔交　通〕　東武スカイツリーライン「せんげん台駅」よりバスまたは徒歩20分

【算　数】〈第１回試験〉（50分）〈満点：100点〉

（注意）定規，分度器は使用してはいけません。また，各問題とも，解答は解答用紙（別紙）の所定の欄(らん)に記入してください。〈考え方・式〉の欄(らん)にも必ず記入してください。

1 次の各問に答えなさい。

(1) $\frac{2}{3}+\frac{1}{2}-\frac{4}{9}\times\left(0.75-\frac{1}{8}\right)\div1\frac{2}{3}$ を計算しなさい。

(2) 3% の食塩水 125 g と 5% の食塩水 375 g を混ぜてできる食塩水の濃度は何％ですか。

(3) 生徒５人が試験を受けました。そのうち，４人の平均点が 60.5 点で，残りの１人の点数が 70 点であったとき，５人の平均点を求めなさい。

(4) A，Bの２人でじゃんけんをし，先に３回勝った方を優勝とします。１回目にAが勝ったとき，Aが優勝するための勝敗の順は何通りありますか。ただし，あいこは考えないとします。

(5) A町からB町までの道のりを往復します。行きは時速 40 km，帰りは時速 60 km で進みました。このとき，平均の速さは時速何 km ですか。

(6) $\frac{1}{12}<\frac{2}{A}<\frac{1}{3}$ を満たす整数Aは何個ありますか。ただし，$\frac{2}{A}$ はこれ以上約分することができない分数であるとします。

(7)　右の図のおうぎ形において，色を付けた部分の面積を求めなさい。ただし，円周率は3.14とします。

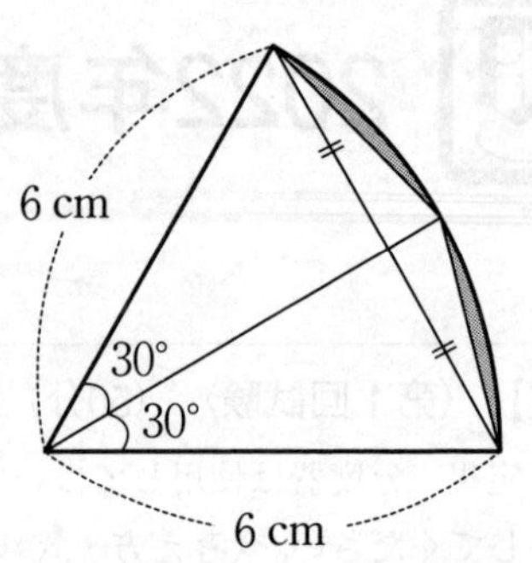

(8)　０でない数Ａについて，［Ａ］＝（Ａ＋１）÷Ａ　とします。このとき，［［５］］を計算しなさい。

2　次の各問に答えなさい。

(1)　図のように，１辺の長さが10 cmである立方体ＡＢＣＤ－ＥＦＧＨを，３つの頂点Ｂ，Ｄ，Ｅを通る面で切断し，頂点Ａを含まない方の立体をＶとします。このとき，次の各問に答えなさい。

①　立体Ｖの体積を求めなさい。

②　立体Ｖの面の形とその数を調べました。次の表のア，イに当てはまる数を答え，ウに当てはまる最も適切な図形の名称を漢字で答えなさい。

面の形	面の数
正方形	（　ア　）つ
直角二等辺三角形	（　イ　）つ
（　ウ　）	1つ

(2) ある店では，ビンに入った牛乳を販売しています。飲み終えた空のビン３本を店に持っていくと，新しい牛乳１本と交換できます。このとき，次の各問に答えなさい。

① 牛乳を40本まとめて買うと，最大で何本飲めますか。

② 牛乳を50本飲むには，何本買えばよいですか。最も少ない本数を答えなさい。

3 辺の比が３：４：５である三角形は直角三角形です。この性質を利用して，次の 問題 の各問に答えなさい。

問題 太郎さんは東へ毎分90ｍ，次郎さんは北へ毎分120ｍの速さでＡ地点から同時に出発しました。

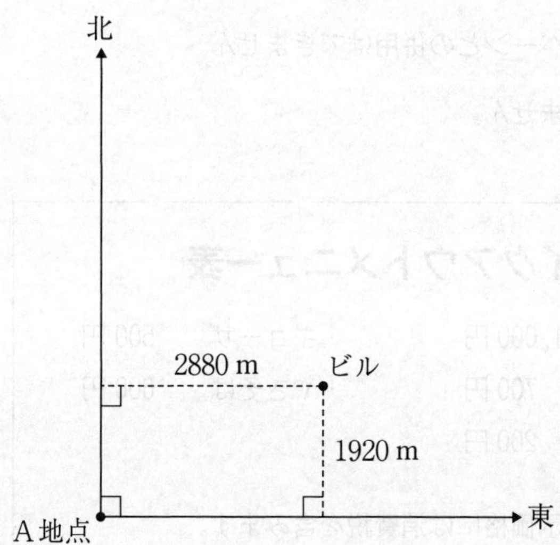

(1) 出発してから20分後の２人の直線距離は何ｍですか。

(2) 図のような位置にビルがありました。このとき，太郎さん，次郎さん，ビルが一直線上に並ぶのは２人が出発してから何分後ですか。

(3) 出発してから50分後に次郎さんは忘れ物に気が付き，同じ速さで引き返しました。次郎さんが引き返してから14分後の２人の直線距離は何ｍですか。

4 ある飲食店ではテイクアウト（持ち帰り）を推奨（すいしょう）しており，次のようなチラシを配布しています。このとき，次の各問に答えなさい。

獨 玉 飯 店

キャンペーン実施中！

テイクアウト利用のお客様対象に，会計１回ごとに適用します

① 支払額 1,000 円につき，300 円の値引きをします。

② 他のキャンペーンとの併用はできません。

③ 期限はありません。

テイクアウトメニュー表

・ラーメン	1,000 円	・ギョーザ	500 円
・チャーハン	700 円	・やきそば	600 円
・肉まん	200 円		

※表示価格には消費税を含みます。

住所：埼玉県越谷市恩間新田寺前○○○　　電話：△△△－△△△△

(1) ある日，太郎さんはこの飲食店に商品を買いに行きました。買った商品は，「ラーメン４つ，ギョーザ２つ，チャーハン１つ，やきそば１つ」です。
このキャンペーンを適用したとき，太郎さんが１回の会計で支払った金額はいくらですか。

(2) 次の日に，太郎さんは昨日と同じお店に同じ商品を同じ個数だけ買いに行きました。買い物を済ませ帰宅したとき，ある商品を買い忘れたことに気が付きました。そこで，再度買い忘れた商品を買いました。２回の会計で支払った金額の合計を確認したところ，昨日よりも高くなったことがわかりました。太郎さんが買い忘れた商品として考えられる商品の組み合わせを１つ選びなさい。ただし，２回の会計はともにキャンペーンを適用しています。

（ア） ラーメン１つ
（イ） ギョーザ１つ，チャーハン１つ
（ウ） ラーメン１つ，ギョーザ１つ
（エ） チャーハン１つ，やきそば１つ

(3) また別の日に，太郎さんは同じお店にギョーザ１つ，チャーハン１つ，やきそば１つを買いに行きました。キャンペーンを適用し，会計をしようとした太郎さんにお店の店長さんが，

「このキャンペーンを適用するならば，（　Ａ　）を（　Ｂ　）つ追加して買った方が，支払う金額が安くなるよ。」

とアドバイスをしてくれました。確かにその方が良いと，太郎さんはアドバイス通りの買い物をしました。（　Ａ　），（　Ｂ　）にあてはまる言葉や数を答え，下線部の理由を説明しなさい。

【社　会】〈第１回試験〉（30分）〈満点：70点〉

1 次の文章を読んで、各問いに答えなさい。

a 琵琶湖は **b** 滋賀県の面積の約６分の１をしめる、日本最大の湖である。琵琶湖には **c** 多くの河川が流れこむが、琵琶湖から流れ出る河川は、瀬田川（せたがわ）のひとつだけである。瀬田川は（　1　）に入ると **d** 宇治川とよばれ、２つの河川と合流した後、**e** 大阪府では **f** 淀川とよばれるようになる。

⑴ 下線部 **a** について、あとの問いに答えなさい。

① 琵琶湖周辺の地域では、古くから、塩づけした魚と米をつけこんだ発酵（はっこう）食品である「ふなずし」が食べられてきた。発酵食品として正しくないものを、次の**ア**～**エ**のうちから１つ選び、記号で答えなさい。

ア．しょうゆ　　**イ**．納豆　　**ウ**．豆腐　　**エ**．みそ

② 琵琶湖よりも面積が小さい島として正しいものを、次の**ア**～**エ**のうちから１つ選び、記号で答えなさい。

ア．択捉島　　**イ**．国後島　　**ウ**．種子島　　**エ**．沖縄本島

⑵ 下線部 **b** について、滋賀県の県庁所在地は大津市である。あとの問いに答えなさい。

① 滋賀県は、県名と県庁所在地名がことなる県である。県名と県庁所在地名の組み合わせとして正しくないものを、次の**ア**～**エ**のうちから１つ選び、記号で答えなさい。

ア．岩手県―盛岡市　　**イ**．群馬県―前橋市

ウ．島根県―松江市　　**エ**．香川県―松山市

② 大津と同じように、「津」で終わる地名は全国各地で見られる。**図１**中の●は、「津」で終わる市名の所在地を表したものである。**図１**を参考にして、「津」という漢字が持つ意味として正しいものを、次の**ア～エ**のうちから１つ選び、記号で答えなさい。

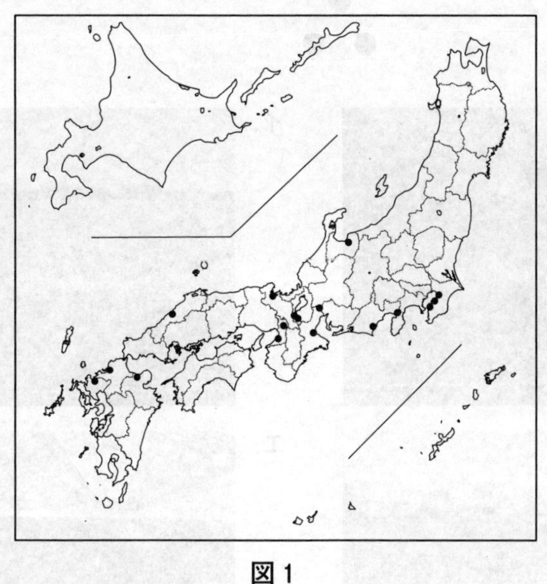

図１

ア．宿場　　**イ**．港　　**ウ**．神社　　**エ**．市場

(3) 下線部**ｃ**について、**写真１**は琵琶湖に流れ込む河川の一つである安曇川（あどがわ）の河口部の空中写真である。この写真にみられる、河川によって運ばれた土砂が河口付近にたまってできる、低くて平らな地形の名称を答えなさい。

写真１

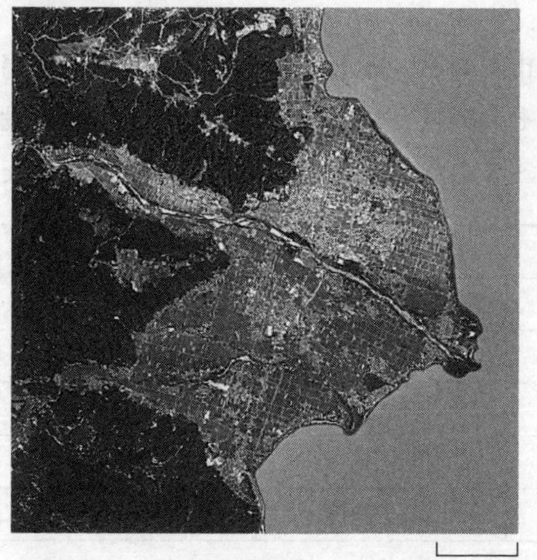

〔地理院地図より作成〕

0　2km

(4) 空欄（　**1**　）に入る都道府県名を答えなさい。

(5)　下線部**d**について、この河川が流れる宇治市の地形図には、**図２**の地図記号が多くみられる。この地図記号で表される土地の写真として正しいものを、次の**ア**～**エ**のうちから１つ選び、記号で答えなさい。

図２

(6)　下線部**e**について、大阪府内には、大阪市と堺市の２つの政令指定都市がある。あとの問いに答えなさい。

①　下の表は、政令指定都市である大阪市・熊本市・川崎市・新潟市・福岡市の、各市役所がある位置のおよその緯度と経度を表している。川崎市役所を表すものとして正しいものを、次の**ア**～**エ**のうちから１つ選び、記号で答えなさい。

	緯度	経度
大阪市	北緯35度	東経136度
ア	北緯33度	東経131度
イ	北緯34度	東経130度
ウ	北緯36度	東経140度
エ	北緯38度	東経139度

②　現在の堺市にあたる地域は、室町時代の日明貿易によって発展した。この貿易において、明が正式な貿易船にあたえた証明書の名称を答えなさい。

(7)　下線部 f について、次の地形図は淀川から分流した河川の一つである木津川の周辺を表したものである。あとの問いに答えなさい。

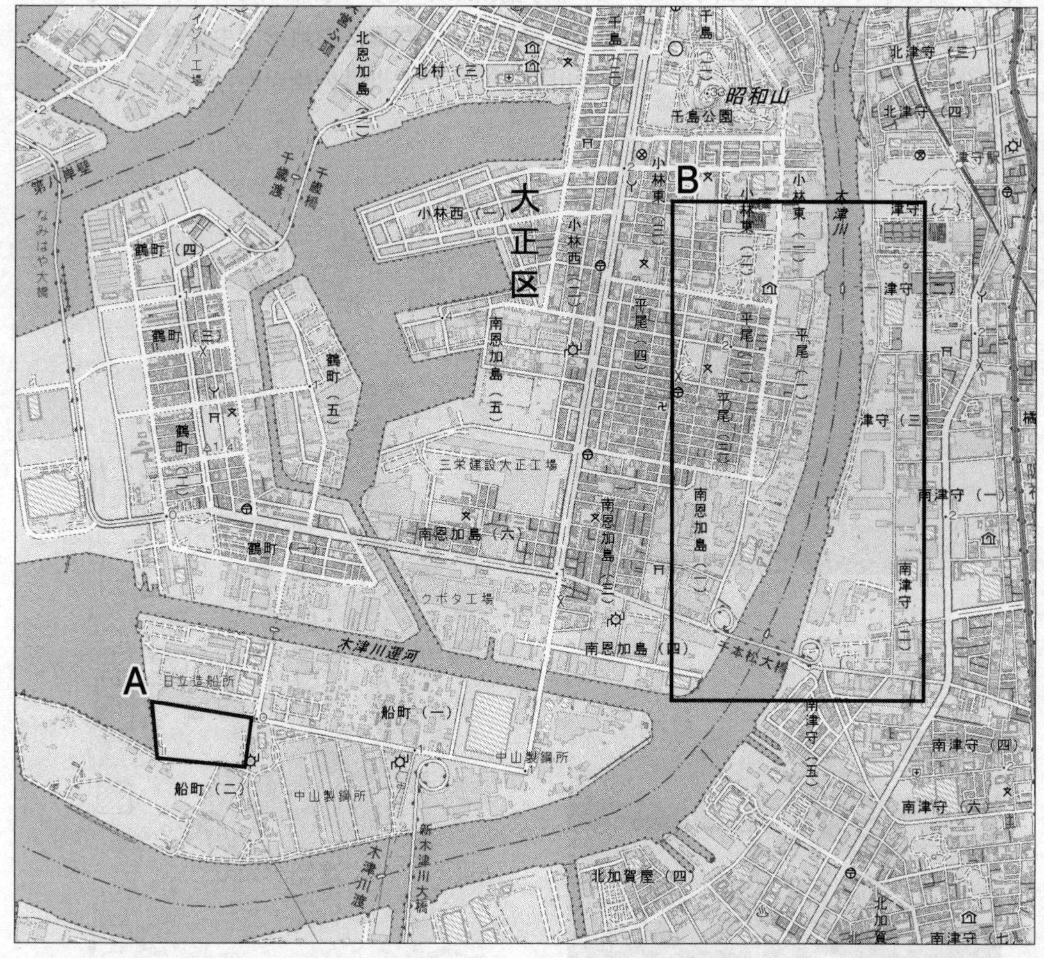

〔電子地形図　25000分の１（2021年３月ダウンロード）の一部より作成〕

①　地形図に関する説明文として正しいものを、次の**ア**～**エ**のうちから１つ選び、記号で答えなさい。

ア.「千島公園」の北西には、警察署がある。

イ.「津守駅」の西側には、高等学校がある。

ウ. 地形図中の**A**の内側は、荒れ地である。

エ.「鶴町㈡」は埋め立て地であるため、神社が存在しない。

② この地形図の範囲内の「木津川」には、「千本松大橋」と「新木津川大橋」の２本しか橋がかかっていない。この２つの橋は、**写真２**のようなループ橋であるため、徒歩や自転車での利用には向いていない。大阪市は、徒歩や自転車で「木津川」を渡る市民のために、渡船(とせん)を運航している（**写真３**）。**写真２**や地形図中の**B**を拡大して作成した**図３**を参考にして、「木津川」にループ橋以外の橋がかけられていない理由を説明しなさい。

写真２

〔大阪市ＨＰ〕

写真３

図３

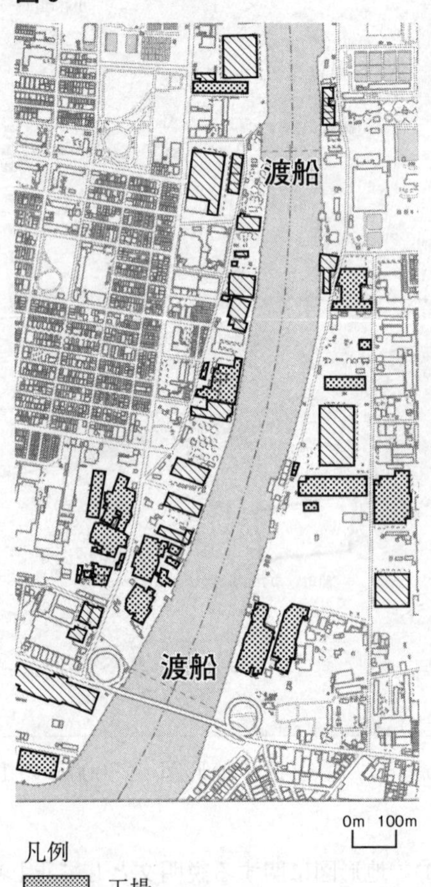

〔地理院地図より作成〕

2 次の文章を読んで、各問いに答えなさい。

古くから近畿地方は、九州北部と並ぶ進んだ地域であった。なかでも**a**大阪府の中央部の東寄(ひがしよ)りの地域には、大きな**b**遺跡が集中している。

７世紀につくられた難波宮(なにわのみや)付近には港があり、**c**平安時代に盛んになった熊野地方へのおまいりの出発点として、人でにぎわった。

d鎌倉末期から南北朝期にかけての内乱の時代を経て、堺が日明貿易の港となると商人が集まるようになった。さらに、**e**豊臣秀吉が大阪城を建設すると大阪は巨大都市へと成長し、江戸時代には全国の産物を集め、送り出す所として重要な役割を果たしたことで、「天下の（　**1**　）」とよばれた。その中から、鴻池(こうのいけ)や和泉屋住友(いずみやすみとも)などの**f**江戸時代を代表する商人がうまれた。

その後、大阪商人は**g**明治維新により打撃(だげき)を受けたが、**h**20世紀にはいると、戦争により重工業の生産がのびて発展した。アジア・太平洋戦争では終戦直前に空襲の被害にあったが、**i**戦後の復興をとげた大阪は日本を代表する商業都市として大きな役割をはたしている。

(1) 下線部**a**について、大阪府の形として正しいものを、次の**ア**～**エ**のうちから１つ選び、記号で答えなさい。

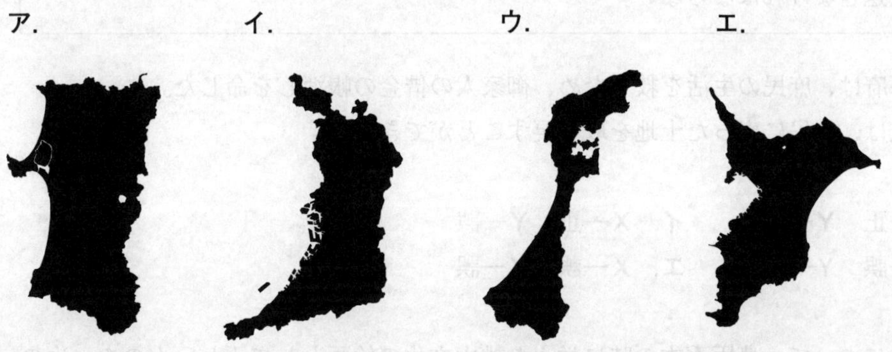

※大きさの比率(ひりつ)と方角は同じではありません。
また、島は一部省略してあります。

(2) 下線部**b**について、仁徳天皇の墓と伝えられている、日本最大級の古墳として正しいものを、次の**ア**～**エ**のうちから１つ選び、記号で答えなさい。

ア．五色塚古墳　　**イ**．江田船山古墳　　**ウ**．稲荷山古墳　　**エ**．大仙古墳

(3) 下線部cについて、平安時代の地方の様子に関して述べた次の文Ⅰ～Ⅲについて、古いものから年代順に配列したものとして正しいものを、次のア～カのうちから１つ選び、記号で答えなさい。

Ⅰ 桓武天皇は、地方の政治を引きしめるため、国司をきびしく監督(かんとく)する官職をおいた。
Ⅱ 都で摂関政治が行われていたころ、国司は朝廷から地方の政治を任(まか)されていた。
Ⅲ 平氏一族は、朝廷の重要な役職を独占して、西日本を中心に多くの荘園をもつようになった。

ア．Ⅰ―Ⅱ―Ⅲ　　イ．Ⅰ―Ⅲ―Ⅱ　　ウ．Ⅱ―Ⅰ―Ⅲ
エ．Ⅱ―Ⅲ―Ⅰ　　オ．Ⅲ―Ⅰ―Ⅱ　　カ．Ⅲ―Ⅱ―Ⅰ

(4) 下線部dについて、次の**史料**に関して述べた文X・Yについて、その正誤の組み合わせとして正しいものを、次のア～エのうちから１つ選び、記号で答えなさい。

史料
領地の売買は、御家人の生活が苦しくなるもとなので、今後は禁止する。……御家人以外の武士や庶民(しょみん)が御家人から買った土地は、売買から何年過ぎても、本来の持ち主に返さなければならない。

X 鎌倉幕府は、庶民の生活を救うため、御家人の借金の帳消しを命じた。
Y 御家人は、庶民に売った土地を取り戻すことができた。

ア．X―正　Y―正　　イ．X―正　Y―誤
ウ．X―誤　Y―正　　エ．X―誤　Y―誤

(5) 下線部eについて、豊臣秀吉の時に栄えた桃山文化の絵画として正しいものを、次のア～エのうちから１つ選び、記号で答えなさい。

ア．

イ．

ウ．

エ．

(6)　空欄（　1　）に入る語句を答えなさい。

(7)　下線部 f について、次のカードⅠ～Ⅳは、江戸時代の改革についてまとめたものである。カードⅠ～Ⅳを読み、あとの問いに答えなさい。

カードⅠ	カードⅡ	カードⅢ	カードⅣ
松平定信は、幕府の学校で、朱子学以外の講義を禁止した。	水野忠邦は物価を引き下げるため、商工業者の組合である（　2　）を解散させた。	田沼意次は、（　2　）を積極的に認める代わりに、税を取り立てた。	徳川吉宗は、米を納めさせる代わりに参勤交代をゆるめる上米の制を行った。

①　空欄（　2　）に入る語句を答えなさい。

②　カードⅠ～Ⅳについて、古いものから年代順に正しく配列したとき、2番目となるものとして正しいものを、次のア～エのうちから１つ選び、記号で答えなさい。

ア．カードⅠ　　イ．カードⅡ　　ウ．カードⅢ　　エ．カードⅣ

(8)　下線部 g について述べた次の文Ｘ・Ｙと、それに関連する語句ａ～ｄとの組み合わせとして正しいものを、次のア～エのうちから１つ選び、記号で答えなさい。

Ｘ　この人物は、薩摩と長州の出身者でかためられた政府が政治を行うことをやめるべきだという意見書を提出した。

Ｙ　天皇の権力が強い憲法をつくろうと考えた伊藤博文は、皇帝の権力が強いこの国の憲法を手本にした。

ａ．大久保利通　　ｂ．板垣退助　　ｃ．イギリス　　ｄ．ドイツ

ア．Ｘ―ａ　Ｙ―ｃ　　イ．Ｘ―ａ　Ｙ―ｄ

ウ．Ｘ―ｂ　Ｙ―ｃ　　エ．Ｘ―ｂ　Ｙ―ｄ

(9) 下線部 **h** について、20世紀に起きた戦争として正しくないものを、次の **ア**～**エ** のうちから１つ選びなさい。

ア．日清戦争　　**イ**．日露戦争　　**ウ**．第一次世界大戦　　**エ**．日中戦争

(10) 下線部 **i** について、次の新聞記事はある戦争についての記事である。ある戦争がはじまると日本は好景気となったが、それはなぜか。ある戦争の名をあげて説明しなさい。

朝日新聞

北鮮、韓國に宣戰布告

京城に危機迫る

侵入軍 臨津江突破

東海岸からも上陸

臨津江西方全域失う

動乱の現地の様相

緊急指令を待機

安保理事会開

（朝日新聞1950年６月26日朝刊１面）

3 次の文章を読んで、各問いに答えなさい。

昨年、核兵器に関し注目された出来事が２つあった。１つ目は、※「黒い雨」訴訟の二審判決が広島高等裁判所で下されたことである。判決内容は、**a** 訴えを起こした住民全員を被爆者として認め、住民の自己負担なしで医療を受けられるようにするなどを **b** 行政に求めるものであった。**c** 広島県と広島市は当初から判決受け入れを希望し、最終的に **d** 首相が最高裁判所に（　**1**　）をしない決断をしたことで、住民勝訴が決まった。

２つ目は、核兵器を全面的に禁止するはじめての **e** 条約が正式に力をもち始めたことである。この条約は、2017年７月に国際連合の（　**2**　）で採択され、発効に向けた国際的手続きが進められていた。**f** ノーベル平和賞を受賞（2017年）したＩＣＡＮ（核兵

器廃絶国際キャンペーン）は、この条約の成立に貢献した市民組織である。**g** 世界の核兵器の状況がどう変化するのか注目される。

※「黒い雨」訴訟……原子爆弾に直接被爆しなかったものの、原爆投下後に降った「黒い雨」に触れたり川の水を飲んだりした人も病気などで苦しんできたが、救済されずにきた人々が多かった。そこで、行政に対し、「黒い雨」による健康被害を受けた住民が原爆の被害者であることを認め、被爆者健康手帳の交付をすべきという訴えがおこった。

(1) 下線部 **a** について、裁判で訴えをおこした立場を何というか。漢字２文字で答えなさい。

(2) 下線部 **b** について、行政を担う中央省庁のうち国民の健康や医療に対して権限をもつものとして正しいものを、次の**ア**～**エ**のうちから１つ選び、記号で答えなさい。

ア．防衛省　　**イ**．文部科学省　　**ウ**．財務省　　**エ**．厚生労働省

(3) 下線部 **c** について、広島県には、「原爆ドーム」に加え「厳島神社、および神社前面の海と背後の原生林」という２つの世界遺産がある。12世紀後半、この神社の整備に深くかかわった有力者を答えなさい。

(4) 下線部 **d** について、首相は内閣の最高責任者である。内閣のもつ権限として正しくないものを、次の**ア**～**エ**のうちから１つ選び、記号で答えなさい。

ア．衆議院の解散を行う。

イ．国会の決定に対して拒否権をもつ。

ウ．予算を作成し国会に提出する。

エ．天皇の国事行為に対し助言と承認を行う。

(5) 空欄（　**1**　）に入る語句を答えなさい。

(6) 下線部 **e** について、条約の承認などの国会の議決は、衆議院と参議院が異なる議決をした場合に衆議院の優越が認められている。条約の承認と法律案の議決とでは、衆議院の優越はどのように異なるのか、説明しなさい。

(7) 空欄（　**2**　）に入る、加盟国がそれぞれ１票の投票権をもつ、国連を代表する機関の名称を答えなさい。

(8) 下線部ｆについて、ノーベル平和賞受賞者と功績(こうせき)の組み合わせとして正しくないものを、次のア～エのうちから１つ選び、記号で答えなさい。

ア．ワンガリ・マータイ……植林活動など環境保護への取り組み
イ．佐藤栄作……中華人民共和国との国交正常化
ウ．マザー・テレサ……長きにわたる貧しい人々への奉仕(ほうし)活動
エ．マララ・ユサフザイ（マララ・ユスフザイ）……女子教育や平和への取り組み

(9) 下線部ｇについて、次の表からわかる内容として正しいものを、次のア～エのうちから１つ選び、記号で答えなさい。

表　2021年時点の保有国別の核兵器数

国名	核兵器数（個）
アメリカ合衆国	5550
ロシア連邦	6255
イギリス	225
フランス	290
中華人民共和国	350
インド	156
パキスタン	165
イスラエル	90
朝鮮民主主義人民共和国	40－50
合　計	13121－13131

（「ストックホルム国際平和研究所2021要約版」より作成）

ア．核兵器の半数以上をアメリカ合衆国が保有していることがわかる。
イ．南半球に核兵器を保有している国が集まっていることがわかる。
ウ．核兵器を保有していない安全保障理事会の常任理事国があることがわかる。
エ．上位２国が合計の約９割にあたる核兵器数を保有していることがわかる。

(10) 本文の内容について述べた次の（い）～（に）の文章について、正誤の組み合わせとして正しいものを、次のア～エのうちから１つ選び、記号で答えなさい。

（い）「黒い雨」訴訟の判決内容に対し、すべての行政機関は反発していた。
（ろ）「黒い雨」訴訟とは、核兵器を全面的に禁止する国際的取り組みのことである。
（は）核兵器禁止条約の成立には、ＩＣＡＮが大きな役割をはたした。
（に）核兵器禁止条約は、核兵器を全面的に禁止する条約である。

ア．（い）…正　（ろ）…誤　（は）…正　（に）…誤
イ．（い）…誤　（ろ）…正　（は）…誤　（に）…正
ウ．（い）…誤　（ろ）…誤　（は）…正　（に）…正
エ．（い）…正　（ろ）…正　（は）…誤　（に）…誤

【理　科】〈第１回試験〉（30分）〈満点：70点〉

1　次の(1)～(9)の各問いに答えなさい。

(1)　昆虫に関する次の①～④の文章の説明のうち、正しい文章の組み合わせを、次のア～カから１つ選び、記号で答えなさい。

①　頭・胸・腹の３つの部分に分かれているものと、頭胸・腹の２つの部分に分かれているものがある。

②　はねの枚数は、０枚・２枚・４枚のいずれかである。

③　あしは４本、または６本である。

④　気門の多くは腹にあるが、胸にも少しだけある。

ア　①と②　　イ　②と③　　ウ　③と④
エ　②と④　　オ　①と④　　カ　①と③

(2)　次の各文章で説明する変化のうち、ぎょう縮（液化）にあてはまるものを、次のア～オから１つ選び、記号で答えなさい。

ア　食塩を水に入れてかき混ぜたところ、全てとけた。
イ　固体の水酸化ナトリウムが空気中の水蒸気を吸収してとけた。
ウ　コップに冷たい水を入れておいたところ、コップの外側に水滴がついた。
エ　ろうそくに火をつけたところ、ろうがとけて流れ落ちてきた。
オ　魚の切り身に塩をふったところ、水分がしみ出てきた。

(3)　次の各水溶液を、緑色のＢＴＢ溶液に加えたときの色の変化をまとめた結果として正しいものを、表のア～エから１つ選び、記号で答えなさい。

【水溶液】　塩酸　　せっけん水　　炭酸水　　石灰水　　エタノール水溶液

	黄色に変化した	緑色のままだった	青色に変化した
ア	塩酸	せっけん水 炭酸水	石灰水 エタノール水溶液
イ	塩酸 炭酸水	エタノール水溶液	せっけん水 石灰水
ウ	せっけん水 石灰水	エタノール水溶液	塩酸 炭酸水
エ	せっけん水 エタノール水溶液	石灰水 炭酸水	塩酸

(4)　20％の食塩水10ｇに水を加えて５％にするためには、何ｇの水を加えればよいですか。

(5)　次の各操作①～③によって発生する気体をそれぞれ次のＡ～Ｄから１つ選び、記号で答えなさい。また、その気体の性質として適当なものを、それぞれ次のア～エから１つ選び、記号で答えなさい。

【操作】

①　二酸化マンガンにオキシドールを少しずつ加える

②　大理石にうすい塩酸をかける

③　水酸化ナトリウム水溶液にアルミニウムを加える

【発生する気体】

Ａ　二酸化炭素　　Ｂ　水素　　Ｃ　酸素　　Ｄ　アンモニア

【性質】

ア　気体を集めたびんに火のついた線香を入れると、炎があがり、激しく燃えた。

イ　試験管に捕集してマッチの火を近づけると、大きな音を立てて気体が燃焼した。

ウ　石灰水に通すと、石灰水が白く濁(にご)った。

エ　水に非常に溶けやすく、水上置換では集められない。

(6)　右図のような直方体の形をした300ｇの物体を水平面上に置きました。水平面１cm^2あたりが受ける力が最も大きくなるのはどの面を下向きにしたときですか。Ａ～Ｃから１つ選び、記号で答えなさい。また、その大きさは何ｇですか。

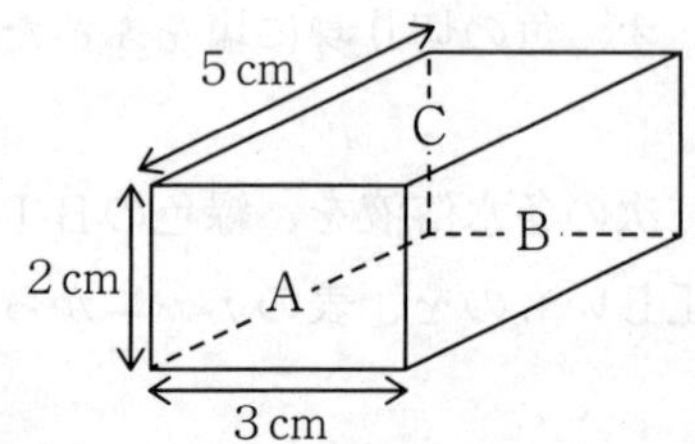

(7)　ある長さの軽い糸の一端(いったん)におもりを取り付けて振(ふ)り子にしました。この振り子の糸を元の長さの$\frac{1}{4}$倍にした場合、振り子が往復するのにかかる時間はもとの振り子が往復するのにかかる時間の何倍ですか。

(8)　右図のように、動滑車ごとおもりを持ち上げるには、おもりが受ける重力の何倍以上の力で引けばよいか答えなさい。ただし、糸と滑車との間の摩擦および、おもり以外の重さは無視できるものとします。

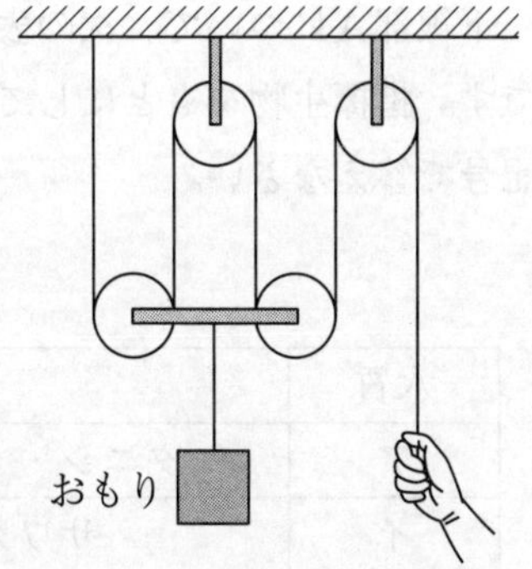

(9)　下図Ａ～Ｄは、ある地層で観察された岩石の表面を拡大しスケッチしたものです。火山灰の層で観察された岩石のスケッチはどれですか。次のＡ～Ｄから１つ選び、記号で答えなさい。

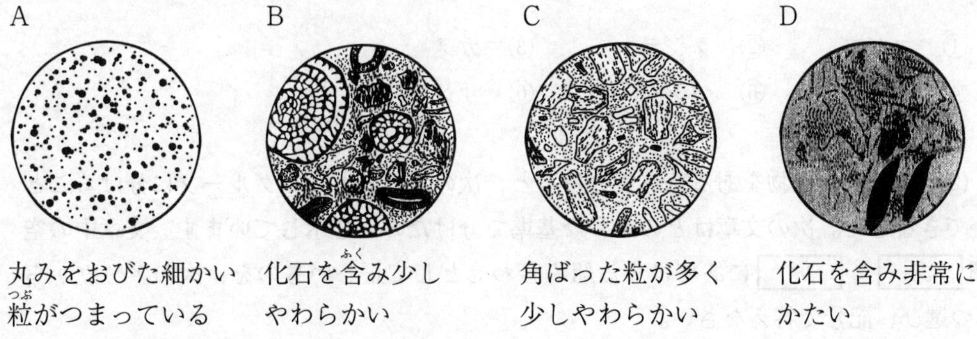

Ａ　丸みをおびた細かい粒がつまっている

Ｂ　化石を含み少しやわらかい

Ｃ　角ばった粒が多く少しやわらかい

Ｄ　化石を含み非常にかたい

2　次の文章を読み、(1)～(7)の各問いに答えなさい。

河川の水質がどの程度きれいなのかを調べる際の目安となる生物を$_{A}$<u>「指標生物」</u>といいます。どのような指標生物が存在するかによって、水質を大きく４つの程度に分けることができます。

$_{B}$<u>魚類</u>のなかまであるアユは、濁った河川では生息できないため、きれいな河川を好むことで知られています。先ほどの指標生物を用いた分類では、２番目にきれいな水質の河川までは生息可能といわれています。そして、アユは「縄張り」をつくって生活しますが、$_{C}$<u>一部のアユは「群れ」をつくって生活しています。</u>

しかし、近年、河川環境の悪化などにより、アユの個体数が減少していることが問題視されているため、$_{D}$<u>アユの個体数を増やす対策</u>を行っています。

(1)　下線部Ａについて、次の表１は指標生物に応じて水質の程度をア～エに分けたものです。指標生物をもとにして、２番目にきれいな水質を表１のア～エから１つ選び、記号で答えなさい。

表１

水質	指標生物
ア	タニシ・ミズムシ・ニホンドロソコエビ・ミズカマキリなど
イ	サワガニ・ヨコエビ・ナミウズムシ・カワゲラなど
ウ	アメリカザリガニ・エラミミズ・ユスリカ・サカマキガイなど
エ	ゲンジボタル・カワニナ・ヤマトシジミ・コオニヤンマなど

(2)　下線部Ｂについて、次の①～⑥の生物の中から魚類のなかまを数字で全て選びなさい。

①　マグロ　　②　クジラ　　③　カメ
④　イカ　　⑤　ペンギン　　⑥　サメ

(3)　(2)の①～⑥の生物をある基準で分けると、次のⅠ・Ⅱというグループに分けることができました。次の文章はどのような基準で分けたのかを示しています。文章中の空欄(らん) あ ・ い にあてはまる組み合わせとして正しいものを、次のア～カから１つ選び、記号で答えなさい。

Ⅰ	Ⅱ
マグロ	クジラ
イカ	カメ
サメ	ペンギン

「(2)の①～⑥の生物を あ の違いによって分けた際に、グループⅠの共通点は い であるということです。」

	ア	イ	ウ	エ	オ	カ
あ	体表	体表	呼吸	呼吸	セキツイの有無	セキツイの有無
い	うろこ	皮ふ	肺呼吸	えら呼吸	セキツイ動物	無セキツイ動物

下線部Cについて、動物は群れをつくることによって様々な利益を得る一方で、労力もかかるようになります。

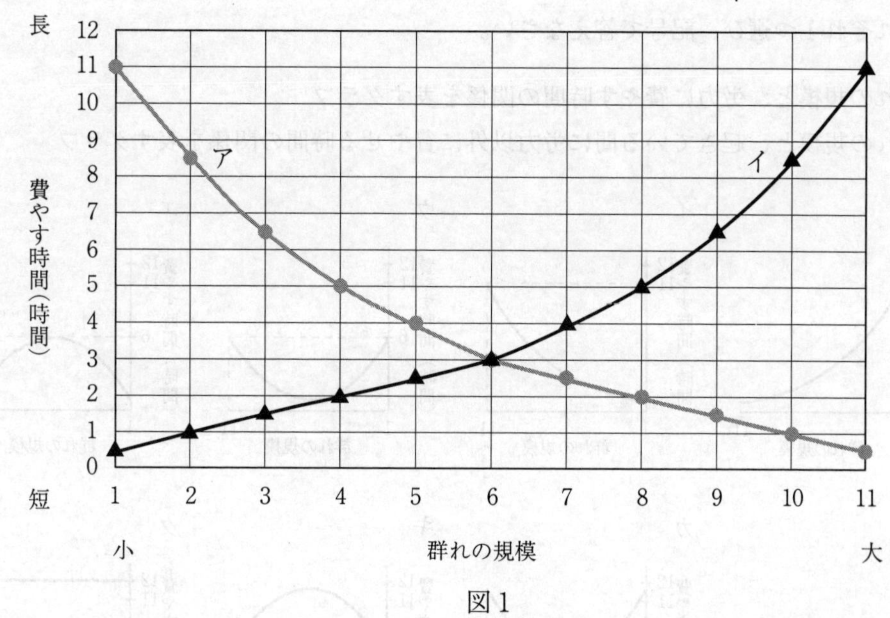

図１

図１はある動物の群れの規模と、労力である「天敵に対する見張りに費やす時間」、「群れの中で食物をめぐる争いに費やす時間」の関係をそれぞれグラフで表したものです。なお、横軸(じくく)は群れの規模を11段階で等間隔(かく)に示しており、１に近いほど小さい群れ、11に近いほど大きい群れを表しています。また、群れの大小にかかわらず食物の量は一定とします。

(4)　図１の曲線ア・イのうち、「群れの中で食物をめぐる争いに費やす時間」を表しているものはどちらか記号で答えなさい。

(5) 群れの規模は、労力である「天敵に対する見張りに費やす時間」・「群れの中で食物をめぐる争いに費やす時間」のバランスで決定することが分かっています。この動物が起きて活動している時間を12時間として、次の①・②を表すグラフを次のア～クからそれぞれ１つ選び、記号で答えなさい。

① 群れの規模と、労力に費やす時間の関係を表すグラフ

② 群れの規模と、起きている間に労力以外に費やせる時間の関係を表すグラフ

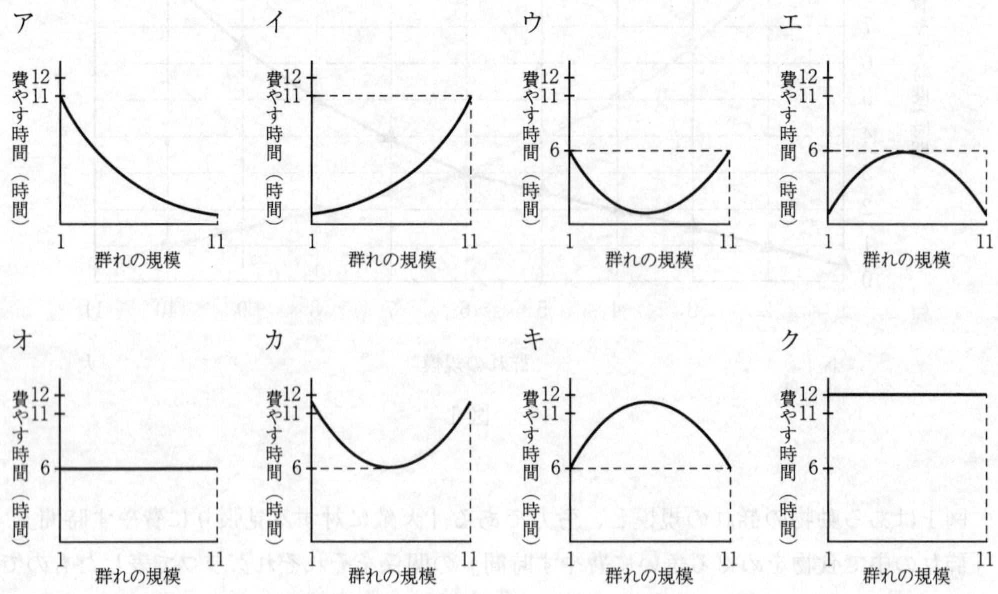

(6) (5)をふまえて、この動物にとっての労力を考えた際の最適な群れの規模はどこになりますか。図１の群れの規模の1～11の数字から選びなさい。

(7) 下線部Dについて、アユの個体数を増やす対策として間違(ちが)っているものを次のア～エから１つ選び、記号で答えなさい。

ア アユの幼魚を川に放流する。

イ アユ釣りを一定期間禁止する。

ウ アユのいる河川に栄養が豊富な生活排(はい)水を流す。

エ アユの産卵場所を整える。

3 次の文章を読み、(1)〜(7)の各問いに答えなさい。

花子さんは、本屋さんで天文の雑誌を読んでいました。

「流星は、宇宙にただようちりが、地球の大気にぶつかることで起こります。ある高度の空気にちりがぶつかるときに、光が出てきます。これが流星なのです。2021年は、8年ぶりの好条件で夏の風物詩ペルセウス座流星群を見ることができます。ペルセウス座流星群となぜ呼ぶかというと、流星がペルセウス座の方角からやってくるように見えるからです。他の流星群に比べて移動する速度が速く、なんと毎秒60 km もあります。」

「流星の写真のとり方について説明します。流星に限らず星はとても暗いので、シャッターは10秒から20秒くらい開けてとりましょう。シャッターが閉いている間にカメラが動いてしまうと写真がうまくとれないので、カメラは三脚(きゃく)に固定します。流星は(　Ａ　)とよいでしょう。」

「次の図は、8月13日の午前2時に東の方角で見られる星空です。明け方にかけて流星のさつえいもできるかもしれませんよ。」

2021年８月13日　02：00

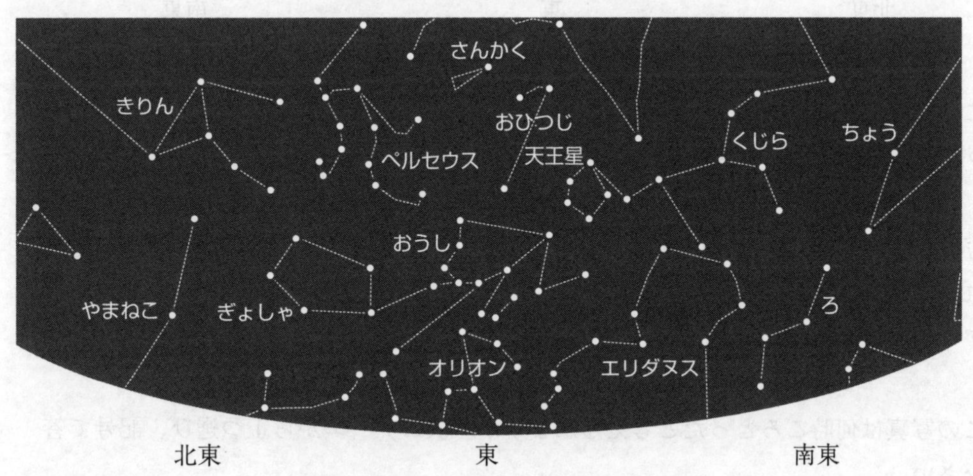

(1) 文章中の空欄（　Ａ　）に入る文章を次のア〜エから１つ選び、記号で答えなさい。

ア　決まった時刻に流れるので、その時刻にシャッターを押す

イ　決まった方角にだけ流れるので、その方向に向けて写真をとる

ウ　いつ流れるか分からないので、たくさん写真をとる

エ　太陽の光をうけてかがやいているので、西の方を向いて写真をとる

花子さんは８月12日の夕方から13日の明け方にかけて、流星のさつえいをおこないました。東の空にカメラを向け、雑誌に書いてある通りにして写真をとりました。次の図はその中の１枚の写真を分かりやすくスケッチしたものです。すると、①と②の線が写っていました。

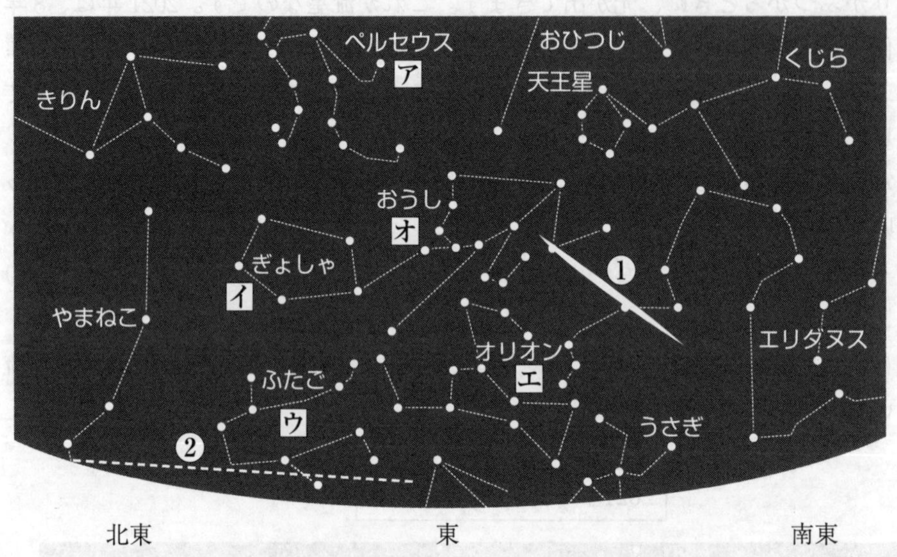

(2)　この中で、冬の大三角形をつくる星をふくむ星座はどれですか。図中のア～オから１つ選び、記号で答えなさい。

(3)　写真に写っていた①と②の線は、何のあとと考えられますか。次のア～オからそれぞれ１つ選び、記号で答えなさい。

ア　流星　　イ　彗(すい)星　　ウ　恒(こう)星　　エ　惑(わく)星　　オ　飛行機

(4)　この写真は何時ごろとったと考えられますか。次のア～エから１つ選び、記号で答えなさい。

ア　午後６時ごろ　　イ　午後９時ごろ
ウ　午前０時ごろ　　エ　午前３時ごろ

(5)　この写真をとったとき、南の空高くに見えていた星座は何ですか。次のア～エから１つ選び、記号で答えなさい。

ア　ペガスス座　　イ　さそり座
ウ　おおぐま座　　エ　はくちょう座

(6) ２か月後には、オリオン座流星群が見られます。花子さんのとった写真と同じ位置にそれぞれの星座が見えるのは何時ごろですか。

(7) 花子さんは、さつえい中に見られたある流星が光り始めてから消えるまでの時間を測ってみたところ、0.7秒間でした。この流星が高さ50 kmで消えたとすると、流星が光り始めたのは高さ何 kmのところでしょうか。なお、この流星のもととなるちりは、図のように地球の空気に直角にぶつかったものとします。

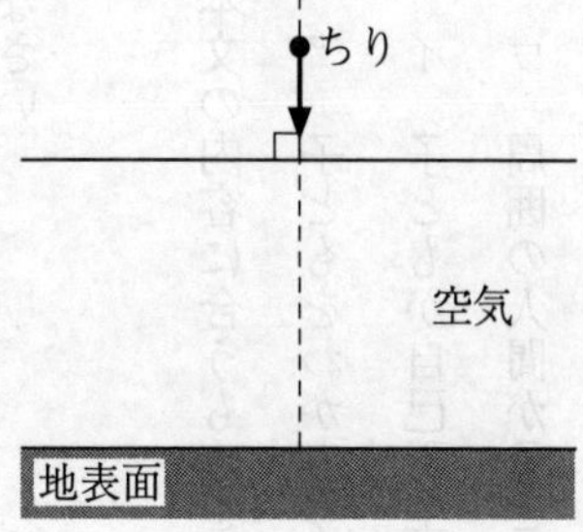

問六　傍線部③「『自分づくり』のプロセス」とありますが、本文で述べられている自分の作られ方の流れとして最も適当なものを次の中から一つ選んで、記号で答えなさい。

ア　先生に相談して親友と同じクラスに替えてもらうことで、今までになかった相談力が身に付いていく。
イ　衣食住や家族関係などの問題を友人に相談することで、他人と一緒に生きていく力が身に付いていく。
ウ　困難な現実に打ちのめされても、相談することで新しい自分と出会う解決方法を得ることができる。
エ　解決しそうにない悩みごとでも、相談することで新たな感情や新しい発想などを得ることができる。

問七　傍線部④「揺れる家族」とはどういうことですか。五十〜六十字で説明しなさい。（句読点や記号も字数に含めます。）

問八　次の一文が入る位置として最も適当な箇所を本文（ア）〜（エ）から選び、記号で答えなさい。

その一つひとつが、「自分づくり」なのだと思います。

問九　傍線部⑤「行ったり来たりする気持ちの両面に丁寧に触れる」とありますが、同じことを述べている箇所を十字で抜き出して答えなさい。

問十　本文の内容に合うものを次の中から一つ選んで、記号で答えなさい。

ア　子どもをわかろうとする努力を続けることが、他人同士はわかりあえないという限界を認めることにつながる。
イ　子どもが自己再生するためには、自分自身の性格や感情・行動などにしっかり目を向けることが欠かせない。
ウ　周囲の人間が子どもに共感することで、子どもたちの隠れていた能力が発揮されていくこともある。
エ　他人同士はわかりあえないという限界があるため、大人が子どもに共感するということは意味がない。

※６　喚起剤……呼び起こすものの意味で使われている。
※７　逆説……一般に正しいと考えられていることに反する主張や事態。

問一　傍線部①「こんな自己紹介」とありますが、筆者の自己紹介の内容に**合わないもの**を次の中から一つ選んで、記号で答えなさい。
ア　スクールカウンセラーは生徒の学校生活を豊かにするために、先生や家族と相談することがある。
イ　スクールカウンセラーとして、思春期には他人や自分のことで悩むこともあると伝えている。
ウ　スクールカウンセラーとして、悩んだ時には抱え込まず相談する方法を生徒に示している。
エ　スクールカウンセラーが学校にいるということを、家族や先生方にも覚えてもらえたらうれしい。

問二　空欄 A に当てはまる言葉として最も適当なものを次の中から一つ選んで、記号で答えなさい。
ア　カウンセラー　イ　サポーター　ウ　スーパーヴァイザー　エ　センセー

問三　空欄 B に当てはまる言葉として最も適当なものを次の中から一つ選んで、記号で答えなさい。
ア　友だちに話せばいい　イ　後で話してね
ウ　誰にも話さないでね　エ　話さなくていい

問四　空欄 Ⅰ ～ Ⅳ に当てはまる語としてそれぞれ適当なものを選んで、記号で答えなさい。同じ記号は二回使用できません。
ア　なぜなら　イ　たとえば　ウ　ただし　エ　つまり　オ　もちろん

問五　傍線部②「消極的な」を具体的に表した部分を、これより前の部分から十字で二カ所、抜き出して答えなさい。

ＳＣとして子どもたちにかかわって、一〇年近くになります。その間、たくさんの驚きと感動がありました。

昼休みのおしゃべりタイムでは、「センセー（ＳＣは先生ではありませんが、学校にいるおとなを「〇〇さん」と呼ぶことに慣れない生徒も多く、私のことをどう呼ぶかは、生徒たちそれぞれにお任せしています）って、いつも食べ物の話ばっかりじゃん！」などと、するどいツッコミを受けて、大笑いになる時もあります。何気ないシーンですが、自由に自己表現できる安心感や人と人とが相互にかかわりあうことでしか生まれない楽しさや喜びを、共有する瞬間です。

長い間教室に入れずにいた子どもが、「教室にいる子の何十倍も悩んで考えた自信がある」と話した時。人にどう思われるか不安で自分の本音を言えなかった子どもが、「全員から好かれなくてもいいか」とつぶやいた時。子ども自身が感じ考えた先には、自分の力で育っていこうとする自己再生や自己治癒があるのだと、あらためて気付かされました。

子どもには、感じ、考え、かかわりあう力が秘められていると思います。そして、それらの力が十分に発揮できるよう、※6喚起剤や柔軟剤の役割を果たすのが、「共感すること」だと考えています。※7逆説的になりますが、私はいつも、「人と人は、完全にはわかりあえない」という限界を認めることが、スタートラインだと思っています。だからこそ、最大限わかろうとする努力を怠ることなく、子どものそばに在り続けたいと思うのです。そうすることが、ＳＣの仕事だと考えています。秘められた力が共感と出会う時、子どもたちは、自らを癒し、創造していくのではないでしょうか。

（『子どもにかかわる仕事』所収　橋本早苗「『自分づくり』のサポーター」による）

〈注〉※１　スクールカウンセラー……学校に配置され児童・生徒の個人的な悩みを聞いたり相談したりするカウンセラーのこと。

※２　一過性……その場限りで、すぐに消えること。

※３　ニュートラル……どちらにもかたよらない様子。

※４　臨床心理士……心の病や悩みをもつ患者の、心の健康回復を支援する人。

※５　研鑽……みがき深めること。

いることもあります。④揺れる家族をサポートすると同時に、「親と子」という関係だけではない、「人と人」という対等な関係の始まりもサポートします。

担任の先生や部活動の顧問の先生との話し合いも、とても大切です。先生とＳＣには、「導く立場」と「寄りそう立場」という違いがあり、役割分担をして生徒を応援します。たとえて言うなら、壁をよじ登る生徒を、先生は上から引っ張り上げようとし、ＳＣは下から支え上げるのです。「友だちとケンカして気まずいままだ」という「壁」があったとします。仲直りには、お互いの気持ちを話し合うことも、自分の気持ちを整理することも必要でしょう。先生は話し合いをサポートし、ＳＣは気持ちの整理をサポートすることができます。やり方は違っても、生徒が自分自身の力を十分に発揮できるようにサポートしているという点では、どちらも同じなのです。（ア）

〔中略〕

ＳＣとして大切にしていることは、光にも影にも寄りそうということです。たとえば、友だちとケンカをして以来、誰かと仲良くなることが怖くなってしまった子どもがいるとします。「またケンカしたらと思うと仲良くなるのが不安なんだね」という面だけではなく、「人と仲良くなるのが不安なあなたと、やっぱり仲良くなりたいと思うあなたと、両方いるんだね」と、⑤振り子のように行ったり来たりする気持ちの両面に丁寧に触れるのです。また、「こんなに悩むくらいならいっそ一人でもいいかとも思ったりするのかな」などと、混ざり合っているさまざまな気持ちも、子どもと一緒に見つけていくのです。（イ）

その時には、中学生ならこんな感じだろうと決めつけたり、自分はこうだったからこんな感じだろうと私自身の経験や考えを押しつけたりしないことはもちろん、常にそうやってニュートラル※3な姿勢で子どもと向き合えているかを、ＳＣとして自分でチェックできなければなりません。そのため臨床（りんしょう）※4心理士になるための勉強や訓練には、自分自身と向き合う練習が含まれています。（ウ）

自分自身の性格の把握もその一つです。怒ったり、傷ついたりした時、どんな感情や行動が起きやすいのか、それが自分の生い立ちとどう関係しているのかなど、時には考えるのが辛（つら）いことにも、しっかりと目を向けることが求められます。この自分と向き合うという作業は、資格をとったら終わりではなく、臨床心理士として仕事をする間、欠かすことなく続けなくてはなりません。スーパーヴァイザーというカウンセラーのカウンセラーに相談したり、カウンセラー同士で勉強会を開いたりして、自分自身を常にメンテナンスします。謙（けん）虚（きょ）な気持ちで子どもたちと出会えるよう、自己研鑽（けんさん）※5することが大切なのです。（エ）

「特に悩んでいることはありません」と、②消極的な生徒もいます。確かに、「悩みごとは○○です」と言えるほど、自分の気持ちがはっきりとしていないことがあるものです。しかし、だからといって、ここで終わってしまうのではありません。
かんたんにはわからない複雑な心の持ち主だからです。話すことがないようにみえるところから、スタートします。 Ⅱ 、人というのは、一言では言い表せないような感情や、自分自身では気付いていなかった気持ちを、一緒に発見していきます。

「話をしても解決しないので」と、あきらめている生徒もいます。「話しても解決しない」というのは、残念ですが事実の場合もあります。 Ⅲ 、「このクラスではなく親友と同じクラスになりたかった」という時、話したからといってクラス替えがあるわけではなく、問題は解決できないと言えるかもしれません。けれど、「親友と同じクラスになりたかった」という思いを表現することで、少し楽になったり、気持ちに区切りをつけたり、新しい友だちをつくろうと考えるなど、新たな展開が生まれることもあるのです。

ここでは、クラス替えという※2一過性（いっかせい）の出来事を例にあげました。しかし実際には、衣食住にかかわることや家族関係など、子どもの力では変えようのない困難な現実と向き合っている生徒たちが、少なくありません。話しても解決しない現実に打ちのめされそうな時、話してよかったと思ってもらえる時間を共有したいと考えています。

Ⅳ 、悩みごとの解決方法を見つけることができたら、それは素敵です。でも、解決方法という答えと出会えなかったとしても、落胆（らくたん）することはないと思うのです。相談することによって、知らなかった感情や味わったことのない気持ち、これまでとは違う発想や異なった角度からの視点など、新しい自分自身との出会いが待っています。そしてそれは、自分らしい自分になる、③「自分づくり」のプロセスになるのだと思います。

ＳＣは、生徒だけでなく、生徒にとって「もっとも身近なサポーター」である家族（親）や先生方とも相談します。サポーター同士が支え合うことで、生徒の応援団としてチーム全体の力がアップすることが、ねらいだと言えるでしょう。

家族が相談に来ると、「子どもが言うことを聞かなくなった」「子どものことがわからなくなった」と、子どもが想像する以上に苦悩しているという印象を受けます。思春期を迎えた子どもは、論理的な思考で自己主張するようになるため、親は戸惑（とまど）うこともあるのです。また、思春期の子どもを持つ親は、自分自身も中年期という人生の折り返し地点を迎え、これまで築き上げてきた人生観が揺さぶられて

三　次の文章を読み、あとの問いに答えなさい。（出題の都合上、本文を改変した部分があります。）

「スクールカウンセラー[※1]の橋本です。私は、みなさんと一緒に話をしたり、先生方やみなさんのご家族と相談をしたりして、みなさんの学校生活が豊かなものになるようにサポートするため、学校にいます。みなさんは今、思春期という時期で、友だちにどう思われるか気になったり、おとなの言うことに反発を覚えたり、自分の性格を変えたいと思ったりするかもしれません。そういう気持ちは、とても自然で大切なことです。もし自分だけで考えて、こんがらがってしまったら、誰かと話してみるのも一つの方法です。

友だちや家族、先生の他にも、スクールカウンセラーという人がいるということを覚えていてくれたらうれしいです。〇曜日の〇時から〇時、職員室か相談室にいますので、気軽に声をかけてくださいね」

私は、四月に入学したての中学一年生を前に、①こんな自己紹介をしています。生徒たちは、勉強を教える先生ではなく相談する人で、[A]みたいな感じらしいと、なんとなくわかってくれるようです。生徒たちにとって、スクールカウンセラー（以下、ＳＣ）との最初の出会いである自己紹介。わかりやすく、関心と親しみを持ってもらえるようにしたいと考えています。そして、それ以上に大切なのは、日々の中で、「出会いながら伝え、伝わるように出会うこと」だと思います。話をする時はもちろんのこと、廊下ですれちがう時も、心をこめてあいさつするように心がけています。

中学生の相談内容は、実に多様です。友だちとケンカをして気まずい、教室に行きたくない、親が自分の気持ちをわかってくれない、勉強が苦手だ、自分が好きになれない、なんだかわからないけれどイライラする…。そんな気持ちを抱え、生徒は相談に来ます。ＳＣは、生徒の話を、しっかりとじっくりと聴きます。「聴く」というのは、かんたんそうにみえて実はとても難しいことです。生徒の言葉だけではなく、声の大きさや何気ない表情にも気を配ります。大切なのは、生徒の気持ちを無理やり聞き出さず、「話したくないことは[B]」と、尊重することです。

[I]、自らすすんで相談に来る生徒は、それほど多くありません。悩みごとを打ち明けるのは、とても勇気のいることなので、ためらう気持ちがあるのも当然です。ですから、先生や親にすすめられて、あまり気乗りのしない生徒が相談に来る、というパターンが圧倒的に多くなります。

問四　空欄 A ～ D に当てはまる語としてそれぞれ適当なものを選んで、記号で答えなさい。同じ記号は二回使用できません。

ア　きゅーんと　イ　ぐっと　ウ　ぐいぐいと　エ　さらっと　オ　ずばっと　カ　ぱっと

問五　傍線部④「好きにさせてもらうべぇ」という祖母の考え方は、どのような行動に表れていますか。二十～三十字で説明しなさい。（句読点や記号も字数に含みます。）

問六　傍線部⑤「そうした死生観」とありますが、その内容を述べた箇所を十字で抜き出して答えなさい。解答箇所に句読点を含む場合は字数に含めること。

問七　傍線部⑥「ぱっと電気が消えるみてえに死んでしまうんでなきゃあ、理屈に合わねえと、おれは思ってんだ」とありますが、このように考える理由を、文中の表現を用いて、二点に分けて説明しなさい。

問八　傍線部⑦「ここんところ」の指す内容を、七字で抜き出して答えなさい。

問九　本文の内容や表現の説明として適当なものには○、適当でないものには×を、それぞれ答えなさい。全て○、全て×という答えは不可とします。

ア　祖母の言葉の一部分では方言が使われているが、その意味を「わたし」は幼いながらもしっかりと理解していた。
イ　祖母の話がカタカナで表記されていることから、「わたし」が理解しにくかったことがわかる。
ウ　祖母から「マサオ」の戦死のことをたびたび聞いていたのに、「わたし」は祖母の悲しみには全く共感できないでいた。
エ　祖母がぶらんこを漕ぎながら語ったことは、いつも同じ服装でいる祖母の姿と一緒に思い出される。
オ　「わたし」の発言は「　」が使われず、祖母の発言だけには「　」が使われて、それぞれの印象が強められている。

〈注〉※１　上杉鷹山……江戸時代の藩主。
※２　仁徳天皇……古墳時代の天皇。
※３　アッパッパ……女性用の夏用の普段着。
※４　六文銭……亡くなった人が三途の川を渡るために持たされるとされる副葬品。

問一　傍線部①「祖母とのそうした時間」の内容として最も適当なものを次の中から一つ選んで、記号で答えなさい。
ア　祖母が「わたし」の部屋に来て、一緒に寝てくれた時間。
イ　祖母がおとぎ話は楽しく、偉人たちの話はまじめに話してくれた時間。
ウ　祖母が、他の子どもたちがうらやむような話をしてくれた時間。
エ　祖母が、おとぎ話や歴史上の人物の話を寝る前にしてくれた時間。

問二　傍線部②「そのこと」の内容として最も適当なものを次の中から一つ選んで、記号で答えなさい。
ア　人間は牛と異なり、食べ方が長生きにつながるということ。
イ　人間も牛も同じだと、人間が気づいていないということ。
ウ　人間も牛も同じように、年をとれば必ず死ぬということ。
エ　人間は牛より長生きしても、自分が孫よりも早死にすること。

問三　傍線部③「眉に唾つけて」の意味として最も適当なものを次の中から一つ選んで、記号で答えなさい。
ア　恐れる様子が全くない様子で
イ　正しいに違いないと決めつけて
ウ　だまされないように用心して
エ　不愉快な気持ちが表情に出て

でしまうんじゃあないとなあ」

祖母はいつの間にか、ぶらんこを漕ぐのをやめて、地面に下駄をつけて遠くを見て、そう言った。いや、あるいは、ずっと、ぶらんこを漕がずに座ったまま話していたのかもしれない。わたしの記憶の中で祖母は、楽しげにゆらゆらとしていたり、ただただ、ぶらんこに腰掛けていたりする。

いつも同じ藍色のアッパッパを着ていて、足の先に下駄をひっかけている。

「そのかわりによ」

祖母は、笑っているような、細い目をして、皺だらけの顔をこちらに向けて言う。

「死んだら、⑦ここんところへ、ぴっと入ってくんだ」

ぴっと、と言って祖母は、自分の胸を指さした。

ぱっと死んで、ぴっと入ってくる。

「マサオが死んだとき、おれにはわかったんだ。夢の中にも出てきてなあ。それからずっと、マサオはここんところへ居るわけだ。それが、おれの言いてえことだな」

ぱっと、電気が消えるみたいに死んじゃうのに？　と、わたしは訊ねたのだと思う。

「うん。おれは、そう思ってる。人が死ぬだろ。そうすると、人はもう、そのときに、電気が消えるみたいに、気持ちや痛みやなんかも全部ぱっと消えて、楽になるんだ。死んだ者は、地獄へ行ったり、そんなつれえことやなんかは、ねえはずだと、おれは思ってんだ。生きてるうちに、さんざんつれえことがあって、あの世に行ってもいろいろあるんじゃあ、理屈に合わねえ」

ぱっと消えて、ぴっと入るの？

「そうさ。そうじゃねえかなあと、おれは思ってんだ。死んだ者には、もう、苦労はなくなる。痛みも、つれえことも、なくなる。それはみんな、生きてる者の中に、ぴっと入ってくるんじゃねえかなあと思ってんだ。だってなあ。入ってきたよ。マサオも、おじいさんも、おれのおっかさんも、おとっつぁんも、全部、ここんところに入ってんだ」

祖母はまた、とんとんと、自分の胸を指でつついた。

（中島京子『樽とタタン』による）

「だけんどもよ、見て帰ってきた者がいるわけじゃなし、おれは、どうかなあと思ってんだ。ちぃっと、眉唾じゃねえかなーと思ってら」

今度はマユツバがわからなくて、わたしは祖母にまた問いただす羽目になる。

こうして祖母とわたしとの会話は、ありったけ脱線し、それなりにわたしのボキャブラリを増やしながら、最後は、

「おれは、死んだらそれっきりだと思ってる」

で、終わるのだった。

なぜ、⑤そうした死生観を祖母が持つに至ったかはわからない。

おそらく、彼女が生きてきた中で、自ら学んだ何かだったのだろう。

〔中略〕

「マサオは戦地から帰ってこなかったしさ。骨も戻ってこなかったんだで。そうするとマサオは、南の島のどこかで死んで、※4六文銭(ろくもんせん)も持たずに三途の川を渡ろうとして着物を剥(は)がされたんだべえか。それとも南の島のどこかで、いまでも帰りてえなあと思ってるんだべえか。そういうことを考えるとな、⑥ぱっと電気が消えるみてえに死んでしまうんでなきゃあ、理屈に合わねえと、おれは思ってんだ」

マサオとは誰かと聞くと、

「おや、マサオを知らなかったん?」

と、祖母は驚いた。

「マサオは、おまえのお父さんの二番目の兄さんだに」

「二番目の兄さん?」

「そうだがね。二番目の兄さんだがね」

六人兄弟の六番目であるわたしの父には、三人の兄と二人の姉がいたのだそうだ。わたしの知っている二人の伯父さんのほかに、もう一人伯父がいて、その人はマサオと言って、南の島で亡(な)くなったらしい。六文銭も持たずに。そして、祖母の元には、骨も帰ってこなかった。

「マサオがどこかで、いまでも帰りてえなあと思ってたら、あんまり、そりゃあ、かわいそうだんべえ。ぱっとこう、さっとこう、死ん

たいような感覚を持つ。

そのときに、怖がって足をつけてしまったりしないで、地面に近いところで［B］お尻を落として足を上げると、ぶらんこはまた高く高く上がり、わたしはしばらくの間、宙でゆらゆらしていられるのだった。

そうなると、祖母は隣の青い座面のぶらんこに座って、タタタタッと後ずさりをしてから、［C］両足を上げる。祖母のぶらんこが宙に浮く。

白い髪を無造作にお団子にまとめ、藍色のアッパッパ[※3]を着て下駄を履いた祖母が、風に乗ってスイングする姿がいまも思い浮かぶ。祖母は下駄をうっかり飛ばさないように、足の親指と人差し指でしっかり鼻緒を挟んで、［D］力強くぶらんこを漕ぐのだった。小さい子どもが近づいてきて、乗りたそうなそぶりを見せても、気ままに宙を行ったり来たりするその時間を満喫しきるまでは、おいそれと人に譲ってやったりしなかった。

「長いことないんだから、④好きにさせてもらうべえ」

祖母はそう言って、悠然とぶらんこを漕いだ。

「おれはなあ、死んだらそれっきりだと思ってる」

わたしと祖母は、交互に宙に舞い上がった。祖母は独り言にも、わたしに聞かせるための言葉にも思える、とつとつとした語りで、死について語った。

「三途の川だの地獄の閻魔様だの、まるで信じてねえわけでもねえが、心臓が止まって、棺桶に入って、火ん中にくべられてしまうのによぉ」

サンズノカワや、ジゴクノエンマサマについての知識がなかったので、わたしはまずそこから問いただすことになった。祖母は、仁徳天皇と民のかまどについて話してくれたのと同じように面白おかしく、そして熱心にジゴクノエンマサマを語った。語っているときは、話上手の祖母なりに演出を凝らし、微に入り細をうがち、まるで見てきたように語ってくれるのに、最後の最後には、があるようで、のちのち調べたところによると、「はあ」というのは「はや」が訛ったもので、「もう」とか「すでに」といった意味があるらしい。

本人たちが気づかないだけで、「はあ」牛になっている祖母と孫娘。のっそりのっそりと近所を散歩して歩くのだった。

「年ってものをとりゃなあ」

夜寝て朝になればね、というような口調で、祖母は言った。

「みんな、どうしたって死ぬんだで」

牛だって人だっておんなじことだ。もうすぐ、ばあちゃんにもお迎えが来るんだで。

彼女がどうして毎日そんなことを話してくれたのか、いまから考えると不思議に思う。

祖母は自分に死期が近いことを知っていたのか。それこそ年を取ると必然的に死が近くなってくるので、②ふだんからそのことばかり考えていたのか。

いまと違ってあのころには、終活などという妙な言葉もなかったし、死んでからのちに遺族に残すための遺言のようなものは、金持ちの爺さんの死に際に用意されるものというイメージしかなかった。

だいいち、祖母がわたしに毎日言っていたのは、財産の何をどう分けろという話でもなければ、自分が死んだら兄弟孫ひ孫仲良く生きていきなさいという、道徳的な話題でもなかった。ただ、祖母は、まだ、この世に生を享けて四年とか五年とかいった、人間としてスタート地点に立ってまもない孫に、ひたすら死について話し続けたのである。

「死ぬってことはなあ、いろんな人がいろんなことを言ってるけんど、おれは、どうかなあと思ってんだ。偉えような人が言ってることあ、みんな、③眉に唾つけて聞いてら」

ぶらんこに揺られながら、祖母は言うのだった。

祖母はぶらんこが好きだった。団地の公園には、座面が赤に塗られたのと、青に塗られたのと、二つのぶらんこが下がった遊具が置いてあって、座面が地面に近い位置にある赤いぶらんこにわたしを乗せると、祖母は両足を斜めに開いて踏ん張る姿勢を取り、背中を力強く押してくれた。押すのに疲れると、

二　次の文章を読み、後の問いに答えなさい。

明治生まれの祖母は、台所の脇の四畳半に居室を構え、夜も私といっしょに寝てくれた。祖母の話は、桃太郎やかぐや姫、一寸法師といった定番の他に、「為せば成る為さねば成らぬ何事も、成らぬは人の為さぬなりけり」と言って藩政の立て直しをした米沢藩の藩主・上杉鷹山※1の母が、鷹山が子どものころに、破れた障子に切り貼りをしてみせて倹約の大切さを教えたのだとか、仁徳天皇※2が民のかまどから煙が上がるのを見てたいそう喜んだとかいった、わたしと同世代の子どもたちはあまり知らないような話が多かった。しかし、祖母が現役で子育てをしていた時代には、どの家庭でも語られたような昔話だったのだろう。わたしは①祖母とのそうした時間を、それなりに楽しんだし、彼女をことのほか好きだった。

〔中略〕

「食べてすぐ寝ると牛になるけんどな」

と、食後に昼寝する祖母は、必ず言った。

しかし、食べると眠くなるのも事実で、わたしと祖母は仲良く午睡を楽しむのだった。

昼寝から醒めると、これまた母が用意しておいたおやつを食べながら、祖母は言う。そうしてわたしたちは、散歩に出るのだった。

「体がなまるから、出かけるか」

祖母といっしょなら、どこへ行くのも平気だった。団地を蟻の巣に例えるならば祖母は女王蟻。というわけでは必ずしもなかったが、そんなことはどうでもよく思われた。腰に手をあてて、ゆっくり歩く祖母と小学校就学前のわたしの歩幅は、ほかの誰よりも相性がよかった。

「食べてすぐ寝たけど牛になんなかったね」

隣や後ろを飛んだり跳ねたりしながら歩くわたしに、祖母は目を細めて言った。

「わっかんねえぞぉ。ひとさまから見りゃあ、おれたちゃあ、はあ、牛になってるかしんねえぞぉ」

祖母の言葉は田舎の方言だった。

「はあ」というのが、なかなか習得しにくく、調子のよさを作るために入れる擬音のようなものかと思っていたが、これにもこれで意味

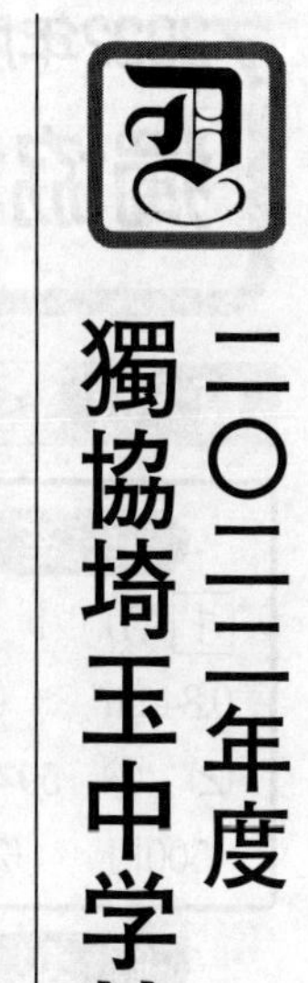

二〇二二年度 獨協埼玉中学校

【国語】〈第一回試験〉（五〇分）〈満点：一〇〇点〉

一 次のⅠ・Ⅱの問いに答えなさい。

Ⅰ 次の①～③のカタカナを漢字に直しなさい。また、④～⑥の漢字の読みを答えなさい。

① サイサンがとれる。

② バンネンの作品。

③ 神にツカえる身。

④ 売約済みの物件。

⑤ 浮沈を左右する人物。

⑥ 我思う、故に我在り。

Ⅱ 次の組み合わせは類義語です。空欄に当てはまる漢字を一字答えなさい。

① 欠点─□所

② 方法─□段

③ 関心─□味

④ 瞬時─□座

2022年度

獨協埼玉中学校　▶解説と解答

算　数　＜第１回試験＞（50分）＜満点：100点＞

解　答

1 (1)　1　(2)　4.5%　(3)　62.4点　(4)　6通り　(5)　時速48km　(6)　9個　(7)　0.84cm²　(8)　$1\frac{5}{6}$　**2** (1)　①　$833\frac{1}{3}$cm³　②　ア　3　イ　3　ウ　正三角形　(2)　①　59本　②　34本　**3** (1)　3000m　(2)　48分後　(3)　7200m　**4** (1)　4500円　(2)　(ウ)　(3)　(A)　肉まん　(B)　1　**理由**　（例）　解説を参照のこと。

解　説

1 **四則計算，濃度（のうど），平均，場合の数，速さ，分数の性質，面積，約束記号**

(1)　$\frac{2}{3}+\frac{1}{2}-\frac{4}{9}\times\left(0.75-\frac{1}{8}\right)\div1\frac{2}{3}=\frac{4}{6}+\frac{3}{6}-\frac{4}{9}\times\left(\frac{3}{4}-\frac{1}{8}\right)\div\frac{5}{3}=\frac{7}{6}-\frac{4}{9}\times\left(\frac{6}{8}-\frac{1}{8}\right)\times\frac{3}{5}=\frac{7}{6}-\frac{4}{9}\times\frac{5}{8}\times\frac{3}{5}=\frac{7}{6}-\frac{1}{6}=\frac{6}{6}=1$

(2)　（食塩の重さ）＝（食塩水の重さ）×（濃度）より，３％の食塩水125ｇと５％の食塩水375ｇにふくまれる食塩の重さはそれぞれ，125×0.03＝3.75（ｇ），375×0.05＝18.75（ｇ）である。これらの食塩水を混ぜてできる食塩水の重さは，125＋375＝500（ｇ）となり，そこにふくまれる食塩の重さは，3.75＋18.75＝22.5（ｇ）だから，混ぜてできる食塩水の濃度は，22.5÷500×100＝4.5（％）になる。

(3)　（平均点）＝（合計点）÷（人数）より，（合計点）＝（平均点）×（人数）となるので，４人の合計点は，60.5×４＝242（点）である。よって，５人の合計点は，242＋70＝312（点）だから，５人の平均点は，312÷５＝62.4（点）と求められる。

(4)　Ａが３連勝するときは１通りである。３勝１敗のときは，（勝ち，勝ち，負け，勝ち），（勝ち，負け，勝ち，勝ち）の２通りあり，３勝２敗のときは，（勝ち，勝ち，負け，負け，勝ち），（勝ち，負け，勝ち，負け，勝ち），（勝ち，負け，負け，勝ち，勝ち）の３通りある。よって，Ａが優勝するための勝敗の順は，１＋２＋３＝６（通り）ある。

(5)　40と60の最小公倍数は120なので，Ａ町からＢ町までの道のりを120kmとすると，行きと帰りにかかる時間はそれぞれ，120÷40＝３（時間），120÷60＝２（時間）となる。よって，往復の道のりは，120×２＝240（km），往復にかかる時間は，３＋２＝５（時間）なので，往復の平均の速さは時速，240÷５＝48（km）と求められる。

(6)　分数の分子をそろえると，$\frac{2}{24}<\frac{2}{A}<\frac{2}{6}$となるから，整数$A$は６より大きく24より小さい奇数（きすう）とわかる。よって，整数Aは，７，９，11，13，15，17，19，21，23の９個ある。

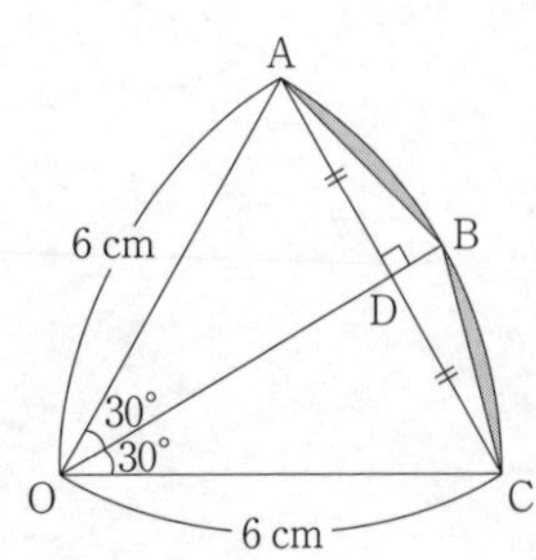

(7)　右の図で，おうぎ形OACの面積は，$6\times6\times3.14\times\frac{30}{360}\times2=$18.84（cm²）である。また，三角形OACは正三角形なので，ACの長さは６cmとなり，OBとACは垂直だから，四角形OABCの面積は，６×６÷２＝18（cm²）とわかる。よって，色を付けた部分の面積は，

18.84−18＝0.84(cm²)である。

⑻　[A]＝(A＋1)÷Aより，[5]＝(5＋1)÷5＝$\frac{6}{5}$になる。よって，[[5]]＝$\left[\frac{6}{5}\right]$＝$\left(\frac{6}{5}+1\right)$÷$\frac{6}{5}$＝$\frac{11}{5}$×$\frac{5}{6}$＝$\frac{11}{6}$＝1$\frac{5}{6}$となる。

2　立方体の切断，体積，構成，調べ

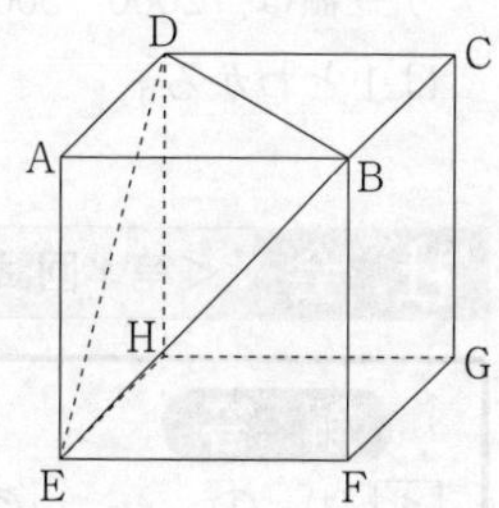

⑴　①　右の図で，立方体ABCD−EFGHの体積は，10×10×10＝1000(cm³)である。三角すいE−ABDの体積は，10×10÷２×10×$\frac{1}{3}$＝166$\frac{2}{3}$(cm³)なので，立体Ｖの体積は，1000−166$\frac{2}{3}$＝833$\frac{1}{3}$(cm³)になる。　②　右の図より，正方形はBFGC，CGHD，HEFGの３つ，直角二等辺三角形はDBC，BEF，DHEの３つ，正三角形がDEBの１つだから，アは３，イは３，ウは正三角形である。

⑵　①　牛乳を40本飲み終えると，40÷３＝13あまり１より，13本の牛乳と交換(こうかん)できて，空のビンが，13＋１＝14(本)できる。次に，14÷３＝４あまり２より，４本の牛乳と交換できて，空のビンが，４＋２＝６(本)できる。よって，６÷３＝２より，２本の牛乳と交換できるので，最大で，40＋13＋４＋２＝59(本)の牛乳が飲める。　②　はじめに牛乳１本を飲んだ後は，２本を飲むごとに新しい牛乳１本と交換できる。そこで，(50−１)÷(２＋１)＝16あまり１より，交換して手に入る牛乳は16本だから，50−16＝34(本)買えばよいとわかる。

3　平面図形—速さ，相似，長さ

⑴　20分後に太郎さんは東へ，90×20＝1800(m)，次郎さんは北へ，120×20＝2400(m)進む。1800：2400＝３：４より，２人の直線距離(きょり)は，Ａ地点から太郎さんの位置までの$\frac{5}{3}$倍だから，1800×$\frac{5}{3}$＝3000(m)とわかる。

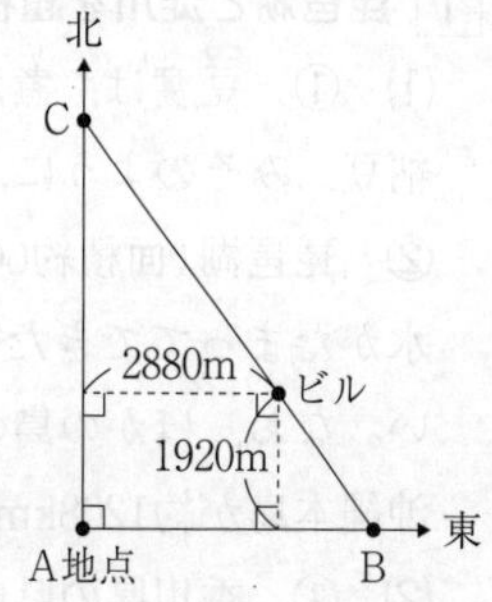

⑵　右の図のように，太郎さんのいる地点をＢ，次郎さんのいる地点をＣとすると，⑴より，AB：AC：BC＝３：４：５だから，太郎さんの進んだ距離は，2880＋1920×$\frac{3}{4}$＝2880＋1440＝4320(m)になる。よって，一直線上に並ぶのは２人が出発してから，4320÷90＝48(分後)と求められる。

⑶　出発から，50＋14＝64(分後)に太郎さんはＡ地点から，90×64(m)の位置にいる。このとき，次郎さんはＡ地点から，50−14＝36(分間)進んだ地点にいるので，120×36(m)の位置にいる。よって，(90×64)：(120×36)＝４：３より，２人の直線距離は，Ａ地点から太郎さんの位置までの$\frac{5}{4}$倍となり，90×64×$\frac{5}{4}$＝7200(m)と求められる。

4　調べ

⑴　値引き前の合計金額は，1000×４＋500×２＋700＋600＝6300(円)となり，6300÷1000＝６あまり300より，300×６＝1800(円)の値引きになる。よって，支払(しはら)った金額は，6300−1800＝4500(円)とわかる。

⑵　買い忘れた商品の値引き前の金額は，(ア)が1000円，(イ)が，500＋700＝1200(円)，(ウ)が，1000＋500＝1500(円)，(エ)が，700＋600＝1300(円)だから，これらを買うと値引き額はそれぞれ300円ずつである。また，はじめに買った商品の値引き前の金額は，(ア)が，6300−1000＝5300(円)，(イ)が，

6300－1200＝5100(円)，(ウ)が，6300－1500＝4800(円)，(エ)が，6300－1300＝5000(円)なので，(ウ)だけ値引き金額が少なくなることがわかる。よって，求める商品の組み合わせは(ウ)である。

(3)　値引き前の合計金額は，500＋700＋600＝1800(円)で，支払う金額は，1800－300＝1500(円)となる。ここで，肉まんを１つ追加すると，値引き前の合計金額は，1800＋200＝2000(円)で，支払う金額は，$2000-300\times\frac{2000}{1000}$＝2000－600＝1400(円)となり，安くなる。よって，(A)は肉まん，(B)は１とわかる。

社　会　＜第１回試験＞（30分）＜満点：70点＞

解　答

[1] (1) ①　ウ　②　ウ　(2) ①　エ　②　イ　(3)　三角州　(4)　京都府　(5)　イ　(6) ①　ウ　②　勘合　(7) ①　イ　②　（例）　木津川沿いには，工場や倉庫・物流施設が数多く立ち並んでいるため，高さが低い橋があると，貨物船が通行できなくなってしまうから。　[2] (1)　イ　(2)　エ　(3)　ア　(4)　ウ　(5)　イ　(6)　台所　(7) ①　株仲間　②　ウ　(8)　エ　(9)　ア　(10)　（例）　朝鮮戦争で，日本はアメリカ軍から大量の軍需品などの注文を受けたから。　[3] (1)　原告　(2)　エ　(3)　平清盛　(4)　イ　(5)　上告　(6)　（例）　条約の場合，最終的には衆議院の議決のみで承認されるが，法律案の場合，衆議院の出席議員の３分の２以上による再可決で成立する。　(7)　総会　(8)　イ　(9)　エ　(10)　ウ

解　説

[1] 琵琶湖と淀川を題材にした問題

(1)　①　豆腐は，煮た大豆のしぼり汁(豆乳)を凝固剤(にがりなど)で固めてつくる。しょうゆや納豆，みそのように，微生物などのはたらきを利用して食材を発酵させた発酵食品ではない。

②　琵琶湖(面積約669km²)は滋賀県にある日本最大の湖で，地殻変動で土地が沈みこみ，そこに水がたまってできた断層湖である。鹿児島県にある種子島の面積は約444km²で，琵琶湖より小さい。なお，ほかの島の面積はそれぞれ，アの択捉島が約3167km²，イの国後島が約1489km²，エの沖縄本島が約1208km²。

(2)　①　香川県の県庁所在地は高松市で，松山市は愛媛県の県庁所在地である。　②　滋賀県の県庁所在地の大津市は，琵琶湖の水運を利用した港町から発展した。図１中で，●はほぼすべてが海か湖に面する場所にあることから，「津」は港に由来する地名と考えられる。

(3)　写真１で示された地形は，上流から運ばれた土砂が川の河口に堆積してできた平地で，このような地形は三角州(デルタ)とよばれる。なお，川が山地から平地にでるところでは，同じような過程を経て高低差のある扇状地が形成される。

(4)　淀川(全長約75km)は琵琶湖を水源とする唯一の川で，滋賀県内では瀬田川とよばれ，京都府に入って宇治川と名を変える。その後，桂川・木津川と合流して淀川となり，大阪平野を南西へ向かって流れたのち，大阪湾に注ぐ。

(5)　図２の地図記号は，茶畑を表す。京都府の宇治市は古くからの茶の栽培地で，ここでつくられ

る茶は「宇治茶」として知られている。また，イにみられるように，茶畑では茶の新芽に霜があたらないようにするため，高いところの空気を地表に送る防霜ファンが置かれている。

(6) ① 熊本市・川崎市(神奈川県)・新潟市・福岡市の４つのうち，大阪市より北(北緯の数値が大きい)，かつ東(東経の数値が大きい)に位置するのは川崎市と新潟市で，川崎市は新潟市より南に位置するので，ウがあてはまる。なお，アは熊本市，イは福岡市，エは新潟市。 ② 室町時代に行われた日明貿易では，倭寇(日本の武装商人団・海賊)と正式な貿易船を区別するため，勘合(符)とよばれる合い札が証明書として用いられた。なお，堺市(大阪府)は日明貿易や南蛮貿易で発展し，戦国時代には大商人らによる自治が行われた自治都市として栄えた。

(7) ① ア 特にことわりがないかぎり，地形図では上が北を表す。「千鳥公園」の北西にあるのは大正区役所(◯)で，警察署(⊗)は南西にある。イ 「津守駅」のすぐ西には高等学校(⊗)があるので，正しい。 ウ Aの内側には，荒れ地(ııı)はみられない。 エ 「鶴町(二)」には神社(⛩)がある。 ② 写真２をみると，橋の両岸がループになっており，橋げたがかなり高いことがわかる。また，図３をみると，木津川の両岸に工場や倉庫・物流施設が数多く立ち並んでいることがわかる。ここから，これらの工場などに物資を運んだり，製品を積み出したりする大型の貨物船が通行できるように，橋を高い位置に設置したのだと推測できる。高さが低い橋をかけることができないため，徒歩や自転車で木津川を渡る場合は，写真３のような渡船を利用することになる。

2 各時代の歴史的なことがらについての問題

(1) 大阪府は西側に大阪湾が広がり，弓なりに南北に長い。なお，アは秋田県，ウは石川県，エは千葉県の形。

(2) 大阪府堺市にある大仙古墳は，墳丘の長さが486mにもおよぶ日本最大の前方後円墳で，仁徳天皇の墓と伝えられる。アの五色塚古墳は兵庫県，イの江田船山古墳は熊本県，ウの稲荷山古墳は埼玉県にある。なお，大仙古墳をふくむ49基の古墳は，2019年に「百舌鳥・古市古墳群」として，ユネスコ(国連教育科学文化機関)の世界文化遺産に登録された。

(3) Ⅰは平安時代初め，Ⅱは平安時代中ごろ，Ⅲは平安時代の終わりごろのできごとなので，年代順にⅠ→Ⅱ→Ⅲとなる。

(4) 史料は，鎌倉幕府が1297年に出した永仁の徳政令である。これは，経済的に苦しい御家人を救済するための法令で，御家人は借金をするために庶民に売った土地を取り戻すことができたが，効果は一時的だった。

(5) 豊臣秀吉のときに栄えた桃山文化では，壁や屏風に絵を描く障壁画で狩野派が活躍し，狩野永徳によるイの「唐獅子図屏風」などが描かれた。アは鎌倉時代の絵巻物「一遍上人絵伝」，ウは江戸時代の葛飾北斎の浮世絵「富嶽三十六景」の一つ「凱風快晴」，エは室町時代の雪舟の水墨画「四季山水図巻」。

(6) 江戸時代，大坂(大阪)は諸大名の蔵屋敷がおかれ，全国から多くの物産が集められて取り引きされたことから，「天下の台所」とよばれた。

(7) ① 株仲間は江戸時代の商工業者の同業組合で，税を納める代わりに幕府から営業上の特権をあたえられていた。老中の田沼意次はこれを積極的に奨励して税収を上げようとしたが，老中の水野忠邦は株仲間が物価を引き上げているとしてこれを解散させた。 ② カードⅠ(寛政の改革）は1787～93年，カードⅡ（天保の改革）は1841～43年，カードⅢ（田沼意次の政治）は1772～86年，カードⅣ（享保の改革）は1716～45年に行われたので，年代順にカードⅣ→カードⅢ→カードⅠ→カードⅡとなる。

⑻　板垣退助は土佐藩（高知県）出身の政治家で，薩摩藩（鹿児島県）と長州藩（山口県）の出身者を中心に行われる藩閥（はんばつ）政治を批判し，1874年に民撰議院設立建白書を提出して自由民権運動を指導した。また，伊藤博文は君主権の強いドイツ（プロシア）憲法を参考にして，大日本帝国憲法の草案を作成した。なお，大久保利通（としみち）は藩閥の中心となった薩摩藩出身の政治家。

⑼　20世紀は，1901～2000年にあたる。アは1894～95年，イは1904～05年，ウは1914～18年，エは1937～45年に行われた戦争である。

⑽　新聞記事は，朝鮮戦争（1950～53年）の開戦を伝えている。この戦争では日本を占領していたアメリカ軍が日本から朝鮮半島に派遣され，必要な軍需（ぐんじゅ）物資を日本で調達した。そのため，日本の産業は活気づき，特需景気とよばれる好景気となった。

3　政治のしくみや現代の社会についての問題

⑴　裁判において，訴（うった）えを起こした立場を原告，訴えられた立場を被告という。犯罪を裁く刑事裁判では，検察官が原告となり，訴えられた被疑者は被告人となる。

⑵　国民の健康や医療（いりょう）についての仕事を担当する中央省庁は厚生労働省で，労働者の権利保護や労働条件の改善などの仕事も担当している。

⑶　平安時代末，平清盛は広島県にある厳島（いつくしま）神社をあつく信仰し，現在あるような豪華な社殿を整備した。平清盛は1159年の平治の乱で源義朝（よしとも）（頼朝の父）をやぶって勢力を拡大すると，1167年には武士としてはじめて太政（だいじょう）大臣となり，政治の実権をにぎった。

⑷　国会が可決した法律や予算などの決定事項について，内閣は拒否権を持たない。よって，イが正しくない。

⑸　日本の裁判では，同一事件について三回まで審判を受けられる三審制がとられている。第一審の判決に不服のとき．より上級の裁判所に審理を求めることを控訴，第二審にも不服なとき，さらに上級の裁判所に審理を求めることを上告という。最高裁判所は三審制における終審裁判所であるため，ここに起こされる訴えは必ず上告となる。

⑹　衆議院は参議院よりも任期が短く解散もあるので，国民の意見とより強く結びついていると考えられている。そのため，いくつかの議決では衆議院の優越が認められている。条約の承認では，参議院が衆議院と異なる議決をし，両院協議会を開いても意見が一致しないときや，参議院が衆議院の議決を受け取ったあと，国会休会中を除く30日以内に議決しないとき，衆議院の議決が国会の議決となる。一方，衆議院が可決した法律案を参議院が否決，あるいは国会休会中を除く60日以内に議決しなかった場合，衆議院が出席議員の３分の２以上の賛成で再可決すると，法律が成立する。

⑺　総会は国連（国際連合）の最高機関で，すべての加盟国で構成され，各国はそれぞれ１票の投票権を持つ。

⑻　佐藤栄作は，1964年から1972年まで約７年８か月の長期にわたり，首相として政権を担当した。その間の1967年に非核三原則を提唱するなど，平和への貢献（こうけん）が評価され，1974年にノーベル平和賞を受賞した。中国（中華人民共和国）との国交正常化は，1972年に田中角栄首相が実現した。

⑼　ア　アメリカ合衆国の核兵器数は，5550÷13121×10＝4.2…より，合計の約４割である。

イ　表中に，南半球に位置する国はない。　ウ　国連安全保障理事会の常任理事国はアメリカ合衆国・ロシア連邦・イギリス・フランス・中華人民共和国の５か国で，すべて核保有国である。

エ　上位２か国であるアメリカ合衆国とロシア連邦の核兵器数の合計は11805個で，これは，11805÷13121×10＝8.9…より，合計13121―13131個のおよそ９割にあたる。よって，正しい。

⑽　(い)　本文に「広島県と広島市は当初から判決受け入れを希望し」とあるので，正しくない。

(ろ)　本文下の※にあるように，「黒い雨」訴訟（そしょう）は，原爆投下直後に降った「黒い雨」で健康被害を受けた住民も原爆の被害者だと認めるよう求めたものである。よって，正しくない。　(は)　本文に，「ICAN(核兵器廃絶国際キャンペーン)は，この条約の成立に貢献した市民組織である」とある。「この条約」は核兵器禁止条約を指しているので，正しい。　(に)　本文から，核兵器禁止条約は「核兵器を全面的に禁止するはじめての条約」だとわかるので，正しい。

理　科　＜第１回試験＞（30分）＜満点：70点＞

解　答

1　⑴　エ　⑵　ウ　⑶　イ　⑷　30g　⑸　①　C，ア　②　A，ウ　③　B，イ　⑹　A，50g　⑺　$\frac{1}{2}$倍　⑻　$\frac{1}{4}$倍以上　⑼　C　2　⑴　エ　⑵　①，⑥　⑶　エ　⑷　イ　⑸　①　カ　②　エ　⑹　6　⑺　ウ　3　⑴　ウ　⑵　エ　⑶　①　ア　②　オ　⑷　エ　⑸　ア　⑹　午後11時ごろ　⑺　92km

解　説

1　小問集合

⑴　昆虫（こんちゅう）のからだは頭，胸，腹の３つに分かれていて，胸には６本(３対)のあしがついている。また，胸についているはねの枚数は４枚のものが多いが，ハエやカのように２枚のものや，ノミやトビムシのようにはねを持たないものもいる。昆虫は気門とよばれる小さな穴から空気を取り入れていて，この気門の多くは腹にあるが，一部は胸にある。

⑵　物質の状態が気体から液体に変化することをぎょう縮(液化)といい，ウではコップの外側にある水蒸気が冷たいコップで冷やされて水滴（すいてき）に変化している。なお，アとイは，物質が目に見えない大きさにまでバラバラになり，水の中に散らばる現象，エはろうの固体が液体に変化する現象である。また，オは浸透圧（しんとうあつ）とよばれる現象で魚の内部から水がしみ出している。

⑶　BTB溶液（ようえき）は酸性では黄色，中性では緑色，アルカリ性では青色を示す。したがって，BTB溶液を加えたとき，酸性の塩酸と炭酸水は黄色，中性のエタノール水溶液は緑色，アルカリ性のせっけん水と石灰水は青色になる。

⑷　20％の食塩水10gには，10×0.2＝２(g)の食塩がとけている。水溶液全体の重さに対する食塩２gの割合が５％となるとき，水溶液全体の重さは，２÷0.05＝40(g)になる。したがって，40－10＝30(g)の水をあとから加えればよい。

⑸　①　二酸化マンガンにオキシドールを加えると酸素が発生する。酸素にはものが燃えるのを助けるはたらき(助燃性)があるため，酸素を集めたびんに小さな火のついた線香（せんこう）を入れると，炎（ほのお）をあげて激しく燃える。　②　大理石の主な成分は炭酸カルシウムで，これに塩酸をかけると，と

けて二酸化炭素が発生する。二酸化炭素を石灰水に通すと，水にとけにくい炭酸カルシウムが再びできるため，液が白く濁(にご)る。　③　水酸化ナトリウム水溶液にアルミニウムを加えると水素が発生する。水素を集めた試験管に火のついたマッチを近づけると，水素そのものが燃えて小さなばく発が起こり，音が出る。

(6)　同じ重さの物体を水平面上に置いたとき，水平面(底面)$1\,cm^2$あたりに加わる力は，水平面と接する面がせまいほど大きくなる。図の直方体で最も面積が小さな面Ａを下向きにしたとき，その水平面は，$2\times3=6\,(cm^2)$なので，水平面$1\,cm^2$が受ける力の大きさは，$300\div6=50\,(g)$になる。

(7)　振(ふ)り子の長さを４(２×２)倍，９(３×３)倍，16(４×４)倍…にすると，振り子が１往復するのにかかる時間は２倍，３倍，４倍…に変化する。したがって，振り子の長さを$\frac{1}{4}\left(\frac{1}{2}\times\frac{1}{2}\right)$倍にしたとき，周期は$\frac{1}{2}$倍になる。

(8)　図では，おもりを２個の動滑車(どうかっしゃ)の両側，合計４か所で糸が上向きに支えているので，おもりにはたらく重力の$\frac{1}{4}$倍以上の力で糸を引けばよい。

(9)　川から流されて海底にたい積する土砂の粒(つぶ)は，どれも角が取れて丸くなっていて，それらが固まってできた岩石の中には化石をふくむことがある。一方，火山灰の粒は角ばっていて，一般(いっぱん)に火山灰の層に見られる岩石には化石がふくまれることはないと考えられている。

2　河川の水質とそこに住む動物についての問題

(1)　サワガニやカワゲラはきれいな水の流れる川に住む生物としてよく知られている。また，ゲンジボタルやカワニナはややきれいな水，タニシやミズカマキリはきたない水，アメリカザリガニやユスリカはとてもきたない水に住む。したがって，この４種類に分類した水質の中で，２番目にきれいな水質はエとなる。

(2)　マグロとサメは魚類，クジラはほにゅう類，カメはは虫類，ペンギンは鳥類である。イカは背骨のない軟体(なんたい)動物のなかまにあてはまる。

(3)　Ⅰのグループにあてはまる動物はすべてえら呼吸をしていて，Ⅱのグループにあてはまる動物はすべて肺呼吸をしている。

(4)　個体数が多く大きな群れをつくって生活する動物は，群れの中でえさの取り合いになることが多いため，食物をめぐる争いに費やす時間は多くなる。したがって，この関係をグラフにしたものはイとわかる。

(5)　図１により，群れの規模が１のときと11のときはどちらも，２つの労力に費やす時間の合計はおよそ，$0.5+11=11.5$(時間)となっていて，群れの規模が６のときは，$3+3=6$(時間)になることがわかり，グラフにするとカのようになる。一方，起きている12時間の間で労力以外に費やせる時間は，群れの規模が１のときと11のときにはどちらもおよそ，$12-11.5=0.5$(時間)，群れの規模が６のときには，$12-6=6$(時間)となるため，グラフはエのようになる。

(6)　(5)の②で選んだグラフから，群れの規模が６のときには労力以外に費やせる時間が最も多くなっており，この動物が生活しやすくなると考えられる。

(7)　栄養が豊富な生活排水(はいすい)を河川に流すと，アユ以外の生き物も増えてしまうため，水にとけている酸素の量がへって水質が悪化したり，アユのえさとなるものが少なくなったりして，アユの個体数がへってしまうおそれがある。

3　星座や星の観察についての問題

⑴　夜空に見られる恒星とちがって，流星の見える時刻や方角は不規則なので，できるだけたくさんの写真をとった方がよい。

⑵　オリオン座のベテルギウス，おおいぬ座のシリウス，こいぬ座のプロキオンを結んでできる三角形を冬の大三角という。

⑶　宇宙にただようちりが落下しながら地球の空気とぶつかると，わずかな時間だけ大きな光を出してすぐに燃えつきてしまうため，図中の①のように見える。大きなだ円を描くように，何十年もかけて太陽のまわりを公転する彗星は，太陽とは反対方向に尾を出しながら運動しているが，通常は天体望遠鏡などを用いないと観察することができない。②のように，直線的にゆっくりと動いているように見えるのは，飛行機や人工衛星といった人工物である。

⑷　８月13日の午前２時に東の方角で見られる星空の図と比べると，おうし座やオリオン座がすこし南東の方角へ移動していることがわかる。東の地平線から現れた星は約12時間かけて，南の空を通って西に沈むので，この写真をとった時刻は，午前２時よりすこしあとの午前３時ごろとわかる。

⑸　⑷の午前３時ごろの写真では，冬を代表する星座であるオリオン座が東からのぼり始めている。したがって，そのときに南の空にはペガスス座やうお座といった秋を代表する星座が南中して見える。

⑹　地球は12か月をかけて太陽のまわりを１周しているため，２か月後の同じ時刻には，$360\times\frac{2}{12}=60$(度)だけ東から西へと動いて見える。一方，地球の自転によって，星は１時間に15度ずつ東から西へと動いて見えることから，２か月後に60度先に進んでしまった図中の星座を，図と同じ場所に見るためには，写真をとった午前３時ごろから，60÷15＝４(時間)だけ前の時刻にあたる，午後11時(23時)ごろに星を観察すればよい。

⑺　この流星群では流星の落下する速さが，毎秒60kmと述べられているため，0.7秒間に落下したきょりは，60×0.7＝42(km)になる。したがって，この流星が光り始めた高さは，50＋42＝92(km)と求められる。

国　語　<第１回試験>（50分）<満点：100点>

解　答

□一　Ⅰ　①〜③　下記を参照のこと。　④　ばいやく　⑤　ふちん　⑥　ゆえ　Ⅱ　①　短　②　手　③　興　④　即　□二　**問1**　エ　**問2**　ウ　**問3**　ウ　**問4**　**A**　ア　**B**　イ　**C**　カ　**D**　ウ　**問5**　（例）　ぶらんこに乗りたそうな子どもがいても譲らないこと。　**問6**　死んだらそれっきりだ　**問7**　（例）　マサオが今でも帰りたいと思っていたら，あまりにかわいそうだから。／あの世に行ってもいろいろ(つらいことが)あるのでは，理屈に合わないから。　**問8**　生きてる者の中　**問9**　**ア**　×　**イ**　○　**ウ**　×　**エ**　○　**オ**　×　□三　**問1**　エ　**問2**　イ　**問3**　エ　**問4**　**Ⅰ**　ウ　**Ⅱ**　ア　**Ⅲ**　イ　**Ⅳ**　オ　**問5**　ためらう気持ちがある／あまり気乗りのしない　**問6**　エ　**問7**　（例）　論理的に自己主張するようになった子どもと，人生観が揺れたり子どもの変化に戸惑ったりする親とで，家族が安定していないこと。　**問8**　イ　**問9**　光にも影にも寄りそう　**問10**　ウ

●漢字の書き取り

一 Ⅰ ① 採算 ② 晩年 ③ 仕(える)

解説

一 漢字の読みと書き取り，類義語の完成

Ⅰ ①「採算」は，利益があるかどうかをみるために収支を計算してみること。「採算がとれる」は，“収支がつりあう”という意味。 ② 年をとってからの時期。 ③ 音読みは「シ」「ジ」で，「仕事」「給仕」などの熟語がある。 ④ 売る約束。 ⑤ 浮いたり沈んだりすること。 ⑥ 音読みは「コ」で，「故郷」などの熟語がある。

Ⅱ ①「欠点」と「短所」は，劣っているところのこと。 ②「方法」と「手段」は，目的を達するための手立てのこと。 ③「関心」と「興味」は，よく知りたいと思う気持ちのこと。 ④「瞬時」と「即座」は，非常にわずかな時間のこと。

二 **出典は中島京子の『樽とタタン』による。**明治生まれの祖母と過ごしたときのことや，祖母から聞かされた死生観などが，幼いころの思い出としてつづられている文章。

問1 「わたし」は，「桃太郎やかぐや姫，一寸法師」などの話や「上杉鷹山」「仁徳天皇」の話をしてくれる祖母と過ごす時間を「楽しんだ」し，祖母を「ことのほか好きだった」のである。

問2 「わたし」は，牛も人も「みんな，どうしたって死ぬんだで」といったことを祖母が毎日話すので，祖母が「年を取ると必然的に死が近くなってくる」ということばかり考えていたのかと思った。

問3 「眉に唾つけて」は，眉に唾をつけると狐などにだまされないという言い伝えから，“だまされないように用心して”という意味で用いられる。

問4 A 「お腹のところ」が，「収縮するような，くすぐったいような感覚」なので，「きゅーんと」が入ると考えられる。 B 足がつかないように「お尻を落として足を上げる」動作なので，一気に力をこめるようすを表す「ぐっと」が入る。 C 祖母が「後ずさりをしてから」タイミングよく両足を上げる場面なので「ぱっと」がよい。 D 直後の「力強くぶらんこを漕ぐ」から考える。祖母が「足の親指と人差し指」で力をこめて「鼻緒を挟んで」するので「ぐいぐいと」が適切である。

問5 祖母は，「小さい子どもが近づいてきて」，ぶらんこに「乗りたそうなそぶりを見せても」，自分はもう「長いことない」という理由をつけ，すぐには譲らず，「悠然と」ぶらんこをこぎ続けていた。

問6 「死生観」は，生や死についての考え方のこと。直前の一文に書かれている「死んだらそれっきりだ」という考え方が，祖母の「死生観」である。

問7 祖母は，マサオが今でも南の島のどこかで「帰りてえなあ」と思っているのなら「かわいそうだんべえ」と言っている。また，本文の最後のほうには，「あの世に行ってもいろいろあるんじゃあ，理屈に合わねえ」と，祖母がマサオを思いやっている言葉がある。つまり，死ぬときには，「電気が消える」ように，「ぱっとこう，さっとこう，死んでしまう」のでないと，苦しみを味わい続けてしまうことになるという気持ちから「理屈に合わねえ」と言っているのである。

問8 祖母が「自分の胸」を指さしていることから考える。祖母は，マサオたち死んだ者は，「生きてる者の中に，ぴっと入ってくるんじゃねえかなあ」と思っている。

問９　**ア**　祖母の方言の「はあ」という言葉の意味を「なかなか習得しにくく」，「のちのち調べたところによると〜意味があるらしい」と書かれており，幼いころの「わたし」が方言をしっかりと理解していたとはいえない。よって，本文の内容に合わない。　**イ**　祖母の語る「サンズノカワ」「ジゴクノエンマサマ」などカタカナで書かれている語について，幼いころの「わたし」は「知識がなかった」と書かれているので，正しい。　**ウ**　「わたし」が「マサオとは誰か」と聞いていることから，伯父のマサオが戦死したことはそれまで知らなかったと読み取れるので，正しくない。　**エ**　祖母がぶらんこに乗りながら語った話を思い出すとき，「藍色のアッパッパを着て下駄を履いた」姿が「いまも思い浮かぶ」とあるので，本文の内容に合っている。　**オ**　「食べてすぐ寝たけど牛になんなかったね」「二番目の兄さん？」などの「わたし」の発言には「　」が使われているので，正しくない。

三　出典は『子どもにかかわる仕事』所収の「『自分づくり』のサポーター（橋本早苗著）」による。 スクールカウンセラーとはどのような仕事か，スクールカウンセラーにとって大切なことは何かなどについて，筆者が自分自身の経験をもとに述べている文章。

問１　自己紹介には，スクールカウンセラーは，先生や家族と相談するなどして，「みなさんの学校生活が豊かなものになるようにサポートするため」に学校にいるとあるので，アは合う。また，「思春期という時期」においては，友だちや自分のことで悩むのは「自然で大切なこと」だとあるので，イも合う。そのような悩みを持ったときは「誰かと話してみるのも一つの方法」だと提案しているので，ウも合う。そして，その「誰か」には「友だちや家族，先生の他」にも「スクールカウンセラー」がいると「覚えていてくれたらうれしい」とあるが，これは中学一年生へのメッセージであり，「家族や先生方にも覚えてもらえたらうれしい」ということではないので，エは合わない。

問２　自己紹介において「サポートするため」に学校にいると書かれている。生徒たちは，勉強を教えてくれる先生とは違い，自分たちをサポートしてくれるのがスクールカウンセラーだと理解してくれるようだと，筆者は思っている。

問３　スクールカウンセラーは，生徒の話を「しっかりとじっくりと」「聴く」ことが大切なので，「生徒の気持ちを無理やり」に聞き出そうとするのではなく，「話したくない」ことは「話さなくていい」と言って，生徒の気持ちを尊重することが必要である。

問４　Ⅰ　スクールカウンセラーは，相談にくる生徒にいろいろ気を配るものの，「自らすすんで相談に来る生徒は，それほど多く」ない，という文脈になる。よって，前のことがらに，ある条件や例外などをつけ加えなければならない場合に用いる「ただし」が合う。　Ⅱ　生徒が「特に悩んでいることはありません」といっても「ここで終わってしまう」のではないといえるのは，「人というのは，かんたんにはわからない複雑な心の持ち主だから」である。よって，前にあることの理由を後に続けるときに用いる「なぜなら」が入る。　Ⅲ　「話しても解決しない」悩みについて説明するために，「親友と同じクラスになりたかった」という悩みが例としてあげられている。よって，具体的な例をあげるときに用いる「たとえば」が選べる。　Ⅳ　当然のことながら「悩みごとの解決方法」を見つけられたら「素敵」であるという文脈になると考えられるので，「もちろん」が合う。

問５　自ら「悩みごとを打ち明けるのは，とても勇気のいること」なので，どうしても生徒には「ためらう気持ちがある」ものである。だから，「先生や親にすすめられて，あまり気乗りのしない生徒」が，やっと相談に来るということが多い。

問６　「悩みごとの解決方法」が見つからなかったとしても，相談することで「知らなかった感情や味わったことのない気持ち」や「これまでとは違う発想や異なった角度からの視点」といった「新しい自分自身との出会い」があり，「自分らしい自分」になることができると述べられているので，エが合う。

問７　「思春期を迎えた子ども」は，それまでとは違って「論理的な思考で自己主張するようになる」ので，「親は戸惑うこともある」のである。そして，その親は「自分自身も中年期という人生の折り返し地点を迎え，これまで築き上げてきた人生観が揺さぶられている」こともある。このような子どもと親の変化にともない，思春期の子どものいる家族は，不安定な状態になることもある。

問８　子どもの「振り子のように行ったり来たりする気持ちの両面に丁寧に触れ」たり，子どものなかで「混ざり合っているさまざまな気持ち」を，「子どもと一緒に見つけていく」ということの「一つひとつ」を，筆者は「自分づくり」と考えている。

問９　段落の初めに，子どもの気持ちの「光にも影にも寄りそう」ことが大切だとあり，その例として，ケンカした子どもの「またケンカしたらと思うと仲良くなるのが不安」だという気持ちと，「やっぱり仲良くなりたい」という気持ちがあげられている。このような相反する気持ちに寄りそうことを，「気持ちの両面に丁寧に触れる」と言っている。

問10　「『人と人は，完全にはわかりあえない』という限界を認めること」を「スタートライン」として，「だからこそ，最大限わかろうとする努力を怠ることなく，子どものそばに在り続けたい」とあるので，アは誤り。また，「自分自身の性格や感情・行動などにしっかり目を向けること」は，臨床心理士にとって必要なこととして述べられており，子どもの「自己再生」のためとは述べられていないので，イも正しくない。最後の段落に，子どもの「感じ，考え，かかわりあう力」を十分に発揮できるようにするのは「共感すること」だと述べられているので，ウは正しい。反対に「大人が子どもに共感するということは意味がない」とあるエは誤り。

2022年度　獨協埼玉中学校

〔電　話〕　048(970)5522
〔所在地〕　〒343－0037　埼玉県越谷市恩間新田寺前316
〔交　通〕　東武スカイツリーライン「せんげん台駅」よりバスまたは徒歩20分

【算　数】〈第２回試験〉（50分）〈満点：100点〉

（注意）定規，分度器は使用してはいけません。また，各問題とも，解答は解答用紙(別紙)の所定の欄(らん)に記入してください。〈考え方・式〉の欄(らん)にも必ず記入してください。

１ 次の各問に答えなさい。

(1) $\left\{1-\left(2-\dfrac{3}{2}\right)\right\}\times\dfrac{5}{4}\div\left(6\div\dfrac{6}{5}\right)$　を計算しなさい。

(2) 1本60円の鉛筆と1本120円のボールペンを合わせて100本買ったところ，代金は7500円でした。このとき，買ったボールペンは何本ですか。

(3) 8％の食塩水400ｇと18％の食塩水100ｇをすべて混ぜ合わせると，何％の食塩水ができますか。

(4) さいころを3回投げたとき，出た目の数の積が奇数になるような目の出方は何通りですか。

(5) $\dfrac{\mathrm{A}}{\mathrm{B}\times\mathrm{B}}=\dfrac{1}{162}$ を満たす整数の組（A，B）のうち，Aが最小のときの整数A，Bを求めなさい。

(6) 図１のような直方体から直方体を取り除いた水そうがあります。図２のグラフは，この水そうの中に一定の割合で水を入れたときの時間（分）と水の高さ（ cm ）の様子を表しています。このとき，ＡＢの長さを求めなさい。

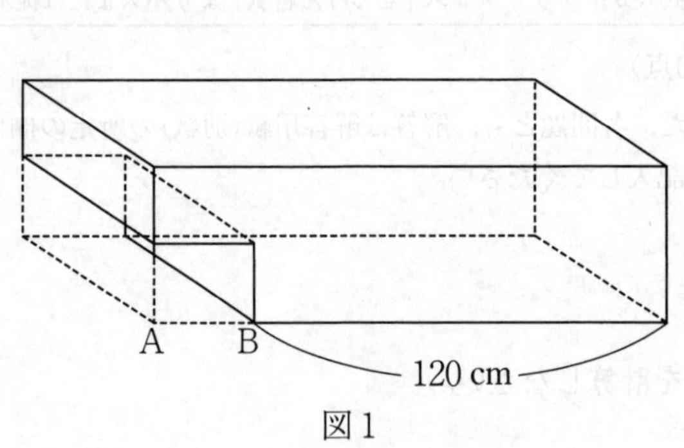

図１

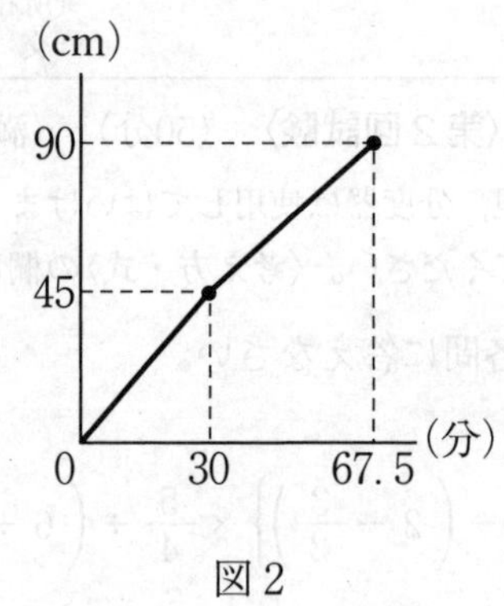

図２

(7) 右の図で，角 x の大きさを求めなさい。

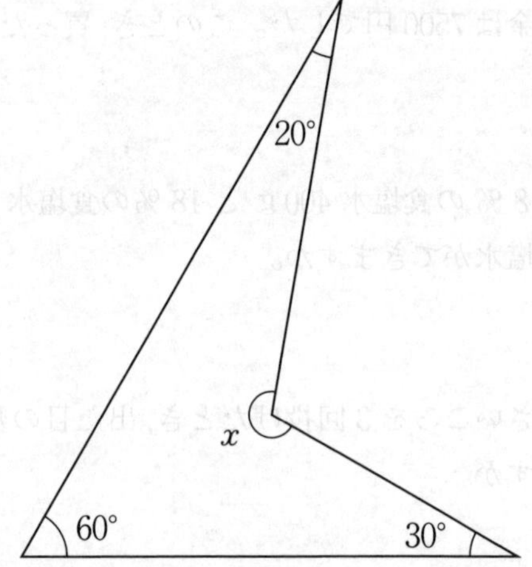

(8) 右の図は，三角すいを底面と平行な平面で切断したものです。この立体の体積を求めなさい。

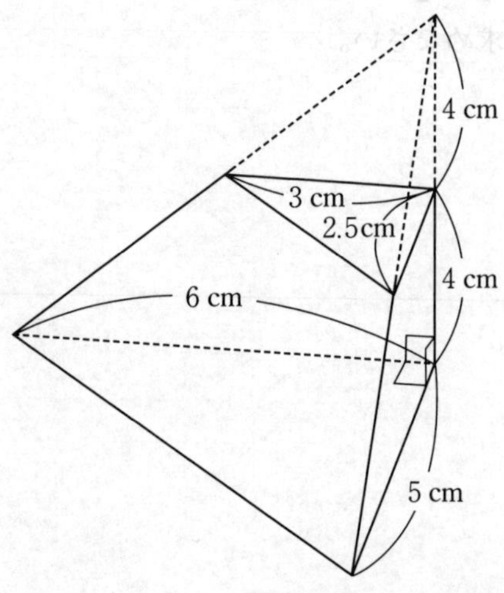

2 次の各問に答えなさい。

(1) 次の図のように，4つの半円があり，最も小さい半円の半径は2cmで残りの半円の半径はその2倍，4倍，8倍です。このとき，次の各問に答えなさい。ただし，円周率は3.14とします。

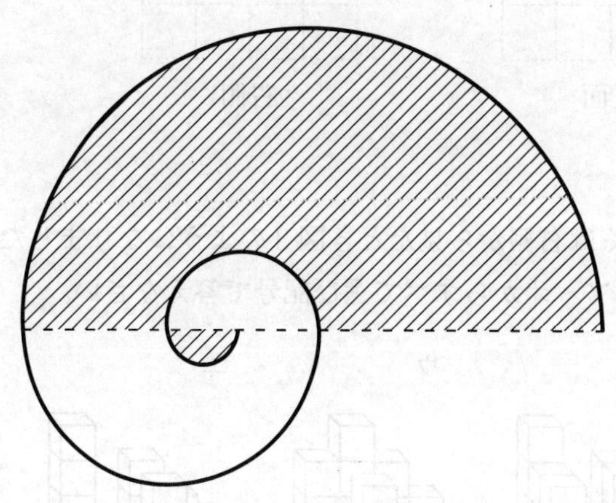

① 図の曲線（太線部）の長さを求めなさい。

② 斜線部の面積を求めなさい。

(2) 図１のように１辺の長さが１cmの４×４の正方形のマスがあります。それぞれのマスの上に１辺１cmの立方体を積んで，立体を作ります。このとき，次のページの各問に答えなさい。

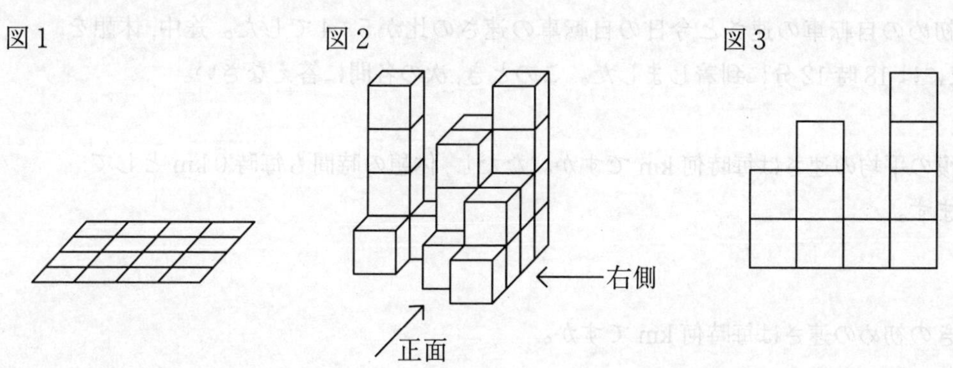

①　図２のような立体を作ったとき，正面から見た図と右側から見た図を解答欄にかきなさい。

②　ある立体を正面もしくは右側から見たとき図３のようになりました。その立体として考えられるものを，ア～オからすべて選び記号で答えなさい。

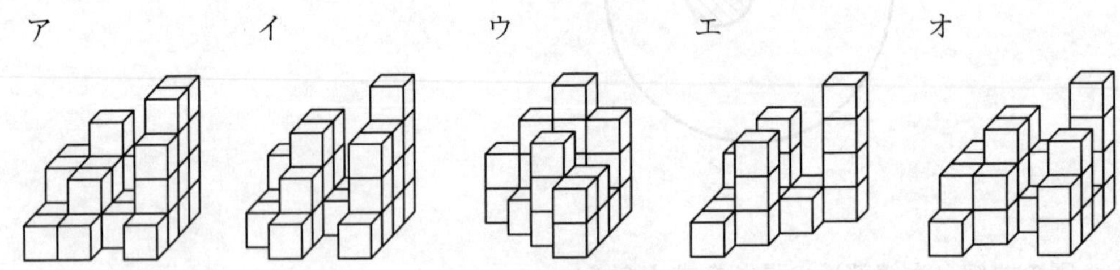

3　Ａさんは自分の家から36 km離れた親戚（せき）の家まで，自転車で遊びに行くことにしました。Ａさんは朝９時ちょうどに自分の家を出発して30分後にＢさんと出会いました。そこから２人は自転車で競争をすることになり，Ａさんは１時間だけ初めの２倍の速さで走りました。その後，Ｂさんと別れ，Ａさんは１時間休憩（けい）をし，また初めと同じ速さで走り，12時ちょうどに親戚の家に到着しました。

Ａさんは次の日の14時ちょうどに親戚の家を出発し，自分の家に向かいました。昨日の初めの自転車の速さと今日の自転車の速さの比が５：４でした。途中，休憩をとり，家には18時12分に到着しました。このとき，次の各問に答えなさい。

(1)　往復の平均の速さは毎時何 kmですか。ただし，休憩の時間も毎時０kmとして含みます。

(2)　行きの初めの速さは毎時何 kmですか。

(3)　帰りに休憩した時間は何分間ですか。

4 下のように,６で割ると１余る整数,または６で割ると５余る整数を小さい順に並べます。

１,５,７,11,13,17,…

このとき,次の各問に答えなさい。

⑴ 43は何番目の数ですか。

⑵ １番目から20番目までの数の和を求めます。そのとき,以下の考え方で計算をしました。空欄のア～キにあてはまる数を答えなさい。

考え方）隣り合う２つの数の和をとり,新たな数の列Ａを作る。

(１,５),(７,11),(13,17),…

→ Ａ：６,18,30,…

Ａは,［ア］ずつ数が増えていて,数は全部で［イ］個あるので,最後の数は［ウ］,最後から２番目の数は［エ］である。

Ａの和を求めるために,以下のようにＡを最後の数から順番に並べたものとの和を考える。

	６	18	…………	［エ］	［ウ］
+）	［ウ］	［エ］	…………	18	６
	［オ］	［オ］	…………	［オ］	［オ］

この計算を行うことにより,［オ］が［カ］個できるのでＡの２つ分の和を求めることができる。

よって,元の数の列の１番目から20番目までの数の和は［キ］である。

⑶ ⑵の考え方を参考にして,１番目から100番目までの数の和を求めなさい。

【社　会】〈第２回試験〉(30分)〈満点：70点〉

1　次の文章を読んで、各問いに答えなさい。

a日本の**b**交通網は、高度経済成長期以降、新幹線や**c**高速道路が整備され、輸送量は急速に増えた。**d**東京や大阪などの大都市圏には人口が集中し、大都市では道路の渋滞や電車の混雑をまねいた。近年では、自動運転によるバスの運行や、小型の無人機である（　**1**　）による空からの荷物の配送などの技術開発が進められている。**e**和歌山県や**f**高知県をはじめ日本各地で（　**1**　）を用いた輸送実験が行われている。

(1)　下線部**a**について、日本の海岸部にはさまざまな地形がみられる。**図１**中の**W**～**Z**で示した範囲内の、海岸部に共通する地形名を答えなさい。

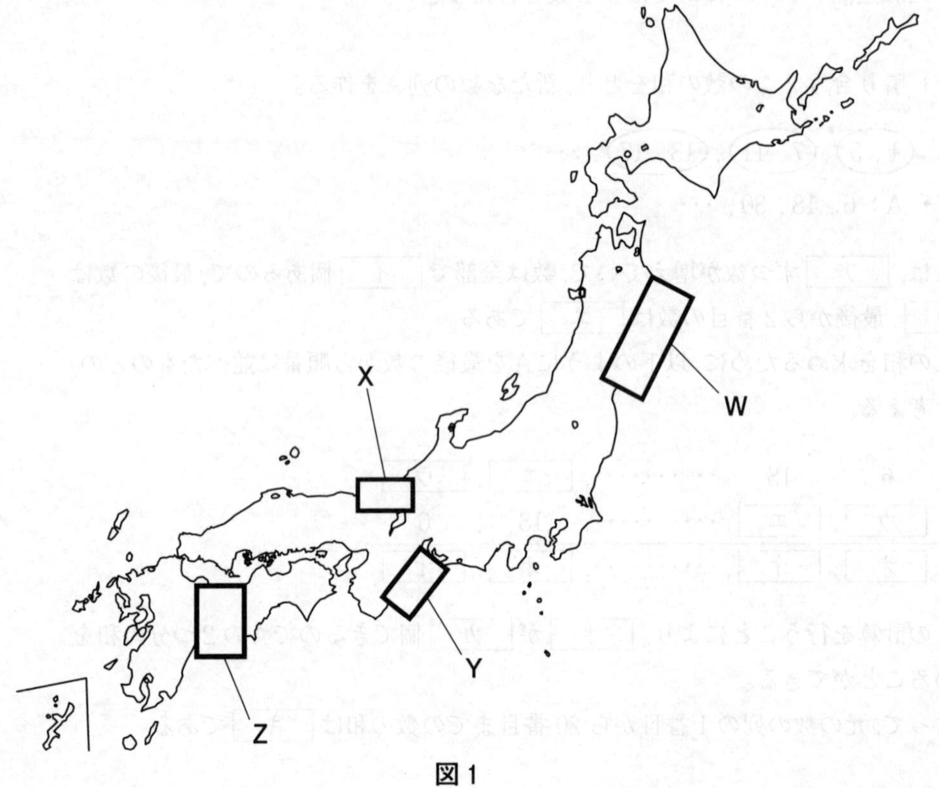

図１

（問題作成上、島の一部を省略。）

(2) 下線部**b**について、**表1**は国内を移動するために、鉄道、船、飛行機のいずれかを利用した人数が多い都道府県をまとめたものである。船にあてはまるものとして正しいものを、**表1**中の**ア**～**ウ**のうちから1つ選び、記号で答えなさい。また、それを船の利用者数と考えた理由を説明しなさい。

表1

	ア	イ	ウ
1位	東京	東京	広島
2位	北海道	大阪	鹿児島
3位	大阪	神奈川	長崎
4位	沖縄	千葉	沖縄
5位	福岡	埼玉	香川

〔データでみる県勢2021年版より作成〕

(3) 下線部**c**について、1960年代に愛知県と兵庫県を結んだ高速道路名として正しいものを、次の**ア**～**エ**のうちから1つ選び、記号で答えなさい。

ア. 名神高速道路　**イ**. 東名高速道路

ウ. 北陸自動車道　**エ**. 中国縦貫(じゅうかん)自動車道

(4) 下線部**d**について、2021年に開催された東京オリンピック・パラリンピックの入賞メダルは、使用済みの携帯電話などから金属を集めてつくられた。このように、身近にあるものの中には希少金属(レアメタル)が多くふくまれているという考え方や状態を、漢字4字で何というか、答えなさい。

(5) 空欄(**1**)に入る語句を、カタカナで答えなさい。

(6) 下線部**e**について、**図2**はある作物の日本全国にしめる生産量の割合をまとめたものである。ある作物として正しいものを、次の**ア**～**エ**のうちから1つ選び、記号で答えなさい。

ア. みかん　**イ**. ぶどう

ウ. りんご　**エ**. もも

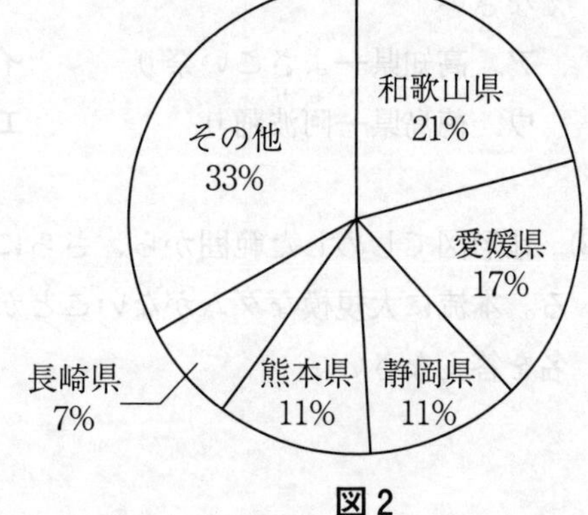

図2

〔データでみる県勢2021年版より作成〕

(7)　下線部 **f** について、次の地形図は高知県の一部をしめしたものである。この地図に関して、あとの問いに答えなさい。

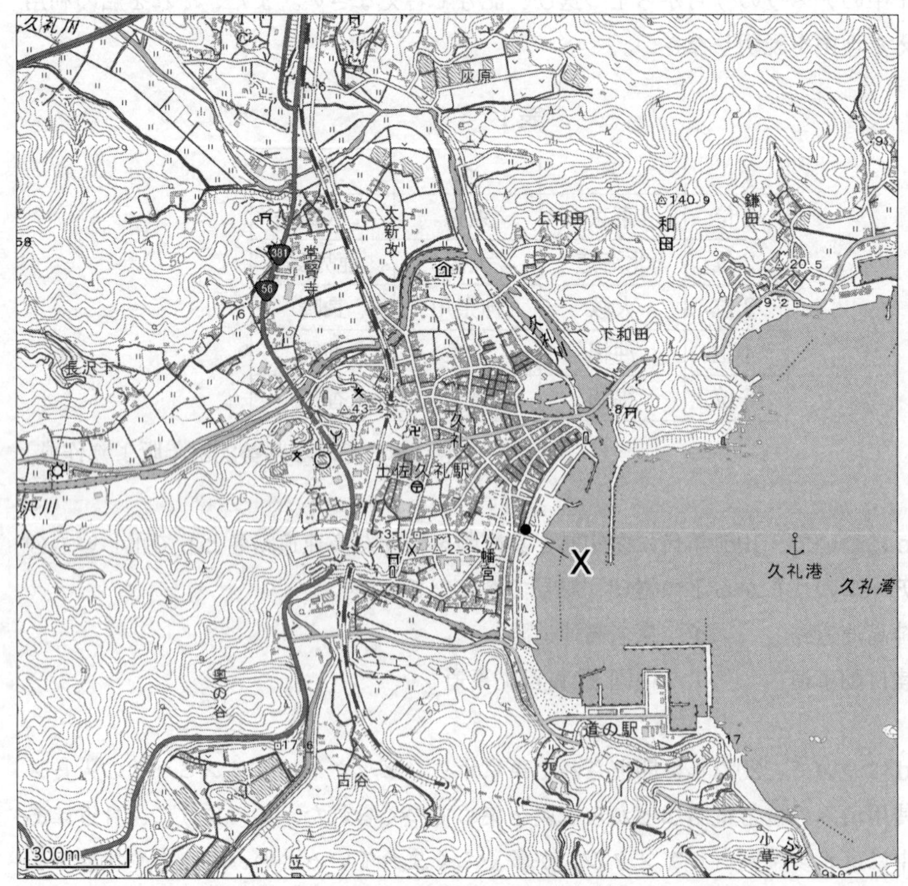

〔電子地形図　25000分の１（2021年８月ダウンロード）の一部より作成〕

①　高知県をはじめ、日本各地ではさまざまな祭りがみられる。祭りの開催地(かいさいち)と名前の組み合わせとして正しくないものを、次の**ア**～**エ**のうちから１つ選び、記号で答えなさい。

ア．高知県―よさこい祭り　　　**イ**．青森県―仙台七夕まつり

ウ．徳島県―阿波(あわ)踊り　　　　**エ**．京都府―祇園祭(ぎおんまつり)

②　地形図でしめした範囲から、さらに西に進むと、四国で最も長い川の上流部となる。本流に大規模なダムがないことから「日本最後の清流」とよばれる、この河川名を答えなさい。

③　地形図から読みとれるものとして正しいものを、次の**ア**～**エ**のうちから１つ選び、記号で答えなさい。

ア．「久礼」の市街地は、久礼川の左岸になる。

イ．道の駅からみて、土佐久礼駅は北東である。

ウ．土佐久礼駅から列車に乗ったときは、必ずトンネルを通る。

エ．「奥の谷」のある山には、果樹園が広がる。

④　地形図中の「灰原」の様子として正しいものを、次の**ア**～**エ**のうちから１つ選び、記号で答えなさい。

ア．畑が広がっている。　　　**イ**．田が広がっている。

ウ．高等学校がある。　　　**エ**．神社や寺院が密集している。

⑤　**写真１**は、地形図中の**X**でしめした地点にある建物の様子である。この建物として正しいものを、次の**ア**～**エ**のうちから１つ選び、記号で答えなさい。

写真１

〔Googleストリートビューより作成〕

ア．灯台　　**イ**．電波塔　　**ウ**．水力発電所　　**エ**．津波避難（ひなん）タワー

2 次の【カード】、【年表】は朝鮮半島と日本の歴史について書かれたものである。【カード】、【年表】を読んで、各問いに答えなさい。

【カード】

カード①
大陸から移り住んだ人びとによって **a** 稲作が九州北部に伝えられた。

カード②
b 豊臣秀吉は、日本全国を統一すると、明の征服を目指し、朝鮮への侵略(しんりゃく)を開始した。

カード③
李成桂が高麗を滅ぼして朝鮮国を建てた。幕府や各地の守護大名らは朝鮮に船を送って、貿易を行った。

カード④
対馬藩は、朝鮮との交渉の窓口をつとめ、貿易を独占することを **c** 幕府から認められた。

カード⑤
フビライ＝ハンは朝鮮半島を征服すると、日本を従えようと九州北部に上陸し、**d** 幕府の武士らと交戦した。

カード⑥
唐が新羅と手を組んで百済を滅ぼすと、中大兄皇子らは、**e** 百済の復興を助けようと大軍を派遣した。

【年表】

年	できごと
1867年	徳川慶喜が土佐藩のすすめで **f** 政権を朝廷に返した
	⑦
1894年	朝鮮半島に進軍した清と日本の軍隊が衝突(しょうとつ)し、日清戦争に発展した
	⑧
（ **あ** ）	日本は韓国を併合し、朝鮮と改称するとともに植民地とした
	⑨
1925年	満25歳以上の男子に選挙権をあたえる **g** 普通選挙法が成立した
	⑩
1951年	吉田茂内閣は、アメリカなど48か国と **h** サンフランシスコ平和条約を結んだ

(1)　下線部**a**について、弥生時代に大陸から伝わった文物として正しいものを、次の**ア**～**エ**のうちから１つ選び、記号で答えなさい。

ア．土偶　　**イ**．青銅器　　**ウ**．仏教　　**エ**．漢字

(2)　下線部**b**について述べた次の文**X**・**Y**と、それに該当する語句**a**～**d**との組み合わせとして正しいものを、次の**ア**～**エ**のうちから１つ選び、記号で答えなさい。

X　この政策によって、地域によってばらばらだったものさしやますが統一された。
Y　２度目の朝鮮侵略は、秀吉の病死をきっかけに、全軍が引きあげた。

a．太閤検地　　**b**．刀狩り　　**c**．慶長の役　　**d**．文禄の役

ア．X―a　Y―c　　**イ**．X―a　Y―d
ウ．X―b　Y―c　　**エ**．X―b　Y―d

(3)　下線部**c**について述べた文Ⅰ・Ⅱ・Ⅲについて、古いものから年代順に配列したものとして正しいものを、次の**ア**～**カ**のうちから１つ選び、記号で答えなさい。

Ⅰ　幕府の支援を受けた伊能忠敬が全国の測量を行い、正確な日本地図をつくった。
Ⅱ　厳しい年貢(ねんぐ)の取り立てなどに苦しむ人々による島原・天草一揆が起こった。
Ⅲ　徳川綱吉は朱子学を重んじ、極端な動物愛護(あいご)の政策を行った。

ア．Ⅰ―Ⅱ―Ⅲ　　**イ**．Ⅰ―Ⅲ―Ⅱ　　**ウ**．Ⅱ―Ⅰ―Ⅲ
エ．Ⅱ―Ⅲ―Ⅰ　　**オ**．Ⅲ―Ⅰ―Ⅱ　　**カ**．Ⅲ―Ⅱ―Ⅰ

(4)　下線部**d**について、このときの幕府の実権をにぎっていた人物として正しいものを、次の**ア**～**エ**のうちから１人選び、記号で答えなさい。

ア．北条時政　　**イ**．北条時頼　　**ウ**．北条泰時　　**エ**．北条時宗

(5)　下線部**e**について、このとき朝鮮半島の海上でおきた戦いを何というか、答えなさい。

(6)　**【カード】**①～⑥について、古いものから年代順に正しく配列したとき、３番目にあたるものを、①～⑥のうちから１つ選び、番号で答えなさい。

(7) 下線部 **f** について、次の**史料1**は明治新政府の政治方針をしめすために出された「五箇条の御誓文」である。史料の内容として正しくないものを、次の**ア**～**エ**のうちから1つ選び、記号で答えなさい。

史料1
一 広ク会議ヲ興(おこ)シ万機(ばんき)公論ニ決スベシ
一 上下(しょうか)心ヲ一(いつ)ニシテ盛(さかん)ニ経綸(けいりん)ヲ行ウベシ
一 官武一途(いっと)庶民(しょみん)ニ至ル迄(まで)、各(おのおの)其(その)志ヲ遂(と)ゲ人心(じんしん)ヲシテ倦(う)マザラシメン事ヲ要ス
一 旧来ノ陋習(ろうしゅう)ヲ破(やぶ)リ天地ノ公道ニ基(もとづ)クベシ
一 智識(ちしき)ヲ世界ニ求メ、大(おおい)ニ皇基ヲ振起(しんき)スベシ

ア. 全ての政務は公平な議論によって決めるべきである。
イ. 政務を行う者と人民は心を一つにして政治を進めていくべきである。
ウ. 攘夷(じょうい)の風潮をやめ、国際的な法にしたがうべきである。
エ. 日本の知識を世界に広め、国を盛んにすべきである。

(8) **【年表】**中の空欄（ **あ** ）は西暦何年か、答えなさい。

(9) 下線部 **g** について、次の**史料2**は普通選挙法と同じ年に制定された“ある法律”であるが、なぜ普通選挙法と同年に制定されたのか、“ある法律”の名称を明らかにしたうえで説明しなさい。

史料2
第一条 国体(こくたい)ヲ変革シ又(また)ハ私有財産制度ヲ否認(ひにん)スルコトヲ目的トシテ結社ヲ組織シ又ハ情(じょう)ヲ知リテ之(これ)ニ加入シタル者ハ十年以下ノ懲役(ちょうえき)又ハ禁錮(きんこ)ニ処(しょ)ス

⑽　下線部**h**について、次の**表**は第二次世界大戦での主な国の死者数を示したものである。表の説明**W**・**X**と第二次世界大戦に関する説明**Y**・**Z**の組み合わせとして正しいものを、次の**ア**～**エ**のうちから１つ選び、記号で答えなさい。

表

	国名	軍人	民間人
連合国側	アメリカ合衆国	292131	6000
	イギリス	264443	92673
	フランス	213324	350000
	ソ連	11000000	7000000
	中華民国	1310224	不明
	ポーランド	123178	5675000
枢軸国側(すうじくこく)	ドイツ	3500000	780000
	イタリア	242232	152941
	日本	2300000	800000

（単位は人）

（The New Encyclopaedia Britannica, 15th ed., 2007, 日本は厚生労働省資料）

W．ソ連の軍人死者数はアメリカの軍人死者数の約35倍以上となった。

X．表によれば各国の死者数における民間人の割合が50%を超える国はない。

Y．日本は数十万人の朝鮮人や占領地域の中国人を日本本土などに強制連行し、兵力や労働力として動員した。

Z．アメリカによって、1945年８月６日には長崎、８月９日には広島に原子爆弾が投下された。

ア．W・Y　　**イ**．W・Z　　**ウ**．X・Y　　**エ**．X・Z

⑾　次の**X**の文は**【年表】**中の⑦～⑩のどこにあてはまるか、⑦～⑩のうちから１つ選び番号で答えなさい。

X　北京(ペキン)郊外の盧溝橋(ろこうきょう)付近で起こった日中両国軍の武力衝突(しょうとつ)をきっかけに、日中戦争が始まった

3　次の文章を読んで、各問いに答えなさい。

a日本国憲法が施行(しこう)されて、今年で75年目を迎える。日本は民主的な国家となるため、それまでの**b**大日本帝国憲法にかわる新しい日本国憲法を制定した。憲法前文には憲法を定めた精神が示され、（　**1**　）、民主政治、平和主義、国際協調をわが国の理想・目的として記している。さらに、「日本国民は、**c**正当に選挙された国会における代表者を通じて行動し…」と、**d**間接民主制をとることが記されている。憲法第１条で、大日本帝国憲法では国の元首として君臨(くんりん)していた天皇の地位は、国や国民のまとまりとしての（　**2**　）と改められた。また、日本国憲法では様々な**e**基本的人権が保障され、さらに**f**三権分立の仕組みや**g**地方自治のあり方についても明記されている。

(1)　下線部**a**について、日本国憲法が施行されたのは1947年の何月何日か、月日を答えなさい。

(2)　下線部**b**の大日本帝国憲法制定に活躍(かつやく)し、日本の初代内閣総理大臣となった人物は誰か、答えなさい。

(3)　空欄（　**1**　）には、「国の政治を決定する権利は国民にある」という意味の語句が入る。その語句を漢字４文字で答えなさい。

(4)　下線部**c**について、正当な選挙の説明として正しいものを、次の**ア**～**エ**のうちから１つ選び、記号で答えなさい。

ア．納税額によって、選挙権を制限することができる。
イ．年齢によって、選挙権を制限することができる。
ウ．性別によって、選挙権を制限することができる。
エ．人種によって、選挙権を制限することができる。

(5)　下線部**d**の間接民主制を示す内容として正しいものを、次の**ア**～**エ**のうちから１つ選び、記号で答えなさい。

ア．特定の地位にある人々の代表者が、独裁(どくさい)政治をおこなう。
イ．王が、軍隊の意見を重視する政治をおこなう。
ウ．国民が代表者を選び、代表者はその信頼を受けて政治をおこなう。
エ．全国民が会議に参加し、討議(とうぎ)を重ねて政策を決定する。

(6)　空欄（　**2**　）に入る語句を答えなさい。

(7) 下線部**e**について、憲法で保障されている基本的人権には様々な種類がある。そのうちの1つをとり上げ、その内容を説明しなさい。

(8) 下線部**f**について、次の図は三権分立の仕組みをあらわしたものである。図をみて、あとの問いに答えなさい。

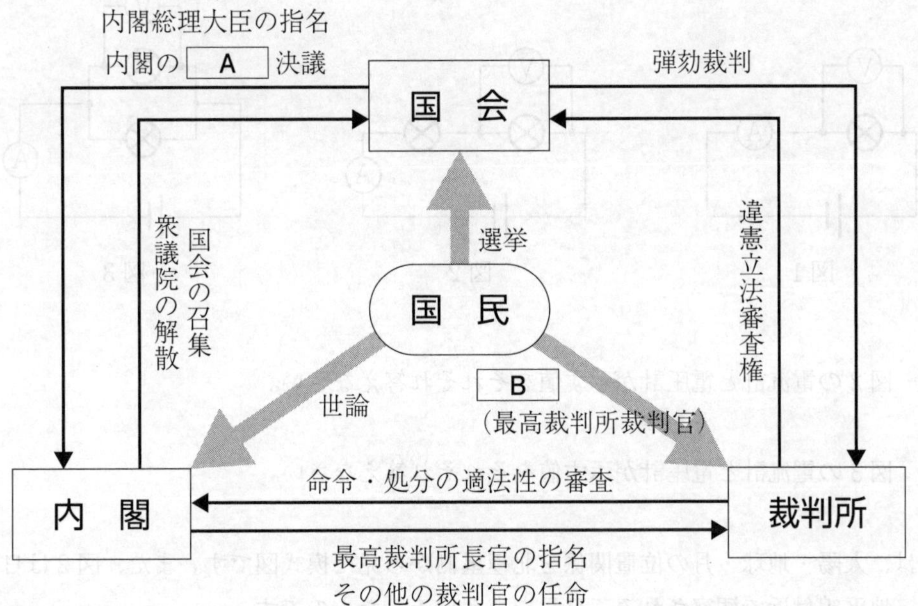

① 空欄 A が決議されると、内閣は総辞職か衆議院の解散のどちらかを選択することになる。空欄に入る語句を答えなさい。

② 空欄 B には、国民が最高裁判所の裁判官が適任か不適任かを決める制度が入る。その制度を何というか、答えなさい。

(9) 下線部**g**について、地方議会の仕事として正しくないものを、次の**ア**～**エ**から1つ選び、記号で答えなさい。

ア. 選挙管理委員会や教育委員会を運営し、それぞれの仕事を行う。

イ. その地域のみに適用される、条例を制定する。

ウ. 地方公共団体の予算を決め、決算を認める。

エ. 住民に対する行政サービスの提供を、最終的に決定する。

【理　科】〈第２回試験〉（30分）〈満点：70点〉

1　あとの問いに答えなさい。

(1)　図１の回路のとき、電流計は2.0A、電圧計は5.0V を示しました。図１で使ったものと同じ電池と豆電球を用いて、図２、図３のような回路を組みました。

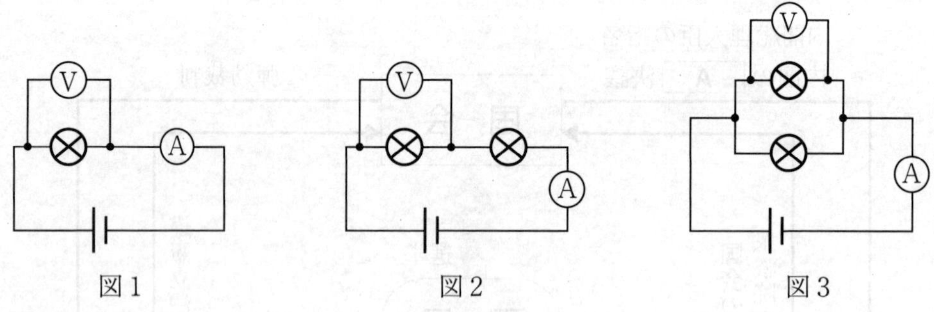

図１　　図２　　図３

①　図２の電流計と電圧計が示す値をそれぞれ答えなさい。

②　図３の電流計と電圧計が示す値をそれぞれ答えなさい。

図１は、太陽・地球・月の位置関係を北極星側から見た模式図です。また、図２は日本で夕方、地平線付近で観察される三日月をスケッチしたものです。

(2)　図２のような形の月が見られるのは、月が図１のどの位置にあるときですか。図１のア～クから１つ選び、記号で答えなさい。

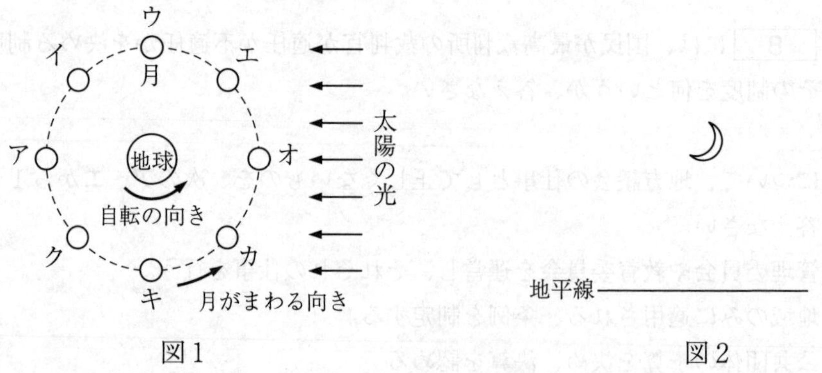

図１　　図２

(3) 図２の月を観察してから15日後の月の形はどうなりますか。次のａ～ｇから最も近い形を１つ選び、記号で答えなさい。

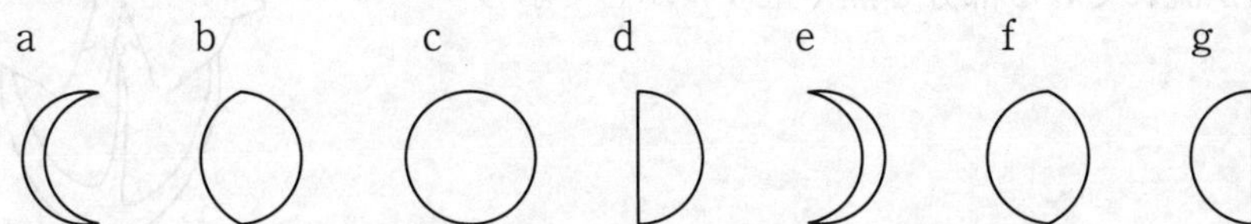

(4) 右図に示したガスバーナーについて、各問いに答えなさい。

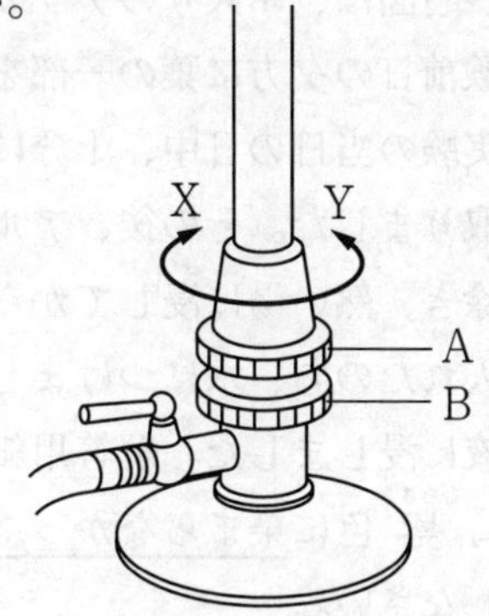

① ガス調節ネジはＡ、Ｂのどちらですか。

② ガスを出したい場合、ガス調節ネジはＸ、Ｙのどちらに回せばよいですか。

(5) 15％の食塩水200ｇには、何ｇの食塩がとけていますか。解答用紙に計算式や考え方も記入しなさい。

(6) 右図は、イヌワラビを土から掘って、根、茎、葉をスケッチしたものです。茎はどの部分ですか。解答用紙のスケッチに、茎を黒く塗りつぶして示しなさい。

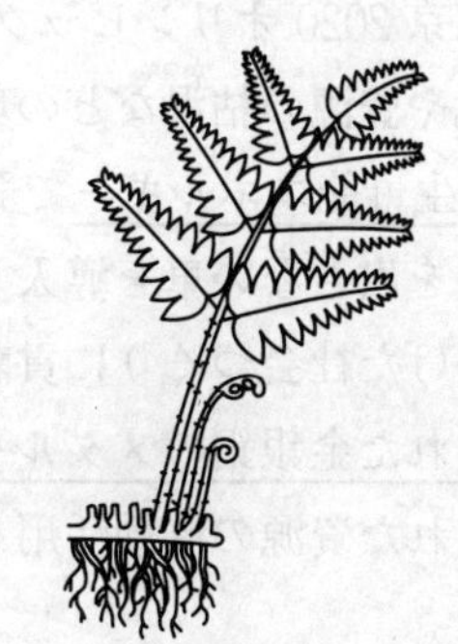

(7) 右図は、ヤマトカブトムシを腹側からスケッチしたものです。胸（胸部）はどの部分ですか。解答用紙のスケッチに、胸（胸部）を黒く塗りつぶして示しなさい。

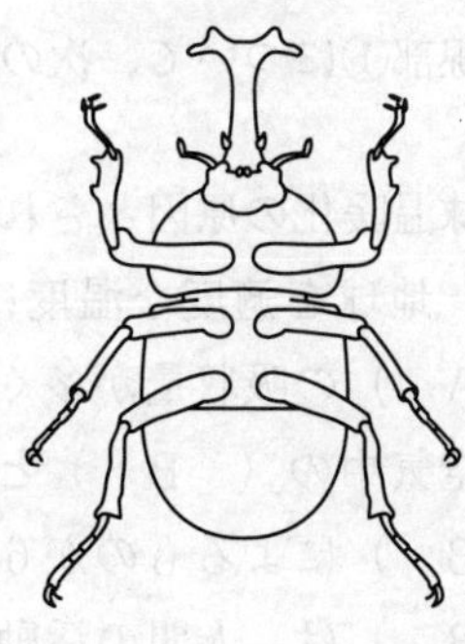

(8)　右図は、ヒトの心臓とそれにつながる血管の断面図です。動脈血が流れている部分はどこですか。解答用紙の図に、動脈血が流れている部分を黒く塗りつぶして示しなさい。

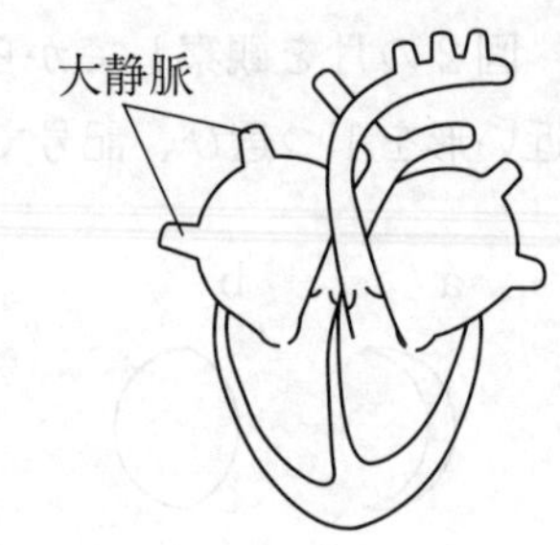

(9)　右図は、ふ入りのアサガオの葉のスケッチです。実験前日の夕方に葉の一部をアルミニウムはくで包み、実験の当日の日中、十分に太陽の光に当ててから葉を取りました。その後、アルミニウムはくを葉から取り除き、熱い湯に浸(ひた)してから、温めたエタノールの中に入れたのち、水につけました。さらにその葉をヨウ素液に浸しました。解答用紙のスケッチに、ヨウ素液で青紫(むらさき)色に染まらなかった部分を黒く塗りつぶして示しなさい。

2　次の文章を読み、あとの問いに答えなさい。

東京2020オリンピック・パラリンピックでは、大会の準備・運営に向けて、①地球温暖化や資源の枯渇(こかつ)などの環境問題に配慮(りょ)した様々な取り組みが行われました。具体的には、②再生可能エネルギーで発電した電力の使用、③燃料電池自動車や電気自動車などの排(はい)気ガスを出さない車を導入して、温室効果ガスの排出量を実質ゼロとする脱(だつ)炭素社会の実現にむけた社会づくりに貢献(こうけん)しました。また、④回収した小型家電から金属を取り出して製造された金銀銅のメダルや、使用済みプラスチック容器を回収してつくられた表彰(しょう)台は、限られた資源の有効活用を重視した、持続可能な社会のあり方として世界から注目されました。

下線部①について、次の文章を読み、あとの問いに答えなさい。

地球温暖化の原因とされる温室効果ガスは、地表で反射される太陽光の（　A　）を吸収し、地球を適度な温度に保っています。しかし、この温室効果ガスが増加すると、（　A　）の吸収量が多くなり、地球の気温が上昇(しょう)します。温室効果をもたらす気体には、空気中の（　B　）と（　C　）などがあります。現在の大気の温室効果のうち、（　B　）によるものが6～7割、（　C　）によるものが2～3割と考えられています。（　B　）は、人間の活動によって、ほとんど増えたり減ったりしないため、（　C　）の増加の方が、特に問題となっています。

(1) 文章中の空らん（　A　）にあてはまる語句として正しいものはどれですか。次のア～エから1つ選び、記号で答えなさい。

ア　X線　　イ　紫外線　　ウ　赤外線　　エ　電波

(2) 文章中の空らん（　B　）、（　C　）にあてはまる気体として正しいものはどれですか。次のア～オからそれぞれ1つずつ選び、記号で答えなさい。

ア　水素　　イ　窒素　　ウ　酸素　　エ　二酸化炭素　　オ　水蒸気

次の図1、図2は、それぞれ北半球平均と南半球平均の2009年から2019年における二酸化炭素濃度の移り変わりを示したものです。グラフの縦軸の単位ppmは100万分の1を表し、1ppmは0.0001％です。あとの問いに答えなさい。

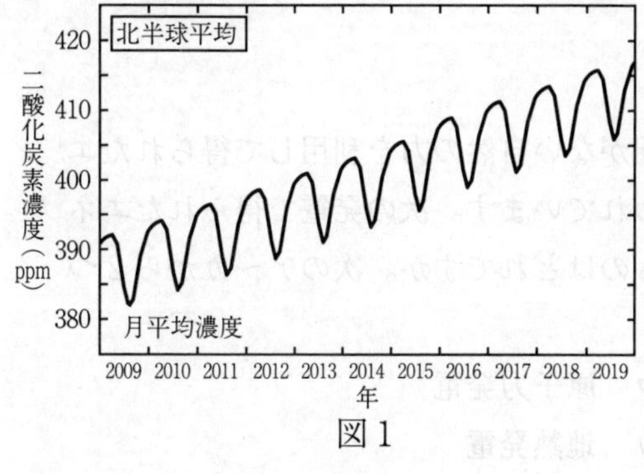

図1

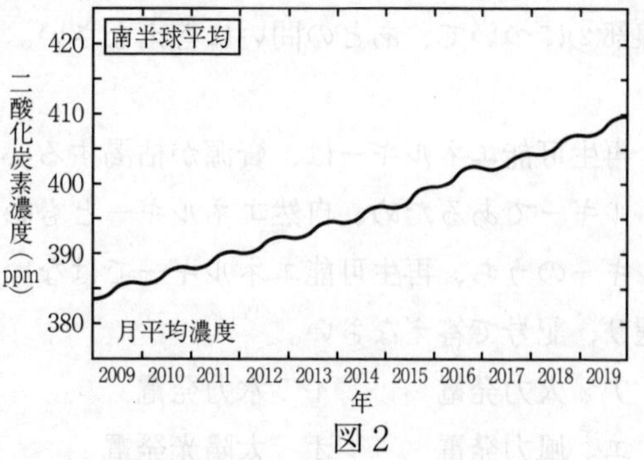

図2

（出典：気象庁のホームページより）

(3) 次の文は、図1について述べたものです。空らん（　A　）～（　D　）に入る語句として正しい組み合わせはどれですか。次のア～エから1つ選び、記号で答えなさい。

1年のうちで大気中の二酸化炭素濃度が（　A　）に減少するのは、植物の光合成が（　B　）ためであり、（　C　）に増加するのは、植物の光合成が（　D　）ためである。

	A	B	C	D
ア	夏	さかんになる	冬	おとろえる
イ	夏	おとろえる	冬	さかんになる
ウ	冬	さかんになる	夏	おとろえる
エ	冬	おとろえる	夏	さかんになる

(4) 図1と図2のグラフからわかることを、次のア～エから2つ選び、記号で答えなさい。

ア 年間を通して、北半球より南半球の方が、季節による二酸化炭素濃度の差が大きい。

イ 年間を通して、北半球より南半球の方が、季節による二酸化炭素濃度の差が小さい。

ウ 2009年から2019年にかけて、北半球と南半球の二酸化炭素濃度は増加傾向にある。

エ 2009年から2019年にかけて、北半球と南半球の二酸化炭素濃度は減少傾向にある。

下線部②について、あとの問いに答えなさい。

(5) 再生可能エネルギーは、資源が枯渇する心配がない自然の力を利用して得られたエネルギーであるため、自然エネルギーともいわれています。次の発電で得られたエネルギーのうち、再生可能エネルギーではないものはどれですか。次のア～カから2つ選び、記号で答えなさい。

ア 火力発電　　イ 水力発電　　ウ 原子力発電
エ 風力発電　　オ 太陽光発電　　カ 地熱発電

(6) いくつかの再生可能エネルギーのデメリットとして考えられることを、「天候」と「発電量」という語句を使って説明しなさい。

下線部③について、あとの問いに答えなさい。

(7) 燃料電池自動車は、水素を燃料にしてつくった電気を使って走る車です。次のうち、理科室で水素を発生させる方法はどれですか。次のア～エから1つ選び、記号で答えなさい。

ア 二酸化マンガンにうすい過酸化水素水を加える

イ 石灰石にうすい塩酸を加える

ウ スチールウールにうすい塩酸を加える

エ 塩化アンモニウムと水酸化カルシウムの固体を混ぜ合わせて加熱する

⑻　水素の気体の性質として正しいものはどれですか。次のア～キから3つ選び、記号で答えなさい。

ア　無色無臭(しゅう)である
イ　刺激(しげき)臭がある
ウ　水にとけにくい
エ　水に少しとけて酸性を示す
オ　水によくとけてアルカリ性を示す
カ　空気より軽い
キ　空気より重い

⑼　実験で発生した気体が、水素であることを確認する方法はどれですか。次のア～オから1つ選び、記号で答えなさい。

ア　火のついたマッチを近づけると、ポンという音を立てて燃えた。
イ　火のついた線香を近づけると、火が激しく燃えた。
ウ　火のついた線香を近づけると、火が消えた。
エ　石灰水に気体を通すと、白くにごった。
オ　水でぬらした赤色リトマス紙が、青色に変化した。

下線部④について、あとの問いに答えなさい。

⑽　ごみを減らす環境行動を表すキーワードに「3R」という言葉があります。3つのRは、リデュース（Reduce）＝減らす、リユース（Reuse）＝再使用、リサイクル（Recycle）＝再生利用を意味します。下線部④の取り組みは、3つのRのうちどれですか。次のア～ウから1つ選び、記号で答えなさい。

ア　リデュース（Reduce）
イ　リユース（Reuse）
ウ　リサイクル（Recycle）

3 夏休みの自由研究において、「台風」について調べました。あとの問いに答えなさい。

a　台風の発生と進路について

台風は、日本のはるか南の海上で発生した熱帯低気圧が発達し、風速が毎秒17.2ｍ以上になったものをいう。

台風は、はじめ赤道付近の上空の風によって西方に進むが、地球の自転の影響（えいきょう）により、北半球では常に進行方向右向きに力を受けながら進む。このとき受ける力を『転向力』（コリオリの力）といい、進む速さが速くなるとその力も大きくなる。日本付近に到来（とう）する台風は、「転向力」を受け次第に北西へと進路を変え、緯（い）度30度を過ぎたあたりからこの付近の①上空の風の影響を受け、やがて北から北東へと進路を変える。しかし、台風の進路は、上空の風以外に、周囲の気圧配置にも影響される。また、特に②夏場は日本の東方海上に停滞（たい）する高気圧のふちにそって進む台風もある。

b　台風の分類

気象庁では、台風をその「強さ」と「大きさ」で分類している。強さは、台風の最大風速をもとに、「強い」から「猛烈（もうれつ）な」まで。大きさは、平均風速が毎秒15ｍの風速区域の範（はん）囲をもとに、現在では「大型」と「超（ちょう）大型」の２種類にそれぞれ分類をしている。風速が③毎秒25ｍ以上の領域（りょういき）では災害が起こりやすい区域としている。

c　台風の発達と周囲の雲について

台風の中心部は周囲より気圧が低く、中心部に向かって湿（しめ）った温度の高い空気の塊（かたまり）（空気塊（くうきかい））がまわりから集まり上昇する。上空はもともと気圧が低いので、上昇した空気塊は膨張（ぼうちょう）し温度が下がる。このため台風の中心付近には④発達した雲が発生し雲の壁（かべ）をつくる。

水蒸気が冷えて水滴（てき）や氷晶（しょう）（氷の粒（つぶ））になるとき熱を放出する。これにより新たな熱の供給がなされ台風が発達する。発達した台風では周囲との気圧の差がさらに大きくなり、その中心部に吹（ふ）き込（こ）む空気塊の速さも速くなる。このとき「転向力」も大きくなり、やがて空気塊は、⑤台風の中心に入り込むことなく中心部の周囲を回転し、かつ上昇（しょう）する。

(1)　下線部①で、上空の風とは何ですか。最も適当な語句を次のア～エから１つ選び、記号で答えなさい。

ア　赤道偏（へん）東風（貿易風）　　イ　極偏東風

ウ　偏西風　　エ　高層風

注意：偏（へん）はかたよりの意味

(2)　下線部②で、この高気圧として最も適当な語句を、次のア～エから１つ選び、記号で答えなさい。

ア　シベリア高気圧　　　　イ　移動性高気圧

ウ　オホーツク海高気圧　　エ　北太平洋（小笠原）高気圧

(3)　下線部③で、風速による災害が起こりやすい区域を何といいますか。最も適当な語句を、次のア～オから１つ選び、記号で答えなさい。

ア　暴(ぼう)風域　　イ　烈(れっ)風域　　ウ　猛(もう)風域　　エ　強風域　　オ　弱風域

(4)　下線部④で、台風の中心部の周囲にできる発達した雲とは何ですか。最も適当な語句を、次のア～オから１つ選び、記号で答えなさい。

ア　積雲　　イ　積乱雲　　ウ　層雲　　エ　層積雲　　オ　乱層雲

(5)　下線部⑤で、発達した台風には、その中心部に雲が見られず、上空からは雲にぽっかり穴があいたように見え、海面をのぞくことができるとさえいわれています。この部分を特に何といいますか。

〈雲のでき方〉

P22の文ｃの「台風の発達と周囲の雲について」の文で、「湿った空気塊は上昇するにつれて、膨張し温度が下がり発達した雲が発生し雲の壁をつくる」とあります。図１においては、

◌は、注目する空気塊　　○は、空気

●は、水滴　　△は、小さな氷の粒

を表しています。

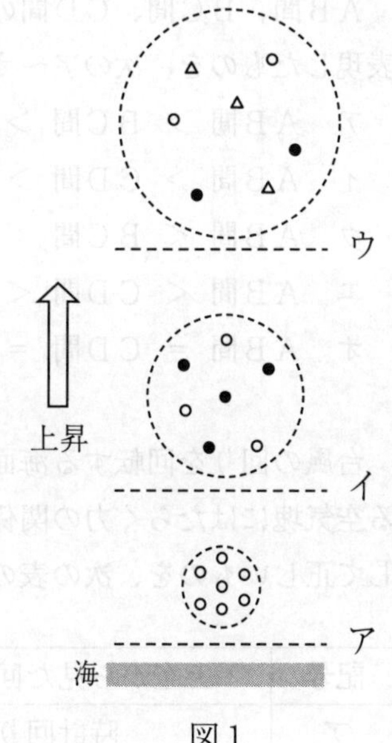

図１

(6)　雲ができ始めるのはア～ウのどのあたりから上空ですか。記号で答えなさい。

〈風速の分析〉

天気図を分析すると、実際の台風の周囲には前線はなく、等圧線がほぼ同心円状になっていることに気づきました。図２は、台風（中心部はO）の周囲の等圧線を描いたものです。ここで、気圧はhPa（ヘクトパスカル）で示されます。あとの問いに答えなさい。

(7)　図２で、Aが1000 hPaを表し、20 hPaごとに等圧線を描いているものとしたとき、Dは何hPaですか。

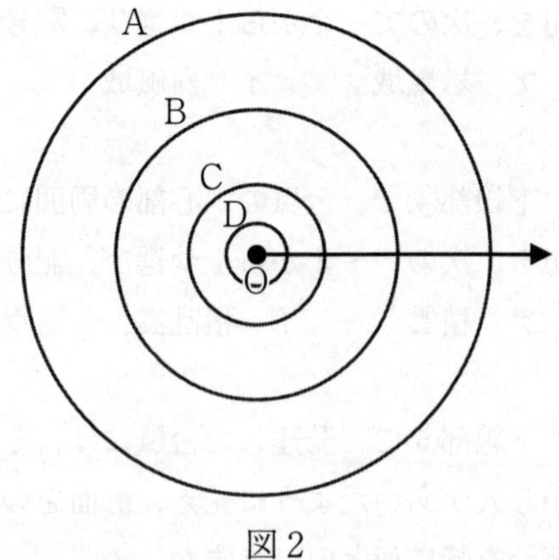

図２

(8)　ＡＢ間、ＢＣ間、ＣＤ間の３区間での風速を比べた場合、風速の大小関係を正しく表現したものを、次のア～オから１つ選び、記号で答えなさい。

ア　ＡＢ間 ＞ ＢＣ間 ＞ ＣＤ間
イ　ＡＢ間 ＞ ＣＤ間 ＞ ＢＣ間
ウ　ＡＢ間 ＜ ＢＣ間 ＜ ＣＤ間
エ　ＡＢ間 ＜ ＣＤ間 ＜ ＢＣ間
オ　ＡＢ間 ＝ ＣＤ間 ＝ ＢＣ間

(9)　台風の回りを回転する海面付近の空気塊の、上空から見た回転方向と、回転している空気塊にはたらく力の関係はどのようになると考えられますか。その組み合わせとして正しいものを、次の表のア～カから１つ選び、記号で答えなさい。

記号	上空から見た回転方向	空気塊にはたらく力の関係式
ア	時計回り	気圧の差による力 ＝ 転向力 ＋ 遠心力
イ	時計回り	気圧の差による力 ＋ 転向力 ＝ 遠心力
ウ	時計回り	気圧の差による力 ＋ 遠心力 ＝ 転向力
エ	反時計回り	気圧の差による力 ＝ 転向力 ＋ 遠心力
オ	反時計回り	気圧の差による力 ＋ 転向力 ＝ 遠心力
カ	反時計回り	気圧の差による力 ＋ 遠心力 ＝ 転向力

問九　傍線部⑤「メリットの方に対する感動がインフレを起こして、ありがたみが薄れてしまった」とありますが、これはどういうことですか。その説明としてもっともふさわしいものを、次の中から一つ選んで記号で答えなさい。

ア　人間の要求に応じて便利なものが生まれ不満が解消されたことで、しだいに科学技術によってもたらされた快適さに満足するようになって、その意味を考えなくなったということ。

イ　人間の想像力の限界を超えるほど高い技術力に夢中になったことで、しだいに科学技術によってもたらされた悪い面が見えなくなって、その善悪が問われるようになったということ。

ウ　便利なものなどほとんどなかった時代には気がつくことができなかったが、しだいに科学技術によってもたらされた経済的な豊かさを感じるようになって、その価値が見直されたということ。

エ　欲望を満たし夢をかなえてくれることにはじめは感動を覚えていたが、しだいに科学技術によってもたらされた便利さに慣れてしまって、その貴重さを感じにくくなったということ。

問十　本文の内容としてふさわしいものには○を、ふさわしくないものには×を答えなさい。

ア　人間の欲求にしたがって改良を重ねることで、科学技術は発展してきた。

イ　科学技術はあらゆることを可能にする素晴らしいもので、欠点が見つからない。

ウ　便利さを受け入れるときには、便利さの裏にある悪い面を意識すべきだ。

エ　科学技術の発展は累積的で、古い技術はすぐに使えなくなってしまうことが問題だ。

問七　傍線部③「この累積性」とはどういうことですか。これについて具体例を用いて説明したものとしてもっともふさわしいものを、次の中から一つ選んで記号で答えなさい。

ア　大気汚染や交通事故を引き起こす自動車を多くの人が所有しているように、人間はその悪影響に気づかないまま、便利さだけを求めていくということ。

イ　新たな機能が備わったスマートフォンが次々と発売されるように、人間はすでに優れたものが存在していても、さらに優れたものを求めていくということ。

ウ　すでに人気のあるミュージシャンが新曲を出してヒットするように、人間は自分の好き嫌いにかかわらず、世の中の流行に左右されてしまうということ。

エ　学生が勉強法を変えることによりテストで良い点数を取れることがあるように、人間はうまくいかなかったときに、改善する道を探し求めていくということ。

問八　傍線部④「両刃の剣」とは、どういうことですか。これを説明した次の文＊の空欄にあてはまる内容を、本文中から指定の字数で探し、抜き出しなさい。（句読点や記号を含みます。）

＊科学技術は［ 1（十六字） ］存在であるが、累積的に発展した結果、［ 2（十字） ］場合があるということ。

問四　空欄（Ａ）～（Ｃ）に入る言葉として、もっともふさわしい組み合わせはどれですか。次の中から一つ選んで記号で答えなさい。

ア　Ａ　さて　Ｂ　つまり　Ｃ　ところが
イ　Ａ　つまり　Ｂ　さて　Ｃ　では
ウ　Ａ　では　Ｂ　つまり　Ｃ　さて
エ　Ａ　では　Ｂ　さて　Ｃ　ところが

問五　空欄 Ⅲ に入る内容としてもっともふさわしいものを、次の中から一つ選んで記号で答えなさい。

ア　自分自身の中にある能力
イ　高度な技術を身につける意欲
ウ　新たな世界を感知する実力
エ　便利なものを求める好奇心

問六　傍線部②「これ」とはどのようなことを指しますか。「不可能」という言葉を用い、三十字以内で説明しなさい。（句読点や記号を含みます。）

予期せぬ副作用[※2]が生じたりして、事故につながったり、あるいはアスベスト[※3]のように気づかないうちに人間の健康を蝕(むしば)んだりする場合が出てきます。現在の科学技術には、このような側面があります。

そうなると、今までは夢をかなえ、希望を実現してくれる存在だった科学技術が、生活や健康を脅(おびや)かすものとしてクローズアップされてきます。公害問題などがあったとはいえ、一九六〇年代、七〇年代までは、まだ科学技術はバラ色でした。それがじわじわと副作用が気になりだし、地球環境問題が国際的に取り上げられるようになると、一気にネガティブなイメージが噴出します。これには、科学技術が実際にネガティブに作用することが増えてきたという面もたしかにありますが、⑤メリットの方に対する感動がインフレ[※4]を起こして、ありがたみが薄れてしまったという部分もあるように思います。

（佐倉統・古田ゆかり『おはようから　おやすみまでの科学』より）

〈注〉※1　累積……重なり積もること。
※2　副作用……問題解決のためにとった手段によって起こる損害。
※3　アスベスト……飛散して人が吸うと健康被害をおよぼす鉱物(こうぶつ)。以前は建築資材として用いられていたが問題視され、現在では使用が禁止されている。
※4　インフレ……経済において、物の値段が上がりつづけること。ここでは、たとえとして使われている。

問一　空欄 Ⅰ （二か所）に入る、体の一部を表す言葉を漢字一字で答えなさい。

問二　傍線部①「核」について、ここでの意味としてもっともふさわしいものを、次の中から一つ選んで記号で答えなさい。

ア　理想　　イ　現実　　ウ　中心　　エ　成功

問三　空欄 Ⅱ に入る言葉を、**これより前の部分から**漢字二字で探し、抜き出しなさい。

それによって現れるかもしれない「悪い面」も予測できなければならないと思います。便利を受け入れる「実力」を身につける必要があるのです。

〔中略〕

科学技術は、人間にとっての環境世界を大きく変えてきました。人間単独では見えない世界、できない世界を、見える世界、可能な世界に変えてきたわけです。

もともと人間は、好奇心が非常に旺盛(おうせい)な生き物です。今まで感じることのできなかった環境世界を感知することができるようになれば、それだけでも大きな満足です。さらに、行けないところに行けるようになる、持ち上げられなかった物が持ち上げられるようになる、作れなかった物も作れるようになる、もうこうなってくると、好奇心というよりも欲望と言った方がいいかもしれませんが、それを実現することを、科学技術は可能にしてくれたのです。

②当然これは、人間にとってはおもしろいしありがたいことですから、どんどん先へと進みます。科学技術は、ある意味、夢をかなえてくれる道具だったのです。科学技術の歴史は、人間がその夢をかなえ、欲望を満たすための道具を開発してきた歴史だと言ってもいいでしょう。

（ B ）、問題は、科学技術の発展が累積的(※1るいせきてき)だということです。自転車ができて速く遠くへ移動できるようになったら、次は、より速く、より大量に移動できるように改良したり、新しい道具を開発したりします。今、到達しているところが、次への出発点になるのですね。だから、全自動洗濯機(せんたくき)がはじめて届いて感動していても、しばらく経(た)つとそれが標準の状態になってしまって、さらなる便利さを求めていくわけです。

③この累積性というのは、科学技術に限らず人間の文化現象すべてに共通の特徴です。文学作品だって美術作品だって、今までには表現されていないテーマや技法を求めて、作家たちは苦労しています。過去が蓄積されていて、そこから出発しているわけです。科学技術も累積的に発展してきたからこそ、これだけ膨大(ぼうだい)な知識を集めることができ、強大な道具を作ることができるようになったわけです。

（ C ）、これが④両刃(もろは)の剣(つるぎ)でした。単独の科学的知見や技術的成果であれば、その影響力は人間の想像力の範囲内です。しかし、どんどん累積的に発展してくると、あまりにも規模が大きく、強力になりすぎて、人間の想像力の限界を超えてしまいます。そうすると、る工夫によって人の要求を実現させるために、改良を重ね「発展」してきたのが技術です。

わたしたちが身体を使って行うことをもっと高性能にしたもの、これが技術の核になっている①のです。達成したい目的――遠くに行きたい、食べ物を手に入れたい、安全に暮らしたい、光や暖かさがほしい、見えないものが見えるようになる――は、限りのないものです。人は古くから、自分たちの欲求をできるだけ満たそうと、 Ⅱ を凝らしてきました。

古代にさかのぼれば、石を使って耕したり、刈り取りをしたり、その石を使いやすいように加工したりしました。やがて、石よりも使いやすく丈夫で加工しやすい青銅や鉄を生み出します。鉄は、農機具としても、安全を守り領地を広げるための戦いをする武器としても幅広く活用され、現在では工業社会を支える大きな力となっています。目的を達成するために効率を上げ、大規模な産業へと発展させ、産業の形態や生活のスタイルを大きく変える転機となったのが産業革命でした。こうしてさまざまな道具にわたしたちの望む仕事をさせて、より多くのものを手に入れること、これが技術の発展であり、便利さの実現です。

（　A　）、技術の発展による便利さや快適さがわたしたちにもたらすものは、すべてが歓迎すべきことだったのでしょうか。

「えっ？ どうして？ 便利っていいことじゃないの？ 悪いことなんてあるの？」と思うかもしれませんね。

物理学者でもあり、科学者の社会的責任などについて活発に発言している池内了さんは、「便利さとは、 Ⅲ を失うこと」と述べています。（環境goo 企業と環境 WEB講義 第1回 http://eco.goo.ne.jp/business/csr/lesson/apr00.htm）

ナイフと電動えんぴつ削りの関係を思い出すと、池内氏の言葉の意味がわかるのではないでしょうか。鉛筆を穴に入れるだけできれいに削れる電動えんぴつ削りはたしかに早くて便利ですが、使い慣れてしまうと、ナイフを使いこなして、鉛筆の先を細く削りだしていく自分の技術を磨く必要はなくなるからです。

道具やエネルギーに多くを依存していると、これらが使えない状況になったときにとても困ることは、経験した人はもちろん、そうでない人も容易に想像できるでしょう。

自動はたしかに便利です。ただし、どの部分を「自動化」し、どの部分を、わたしたちの内的能力を高めることで処理していくか、わたしたち自身が考えて決めていく必要があります。便利さをどんどん取り入れていくことは、最初は「よい面」がよく見え、あたかも「よい面」しかないように思えます。しかし、それはほんの一面に過ぎません。わたしたちは、「便利」や「自動」を受け入れるときには、

三　次の文章を読んで、後の問いに答えなさい。（出題の都合上、一部変更しているところがあります。）

さて、「便利、便利」と言いますが、わたしたちにとって便利とはなにを意味するのでしょうか。

「足はどうするの？」

旅行に行くときなど、こんな会話をすることがあります。「足」とは、車か電車かタクシーか？　どの移動手段を使うかを尋ねるときに使います。この表現が、わたしたちにとっての技術とはなにか、便利とはなにか、を考えるときのヒントになります。

車も電車も、「移動のための道具」です。かつての人間が移動のために持っていた手段は、「足」だけでした。しかし歩いたり走ったりでは、距離や移動時間、速さに限界があります。運べるものの大きさや重さも限られています。人の力が及ばないことでも、馬や牛の力がそれを助けてくれました。馬や牛が「人々の足」だった時代はとても長く続きました。そして馬や牛に代わって現れたのが、自動車、そして鉄道です。

車や鉄道なら大きくて重いものでも、遠くへでも、速く移動することができます。わたしたちの第二、第三の足であり、肉体の能力を数倍も数百倍もパワーアップした、頼りになる強くて速い道具です。

足だけではありません。「耳」や「［Ⅰ］」も同じです。どんなに大きな声で話しても、人の声が届く距離は限られていますし、小さな音を聞き取る力にも限界があります。声が届かないところにいる遠くの人に意志を伝えたいというとき、人はいろいろ工夫をしてきました。狼煙や旗、ホラ貝などが使われましたが、これらは、「ことば」を、互いの約束に従って形式化した「信号」にすぎず、複雑な内容を伝えることはできません。ことばをそのまま遠くの相手に届けることができたら、どんなに便利だろうと感じたはずです。このような願いを具現化し、もっと詳しい内容を遠くに伝えられる高性能な耳と［Ⅰ］となったのが、電話です。最近では、「透視」できる目も気軽に使えるようになりました。テレビ電話や画像の送信です。また、CDやハードディスクによる録音、これらを持ち運んで音楽などを聞くことも、時間や場所という要素を延長した「耳」の技術だといえるでしょう。

パワーアップした「腕」や「足」も生み出しました。農機具やポンプ、工事現場で使うショベルカーやリフト、地面を深く掘るためのボーリング装置、船に乗らずに海を渡れる橋、みな、自分たちの肉体の能力を超える「力」を実現する技術です。

技術は、人が「今これをしたいけれどできない。どうしたらできるようになるのか」という欲求から発展してきたといえます。あらゆ

問九　傍線部⑧「わたしたちはまったくおどろいてしまいました」から、傍線部⑨「わたしはおもわず微笑してしまいました」のように「わたし」の心情が変化をしました。その過程の説明としてもっともふさわしいものを、次の中から一つ選んで記号で答えなさい。

ア　久しぶりにぶちネコがあらわれたことにうろたえたが、ひよこをねらうぶちネコを簡単に追いはらえたことをふしぎに思った。夕方、子ネコたちが母親のぶちネコに甘えているのを見てかわいらしく思った。

イ　存在を忘れていたぶちネコがまたやってきたことにおどろいたが、ぶちネコからひよこを守ることができ安心をした。夕方、ぶちネコが子ネコを産んだことを知り、ぶちネコが母親になったことに再度おどろいた。

ウ　しばらく姿を見せなかったぶちネコが、再びあらわれてもひよこをおそわないことにおどろかされた。夕方、ぶちネコが自分の家の天井うらに住み着いていたことを知り、ほっとした気持ちになった。

エ　ぶちネコが突然あらわれたことにあわてたが、いつものようにひよこをおそわないことを怪しく思った。夕方、ぶちネコが母親となったことを知り、必死に子ネコを守るぶちネコの様子をほほえましく感じた。

問十　この文章の表現に関する説明としてもっともふさわしいものを、次の中から一つ選んで記号で答えなさい。

ア　ぶちネコに対してむきになっている人間と、それをまったく気にしないぶちネコを対比的に描くことで、ぶちネコのおそろしさが強調されている。

イ　人間がぶちネコに頭の良さで負けているということを示すために、「わたし」が怒っていることを「野田さん」に歯が痛いとかんちがいされる場面を入れている。

ウ　ぶちネコをとらえようと相談する「わたし」と「野田さん」がだんだんと興奮してくる様子が、セリフを立て続けに並べていることから伝わってくる。

エ　「わたし」の思ったことや感じたことの多くを「　」を使わずに書くことによって、「わたし」の視点から作品が書かれていることが分かる。

ウ　最初の笑いは、以前若どりをぶちネコにやられたときに「わたし」が「野田さん」をたしなめたことへの仕返しである。二回目の笑いは、「わたし」が自分のことを棚(たな)に上げてぶちネコに対して興奮しているのをおかしく思っている。

エ　最初の笑いは、かわいがっていたキチ公を失って悲しんでいる「わたし」を励まそうとしている。二回目の笑いは、ぶちネコに大変怒っている「わたし」が、ぶちネコ退治に協力してくれることを期待して喜んでいる。

問六　空欄（　Ｘ　）に入る鳥の名前をカタカナで書きなさい。

問七　傍線部⑥「にがわらい」したのはなぜですか。その理由を説明しなさい。

問八　傍線部⑦「こんなやつをのらネコにしておくのはおしいなあ、ひとつ手なずけてみようかな、とひそかに考えた」とありますが、「わたし」の心情の説明としてもっともふさわしいものを、次の中から一つ選んで記号で答えなさい。

ア　ぶちネコに毎日のように被害にあっており、大切にかわいがっていたキチ公までもうばわれて許せない気持ちでいたが、ぶちネコのだいたんな態度と頭の良さに感心し、親しみを感じるようになってきている。

イ　自分だけでなく近所中に迷惑をかけているぶちネコに対してやっかいだと思っていたが、キツネわなをよけるぶちネコに他のネコとは比べものにならない頭の良さを感じ、自分の飼いネコにし、周りに自慢したいと思っている。

ウ　近所中のやっかいものであったぶちネコであるが、どこか憎めない思いをもっており、しかも頭の良さと人間を恐れないだいたんさに感心した今となっては、ぶちネコを処分するなんてかわいそうでできないと思っている。

エ　もともと動物ずきな自分にとっても、ぶちネコだけは許せない存在であったが、自分と野田さんを手玉に取るかのようなぶちネコの態度におどろき、とてもかなわないと恐れ入るような気持ちになってきている。

〈注〉※１　勝手元……台所のあたり。
※２　退治る……退治する。

問一　傍線部①「しまつにおえないやつ」とありますが、「わたし」の家のぶちネコによる被害が具体的に書かれている一文を探し、最初の五字を抜き出しなさい。(句読点や記号を含みます。)

問二　空欄 A ～ C に入るもっともふさわしい言葉を、それぞれ次の中から一つずつ選んで記号で答えなさい。なお、同じ記号は一度しか使えません。

ア　さっと　　イ　ぴくぴくと　　ウ　よろよろと　　エ　そろそろと　　オ　きっと　　カ　のっそのっそと

問三　傍線部②「無人の境」と同様に、ぶちネコが全く人間を気にかけていない様子を表す表現を、**2**の段落から探し十五字以内で抜き出しなさい。(句読点や記号を含みます。)

問四　傍線部③「どうもおどろいたやつでした」と「わたし」が思ったのはなぜですか。その理由を五十字以内で答えなさい。(句読点や記号を含みます。)

問五　傍線部④「ハハハハ」と傍線部⑤「ハハハハ」の「野田さん」の笑いの説明としてもっともふさわしいものを、次の中から一つ選んで記号で答えなさい。

ア　最初の笑いは、「野田さん」と同様に大切な存在を失った「わたし」の不幸を喜んでいる。二回目の笑いは、ぶちネコを「野田さん」は許しているのに、「わたし」が許せない気持ちでいることをおかしく思っている。

イ　最初の笑いは、以前「野田さん」を注意した「わたし」がぶちネコにやられたことをいい気味だと思っている。二回目の笑いは、「野田さん」の注意を聞かずにぶちネコを退治しようとする「わたし」にあきれかえっている。

きょうは目と鼻のさきに、まごついているひよこがいるにもかかわらず、それには、目もくれないでいってしまうのです。

いつもなら、その口にいまごろはかならずひよこをくわえているにちがいないのですが、きょうはまるで、こそこそと、小さくなっていってしまうのです。

二―三日まえ、水車場で若どりをおそったぶちネコを見た目には、この行動はまったくふしぎななぞでした。

夕方わたしが学校から帰ってくると、門の前に太郎がえらくしんけんな顔をして立っていました。

「太郎、どうしたのだ。」

と、わたしはたずねました。

「おとうさん、子どもが五つ！」

「え、太郎、なんのことだい。」

「うん、ほらあのぶちネコが、家の天井うらに子どもを生んでいるの。」

「ハハハ……、おとうさんをだます気だろう。そんな手にはのらないぜ。」

「ううん、おとうさん、ほんとなんだよ。ほんとさあ。」

太郎は口からあわをとばしながら、大まじめでいうのです。

「ほほう。」

わたしはいそいでいって、天井うらをのぞいてみました。

天井うらには、なるほどぶちネコが目を光らしてしゃがんでいました。そしてそのそばには、生まれて一か月ほどの子ネコが、よたよたとはいまわっておりました。

わたしがのぞいているのに気づくと、ぶちネコは、ウウウウとうなりました。すると、子ネコどもは大あわてにあわてて、ぶちネコのはらの下にころげこんでいきました。

⑨わたしはおもわず微笑（びしょう）してしまいました。

（椋鳩十『月の輪グマ』より）

野田さんは、いまいましそうにこういいました。

3

【その後、「わたし」は一か月ほどぶちネコの姿を見なかった。再び「わたし」がぶちネコを見たのは、「わたし」の自宅から遠く離れた水車場で若どりをおそっているところであった。】

4

朝でした。

みんなで食卓をかこんで、ごはんのあとの、茶を飲んでいました。

と、勝手の板の間を、すうと横ぎっていくネコがありました。

「おお!」

わたしはおもわず、声をだしました。

あのぶちネコです。

天からでもふったような、このにわかの出現に、⑧わたしたちはまったくおどろいてしまいました。

ネコは小走りに土間をぬけて庭に出ました。

庭には、二十羽ちかくのひよこが出ているはずです。

「おい、ひよこがやられるぞ。」

そうさけんで、太郎はわたしと縁側にとびだして、縁の板を両足でふみならしふみならし、「こら、しっ、しっ!」と大声をだしました。

とつぜん、ネコがあらわれたので、ひよこは大さわぎしてにげまどいました。ところが、なんというふしぎなことがあったものでしょう。

ぶちネコは、いつものだいたんなぶちネコではありませんでした。

「それ！」

わたしたちはとびだしました。太郎もねまきのままでとびだしてきました。

外は月夜でした。

かかっている。かかっている。

キツネわなにはさまれて、バタバタしています。しめた。

が、近づいてみておどろきました。なあんだ。（　X　）が豆鉄砲（まめでっぽう）を食ったように、目玉をむきだしている大フクロウなんです。

「おどろきましたね。」

野田さんとわたしは、顔を見あわせて⑥にがわらいしました。

「おとうさん。」

そのとき太郎は小さい声でいって、わたしのうでをぎゅっとつかみました。

太郎の指さすほうを見て、わたしはどきっとしました。

四―五メートルはなれた茶の木の根もとにしゃがんで、じっとこちらをうかがっているものがいるんです。

あのぶちネコです。

ぶちネコは、わたしたちが気づいたと知ると、いつものように、わるびれたようすもなく、おちつきはらって、人間など眼中におかない態度で、ゆっくり、ゆっくりと歩いていくのでした。

ぶちネコは牛肉のにおいにひきつけられたものの、どうもあやしいと思って、わなにはふれず、じっとようすをうかがっていたものとみえます。

じつにどうもりこうなやつです。

いちどははらをたてたものの、もともと動物ずきのわたしは、⑦こんなやつをのらネコにしておくのはおしいなあ、ひとつ手なずけてみようかな、とひそかに考えたほどでした。

「いやはや、じつになんというやつだ。」

「いやいや、キチ公をやられたんです。例のぶちネコに……。」
「④ハハハ、それはゆかいだ。」
「なにがゆかいです。」
わたしはすこしばかりむっとしました。
「だってそうじゃありませんか。先日わたしのところで若どりをやられたとき、空気銃(じゅう)でやつをうってやろうとしたら、まあまあそうはらをたてないでおきなさい、われわれ人間のほうにも、不注意というおちどがあるんだからって、とめたじゃありませんか。」
「あのときはそういったかしりませんが、きょうというきょうはだんぜん、あのぶちネコを退治(※2たいじ)る決心をしました。」
「それは、すこし、かってな決心ですな。」
「かってでもなんでも、そうきめたんです。」
「⑤ハハハハ……。」
野田さんは大きな声でわらっていいました。
「じゃ、今夜、やっつけましょう。」
「え！」
「じつはやつを退治ようと、二一三日まえ、キツネわなをとりよせたのです。」
「そうですか、ぜひやりましょう。」
こういうわけで、その夜野田さんとわたしの家の境の畑に、牛肉をつけたわなをしかけました。
野田さんとわたしは碁(ご)をうちながら、十一時ごろまで待っていました。
しかしなんのかわったこともありません。
「今夜は、だめらしいですな。」
「なんの、なんの、きっとかかりますよ。」
野田さんが、こう返事をするかしないうちに、バタアン、畑のほうでえらい音がしました。

「やい。」

太郎もげんこつをぶちネコのほうにさしだして、おどしつけました。しかしネコはびくともしません。スズメをくわえてわたしたちをにらみつけました。

ウウウウ、とうなって白い歯をむきだし、かえってわたしたちをおどしつけようとさえするのです。

そして、べつににげるようすもみせず、 B 、だいたんなようすで、わたしたちの前を横ぎって、むこうへいってしまいました。

③どうもおどろいたやつでした。

2

キチ公というのは、リスの名です。

キチ公はわたしが二年間も飼って、「キチよ、キチ公よ。」とよべば、わたしのかたの上までかけあがってくるほどになれていました。

毎朝、わたしは金網のかごからキチ公を出しては、二―三十分間、庭のカキの木で運動させるのでした。

その朝も、わたしはキチ公を金網から出してやりました。

キチ公は大よろこびで、庭のカキの木にかけあがりました。

すると、あのぶちネコが、どこからか、 C 風のようにあらわれました。そして、あっ、という間にキチ公をくわえていってしまいました。

かわいがっていたキチ公を目の前でうばわれたわたしは、すっかりはらをたててしまいました。庭に出てぷんぷんしていると、おとなりの野田さんがやってきました。

「どうしました。歯でもおいたみですかな。」

おこるとわたしはむやみにほおをこするくせがあるのです。

「歯なんかじゃあ、ありません。」

わたしはむずかしい顔で答えました。

「頭痛でも……」

す。

「ええ、ほんとに、あれはただのネコじゃありませんよ。」

と翌朝になっても、シズはいく度もくりかえしていました。

そこに横になっているのは、そのネコなんです。

しっ、しっ

太郎はあおむいてこういいました。

しっ、しっ

わたしもいってみました。

けれども平気なものです。

耳のさきを、ほんのかすかに、**A**動かしただけで、②無人の境でのびのびと昼寝しているとでもいうふうに、横になったままで目を細くしていました。

「おどろいたやつですね、おとうさん。」

「うん。」

わたしはこう返事をしてネコを見つめました。

ガサッ……

カボチャだながとつぜんゆれて、ネコのからだが宙に弧(こ)をえがきました。

おちてきたネコは、からだが地面についたときには、もう、ちゃんと四足(よつあし)で立っていました。

口には、一羽のスズメをくわえていました。

ねむったふりをして、スズメがひさしのあいだの巣から出入りするのを、ねらっていたものとみえます。

「こら！」

わたしは大きい声でいいました。

二 次の文章を読んで、後の問いに答えなさい。

1

日曜日でした。

太郎とわたしはカボチャだなの下にいすをもちだして、雑誌を読んでおりました。

「おとうさん、あれです。あいつなんです。」

太郎はとつぜん、わたしの横ばらをつつきました。わたしは太郎の指さしたほうをすかして見ました。

カボチャだなのはずれのひさしとたなとの境めに、白と黒のぶちネコが横になっていました。

ふつうのネコの二倍もあるのです。

野獣のように、てかてかとつやのある毛なみです。

「うん、あれだ。」

このぶちののらネコは、なんとも、①しまつにおえないやつでした。

このあいだは、おとなりの野田さんの鶏小屋(とりごや)にしのびこんで、若どりをさらっていったし、つい二―三日まえには、すじむかいの矢沢さんのおくさんが、カツオぶしをかいているところへ、米屋のこぞうさんがきたので、ちょっと立ったとたんに、目の前で、カツオぶしをさらってしまいました。

わたしの家へも毎日のようにやってきて、なにやかやさらっていきました。

わたしの家はいなかづくりのふるい家で、床下からネコや犬など自由に出入りできるので、この近所でもいちばんひどくぶちネコになやまされました。

昨晩は勝手元(※1かって)で、ゴトゴトするので、太郎の姉のシズが出ていってみると、おどろいたことに、飯びつのふたをとって、むしゃむしゃ食べているのです。

しっ、しっ

というと、ネコはゆっくりと顔をあげました。そしてべつににげるようすも見せず、ぎらぎら光る目で、じっとにらみつけたというので

二〇二二年度 獨協埼玉中学校

【国　語】〈第二回試験〉（五〇分）〈満点：一〇〇点〉

一 次のⅠ～Ⅲの問いに答えなさい。

Ⅰ 次の傍線部のカタカナを漢字に直しなさい。

① 本日カギりの特売品。

② 除草剤をサンプする。

③ ゼンセイキの勢いがない選手。

Ⅱ 次の傍線部の漢字の読みをひらがなで答えなさい。

④ 度胸が試される。

⑤ 回復の兆しが見られる。

⑥ 同好会の発起人になる。

Ⅲ 次のⓐとⓑが反対の意味のことわざになるように、空欄に当てはまる言葉を漢字で答えなさい。

⑦ ⓐ（　　　）の横好き

ⓑ 好きこそものの上手なれ

⑧ ⓐ（　　　）は寝て待て

ⓑ まかぬ種は生えぬ

⑨ ⓐ（　　　）寄れば文殊の知恵

ⓑ 船頭多くして船山に上る

⑩ ⓐ 立つ（　　　）跡をにごさず

ⓑ 後は野となれ山となれ

2022年度

獨協埼玉中学校 ▶解説と解答

算　数　<第２回試験>（50分）<満点：100点>

解　答

1 (1) $\frac{1}{8}$　(2) 25本　(3) 10％　(4) 27通り　(5) $A=2$　$B=18$　(6) 30cm　(7) 250度　(8) 35cm³　2 (1) ① 94.2cm　② 383.08cm²　(2) ① 解説の図②を参照のこと。　② イ，ウ，エ　3 (1) 毎時10km　(2) 毎時12km　(3) 27分間　4 (1) 15番目　(2) ア 12　イ 10　ウ 114　エ 102　オ 120　カ 10　キ 600　(3) 15000

解　説

1 四則計算，つるかめ算，濃度，場合の数，数の性質，長さ，角度，体積

(1) $\left\{1-\left(2-\frac{3}{2}\right)\right\}\times\frac{5}{4}\div\left(6\div\frac{6}{5}\right)=\left\{1-\left(\frac{4}{2}-\frac{3}{2}\right)\right\}\times\frac{5}{4}\div\left(6\times\frac{5}{6}\right)=\left(\frac{2}{2}-\frac{1}{2}\right)\times\frac{5}{4}\div\frac{5}{1}=\frac{1}{2}\times\frac{5}{4}\times\frac{1}{5}=\frac{1}{8}$

(2) 鉛筆を100本買ったとすると，代金の合計は，60×100＝6000(円)となり，実際よりも，7500－6000＝1500(円)安くなる。そこで，鉛筆を減らして，かわりにボールペンを増やすと，代金の合計は１本あたり，120－60＝60(円)ずつ高くなる。よって，買ったボールペンの本数は，1500÷60＝25(本)とわかる。

(3) (食塩の重さ)＝(食塩水の重さ)×(濃度)より，８％の食塩水400ｇと18％の食塩水100ｇにふくまれる食塩の重さはそれぞれ，400×0.08＝32(ｇ)，100×0.18＝18(ｇ)である。これらの食塩水を混ぜてできる食塩水の重さは，400＋100＝500(ｇ)となり，そこにふくまれる食塩の重さは，32＋18＝50(ｇ)だから，混ぜてできる食塩水の濃度は，50÷500×100＝10(％)になる。

(4) さいころの目の数が奇数になるのは，１，３，５の３通りある。また，１回でも偶数の目が出ると，目の数の積は偶数になるので，３回とも奇数とわかり，目の出方は，３×３×３＝27(通り)である。

(5) 162＝２×３×３×３×３より，$A=2$のとき，$B\times B$＝２×２×３×３×３×３＝(２×３×３)×(２×３×３)＝18×18となることがわかる。よって，$A=2$，$B=18$である。

(6) 90－45＝45(cm)より，右の図のあの部分といの部分の高さは等しくなり，あといの容積の比はBCとACの長さの比に等しいとわかる。また，問題文中のグラフより，あといの容積の比は，水を入れた時間の比と等しく，30：(67.5－30)＝４：５となる。よって，BCとACの長さの比も４：５なので，ACの長さは，$120\times\frac{5}{4}$＝150(cm)となり，ABの長さは，150－120＝30(cm)と求められる。

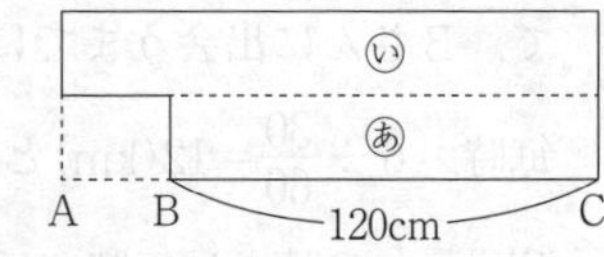

(7) 四角形の内角の和は360度だから，角xの大きさは，360－(20＋60＋30)＝250(度)である。

(8) もとの三角すいの体積は，$5\times6\div2\times(4+4)\times\frac{1}{3}=40(\text{cm}^3)$で，切り取った三角すいは，$2.5\times3\div2\times4\times\frac{1}{3}=5(\text{cm}^3)$なので，この立体の体積は，$40-5=35(\text{cm}^3)$とわかる。

2 長さ，面積，構成

(1) ① 下の図①で，ア，イ，ウ，エの長さはそれぞれ，2 cm，$2\times2=4$(cm)，$2\times4=8$(cm)，$2\times8=16$(cm)である。よって，曲線の長さは４つの半円の弧の長さの和となるから，$2\times2\times3.14\times\frac{1}{2}+4\times2\times3.14\times\frac{1}{2}+8\times2\times3.14\times\frac{1}{2}+16\times2\times3.14\times\frac{1}{2}=(2+4+8+16)\times3.14=30\times3.14=94.2$(cm)になる。　② 斜線部の面積は半径16cmの半円の面積から半径４cmの半円の面積を引き，半径２cmの半円の面積を加えると求められる。よって，$16\times16\times3.14\times\frac{1}{2}-4\times4\times3.14\times\frac{1}{2}+2\times2\times3.14\times\frac{1}{2}=(128-8+2)\times3.14=122\times3.14=383.08(\text{cm}^2)$となる。

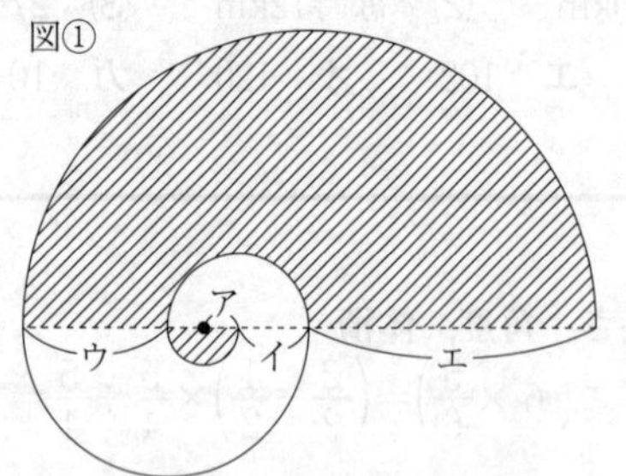

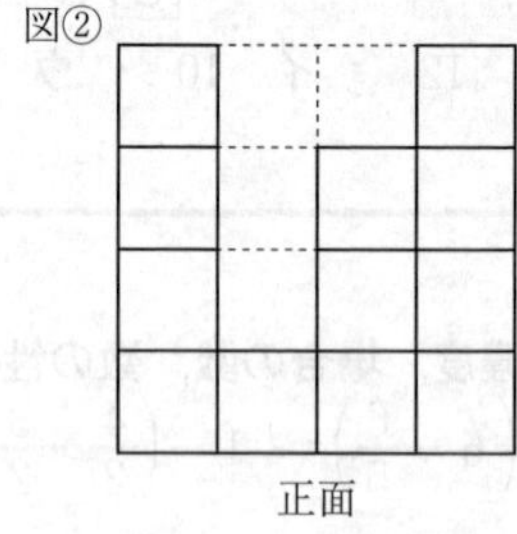

正面

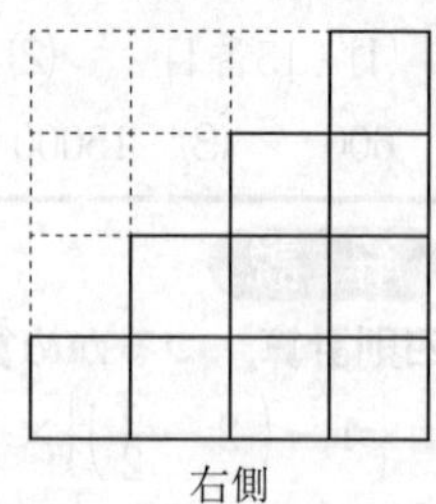
右側

(2) ① 問題文中の図２の立体を正面から見ると，左から４個，１個，３個，４個積まれているように見える。また，右側から見ると，左から１個，２個，３個，４個積まれているように見えるから，上の図②のようになる。　② ア～オのうち，左から２個，３個，１個，４個積まれているように見えるのは，イを正面から見たとき，ウを右側から見たとき，エを正面から見たときの３通りである。

3 速さと比

(1) 行きにかかった時間は，12時－９時＝３時間で，帰りにかかった時間は，18時12分－14時＝４時間12分だから，往復にかかった時間は，３時間＋４時間12分＝７時間12分，つまり，$12\div60=\frac{1}{5}$(時間)より，$7\frac{1}{5}$時間となる。よって，往復の距離は，$36\times2=72$(km)なので，往復の平均の速さは毎時，$72\div7\frac{1}{5}=10$(km)と求められる。

(2) Ａさんの行きの初めの速さと，Ｂさんと競争しているときの速さと，休憩後の速さの比は１：２：１である。また，それぞれの走った時間は30分，１時間，３時間－(30分＋１時間＋１時間)＝30(分)だから，その距離の比は，$(1\times30):(2\times60):(1\times30)=1:4:1$である。よって，Ｂさんに出会うまでに進んだ距離は，$36\times\frac{1}{1+4+1}=6$(km)なので，行きの初めの速さは毎時，$6\div\frac{30}{60}=12$(km)とわかる。

(3) 帰りの速さは毎時，$12\times\frac{4}{5}=9.6$(km)だから，進んだ時間の合計は，$36\div9.6=3\frac{3}{4}$(時間)，つまり，$60\times\frac{3}{4}=45$(分)より，３時間45分である。よって，休憩した時間は，４時間12分－３時間45分＝27分間となる。

4 規則性

(1) 43÷６＝７余り１より，１から43までに６で割ると１余る整数は，７＋１＝８(個)あり，６で割ると５余る整数は７個ある。よって，43は，８＋７＝15(番目)の数とわかる。

(2) 18－６＝12，30－18＝12，…より，Ａは12(…ア)ずつ数が増えていて，数は全部で，20÷２＝10(個)(…イ)ある。すると，最後の数は，６＋12×(10－１)＝114(…ウ)，最後から２番目の数は，114－12＝102(…エ)である。また，問題文中の計算を行うことにより，６＋114＝120(…オ)が10個(…カ)できるので，元の数の列の１番目から20番目までの数の和は，120×10÷２＝600(…キ)と求められる。

(3) (2)と同様に考えると，Ａの数は，100÷２＝50(個)あるから，最後の数は，６＋12×(50－１)＝594となる。よって，１番目から100番目までの数の和は，(６＋594)×50÷２＝15000と求められる。

社会　＜第２回試験＞(30分)＜満点：70点＞

解答

1 (1) リアス海岸　(2) ウ／(例)　１位から５位までのすべての県にたくさんの島があるから。　(3) ア　(4) 都市鉱山　(5) ドローン　(6) ア　(7) ① イ　② 四万十(川)　③ ウ　④ ア　⑤ エ　2 (1) イ　(2) ア　(3) エ　(4) エ　(5) 白村江の戦い　(6) ⑤　(7) エ　(8) 1910(年)　(9) 治安維持法／(例)　選挙権の拡大にともなって社会主義勢力の活動が拡大することを政府が恐れたため。　(10) ア　(11) ⑩
3 (1) ５(月)３(日)　(2) 伊藤博文　(3) 国民主権　(4) イ　(5) ウ　(6) 象徴
(7) (例)　すべての国民に健康で文化的な最低限度の生活を営む権利である生存権が保障されている。　(8) ① 不信任　② 国民審査　(9) ア

解説

1 日本の地形や産業，地形図の読み取りなどについての問題

(1) Ｗは三陸海岸，Ｘは若狭(わかさ)湾沿岸，Ｙは志摩(しま)半島沿岸，Ｚは宇和海沿岸で，これらの地域にはリアス海岸が広がっている。リアス海岸は山地が海に沈みこんでできた複雑な海岸地形で，入り江が内陸に深く入りこんで水深も深いため，漁港や養殖地に適している。

(2) 瀬戸内地方の広島県や香川県，九州地方の鹿児島県や長崎県，沖縄県は，県域に多くの離島をかかえているため，船を利用する人が多い。なお，アは飛行機，イは鉄道。統計資料は『データでみる県勢』2021年版による(以下同じ)。

(3) 名神高速道路は愛知県の小牧IC(インターチェンジ)と兵庫県の西宮ICを結ぶ高速道路で，1963年に一部区間が日本初の高速道路として開通し，1965年に全線開通した。なお，イの東名高速道路は東京都と愛知県を，ウの北陸自動車道は新潟県から北陸地方をへて滋賀県までを，エの中国縦貫自動車道は大阪府から兵庫県，中国地方の内陸部を通って山口県までを結ぶ高速道路。

(4) 携帯(けいたい)電話やパソコンなどの電子機器や家庭用電気機械器具には，希少金属(レアメタル)が使われている。こうしたものが大量に廃棄(はいき)される大都市を鉱山にみたてて都市鉱山とよび，ここから資源として希少金属を取り出す取り組みが行われている。

⑸　近年，小型の無人飛行機であるドローンを，宅配などの貨物輸送に利用する実験が行われている。ドローンは上空からの景観の撮影や，人が踏みこめない地域の探査，防災や防犯，被災地への物資輸送など，多目的に利用されている。

⑹　暖かい気候を好む果物であるみかんは，比較的温暖な西南日本を中心に栽培されており，その生産量は和歌山県が全国第１位，愛媛県が第２位となっている。

⑺　①　仙台七夕まつりは宮城県仙台市で行われる祭りで，青森県では青森市で行われるねぶた祭が全国的に知られている。　②　四万十川は四国最長の河川で，高知県の西部を蛇行しながら南西へと流れ，四万十市で土佐湾(太平洋)に注ぐ。　③　ア　川を上流から下流に向かってみたとき，右側を右岸，左側を左岸という。「久礼」の市街地は，「久礼川」の右岸に広がる。　イ　地形図には方位記号がないので，上が北，右が東，下が南，左が西になる。「道の駅」からみて「土佐久礼駅」は左上，つまり北西にあたる。　ウ　「土佐久礼駅」から延びる線路の北側と南側にはトンネル(　)(　)がある。よって，正しい。　エ　「奥の谷」の周辺には，果樹園(　)ではなく広葉樹林(Q)が広がっている。　④　「灰原」には畑(∨)が広がっている。なお，田は(||)，高等学校は(⊗)，神社は(⛩)，寺院は(卍)で表される。　⑤　地形図のXにある写真１の建物は，南海トラフ地震などによって発生が予想される津波に備えた津波避難タワーである。

2　各時代の歴史的なことがらについての問題

⑴　弥生時代には，鉄器や青銅器などの金属器が伝来した。なお，アの土偶は縄文時代につくられた土人形，ウの仏教とエの漢字は古墳時代に伝わった。

⑵　豊臣秀吉は，地域によってばらばらだったものさしやますを統一し，太閤検地とよばれる検地を行った。また，秀吉による朝鮮出兵は文禄の役(1592～93年)と慶長の役(1597～98年)の２度にわたって行われたが，慶長の役の途中で秀吉が病死したため，全軍が引きあげた。なお，刀狩りは，一揆を防ぐため農民から武器を取りあげるという政策で，これによって兵農分離が進んだ。

⑶　Ⅰは18世紀末から19世紀初め，Ⅱは17世紀前半，Ⅲは17世紀後半から18世紀初めのできごとを説明した文なので，年代順にⅡ→Ⅲ→Ⅰとなる。

⑷　元(中国)が日本を従えようと九州に上陸し，交戦したことを元寇(元軍の襲来)という。このとき，鎌倉幕府の最高指導者は第８代執権の北条時宗で，元軍を撃退することに成功した。なお，アの北条時政は初代，イの北条時頼は第５代，ウの北条泰時は第３代執権。

⑸　飛鳥時代，朝鮮半島で日本と友好関係にあった百済が唐(中国)と新羅に滅ぼされると，朝廷は百済の復興を助けるために軍を送った。しかし，663年の白村江の戦いで唐と新羅の連合軍に敗れ，朝鮮半島における足場も失った。

⑹　カード①は弥生時代，カード②は安土桃山時代，カード③は室町時代，カード④は江戸時代，カード⑤は鎌倉時代，カード⑥は飛鳥時代のできごとを述べたものなので，年代順に①→⑥→⑤→③→②→④となる。

⑺　史料１の「五箇条の御誓文」は，1868年に天皇が神に誓う形式で明治政府が新しい政治の方針として発表したものである。５つ目に「智識ヲ世界ニ求メ」とあり，西洋文明を積極的に取り入れることをしめしているので，エが正しくない。なお，アは１つ目，イは２つ目，ウは４つ目の内容にあたる。

⑻　1910年，日本は韓国と韓国併合条約を結び，韓国を朝鮮とよびかえて日本の植民地とした。

⑼　史料２は，治安維持法の条文である。1925年，普通選挙法が制定され，満25歳以上のすべての男子に選挙権が認められた。しかし，これによって社会主義運動が拡大することを恐れた政府は，これを取り締まるため，同時に治安維持法を制定した。

⑽　W　アメリカ合衆国の軍人死者数は292131人で，これを約30万人として計算しても，30×35＝1050(万人)より，ソ連の軍人死者数1100万人を超えない。よって，正しい。　X　フランスとポーランドは民間人の死者数のほうが多いので，その割合は50％を超えることになる。　Y　戦時中の日本は，兵力や国内の労働力の不足を補うため，中国人や朝鮮人を強制連行したので，正しい。　Z　「広島」と「長崎」が逆である。

⑾　日中戦争のきっかけとなった盧溝橋事件が起こったのは1937年のことなので，⑩にあてはまる。

3 政治のしくみについての問題

⑴　日本国憲法は1946年11月３日に公布され，翌47年５月３日に施行された。現在，公布日の11月３日は「文化の日」，施行日の５月３日は「憲法記念日」として，国民の祝日になっている。

⑵　伊藤博文は長州藩(山口県)出身の政治家で，1885年に内閣制度を創設すると，みずから初代内閣総理大臣となった。また，君主権の強いドイツの憲法をもとに憲法草案を作成し，1889年の大日本帝国憲法の発布にも大きく貢献した。

⑶　日本国憲法は，国民主権・基本的人権の尊重・平和主義を三大原則としている。このうち国民主権は，国の政治のあり方を最終的に決める権力(主権)が国民にあることをあらわす。国民主権は，日本国憲法の前文や第１条で述べられている。

⑷　正当な選挙には，納税額や性別，人種による制限はないが，年齢による制限がある。このように，選挙権に年齢以外の制限を加えないという原則を普通選挙といい，現在，選挙権は満18歳以上の国民に認められている。

⑸　間接民主制は議会制民主主義ともよばれ，国民が代表者を選び，代表者で構成される国会で国の政策を決定するしくみである。なお，エのようなしくみは直接民主制とよばれる。

⑹　日本国憲法における天皇は，日本国と日本国民統合の象徴とされ，一切の政治権力を持たず，内閣の助言と承認によりごく限られた国事に関する行為(国事行為)を行うことになっている。

⑺　日本国憲法が保障する国民の権利は大きく，自由権・平等権・社会権・人権を守るための権利(参政権や請求権)に分けられる。自由権には身体の自由・精神の自由・経済の自由が，社会権には生存権や働く権利・教育を受ける権利がある。また，環境権やプライバシーの権利・知る権利(情報の公開を求める権利)など，憲法に直接書かれていない新しい人権も認められるようになっている。

⑻　①　衆議院が内閣不信任案を可決，あるいは内閣信任案を否決したとき，内閣は10日以内に衆議院を解散するか，総辞職しなければならない。　②　国民は裁判所に対し，最高裁判所裁判官が適任かどうか審査する権限を持つ。これを国民審査という。

⑼　選挙管理委員会や教育委員会は，地方議会や地方公共団体の首長(都道府県知事・市区町村長)から独立して設置され，予算や条例などにもとづいてそれぞれの仕事を行う。

理　科　＜第２回試験＞（30分）＜満点：70点＞

解　答

1 (1)　①　**電流計**…1.0A　**電圧計**…2.5V　②　**電流計**…4.0A　**電圧計**…5.0V　(2)　エ　(3)　f　(4)　①　B　②　Y　(5)　30g　(6)　下の図①　(7)　下の図②　(8)　下の図③　(9)　下の図④　**2** (1)　ウ　(2)　**B**　オ　**C**　エ　(3)　ア　(4)　イ，ウ　(5)　ア，ウ　(6)　(例)　再生可能エネルギーは，天候によって発電量が左右されるため，安定した電力を供給することが難しいこと。　(7)　ウ　(8)　ア，ウ，カ　(9)　ア　(10)　ウ　**3** (1)　ウ　(2)　エ　(3)　ア　(4)　イ　(5)　台風の目　(6)　イ　(7)　940hPa　(8)　ウ　(9)　エ

図①

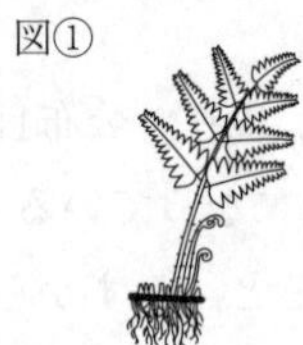

図②

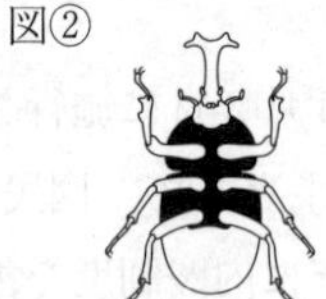

図③

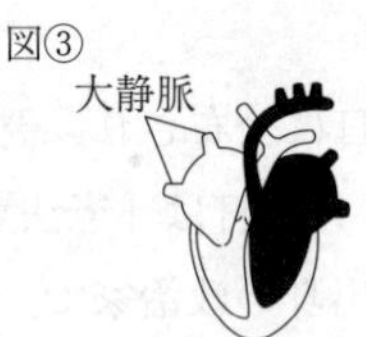

図④

解　説

1 **小問集合**

(1)　①　乾(かん)電池から流れる電流の大きさは，豆電球２個を直列につなぐと，豆電球１個のときとくらべて，$\frac{1}{2}$倍になる。よって，図２の電流計が示す値は，$2.0\times\frac{1}{2}=1.0$(A)とわかる。電圧は，電流を流そうとするはたらきの大きさをいい，はかりたい部分の豆電球の数が同じ場合，電流の大きさに比例する。図１で，１つの豆電球に2.0Aの電流が流れたとき，電圧計は5.0Vを示しているから，図２の電圧計が示す値は，$5.0\times\frac{1.0}{2.0}=2.5$(V)と求められる。　②　豆電球２個を並列につなぐと，豆電球１個のときとくらべて，２倍の電流が乾電池から流れる。よって，図３の電流計の示す値は，$2.0\times2=4.0$(A)とわかる。図３で，電圧計がつながれた１つの豆電球には，$4.0\div2=2.0$(A)の電流が流れるから，図３の電圧計の示す値は，図１の電圧計が示す値と同じ，5.0Vとわかる。

(2)　日本から月を観察すると，図１で月がオの位置にあるときには新月，ウの位置にあるときには上弦(じょうげん)の月が観察できる。図２のような形の月を三日月といい，三日月が見られるのは，新月と上弦の月の間の位置にあるときである。

(3)　月が，新月から再び新月になるまでにかかる日数は約30日である。よって，図１でエの位置にあった月は，15日後には，$15\div30=\frac{1}{2}$(周)して，クの位置にくるので，クの位置にきたときの月の形を考えればよい。日本からは，月がアの位置にあるときには満月，キの位置にあるときには下弦の月が観測できる。よって，クの位置にある月の形は，満月から下弦の月に見えかたが変化するときの，fの形に近くなる。

(4)　Aは空気調節ネジ，Bはガス調節ネジである。それぞれのネジを開くときには，上から見て，反時計回りにねじを回せばよい。

(5)　食塩水にとけている食塩の重さは，(食塩水)×(濃度(のうど))÷100で求められる。よって，15％の食塩水にとけている食塩の重さは，$200\times15\div100=30$(g)とわかる。

(6) イヌワラビの茎は，地中にあり，地中の茎から地上に葉がのびる。地上に出ている茎のようにみえるつくりは，葉の一部である。イヌワラビは胞子でふえる植物で，イヌワラビの葉の裏には胞子が入った胞子のうが多数見られる。

(7) こん虫の多くは，からだが頭，胸，腹の３つにわかれており，胸に３対（６本）の足がある。カブトムシの胸にはくびれがあり，くびれよりも上に１対（２本），くびれよりも下に２対（４本）の足がついている。

(8) 動脈血とは，酸素が多くふくまれる血液のことである。正面から見て，心臓の右上の部屋を左心房，右下の部屋を左心室といい，左心房には肺で酸素を多く取り込んだ血液が流れ込み，さらに，左心房から左心室に流れ込んだ血流は大動脈を通って全身へ運ばれる。そのため，左心房と左心室，大動脈を流れる血液には，酸素が多くふくまれる。

(9) 葉のでんぷんがある部分は，ヨウ素液に浸すと青紫色に染まる。でんぷんは，葉などにある葉緑体に光が当たり，光合成が行われることでつくられる。葉のふの部分は，葉緑体が存在しないから，光が当たっても光合成が行われず，でんぷんがつくられない。また，アルミニウムはくで包まれた部分は，光が当たらないため，光合成が行われず，でんぷんがつくられない。

2 地球温暖化やエネルギー，気体の性質についての問題

(1)，(2) 物質に吸収されると物質の温度を上昇させる性質があるのは赤外線である。水蒸気や二酸化炭素は赤外線を吸収する性質があるため，これらの大気中の割合が増えると，地球温暖化の原因になる。しかし，大気中の水蒸気は人間の活動によっては増減しにくいため，二酸化炭素の増加がより大きな問題とされている。

(3) 植物が行う光合成では，二酸化炭素が吸収され，酸素が放出される。そのため，植物の光合成がさかんになる夏は，大気中の二酸化炭素濃度が低くなる。一方で，植物の光合成がおとろえる冬は，大気中の二酸化炭素濃度が高くなる。

(4) 図１と図２をくらべると，図２の南半球のグラフのほうが，１年を通じた二酸化炭素濃度の変化が小さくなっていることがわかる。また，大気中の二酸化炭素濃度は，図１と図２で2009年から2019年にかけて，北半球と南半球でいずれも増えていることが読み取れる。

(5) 火力発電は石油などの化石燃料，原子力発電はウランを燃料として発電を行う。化石燃料やウランは限りある資源である。そのため，火力発電や原子力発電で得られたエネルギーは再生可能エネルギーではない。再生可能エネルギーには，太陽光や風力，水力，地熱のほかにバイオマスなどがある。

(6) 太陽光発電や風力発電などの自然エネルギーによる発電は，天候や環境の条件などによって発電量が変化してしまう。そのため，一定量の電力を安定して供給することが難しい場合がある。

(7) ウのスチールウールは鉄を細い繊維状にしたもので，塩酸と反応して水素が発生する。なお，アの方法では酸素，イの方法では二酸化炭素，エの方法ではアンモニアが発生する。

(8) 水素は無色無臭で，水にとけにくく，空気よりも軽い。水素は水にとけにくいため，水上置換法で集められることが多い。

(9) アのように，水素に火のついたマッチを近づけると，ポンという音を立てて燃えて，水になる。なお，イの方法では酸素，ウの方法では二酸化炭素や窒素，エの方法では二酸化炭素，オの方法ではアンモニアなどの水にとけてアルカリ性を示す気体を確認することができる。

⑽　回収した小型家電からメダル，使用済みプラスチックから表彰(ひょうしょう)台をつくるように，ごみとなるものを資源として別の製品をつくり利用することをリサイクル(Recycle)という。

3　台風についての問題

⑴　日本付近の上空には，西から東へと，偏西(へんせい)風とよばれる風が吹(ふ)いている。そのため，台風や雲は西から東へと移動することが多くなる。

⑵　台風の進路に影響(えいきょう)する高気圧は，夏に発達する北太平洋(小笠原)高気圧である。７月や８月ごろには北太平洋高気圧が日本の東方海上近くまでせり出してくるため，日本列島を通過する台風は少ない。一方で，９月ごろになると北太平洋高気圧の勢力が弱まり，日本付近から太平洋上へ後退するため，７月や８月ごろとくらべて日本列島を通過する台風が増えることが多い。

⑶　台風の周辺で，平均風速が毎秒25m以上の風が吹いているか，地形の影響を除いて平均風速が毎秒25m以上の風が吹く可能性がある区域を，暴風域という。暴風域はふつう，円形で示される。

⑷　強い上昇気流により，地面と垂直な方向に大きく発達した雲を積乱雲という。台風の中心付近では，周囲より気圧が低く，強い上昇気流が発生しているため積乱雲ができる。

⑸　衛星写真などで上空から見たときに，台風の中心で雲にあいた穴のような部分のことを，台風の目という。台風の目にはいると，地上では一時的に晴れ間が広がることもある。

⑹　雲は，小さな水や氷の粒(つぶ)が集まってできる。図１においては，イとウの間で水滴(すいてき)ができるから，雲ができはじめるのは，イのあたりから上空と考えられる。

⑺　図２を見ると，ＡからＤまで，等圧線の間隔(かんかく)が３つあるので，ＡとＤの気圧の差は，20×３＝60(hPa)とわかる。したがって，Ｄ地点の気圧は，1000−60＝940(hPa)と求められる。

⑻　風速は等圧線の間隔がせまいところほど大きくなりやすい。図２より，等圧線の間隔は，AB間よりもBC間，BC間よりもCD間がせまくなっているから，ウが選べる。

⑼　台風などの低気圧の近くでは，「気圧の差による力」により低気圧の外側から内側に向かって風が吹き込む。しかし，地球の自転よる「転向力」により風が吹く方向に向かって右向きの力を受けるため，上空から見ると反時計回りに風が吹き込むように見える。さらに，台風の中心付近では風速が非常に速いため，回転する物体にはたらく「遠心力」が大きくなる。その結果，台風の中心付近では，内側に向かう「気圧の差による力」の大きさと，台風の外側などへ向かう「遠心力」と「転向力」の大きさがつりあうことで，空気の塊(かたまり)は台風の中心に入り込むことなく，中心部の周囲を回転する。

国語　＜第２回試験＞（50分）＜満点：100点＞

解答

一　Ⅰ　①〜③　下記を参照のこと。　Ⅱ　④　どきょう　⑤　きざ(し)　⑥　ほっき　Ⅲ　⑦　下手　⑧　果報　⑨　三人　⑩　鳥　二　**問１**　昨晩は勝手　**問２**　Ａ　イ　Ｂ　カ　Ｃ　ア　**問３**　人間など眼中におかない態度　**問４**　(例)　ぶちネコをおどしつけても，かえってわたしたちをおどし，にげることもなくだいたんなようすでいるから。　**問５**　ウ　**問６**　ハト　**問７**　(例)　ぶちネコがキツネわなにかかったと思い興奮していた

のに，フクロウであったから。　問８　ア　問９　エ　問10　エ　三　問１　ロ
問２　ウ　問３　工夫　問４　エ　問５　ア　問６　(例)　科学技術が，不可能だったことを可能にしてくれること。　問７　イ　問８　１　夢をかなえ，希望を実現してくれる　２　ネガティブに作用する　問９　エ　問10　ア　○　イ　×　ウ　○　エ　×

●漢字の書き取り

一　Ⅰ　①　限(り)　②　散布　③　全盛期

解　説

一　漢字の読みと書き取り，ことわざの完成

Ⅰ　①　音読みは「ゲン」で，「期限」などの熟語がある。　②　まき散らすこと。　③　最もさかんな状態にある時期。

Ⅱ　④　どのような状況(じょうきょう)にあっても動じない心。　⑤　音読みは「チョウ」で，「前兆」などの熟語がある。　⑥　思い立って新たな行動を起こすこと。

Ⅲ　⑦　「下手の横好き」は，下手なのに熱心であること。「好きこそものの上手なれ」は，“そのことが好きで続けていれば上達する”という意味。　⑧　「果報は寝(ね)て待て」は，“幸福は人間の力でよび寄せることはできないのでじっと待っているのがよい”という意味。「まかぬ種は生えぬ」は，“自分で行動しないとよい結果は得られない”という意味。　⑨　「三人寄れば文殊(もんじゅ)の知恵(ちえ)」は，凡人(ぼんじん)でも三人集まって相談すればよい知恵が出るということ。「船頭多くして船山に上る」は，“指図する人が多いと見当違(ちが)いの方向にものごとが進んでしまう”という意味。　⑩　「立つ鳥跡(あと)をにごさず」は，“立ち去る者は跡が見苦しくないようきれいに始末をしていくべきだ”という意味。「後は野となれ山となれ」は，“目先のことが解決できれば後はどうなってもかまわない”という意味。

二　出典は椋鳩十(むくはとじゅう)の『月の輪グマ』による。「わたし」は，自分の家や近所の家を荒(あ)らしまわっている白と黒のぶちののらネコに腹を立て，退治することまで考えるが，ぶちネコのりこうさやだいたんな態度に感心し，しだいに親しみを感じるようになっていく。

問１　「昨晩」のこと，「わたし」の家の「勝手元(かってもと)で，ゴトゴトするので，太郎の姉のシズが出ていってみると，おどろいたこと」に，ぶちネコが「飯びつのふたをとって，むしゃむしゃ食べて」いた。

問２　**A**　ぶちネコが，「耳のさきを，ほんのかすか」に動かす場面なので，小刻みに動くようすを表す「ぴくぴくと」が入る。　**B**　ぶちネコが，「だいたんなようすで，わたしたちの前を横ぎって」いく場面なので，ゆったりと歩くようすを表す「のっそのっそと」が入る。　**C**　ぶちネコが，「風のように」急に現れた場面なので，いきなりものごとが起こるようすを表す「さっと」が入る。

問３　「無人の境」は，人が住んでいない所。「わたし」と野田さんがしかけたキツネわなにかからなかったぶちネコは，少しはなれたところにしゃがんでいたが，「わたしたちが気づいた」と知っても，落ち着きはらい，「人間など眼中におかない態度」で，ゆっくりと歩いていった。

問４　人間が「大きい声」を出したり，げんこつをさしだして「おどしつけ」たりしても，逆にぶちネコは人間を「おどしつけよう」とし，「だいたんなようすで，わたしたちの前を横ぎって」行

ってしまったので，「わたし」はおどろいたのである。

問５　野田さんは，自分の若どりがやられたときに，ぶちネコをやっつけようとしたことを「わたし」に止められたので，うらみに思っていた。だからぼう線部④で，今度はキチ公をやられた「わたし」が腹を立てているのを見て，「ゆかいだ」と言って，やり返す意味で笑った。そして，「かってな決心ですな」と言っても，「わたし」が以前の自分を顧(かえり)みようとせず，興奮したままだったので，そのようすにおかしさを感じて笑っているのが，ぼう線部⑤である。

問６　「鳩が豆鉄砲(まめでっぽう)を食ったよう」は，突然(とつぜん)のことにおどろいて目を見はってきょとんとしているようす。

問７　「にがわらい」は，苦々しく思いながらも仕方なく笑うこと。「わたし」と野田さんは，キツネわなにかかったのが，ぶちネコではなく「大フクロウ」だったので苦々しく思い，仕方なく笑ったのである。

問８　わなにつけた牛肉にまどわされずに，ようすをうかがっていたぶちネコのりこうさと「だいたん」な態度に感心し，何度も被害(ひがい)にあって腹を立ててはいたものの，「わたし」はぶちネコに少しずつ親しみを感じるようになったと考えられる。

問９　急に姿を現したぶちネコに「わたしたち」は驚き，庭に二十羽ちかくのひよこが出ていることを思い出した「太郎とわたし」は縁側(えんがわ)に飛び出したが，ぶちネコは，「こそこそと，小さくなって」，ひよこには目もくれずにいってしまったので，「わたし」はその行動を「ふしぎななぞ」だと感じた。その後，「わたし」は，天井裏でぶちネコが子ネコたちを産んだことを知り，その子ネコたちを必死に守るぶちネコのようすに，親しみを感じた。

問10　「わたし」の思ったことや考えていることが，事実や会話の間に書かれていることに着目する。ぶちネコに対する気持ちや印象が，「わたし」の視点を中心にして語られている。

三　**出典は佐倉統(さくらおさむ)・古田(ふるた)ゆかりの『おはようからおやすみまでの科学』による。**人間は，自分たちの欲求を満たすために科学技術を発展させてきたが，科学技術には「悪い面」や，人間の生活にネガティブに作用することもあるということについて述べられた文章。

問１　「電話」は，人間が大きな声で話す代わりに，声を遠くまで届けてくれるものである。つまり，電話は「高性能」な耳と口であるといえる。

問２　「核(かく)」は，ものごとの中心。「改良を重ね『発展』してきた」技術の中心となっているのは，人間が「身体を使って行うことをもっと高性能にしたもの」である。

問３　遠くの人に意志を伝えるために，人は「狼煙(のろし)や旗(はた)，ホラ貝」などを用いる「工夫」をし，そして電話を発明した。つまり，人は「古くから，自分たちの欲求」を満たすための「工夫」をこらしてきたのである。

問４　A　前の段落まで「技術の発展」や「便利さの実現」について述べられており，この段落からは「技術の発展による便利さや快適さ」がもたらす「悪い面」についてもふれられている。前のことがらを受けて，それをふまえながら次のことを導く働きの「では」が入る。　B　前の段落では「夢をかなえ，欲望を満たすための道具を開発してきた歴史」が「科学技術の歴史」だと述べられているが，ここからは「科学技術の発展が累積的(るいせきてき)だ」という問題点について述べられている。前に述べたことと異なる内容を述べるときに使う「さて」が入る。　C　科学技術は，「累積的に発展」し，「膨大(ぼうだい)な知識」が集まったことで，「強大な道具を作ることができるようになった」が，

「累積的に発展」したことが「両刃の剣」となってしまった，という文脈になる。前のことがらを受けて，後に対立することがらを述べるときに用いる「ところが」が入る。

問5　次の段落に，電動えんぴつ削りを使うようになると，「ナイフを使いこなして，鉛筆の先を細く削りだしていく自分の技術を磨く必要」がなくなると述べられている。「便利さ」に慣れていくと，自分の能力や技術が失われていくこともある。

問6　人間は「好奇心が非常に旺盛な生き物」なので，不可能だったことを科学技術が可能にしてくれることは，「人間にとってはおもしろいしありがたいこと」といえる。

問7　前の段落に，全自動洗濯機が初めて届いて感動していても，しばらくたつとそれが「標準の状態」になってしまい，「さらなる便利さ」を求めるようになってしまうと述べられている。科学技術の「累積性」は，「今，到達しているところが，次への出発点になる」ということなので，新たな機能が備わったスマートフォンがあっても人間はさらに優れたものを求めるという内容のイが正しい。

問8　科学技術は，「累積的に発展」してきたからこそ，「膨大な知識」を集めることができ，「強大な道具を作ること」ができた。しかし，その反面，累積によって強力になりすぎてしまい，「人間の想像力の限界」を超えることが起こるようになった。そのよい面と悪い面の両方を指して「両刃の剣」と言っている。

問9　科学技術は，人間の「夢をかなえ，希望を実現し」てくれたが，今ではそれが当然のようになってしまい，「ありがたみ」が薄れ，当初の「感動」が感じられなくなってしまったのである。

問10　**ア**　科学技術は人間の「欲求」にもとづき，その「要求を実現させるために，改良を重ねて『発展』してきた」とあるので，正しい。　**イ**　科学技術の発展が「便利さや快適さ」をもたらした反面，人間の持つ能力や技術を失わせるという「悪い面」もあるので，正しくない。　**ウ**　人間は「便利」や「自動」という「よい面」を受け入れるときには，「悪い面」も予測できなければならないとあるので，正しい。　**エ**　科学技術の発展は累積的であるからこそ，集められた「膨大な知識」によって，「強大な道具を作る」ことができるようになったのであって，古い技術が使えなくなるわけではないので，正しくない。

Dr.福井の 入試に勝つ！脳とからだのウルトラ科学

歩いて勉強した方がいい？

みんなは座って勉強しているよね。だけど，暗記するときには歩きながら覚えるといいんだ。なぜかというと，歩いているときのほうが座っているときに比べて，心臓が速く動いて（脈はくが上がって）脳への血のめぐりがよくなるし，歩いている感覚が背骨の中を通って脳をつつくので，頭が働きやすくなるからだ（ちなみに，運動による記憶力アップについては，京都大学の久保田名誉教授の研究が有名）。

具体的なやり方は，以下のとおり。まず，机の上にテキストを広げ，１ページぐらいをざっと読む。そして，部屋の中をゆっくり歩き回りながら，さっき読んだ内容を思い出す。重要な語句は，声に出して言ってみよう。その後，机にもどってテキストをもう一度読み直し，大切な部分を覚え忘れてないかをチェック。もし忘れている部分があったら，また部屋の中を歩き回りながら覚え直す。こうしてひと通り覚えることができたら，次のページへ進む。あとはそのくり返しだ。

さらに，この“歩き回り勉強法”にひとくふう加えてみよう。それは，なかなか覚えられないことがら（地名・人名・漢字など）をメモ用紙に書いてかべに貼っておくこと。ドンドン貼っていくと，やがて部屋中がメモでいっぱいになるハズ。これらはキミの弱点集というわけだが，これを歩き回りながら覚えていくようにしてみよう！　このくふうは，ふだんのときにも自然と目に入ってくるので，知らず知らずのうちに覚えることができてしまうという利点もある。

歴史の略年表や算数の公式などを大きな紙に書いて貼っておくのも有効だ。

Dr.福井（福井一成〔ふくいかずしげ〕）…医学博士。開成中・高から東大・文Ⅱに入学後，再受験して翌年東大・理Ⅲに合格。同大医学部卒。さまざまな勉強法や脳科学に関する著書多数。

2025年度用
中学スーパー過去問

■編集人 声の教育社・編集部
■発行所 株式会社 声の教育社
〒162-0814 東京都新宿区新小川町8-15
☎03-5261-5061㈹ FAX03-5261-5062
https://www.koenokyoikusha.co.jp

※本書の内容についての一切の責任は当社にあります。内容・解説・解答・その他は当社ホームページよりお問い合わせ下さい。

よくある解答用紙のご質問

01 実物のサイズにできない

拡大率にしたがってコピーすると，「解答欄」が実物大になります。配点などを含むため，用紙は実物よりも大きくなることがあります。

02 A3用紙に収まらない

拡大率164％以上の解答用紙は実物のサイズ（「出題傾向＆対策」をご覧ください）が大きいために，A 3に収まらない場合があります。

03 拡大率が書かれていない

複数ページにわたる解答用紙は，いずれかのページに拡大率を記載しています。どこにも表記がない場合は，正確な拡大率が不明です。

04 1ページに2つある

1ページに2つ解答用紙が掲載されている場合は，正確な拡大率が不明です。ほかの試験回の同じ教科をご参考になさってください。

獨協埼玉中学校

【別冊】入試問題解答用紙編

解答用紙は本体からていねいに抜きとり、別冊としてご使用ください。

※　実際の解答欄の大きさで練習するには、指定の倍率で拡大コピーしてください。なお、ページの上下に小社作成の見出しや配点を記載しているため、コピー後の用紙サイズが実物の解答用紙と異なる場合があります。

●入試結果表

年度	回	項目		国語	算数	社会	理科	4科合計	合格者
2024	第１回	配点(満点)		100	100	70	70	340	最高点
		合格者平均点	男	64.8	54.4	42.5	39.2	200.9	男 278
			女	68.5	46.1	39.6	36.0	190.2	女 278
		受験者平均点	男	60.9	46.0	39.2	34.8	180.9	最低点
			女	64.8	39.6	36.6	31.8	172.8	男 163
		キミの得点							女 151
	第２回	配点(満点)		100	100	70	70	340	最高点
		合格者平均点	男	55.7	61.6	38.3	34.8	190.4	男 266
			女	60.3	58.5	33.3	31.8	183.9	女 256
		受験者平均点	男	48.6	52.8	32.0	29.9	163.3	最低点
			女	53.6	50.3	29.0	28.0	160.9	男 162
		キミの得点							女 151
2023	第１回	配点(満点)		100	100	70	70	340	最高点
		合格者平均点	男	67.8	66.7	43.8	39.2	217.5	男 293
			女	71.1	60.4	41.6	35.6	208.7	女 283
		受験者平均点	男	62.9	58.1	38.4	35.2	194.6	最低点
			女	66.6	54.4	37.2	33.2	191.4	男 180
		キミの得点							女 166
	第２回	配点(満点)		100	100	70	70	340	最高点
		合格者平均点	男	66.7	55.3	41.6	40.1	203.7	男 277
			女	66.9	50.1	36.4	37.7	191.1	女 254
		受験者平均点	男	59.8	47.1	35.4	34.7	177.0	最低点
			女	62.0	43.7	32.7	32.9	171.3	男 177
		キミの得点							女 164
2022	第１回	配点(満点)		100	100	70	70	340	最高点
		合格者平均点	男	58.0	66.0	45.1	37.9	207.0	男 294
			女	61.1	56.3	41.9	34.0	193.3	女 303
		受験者平均点	男	53.1	56.4	40.8	34.2	184.5	最低点
			女	57.4	49.7	38.5	31.5	177.1	男 169
		キミの得点							女 150
	第２回	配点(満点)		100	100	70	70	340	最高点
		合格者平均点	男	64.7	54.4	44.0	44.7	207.8	男 286
			女	63.0	47.3	38.3	40.1	188.7	女 281
		受験者平均点	男	55.3	43.5	36.0	38.7	173.5	最低点
			女	56.8	38.1	31.9	35.7	162.5	男 180
		キミの得点							女 162

※　表中のデータは学校公表のものです。ただし、４科合計は各教科の平均点を合計したものなので、目安としてご覧ください。

声の教育社

2024年度　　獨協埼玉中学校

算数解答用紙　第１回

番号		氏名		評点	／100

1

(1)	(2)	(3)	(4)
	分　秒	通り	本

(5)	(6)	(7)	
	kg	①　個	②　個

2

(1)		(2)	
①　番目	②　個	①　cm³	②　cm³

3

(1)
円
(2)
g
(3)
〈考え方・式〉 答＿＿＿＿＿＿%増量

4

(1)
電車X 秒速　　m，電車Y 秒速　　m
(2)
A地点から（ 東 ・ 西 ）に　　mの地点
(3)
〈考え方・式〉 答＿＿＿＿＿＿m

（注）この解答用紙は実物を縮小してあります。Ｂ５→Ａ３（163%）に拡大コピーすると、ほぼ実物大の解答欄になります。

〔算　数〕100点（学校配点）

1，2　各５点×12　3　(1)，(2)　各５点×２　(3)　10点　4　(1)，(2)　各６点×２<各々完答>　(3)　８点

2024年度 獨協埼玉中学校

社会解答用紙 第1回

番号		氏名		評点	/70

(注) この解答用紙は実物を縮小してあります。B5→A3(163%)に拡大コピーすると、ほぼ実物大の解答欄になります。

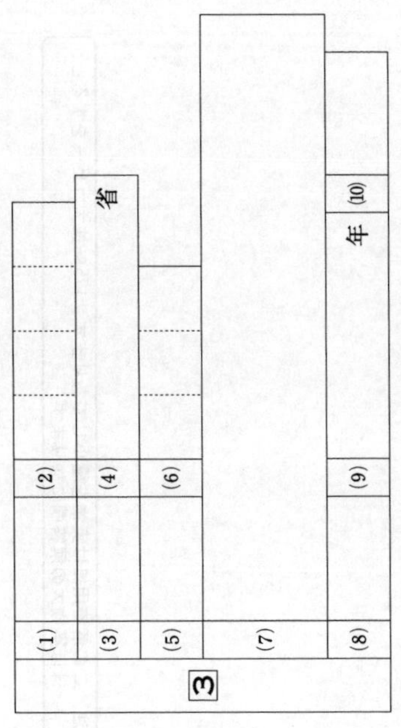

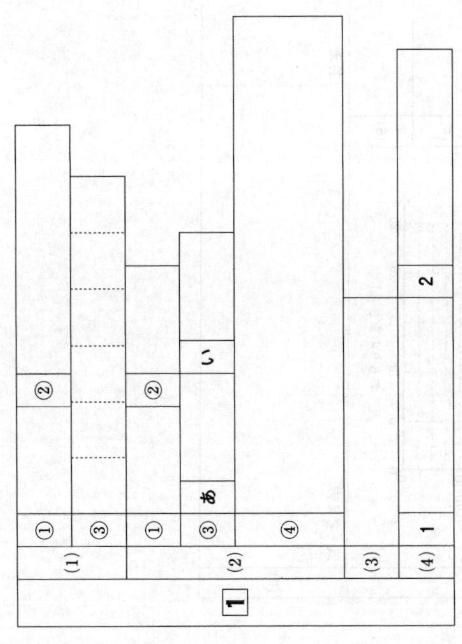

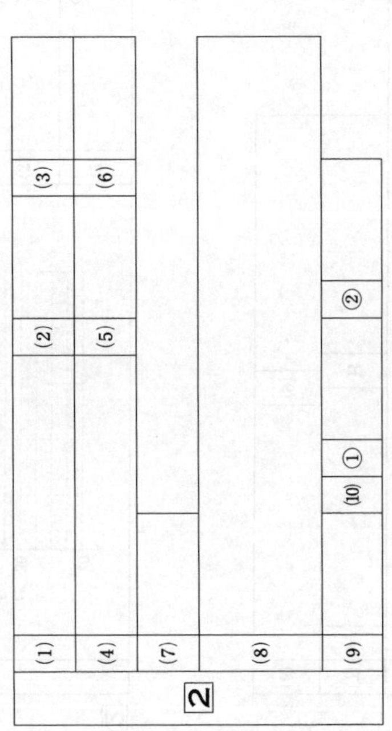

3

(1)
(2)
(3)
(4) 省
(5)
(6)
(7)
(8)
(9)
(10) 年

1

(1) ① ②
(2) ① ② ③ あ い ④
(3)
(4) 1 2

2

(1)
(2)
(3)
(4)
(5)
(6)
(7)
(8)
(9) ① ②
(10)

［社　会］70点(学校配点)

1 (1) 各2点×3 (2) ①～③ 各2点×4 ④ 4点 (3), (4) 各2点×3 **2** (1)～(7) 各2点×7 (8) 4点 (9), (10) 各2点×3 **3** (1)～(6) 各2点×6 (7) 4点 (8)～(10) 各2点×3

2024年度 獨協埼玉中学校

理科解答用紙 第1回

番号		氏名		評点	/70

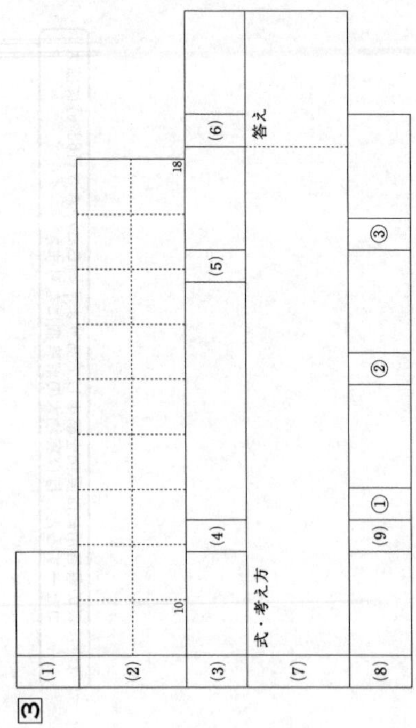

(注) この解答用紙は実物を縮小してあります。175%拡大コピーをすると、ほぼ実物大の解答欄になります。

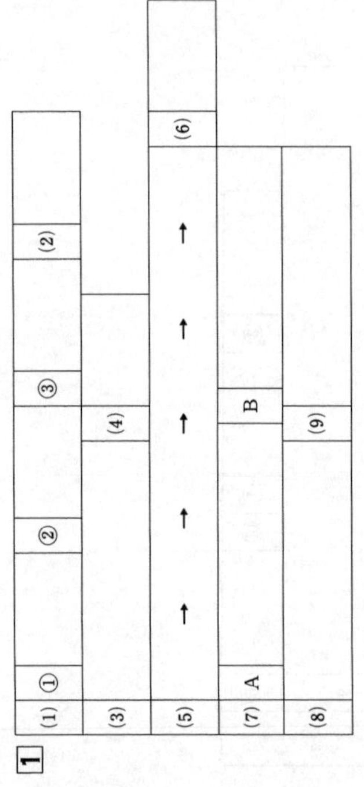

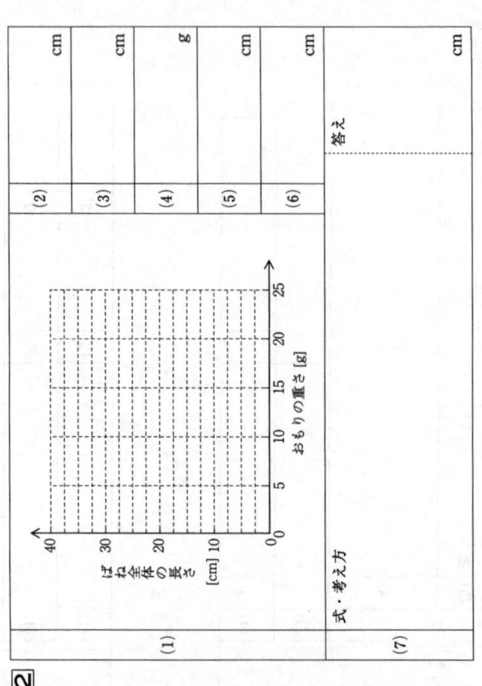

〔理　科〕70点(学校配点)

1 各2点×10<(1), (3), (5), (8), (9)は完答> 2 (1) 4点<完答> (2) 2点 (3) 3点 (4) 4点 (5), (6) 各3点×2 (7) 5点 3 (1) 2点 (2) 3点 (3) 2点 (4)～(6) 各3点×3<(4)は完答> (7) 4点 (8), (9) 各3点×2<(9)は完答>

2024年度　　獨協埼玉中学校

国語解答用紙　第一回

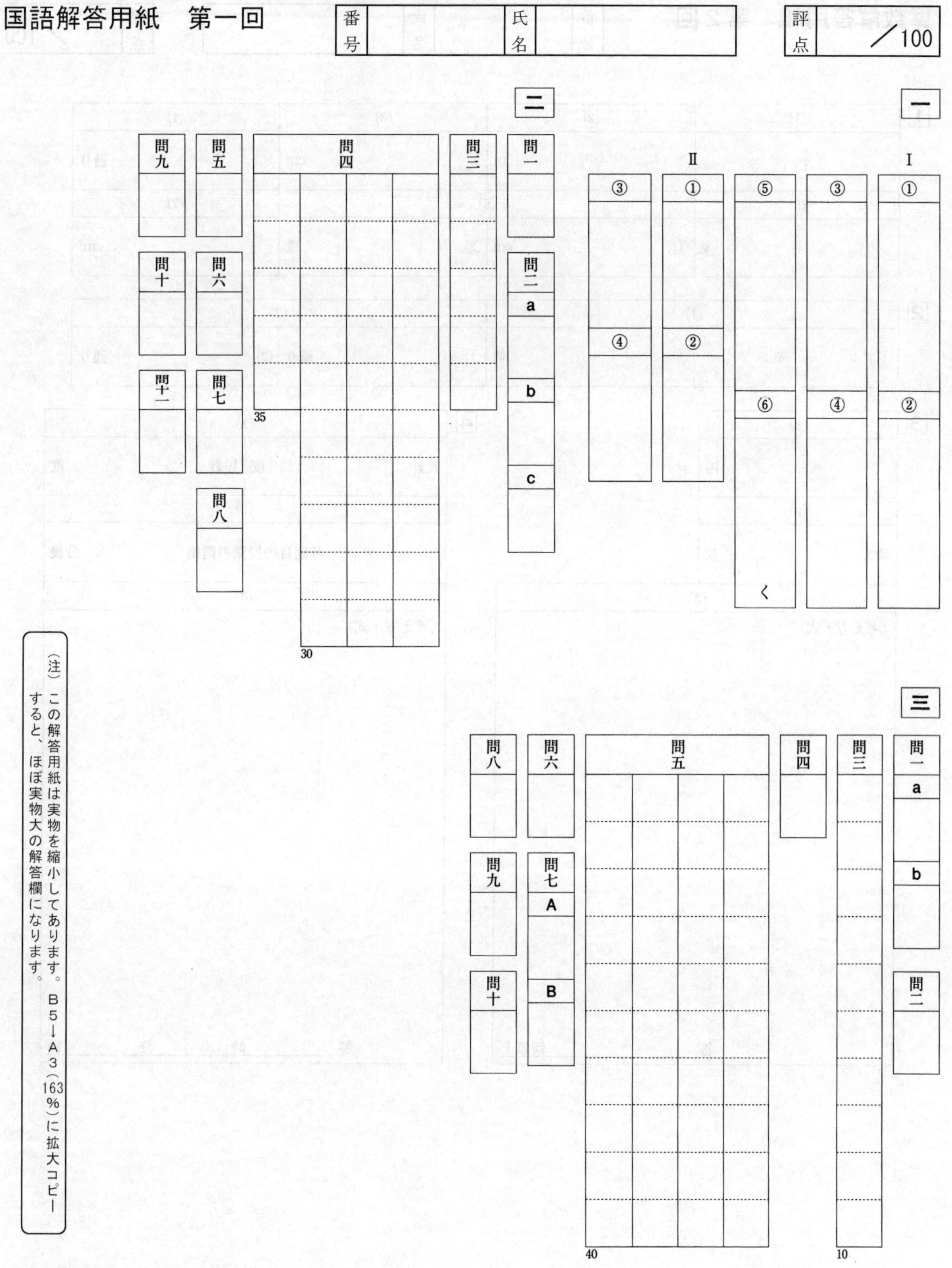

番号
氏名
評点
／100
一
I
①
②
③
④
⑤
⑥
く
II
①
②
③
④
二
問一
問二
a
b
c
問三
問四
35
30
問五
問六
問七
問八
問九
問十
問十一
三
問一
a
b
問二
問三
10
問四
問五
40
問六
問七
A
B
問八
問九
問十
（注）この解答用紙は実物を縮小してあります。B5→A3（163%）に拡大コピーすると、ほぼ実物大の解答欄になります。

〔国　語〕100点(学校配点)

一　各2点×10　二　問1，問2　各2点×4　問3　3点　問4　6点　問5〜問9　各3点×5　問10，問11　各4点×2　三　問1　各2点×2　問2，問3　各3点×2　問4　4点　問5　6点　問6　4点　問7〜問9　各3点×4　問10　4点

２０２４年度　獨協埼玉中学校

算数解答用紙　第２回

番号		氏名		評点	／100

1

(1)	(2)	(3)	(4)
	m	cm	通り
(5)	(6)		(7)
g	① cm	② 度	cm²

2

(1)		(2)	
①ア：　イ：	② 個	① 通り	② 通り

3

(1)　円

(2)　最大　枚

(3)
〈考え方・式〉

答　回以上

4

(1)　長針　度　短針　度

(2)　時間目の授業の開始　分後

(3)
〈考え方・式〉

答　時　分　秒

（注）この解答用紙は実物を縮小してあります。Ｂ５→Ａ３（163%）に拡大コピーすると、ほぼ実物大の解答欄になります。

〔算　数〕100点（学校配点）

1，2　各５点×12＜2の(1)の①は完答＞　3　(1)，(2)　各６点×２　(3)　８点　4　(1)，(2)　各６点×２＜各々完答＞　(3)　８点

2024年度　獨協埼玉中学校

社会解答用紙　第2回

番号　　氏名　　評点 /70

（注）この解答用紙は実物を縮小してあります。B5→A3（163%）に拡大コピーすると、ほぼ実物大の解答欄になります。

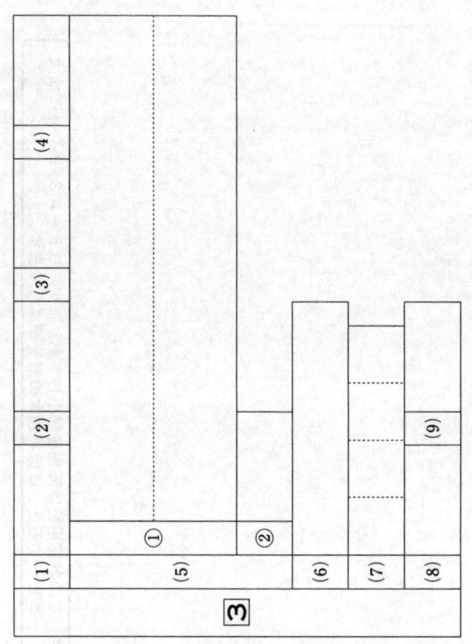

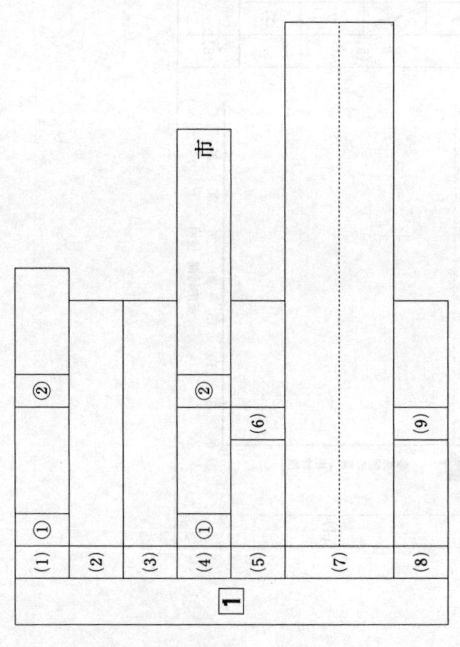

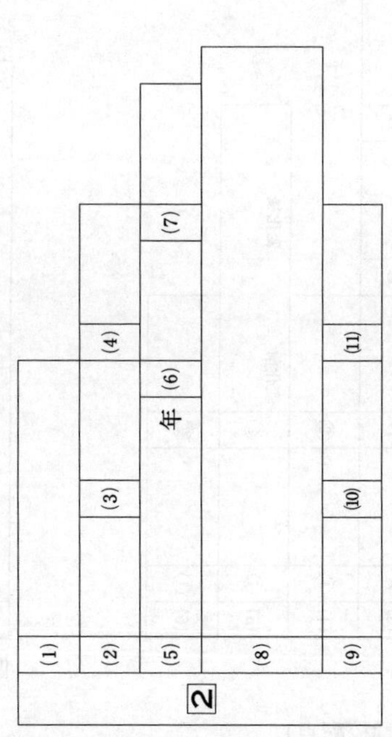

〔社　会〕70点（学校配点）

1　(1)～(6)　各2点×8　(7)　4点　(8)，(9)　各2点×2　2　(1)～(7)　各2点×7　(8)　4点　(9)～(11)　各2点×3　3　(1)～(4)　各2点×4　(5)　①　4点　②　2点　(6)～(9)　各2点×4

２０２４年度　獨協埼玉中学校

理科解答用紙　第２回

番号		氏名		評点	/70

1 (1) ① ② ③ (2) (3) A B C D (4) ① ② (5) ① ② 変化前 変化後 (6) ① ②

2 (1) (2) (3) (4) (5) ア イ ウ エ (6) g

差 蔗糖の量［相対値］　反応時間［秒］ 0 5 10 15 20 25 30 35

3 (1) (2) (3) (4) (5) (6) ① ⑤ g (7) (8) g

（注）この解答用紙は実物を縮小してあります。Ｂ５→Ａ３（163％）に拡大コピーすると、ほぼ実物大の解答欄になります。

〔理　科〕70点(学校配点)

1 (1), (2)　各２点×4＜(1)は各々完答, (2)は完答＞　(3)　各１点×4　(4)　各２点×2　(5)　①２点　②　各１点×2　(6)　各２点×2　2 (1)～(3)　各２点×4　(4)　３点　(5)　各２点×4　(6)　３点　3 (1)　２点　(2)　各１点×3　(3)　１３点　(4), (5)　各２点×2　(6)～(8)　各３点×4

2024年度　獨協埼玉中学校

国語解答用紙　第二回

番号		氏名		評点	／100

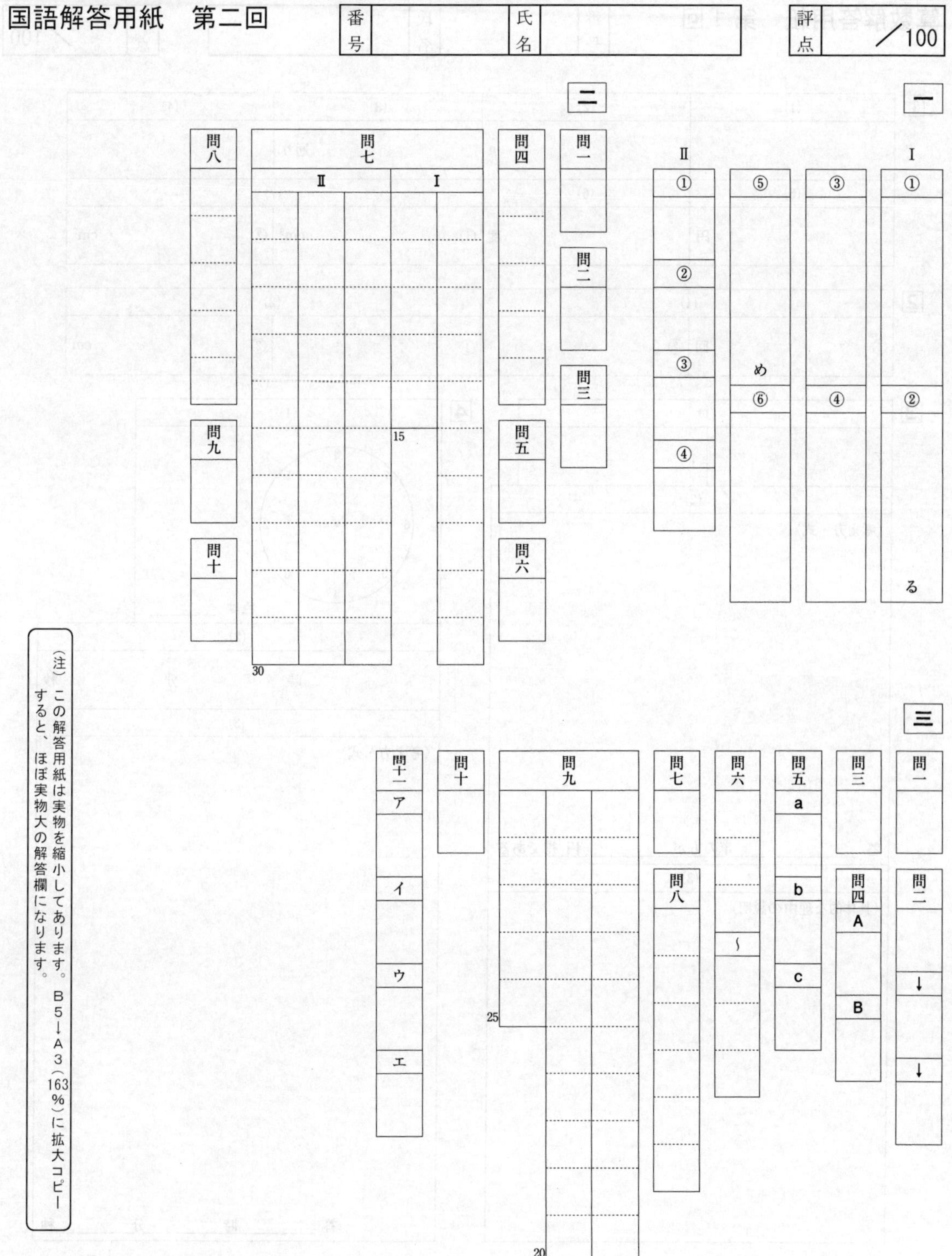

〔国　語〕100点(学校配点)

一　各2点×10　二　問1〜問3　各3点×3　問4　5点　問5　3点　問6　4点　問7　I　3点　II　5点　問8　4点　問9　3点　問10　4点　三　問1〜問3　各3点×3<問2は完答>　問4，問5　各1点×5　問6　4点　問7，問8　各3点×2　問9　5点　問10　3点　問11　各2点×4

2023年度　獨協埼玉中学校

算数解答用紙　第１回

番号		氏名		評点	／100

1

(1)	(2)	(3)	(4)
	g	通り	
(5)	(6)	(7)	
円	度	① cm^3	② cm^2

2

(1)		(2)	
① 回	②	① ： ：	② cm

3

(1)

ア　　イ

(2)

〈考え方・式〉

答 ＿＿＿＿ 車の方が ＿＿＿＿ 円 得である

(3)

〈具体的な理由の説明〉

4

(1)

8 1 2 3 4 5 6 7

色は ＿＿＿＿

(2)

時　分　秒

(3)

〈考え方・式〉

答 ＿＿＿＿ 時 ＿＿＿＿ 分 ＿＿＿＿ 秒

（注）この解答用紙は実物を縮小してあります。Ｂ５→Ａ３(163%)に拡大コピーすると、ほぼ実物大の解答欄になります。

〔算　数〕100点(学校配点)

1, **2**　各５点×12＜**2**の(1)の②は完答＞　**3**　(1)　各３点×２　(2)　６点　(3)　８点　**4**　(1), (2)　各６点×２　(3)　８点

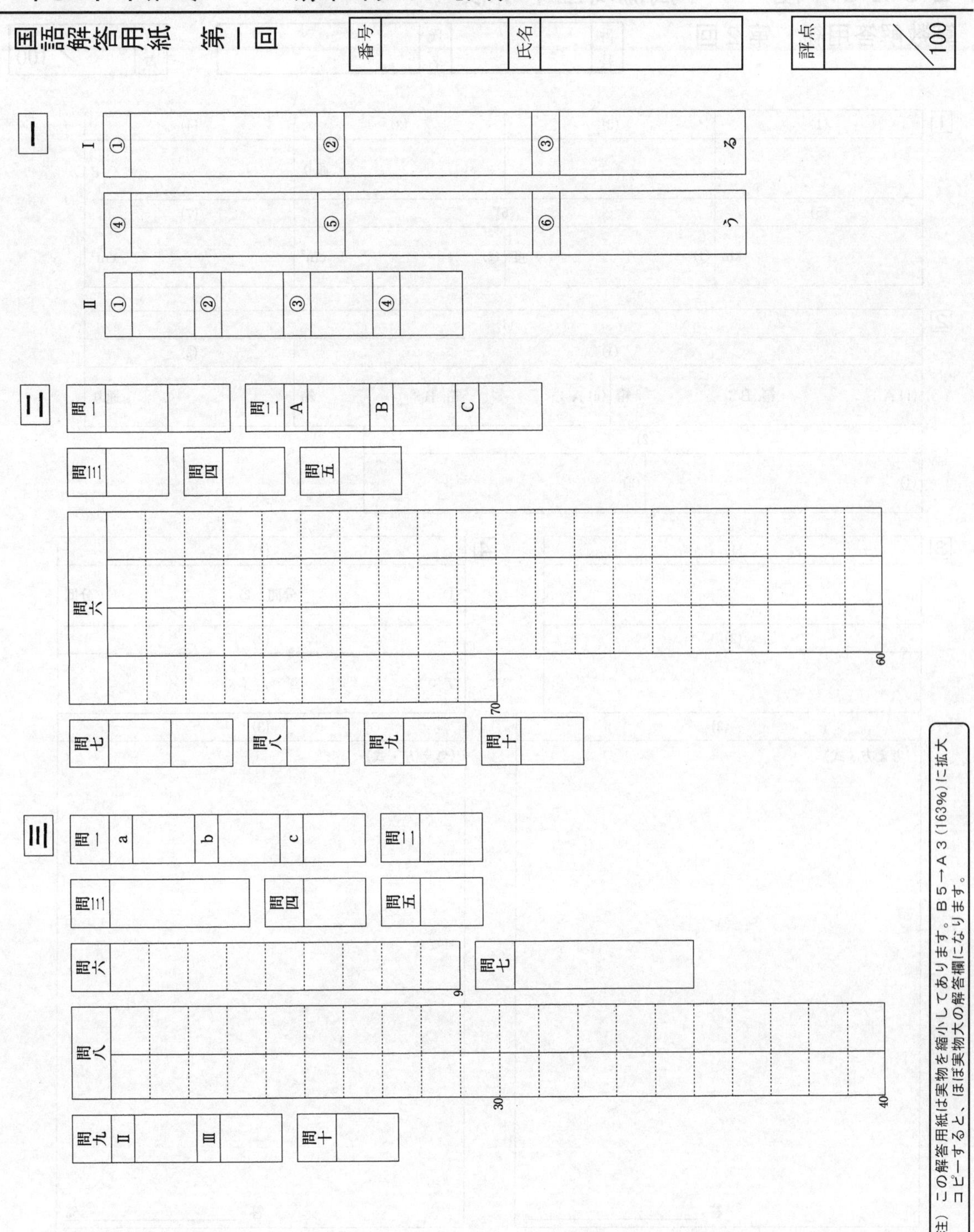

〔国　語〕100点(学校配点)

□一 各2点×10　□二 問1，問2　各2点×5　問3　3点　問4　4点　問5　3点　問6　5点　問7　各2点×2　問8　3点　問9，問10　各4点×2　□三 問1　各2点×3　問2〜問5　各3点×4　問6，問7　各4点×2<問7は完答>　問8　6点　問9　各2点×2　問10　4点

２０２３年度　獨協埼玉中学校

算数解答用紙　第２回

番号		氏名		評点	／100

1

(1)	(2)	(3)	(4)
		通り	g
(5)	(6)		(7)
km	① 度	② cm²	cm³

2

(1)			
①			②
(i) A：　箱, B：　箱	(ii) A：　箱, B：　箱		通り
(2)			
①	②		

3

(1)

(2)

(3)

〈考え方・式〉

答　　：

4

(1)

① 分間 ② 分間

(2)

ア：　　，イ：

(3)

〈考え方・式〉

答　　%

（注）この解答用紙は実物を縮小してあります。Ｂ５→Ａ３(163%)に拡大コピーすると、ほぼ実物大の解答欄になります。

〔算　数〕100点(学校配点)

1　各５点×８　2　各４点×５　3　(1), (2)　各６点×２　(3)　８点　4　(1), (2)　各３点×４　(3)　８点

２０２３年度　獨協埼玉中学校

社会解答用紙　第２回

番号		氏名		評点	/70

（注）この解答用紙は実物を縮小してあります。Ｂ５→Ａ３（163%）に拡大コピーすると、ほぼ実物大の解答欄になります。

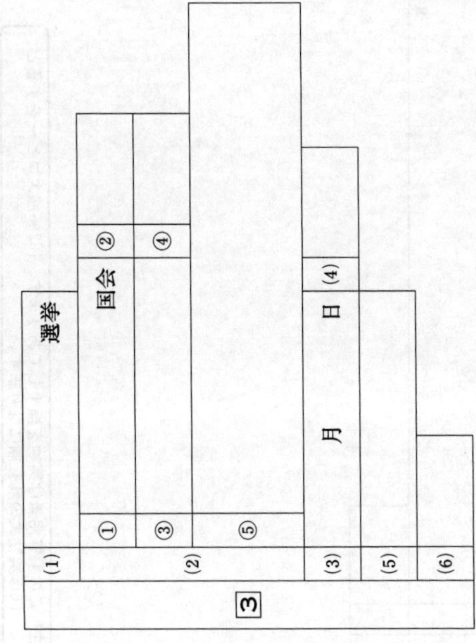

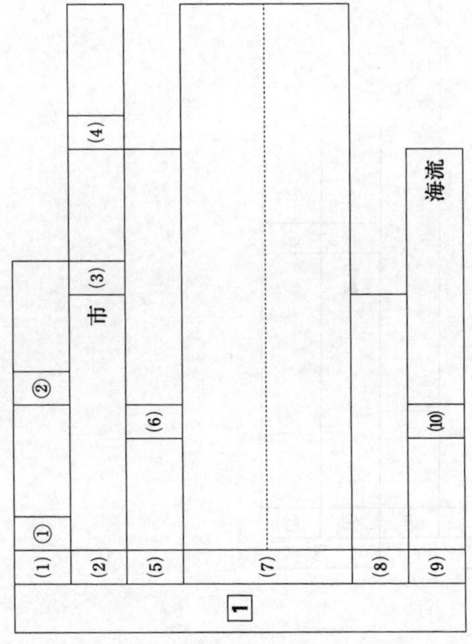

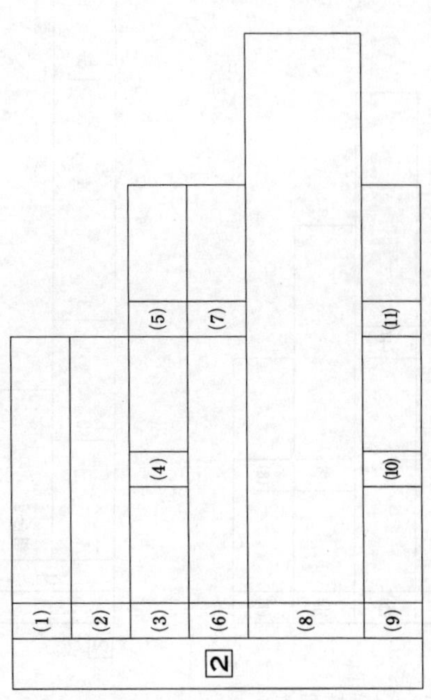

〔社　会〕70点（学校配点）

1　(1)～(6)　各２点×７　(7)　４点　(8)～(10)　各２点×３　2　(1)～(7)　各２点×７　(8)　４点　(9)～(11)　各２点×３　3　(1)　２点　(2)　①～④　各２点×４　⑤　４点　(3)～(6)　各２点×４

2023年度　獨協埼玉中学校

理科解答用紙　第2回

番号		氏名		評点	/70

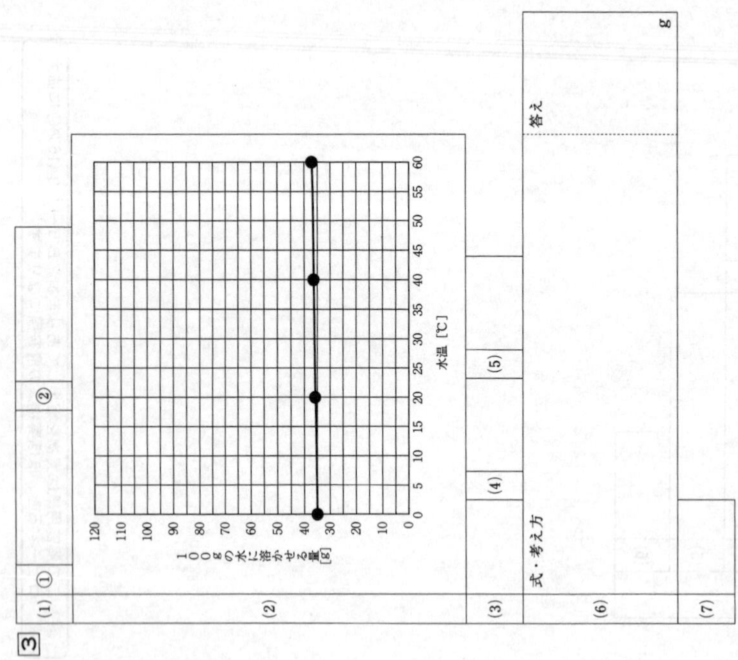

(注) この解答用紙は実物を縮小してあります。182%拡大コピーをすると、ほぼ実物大の解答欄になります。

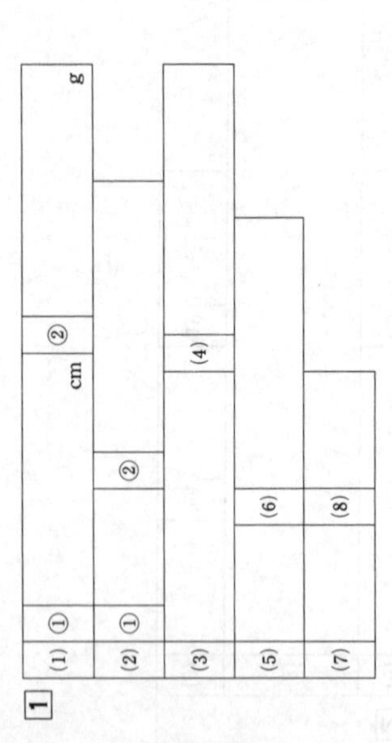

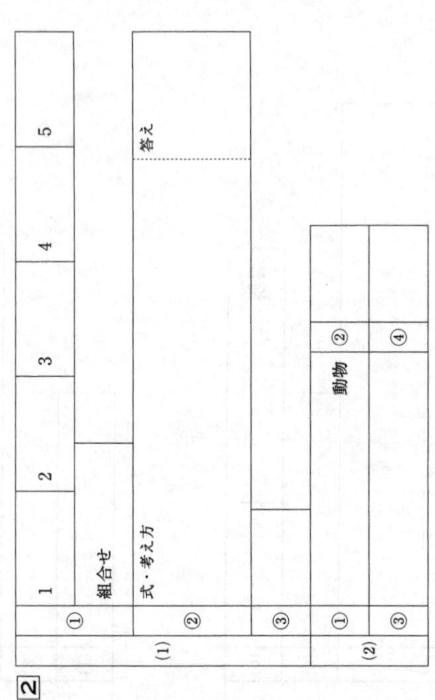

3

(1) ①　②

(2)

(3)　(4)　(5)

(6) 式・考え方　答え　g

(7)

1

(1) ① cm　② g

(2) ①　②

(3)　(4)

(5)　(6)

(7)　(8)

2

(1) ① 1　2　3　4　5　組合せ

② 式・考え方　答え

③

(2) ① 動物　②

③　④

〔理　科〕70点(学校配点)

1　各3点×10＜(2)の②，(3)，(4)，(6)は完答＞　2　(1)　①　1～5　各1点×5　組み合わせ　2点　②　3点　③　2点　(2)　各2点×4　3　(1)　各2点×2　(2)　4点＜完答＞　(3)～(5)　各2点×3　(6)　4点　(7)　2点

二〇二三年度　獨協埼玉中学校

国語解答用紙　第二回

番号　氏名　評点 /100

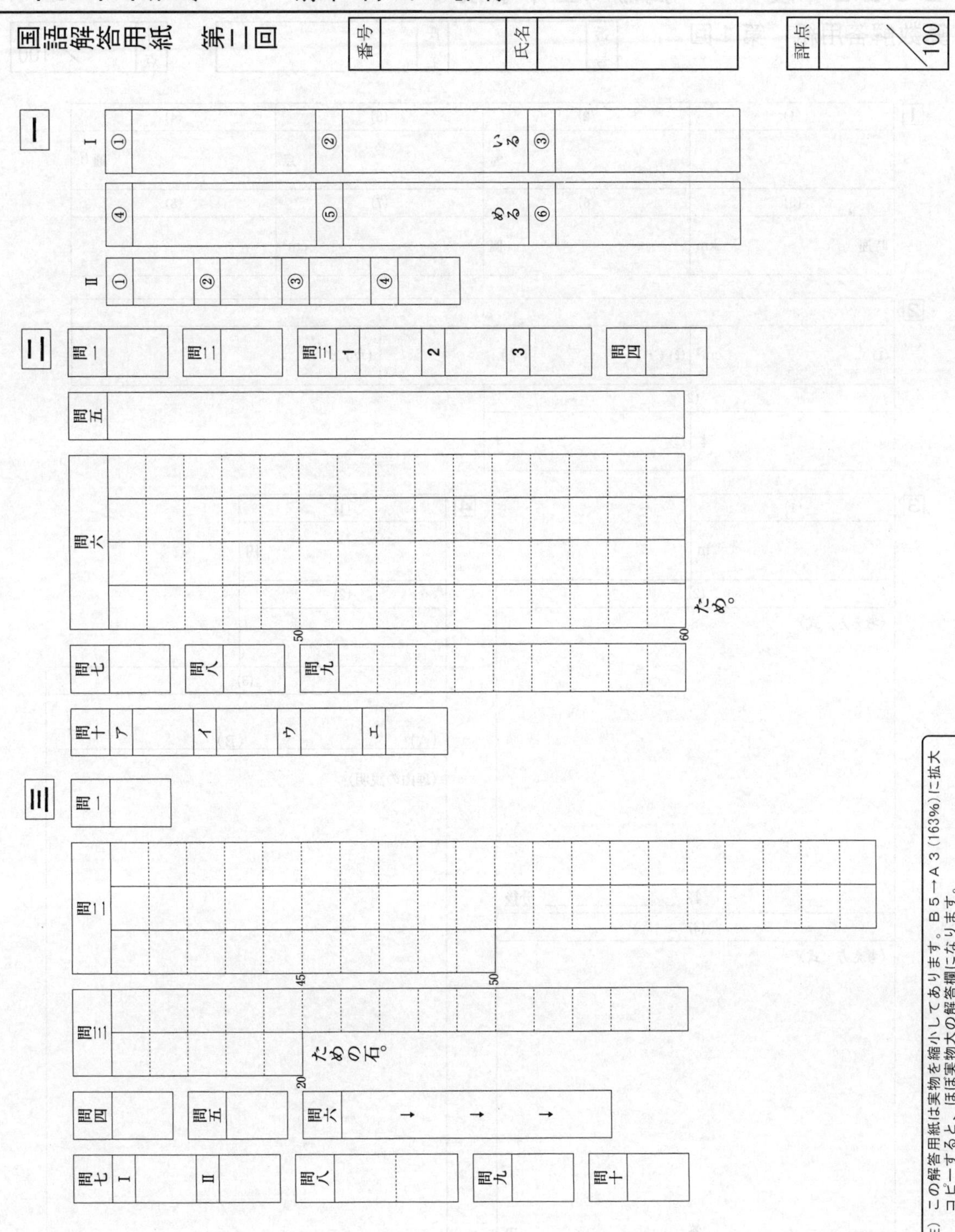

〔国　語〕100点（学校配点）

一　各２点×10　二　問１　３点　問２，問３　各２点×４　問４，問５　各３点×２　問６　５点　問７　３点　問８　４点　問９　３点　問10　各２点×４　三　問１　２点　問２　５点　問３，問４　各３点×２　問５　４点　問６，問７　各３点×３<問６は完答>　問８　各４点×２　問９　２点　問10　４点

２０２２年度　獨協埼玉中学校

算数解答用紙　第１回

番号		氏名		評点	／100

1

(1)	(2)	(3)	(4)
	%	点	通り
(5)	(6)	(7)	(8)
時速　km	個		cm^2

2

(1)

①　cm^3	②（ア）	（イ）	（ウ）

(2)

①　本	②　本

3

(1)　m

(2)

〈考え方・式〉

答　　分後

(3)

〈考え方・式〉

答　　m

4

(1)　円

(2)

(3)

（A）　（B）

〈理由の説明〉

（注）この解答用紙は実物を縮小してあります。Ｂ５→Ａ３（163%）に拡大コピーすると、ほぼ実物大の解答欄になります。

〔算　数〕100点（学校配点）

1　各５点×８　2　(1)　①　４点　②　各２点×３　(2)　各５点×２　3　(1)　５点　(2)　７点　(3)　８点　4　(1)，(2)　各６点×２　(3)　８点<完答>

2022年度　獨協埼玉中学校

社会解答用紙　第1回

番号		氏名	

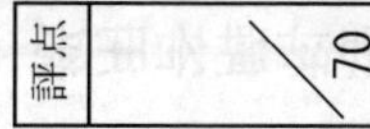

（注）この解答用紙は実物を縮小してあります。B5→A3（163%）に拡大コピーすると、ほぼ実物大の解答欄になります。

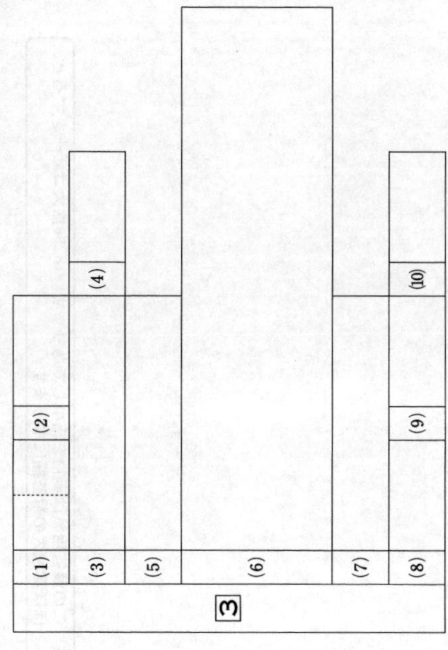

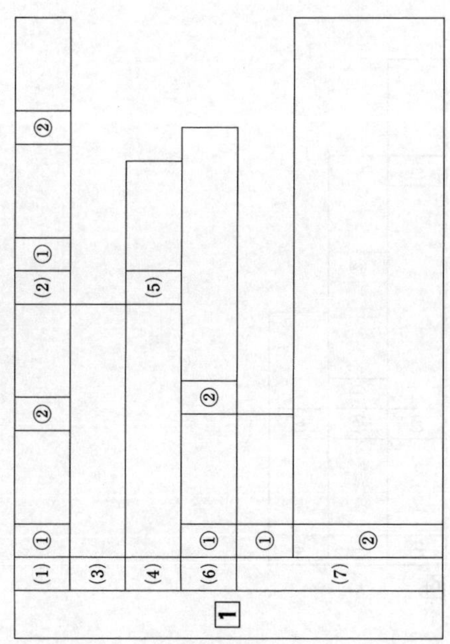

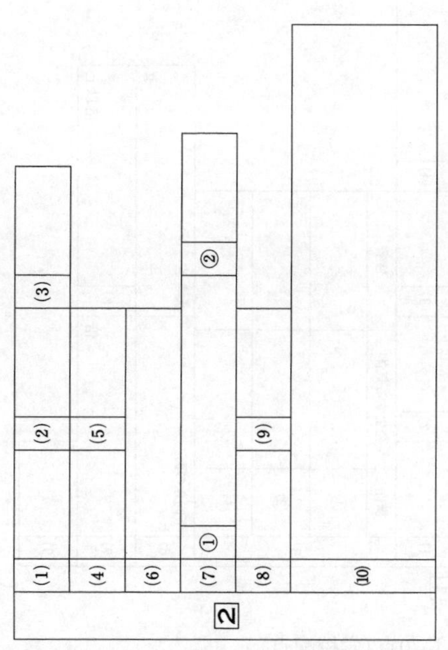

〔社　会〕70点(学校配点)

1　(1)～(6)　各2点×9　(7)　①　2点　②　4点　2　(1)～(9)　各2点×10　(10)　4点　3　(1)～(5)　各2点×5　(6)　4点　(7)～(10)　各2点×4

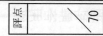

2022年度 獨協埼玉中学校

理科解答用紙 第1回

番号		氏名		評点	/70

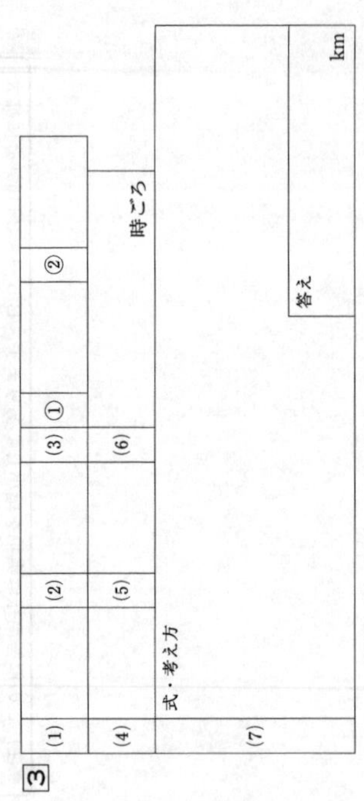

（注）この解答用紙は実物を縮小してあります。182%拡大コピーをすると、ほぼ実物大の解答欄になります。

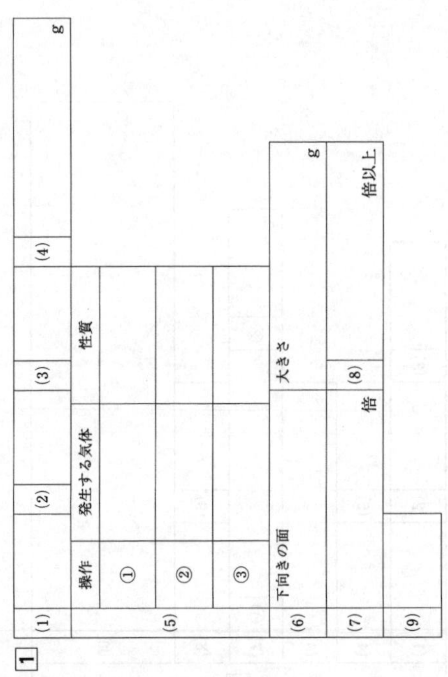

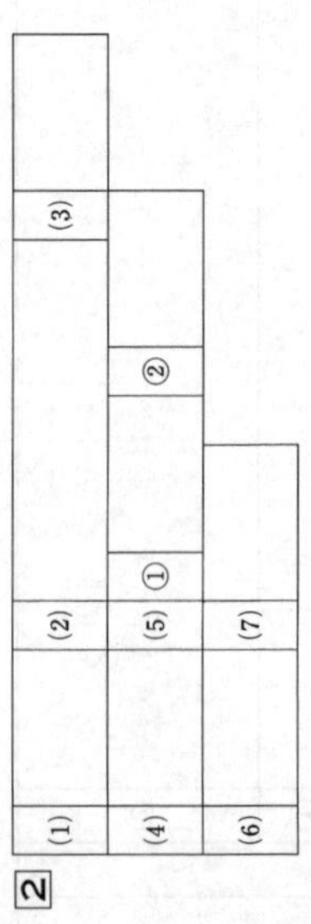

〔理　科〕70点(学校配点)

1　(1)～(4)　各2点×4　(5)　各1点×3＜各々完答＞　(6)　下向きの面…1点，大きさ…2点　(7)～(9)　各2点×3　2　(1)～(3)　各3点×3＜(2)は完答＞　(4)　2点　(5)　各4点×2　(6)，(7)　各3点×2　3　(1)～(6)　各3点×7　(7)　4点

二〇二二年度　獨協埼玉中学校

国語解答用紙　第一回

番号　氏名　評点 /100

一
I ① ② ③ える ④ ⑤ ⑥
II ① ② ③ ④

二
問一　問二　問三　問四 A B C D
問五（20・30）
問六
問七
問八　問九 ア イ ウ エ オ

三
問一　問二　問三　問四 I II III IV
問五 ・
問六
問七（50・60）
問八　問九　問十

（注）この解答用紙は実物を縮小してあります。B５→A３（163%）に拡大コピーすると、ほぼ実物大の解答欄になります。

〔国　語〕100点(学校配点)

一 各２点×10　二 問１～問３　各４点×３　問４　各１点×４　問５　５点　問６　４点　問７　各３点×２　問８　４点　問９　各１点×５　三 問１　４点　問２　２点　問３　３点　問４　各１点×４　問５　各３点×２　問６　４点　問７　７点　問８　４点　問９　２点　問10　４点

2022年度　　獨協埼玉中学校

算数解答用紙　第2回

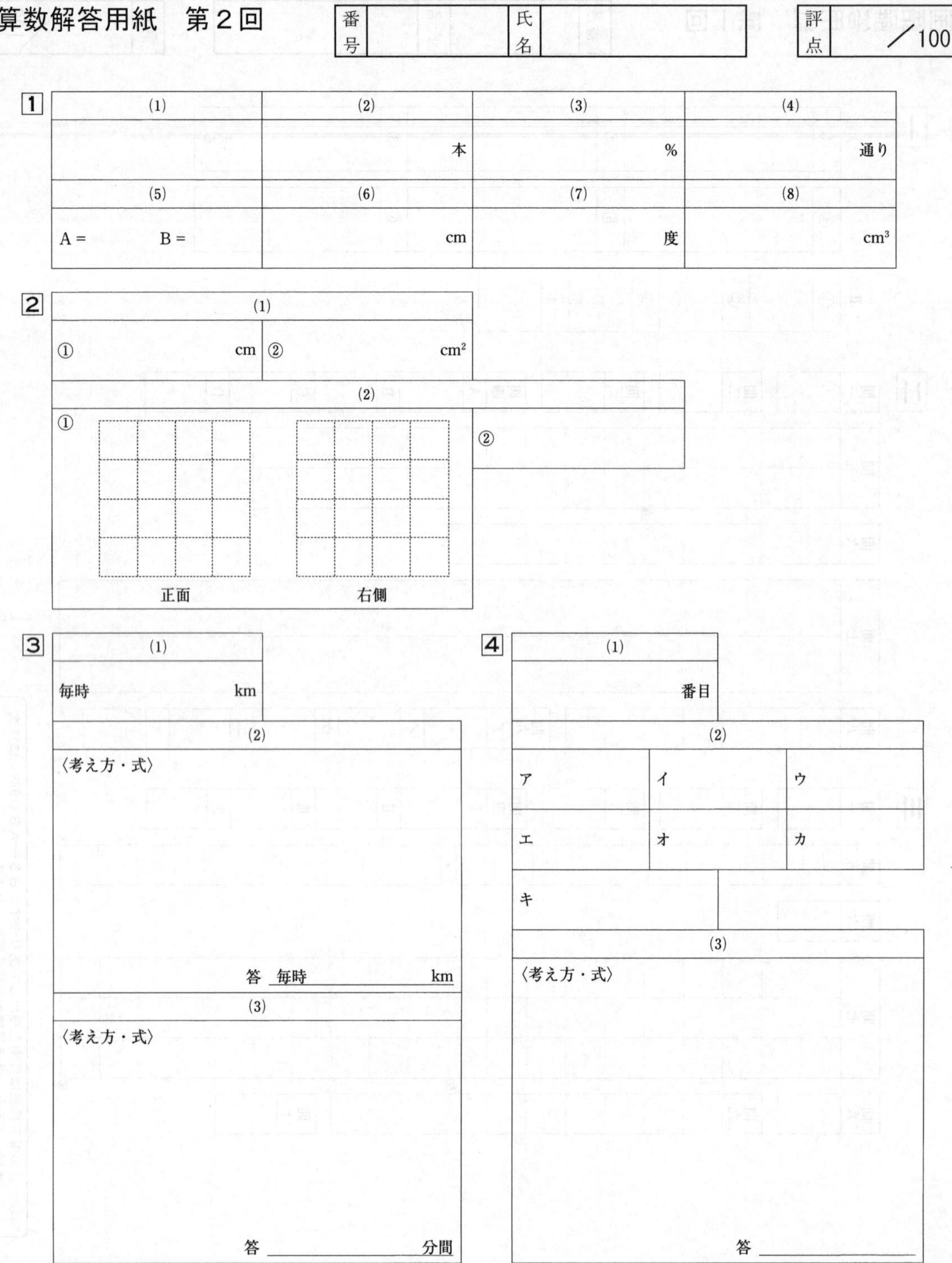

番号
氏名
評点
／100
1
(1)
(2)
本
(3)
%
(4)
通り
(5)
A =
B =
(6)
cm
(7)
度
(8)
cm^3
2
(1)
① cm
② cm^2
(2)
①
正面
右側
②
3
(1)
毎時 km
(2)
〈考え方・式〉
答 毎時 km
(3)
〈考え方・式〉
答 分間
4
(1)
番目
(2)
ア
イ
ウ
エ
オ
カ
キ
(3)
〈考え方・式〉
答

（注）この解答用紙は実物を縮小してあります。Ｂ５→Ａ３（163%）に拡大コピーすると、ほぼ実物大の解答欄になります。

〔算　数〕100点(学校配点)

1 各５点×８　2 (1) 各５点×２　(2) ① 各３点×２　② ４点＜完答＞　3 (1) ５点　(2) ７点　(3) ８点　4 (1) ５点　(2) ア～カ 各１点×６　キ ２点　(3) ７点

2022年度　獨協埼玉中学校

社会解答用紙　第2回

番号　氏名　評点　/70

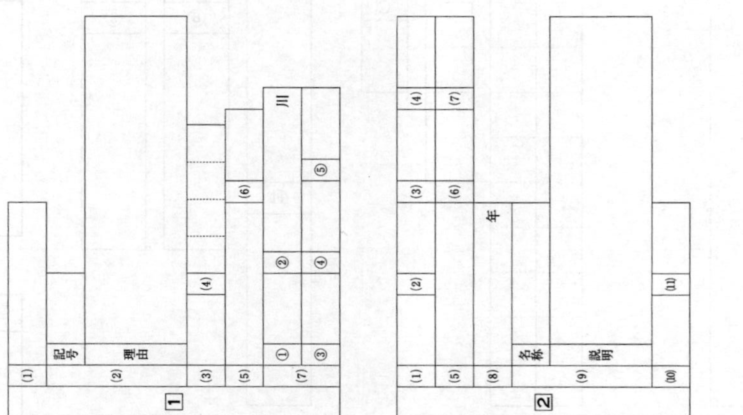

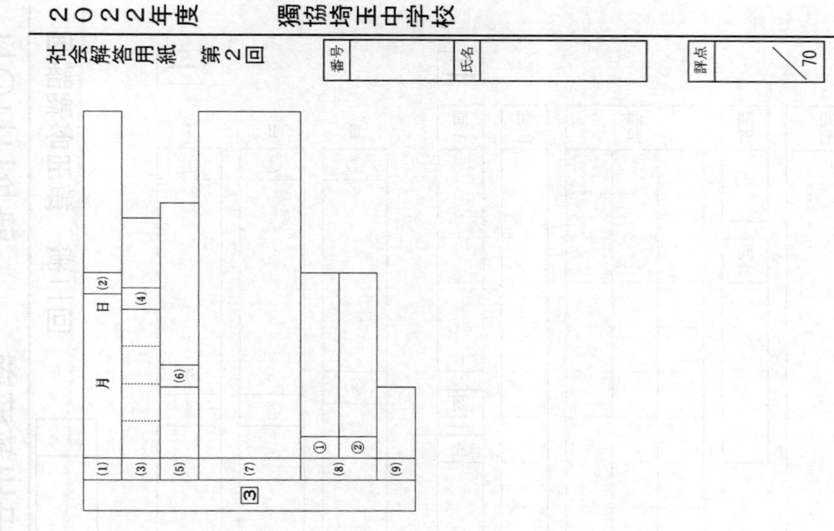

〔社　会〕70点(学校配点)

1 (1) 2点 (2) 4点＜完答＞ (3)～(7) 各2点×9 2 (1)～(8) 各2点×8 (9) 4点＜完答＞ (10), (11) 各2点×2 3 (1)～(6) 各2点×6 (7) 4点 (8), (9) 各2点×3

2022年度　獨協埼玉中学校

理科解答用紙　第2回

番号　氏名　評点　/70

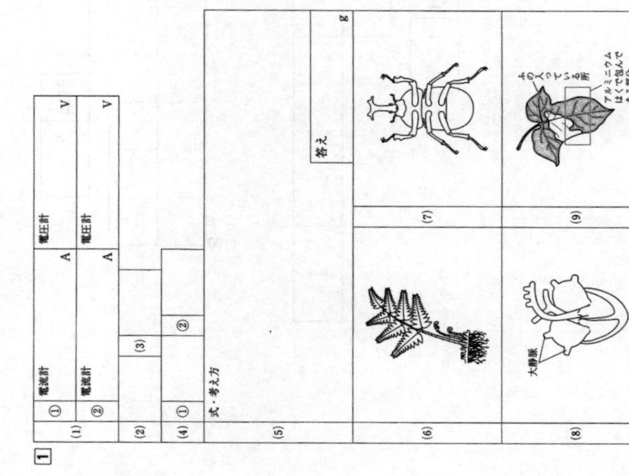

〔理　科〕70点(学校配点)

1 (1) 各1点×4 (2), (3) 各2点×2 (4) 各1点×2 (5)～(9) 各2点×5 2 (1)～(5) 各2点×6＜(4), (5)は完答＞ (6) 4点 (7) 2点 (8) 各1点×3 (9), (10) 各2点×2 3 (1)～(7) 各3点×7 (8), (9) 各2点×2

二〇二三年度　獨協埼玉中学校

国語解答用紙　第二回

番号　氏名　評点 /100

一

I ① ②り ③

II ④ ⑤ ⑥し

III ⑦ ⑧ ⑨ ⑩

二

問一　問二 A B C

問三

問四 50

問五　問六

問七

問八　問九　問十

三

問一　問二　問三　問四　問五

問六 30

問七

問八 1 2

問九　問十 ア イ ウ エ

（注）この解答用紙は実物を縮小してあります。B5→A3（163%）に拡大コピーすると、ほぼ実物大の解答欄になります。

〔国　語〕100点（学校配点）

一 各2点×10　二 問1　3点　問2　各2点×3　問3　3点　問4　6点　問5　3点　問6　2点　問7　5点　問8～問10　各4点×3　三 問1，問2　各2点×2　問3～問5　各3点×3　問6　5点　問7　4点　問8　各3点×2　問9　4点　問10　各2点×4

中学スーパー過去問　抜群の解説・解答!!　声の教育社版

定価2,200円～2,970円(税込)

都立中高一貫校
適性検査問題集

定価1,320円(税込)

首都圏版
中学受験案内

定価2,310円(税込)

もっと古いカコモンないの?

中学 カコ過去問

「さらにカコの」過去問をHPに掲載(DL)

①優秀な解説・解答スタッフが執筆!!　②くわしい出題傾向分析と対策　③解答用紙が別冊、自己採点ができる!!

●東京都

ア
- 23 青山学院中等部
- 2 麻布中学校
- 73 足立学園中学校
- 51 跡見学園中学校
- 54 郁文館中学校
- 65 穎明館中学校
- 113 江戸川女子中学校
- 8 桜蔭中学校
- 98 桜美林中学校
- 76 鷗友学園女子中学校
- 45 大妻中学校
- 122 大妻多摩中学校
- 131 大妻中野中学校
- 12 お茶の水女子大附属中学校

カ
- 19 海城中学校
- 3 開成中学校
- 150 開智日本橋学園中学校
- 94 かえつ有明中学校
- 38 学習院中等科
- 20 学習院女子中等科
- 61 吉祥女子中学校
- 149 共栄学園中学校
- 48 暁星中学校
- 44 共立女子中学校
- 130 共立女子第二中学校
- 5 慶應義塾中等部
- 55 京華中学校
- 56 京華女子中学校
- 77 恵泉女学園中学校
- 71 光塩女子学院中等科
- 136 工学院大附属中学校
- 34 攻玉社中学校
- 91 麴町学園女子中学校
- 69 佼成学園中学校
- 97 佼成学園女子中学校
- 31 香蘭女学校中等科
- 70 国学院大久我山中学校
- 118 国士舘中学校
- 121 駒込中学校
- 99 駒沢学園女子中学校
- 4 駒場東邦中学校

サ
- 135 桜丘中学校
- 126 サレジアン国際学園中学校
- 79 サレジアン国際学園世田谷中学校
- 139 実践学園中学校
- 24 実践女子学園中学校
- 35 品川女子学院中等部
- 27 芝中学校
- 87 芝浦工業大附属中学校
- 95 芝国際中学校
- 103 渋谷教育学園渋谷中学校
- 40 十文字中学校
- 86 淑徳中学校
- 93 淑徳巣鴨中学校
- 124 順天中学校
- 30 頌栄女子学院中学校
- 117 城西大附属城西中学校
- 85 城北中学校
- 25 昭和女子大附属昭和中学校
- 7 女子学院中学校
- 90 女子聖学院中学校
- 127 女子美術大付属中学校
- 49 白百合学園中学校
- 41 巣鴨中学校
- 89 聖学院中学校
- 60 成蹊中学校
- 21 成城中学校
- 75 成城学園中学校
- 132 青稜中学校
- 82 世田谷学園中学校

タ
- 105 高輪中学校
- 83 玉川学園(中)
- 106 玉川聖学院中等部
- 64 多摩大附属聖ケ丘中学校
- 134 多摩大目黒中学校
- 120 中央大附属中学校
- 108 千代田国際中学校
- 11 筑波大附属中学校
- 1 筑波大附属駒場中学校
- 88 帝京中学校
- 151 帝京大学中学校
- 78 田園調布学園中等部
- 14 東京学芸大世田谷中学校
- 13 東京学芸大竹早中学校
- 50 東京家政学院中学校
- 115 東京家政大附属女子中学校
- 26 東京女学館中学校
- 100 東京成徳大中学校
- 160 東京大学附属中等教育学校
- 112 東京電機大中学校
- 119 東京都市大等々力中学校
- 80 東京都市大付属中学校
- 145 東京農業大第一高校中等部
- 59 桐朋中学校
- 109 桐朋女子中学校
- 28 東洋英和女学院中学部
- 58 東洋大京北中学校
- 33 トキワ松学園中学校
- 110 豊島岡女子学園中学校
- 53 獨協中学校
- 153 ドルトン東京学園中等部

ナ
- 128 中村中学校
- 133 日本工業大駒場中学校
- 129 日本学園中学校
- 92 日本大第一中学校
- 68 日本大第二中学校
- 84 日本大第三中学校
- 52 日本大豊山中学校
- 116 日本大豊山女子中学校

ハ
- 147 八王子学園八王子中学校
- 144 広尾学園中学校
- 152 広尾学園小石川中学校
- 74 富士見中学校
- 63 藤村女子中学校
- 9 雙葉中学校
- 32 普連土学園中学校
- 146 文化学園大杉並中学校
- 57 文京学院大女子中学校
- 101 文教大付属中学校
- 62 法政大中学校
- 148 宝仙学園中学校理数インター
- 42 本郷中学校

マ
- 114 三田国際学園中学校
- 143 明星学園中学校
- 46 三輪田学園中学校
- 16 武蔵中学校
- 96 武蔵野大学中学校
- 104 明治学院中学校
- 72 明治大付属中野中学校
- 123 明治大付属八王子中学校
- 43 明治大付属明治中学校
- 66 明星中学校(府中)
- 125 目黒学院中学校
- 22 目白研心中学校

ヤ
- 140 八雲学園中学校
- 102 安田学園中学校
- 29 山脇学園中学校

ラ
- 37 立教池袋中学校
- 67 立教女学院中学校
- 36 立正大付属立正中学校

ワ
- 17 早稲田中学校
- 18 早稲田実業学校中等部
- 81 早稲田大高等学院中学部
- 47 和洋九段女子中学校

【東京都立・区立６年制中高一貫校】
- 161 九段中等教育学校
- 162 白鷗高校附属中学校
- 163 両国高校附属中学校
- 164 小石川中等教育学校
- 165 桜修館中等教育学校
- 166 武蔵高校附属中学校
- 167 立川国際中等教育学校
- 168 大泉高校附属中学校
- 169 三鷹中等教育学校
- 170 富士高校附属中学校
- 171 南多摩中等教育学校

●神奈川県
- 320 青山学院横浜英和中学校
- 304 浅野中学校
- 301 栄光学園中学校
- 332 神奈川学園中学校
- 343 県立相模原・平塚中等教育学校
- 316 神奈川大附属中学校
- 328 鎌倉学園中学校
- 322 鎌倉女学院中学校
- 331 カリタス女子中学校
- 344 市立川崎高校附属中学校
- 314 関東学院中学校
- 339 公文国際学園中等部
- 321 慶應義塾湘南藤沢中等部
- 6 慶應義塾普通部
- 311 サレジオ学院中学校
- 325 自修館中等教育学校
- 315 湘南学園中学校
- 336 湘南白百合学園中学校
- 327 逗子開成中学校
- 303 聖光学院中学校
- 323 聖セシリア女子中学校
- 337 清泉女学院中学校
- 310 洗足学園中学校
- 341 中央大附属横浜中学校
- 335 鶴見大附属中学校
- 302 桐蔭学園中等教育学校
- 318 東海大付属相模高校中等部
- 317 桐光学園中学校
- 330 藤嶺学園藤沢中学校
- 306 日本女子大附属中学校
- 309 日本大中学校(日吉)
- 340 日本大藤沢中学校
- 10 フェリス女学院中学校
- 308 法政大第二中学校
- 347 聖園女学院中学校
- 312 森村学園中等部
- 313 山手学院中学校
- 342 横須賀学院中学校
- 307 横浜共立学園中学校
- 305 横浜国立大横浜・鎌倉中学校
- 326 横浜女学院中学校
- 345 市立南中学校
- 346 市立横浜サイエンスフロンティア中学校
- 324 横浜翠陵中学校
- 333 横浜創英中学校
- 319 横浜富士見丘学園中学校
- 329 横浜雙葉中学校

●千葉県
- 352 市川中学校
- 361 光英VERITAS中学校
- 355 国府台女子学院中学部
- 360 芝浦工業大柏中学校
- 354 渋谷教育学園幕張中学校
- 369 秀明八千代中学校
- 365 昭和学院中学校
- 362 昭和学院秀英中学校
- 363 西武台千葉中学校
- 359 専修大松戸中学校
- 364 千葉県立千葉・東葛飾中学校
- 368 千葉市立稲毛国際中等教育学校
- 356 千葉日本大第一中学校
- 357 東海大付属浦安高校中等部
- 351 東邦大付属東邦中学校
- 358 麗澤中学校
- 353 和洋国府台女子中学校

●埼玉県
- 413 浦和明の星女子中学校
- 418 浦和実業学園中学校
- 415 大妻嵐山中学校
- 416 大宮開成中学校
- 406 開智中学校
- 425 開智未来中学校
- 414 春日部共栄中学校
- 428 川口市立高校附属中学校
- 424 埼玉県立伊奈学園中学校
- 412 埼玉栄中学校
- 419 さいたま市立浦和中学校
- 427 さいたま市立大宮国際中等教育学校
- 401 埼玉大附属中学校
- 407 埼玉平成中学校
- 404 栄東中学校(A・東大Ⅰ)
- 426 栄東中学校(B・東大Ⅱ)
- 417 淑徳与野中学校
- 402 城西川越中学校
- 422 昌平中学校
- 411 城北埼玉中学校
- 403 西武学園文理中学校
- 405 聖望学園中学校
- 421 東京農業大第三高校附属中学校
- 410 獨協埼玉中学校
- 409 星野学園中学校
- 420 本庄東高校附属中学校
- 408 立教新座中学校

●茨城県
- 452 茨城中学校
- 458 茨城キリスト教学園中学校
- 459 茨城県立中等教育学校・中学校
- 451 江戸川学園取手中学校
- 455 常総学院中学校
- 454 土浦日本大中等教育学校
- 456 水戸英宏中学校
- 453 茗溪学園中学校

●栃木県
- 503 国学院大栃木中学校
- 504 作新学院中等部
- 501 佐野日本大中等教育学校
- 502 白鷗大足利中学校

●兵庫・鹿児島県
- 601 灘中学校
- 602 ラ・サール中学校

●算数の過去問25年分
- 701 筑波大附属駒場中学校
- 702 麻布中学校
- 703 開成中学校

声の教育社　〒162-0814 東京都新宿区新小川町8-15
https://www.koenokyoikusha.co.jp
TEL 03(5261)5061(代)　FAX 03(5261)5062